Rüdiger Liedtke

111 Münchner Meisterwerke, die man gesehen haben muss

111

emons:

Bibliografische Information der Deutschen Nationalbibliothek
Die Deutsche Nationalbibliothek verzeichnet diese Publikation in der Deutschen Nationalbibliografie; detaillierte bibliografische Daten sind im Internet über http://dnb.d-nb.de abrufbar.

MIX
Papier aus verantwortungsvollen Quellen
FSC® C083411

Gestaltung: Eva Kraskes, nach einem Konzept von Lübbeke | Naumann | Thoben
Kartografie: altancicek.design, www.altancicek.de
Kartenbasisinformationen aus Openstreetmap,

Druck und Bindung: CPI – Clausen & Bosse, Leck
Printed in Germany 2021
ISBN 978-3-7408-1297-3
Originalausgabe

Vorwort

München ist eine Stadt voller Kunst und bedeutender Architektur, mit prachtvoll ausgestatteten Kirchen und Schlössern sowie einigen der berühmtesten Museen Europas. Wer hier nach Meisterwerken sucht, dürfte oft gar nicht wissen, wo er oder sie anfangen soll: Die unterschiedlichsten Stile und Epochen haben ihre Spuren im Stadtbild hinterlassen, vom Barock und Rokoko über den Jugendstil bis zur heutigen Avantgarde. Und München war immer auch ein Ort technischer Innovationen – das Deutsche Museum mit seinen Dependancen ist Weltspitze.

Mäzene und Sammler der Vergangenheit und der Gegenwart haben hier unschätzbare Meisterwerke aus Kunst, Wissenschaft und Technik zusammengetragen. Eine wesentliche Rolle spielten dabei die Wittelsbacher Herrscher. Sie alle hatten einen Sinn für die großen Kulturen zurückliegender Epochen, aber auch für die zeitgenössische Kunst. Sie förderten die herausragenden Talente ihrer Zeit, zogen am Hof die besten Baumeister und Künstler zusammen, holten opulente Gemäldesammlungen an die Isar und ließen dafür grandiose Museen bauen.

So wurde München ein bedeutender Anziehungspunkt für Künstler, etwa als Stadt des »Blauen Reiter« und als ein wichtiges Zentrum des Jugendstils. Und auch heute ist hier aktuelle Kunst zu Hause, so in den umfangreichen Sammlungen der Munich Re und des Europäischen Patentamtes sowie in den Stiftungen und Schenkungen moderner Mäzene wie der Familie Brandhorst.

München hat natürlich viel mehr als 111 Meisterwerke zu bieten. Die im Buch versammelten Gemälde, Skulpturen und Bauten sind als ein bewusst subjektiver Blick auf die Kultur und Kunstszene der Stadt zu verstehen – als die persönliche Auswahl eines begeisterten Flaneurs, der mit großer Freude immer wieder neue Dinge in München entdeckt, aber auch Etabliertes für sich neu interpretiert. Und zahlreiche versteckte Highlights abseits der klassischen Kulturpfade zeigt.

111 Meisterwerke

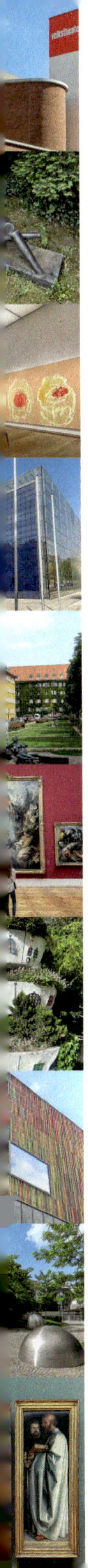

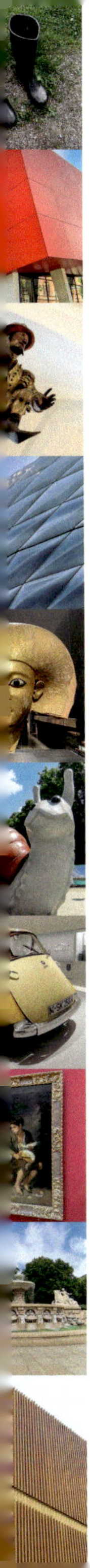

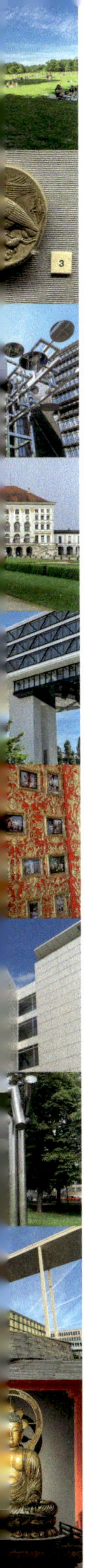

1 Die Ägineten

Frühgriechische Giebelskulpturen am Königsplatz

Die Sammelleidenschaft Ludwigs I. kannte keine Grenzen und übertraf die aller Wittelsbacher vor ihm. Seit einer Italienreise 1804/05, während der ihn römische und griechische Skulpturen in Bann geschlagen hatten, sammelte er antike Kunstwerke. Immer wieder zog es den Kronprinzen und späteren König nach Italien und Griechenland auf der Suche nach »neuen« antiken Schätzen für seine Münchner Sammlung, die er von Anbeginn auch seinen Untertanen zugänglich machen wollte. Und er wurde fündig. Sein größter Coup: die zufällig wiederentdeckten Giebelskulpturen des legendären Aphaiatempels auf der Insel Ägina, für die München 1812 im Rahmen einer öffentlichen Versteigerung den Zuschlag bekam und die vom König aus der Privatschatulle bezahlt wurden.

Die marmornen Giebelskulpturen von Ägina (510–490 vor Christus), einer kleinen Insel in Sichtweite Athens, die einst eine mächtige Handelsmacht gewesen war, sind die absoluten Highlights und die wertvollsten Stücke der an Glanzstücken nicht armen Glyptothek. Sie zeigen die siegreichen Kämpfe um Troja und die Ägineten im Schutz der Göttin Athena. Aias neben Achill (Westgiebel) und Telamon an der Seite des Zeussohnes Herakles (Ostgiebel) waren die Helden der Schlachten. Bis heute gelten die Münchner Ägineten neben den Skulpturen des Zeustempels in Olympia (um 460 vor Christus) als die am besten erhaltene Giebelgruppe eines griechischen Tempels überhaupt.

Ludwig I. hatte einen von ihm hochgeschätzten, kongenialen Mann an seiner Seite, den dänischen Bildhauer Bertel Thorvaldsen (1770–1844). Ihn betraute Ludwig mit der Restaurierung der Ägineten, er organisierte in seinem Auftrag noch fehlende Teile des Ensembles. 1827 wurden die Ägineten dann in der Glyptothek präsentiert. Bertel Thorvaldsen, dessen von ihm selbst gestaltete Marmorstatue von 1857 an der Ostfassade der Glyptothek steht, schuf auch die Marmorbüste Ludwigs I.

Adresse Glyptothek, Königsplatz, 80333 München (Maxvorstadt), Tel. 089/286100, www.antike-am-koenigsplatz.mwn.de | **Anfahrt** U 2, Haltestelle Königsplatz; Tram 27, Haltestelle Karolinenplatz; Bus 100 (Museumslinie), Haltestelle Königsplatz | **Öffnungszeiten** täglich außer Mo 10–17 Uhr, Do 10–20 Uhr | **Tipp** Vom Bildhauer Bertel Thorvaldsen stammt auch das Reiterstandbild Kurfürst Maximilians I. auf dem Wittelsbacherplatz.

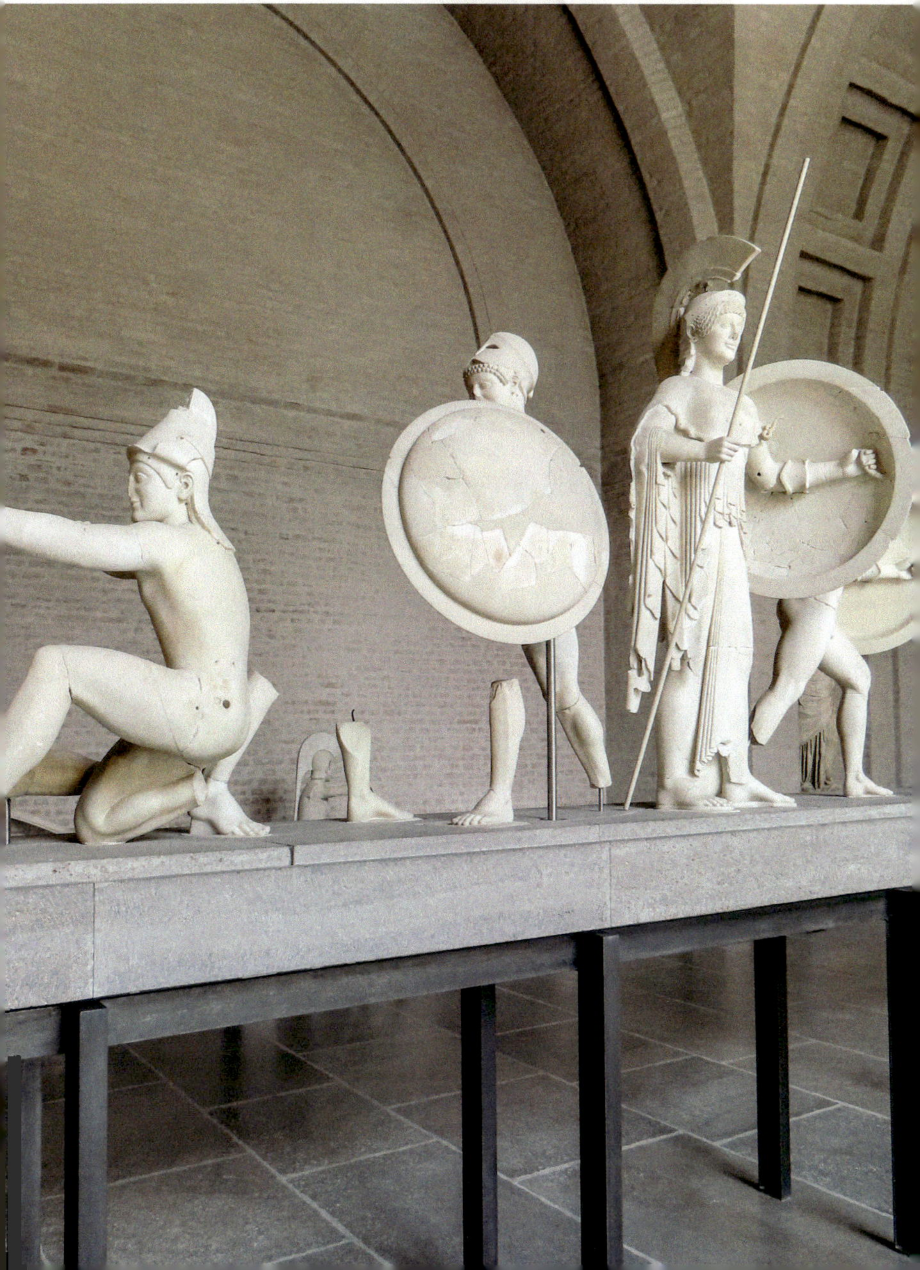

2 Die Alte Pinakothek

Das architektonische Meisterstück

Dieser Prachtbau! Diese Galerie! Die Alte Pinakothek, die erst durch die »Neue Pinakothek« die »Alte« wurde, ist ein architektonischer Wurf von Weltgeltung und bildet das Herzstück des Münchner Kunstareals. Als Leo von Klenze (1784–1864) vom bayerischen König Ludwig I., der von den Ideen der Aufklärung inspiriert war, Kunst als allgemeines Bildungsgut betrachtete und als solches der Öffentlichkeit zugänglich machen wollte, den Auftrag erhielt, für die Schätze der Wittelsbacher einen repräsentativen Bau zu errichten, war dem Architekten klar, dass es ein Gebäude werden müsse, das alle Zeitenwenden überstehen und gleichzeitig dem höfischen Repräsentationswillen gerecht werden sollte – analog der Umwandlung des Pariser Louvre ab 1793 in einen Ort nationalen Kunstbesitzes. Hochkarätig, einzigartig und unverwechselbar.

Auf einem damals freien Gelände in der Maxvorstadt entstand zwischen 1826 und 1836 im Stil der italienischen Neorenaissance ein Kunstbau, der Geschichte schreiben und Vorbild für viele europäische Großgalerien werden sollte. Mit einem bis dato nicht gekannten Bau- und Ausstellungskonzept: einem lang gestreckten Bau, vom Oberlicht beleuchteten Sälen und kleineren Kabinetten mit perfektem Außenlicht sowie einem zentralen Raum für Großgemälde, dem »Rubenssaal«.

Nach schweren Bombentreffern im Zweiten Weltkrieg und einer weitgehenden Zerstörung 1943/44 entschied man sich 1957 zum Wiederaufbau der Alten Pinakothek. Und auch der Nachkriegsarchitekt Hans Döllgast (1891–1974) setzte mit seinen grundlegenden Veränderungen am Klenze-Bau ein unauslöschliches Zeichen. Hervorstechend: der neue Eingangsbereich an der nördlichen Längsseite mit seiner fulminanten Doppeltreppe. Der ursprüngliche Eingang lag an der Stirnseite zur Barer Straße hin. Unverputztes Mauerwerk, die »Verwundungen«, sollte als Erinnerung an die Kriegsschäden bewusst sichtbar bleiben.

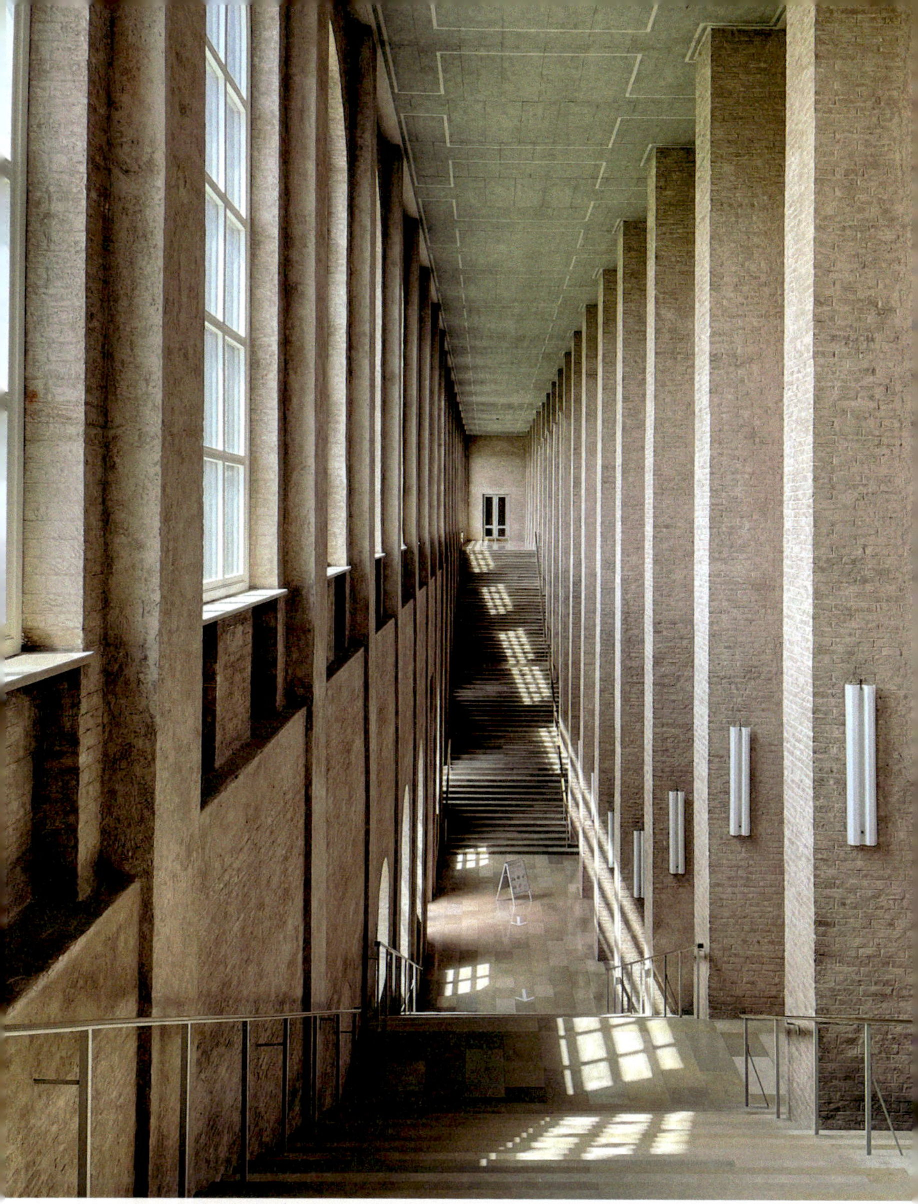

Adresse Barer Straße 27, 80333 München (Maxvorstadt), Tel. 089/23805216, www.pinakothek.de/alte-pinakothek | Anfahrt U 2, Haltestelle Königsplatz oder Theresienstraße; U 3–U 6, Haltestelle Odeonsplatz; Tram 27, 28, Haltestelle Pinakotheken; Bus 58 (CityRing), 100 (Museumslinie), Haltestelle Pinakotheken | Öffnungszeiten täglich außer Mo 10–18 Uhr, Di, Mi 10–20.30 Uhr | Tipp Die 1853 gegenüber der Alten Pinakothek erbaute Neue Pinakothek, die Gemälde des 19. Jahrhunderts beherbergt, wurde 1944 zerstört und abgerissen. Die 1981 eröffnete heutige Neue Pinakothek im postmodernen Stil stammt vom Architekten Alexander von Branca (1919–2011).

3 Die Amalienburg

Formenreichtum des Rokoko

Die Amalienburg, im südöstlichen Teil des Nymphenburger Schlossparks gelegen, ist möglicherweise das bekannteste Rokokoschlösschen Deutschlands. Kurfürst Karl Albrecht hatte seiner Gattin, der Habsburger Kaisertochter Amalia, einer leidenschaftlichen Jägerin, das kleine Lust- und Jagdschlösschen zwischen 1734 und 1739 vom Architekten François Cuvilliés (1695–1768) bauen lassen und geschenkt. Von einem Rondell mit einem kunstvoll verzierten Gitter auf einer flachen Kuppel in der Dachmitte der Amalienburg wurde auf Fasanen geschossen, die von Hunden »waidgerecht« aus der schlosseigenen Fasanerie auf die Lichtung vor dem Hochstand getrieben wurden. Danach wurde in den Räumlichkeiten gefeiert.

Man traf sich mit Vorliebe im Spiegelsaal, dem Großen Salon des Schlösschens, dem Zentrum dieses Rokokobaus von europäischem Format. Dieser kreisrunde Raum mit seiner flachen Kuppel ist raffiniert in Szene gesetzt. Fenster und Spiegel vermengen im Wechsel das Innen und Außen, scheinen die Wände aufzulösen und geben dem Raum in silbernem Rokokodekor auf weißem und zartblauem Grund eine gewisse Schwerelosigkeit, ohne räumliche Begrenzung, und den Charakter eines in den Park eingebetteten Pavillons. Alle Schnitz- und Stuckarbeiten des Jagdschlösschens ertüftelten die Stuckateure Johann Baptist Zimmermann und Joachim Dietrichs.

Weitere bis ins Detail gestaltete Räume mit Nymphen, Putten, Jagdszenen und Ornamenten schließen sich südlich und nördlich des Spiegelsaals an: das Blaue Kabinett und das Ruhezimmer (Gelbes Zimmer) mit Porträts Karl Albrechts und Amalias, das Jagdzimmer als Gemäldesalon, das Fasanenzimmer in chinesischem Dekor sowie ein kunstvoll gestalteter Raum mit zahlreichen Hundehütten und Gewehrschränken. Von hoher Raffinesse ist die mit blau-weißen holländischen Kacheln und chinesischen Elementen geflieste Prunkküche, in der für die hungrige Jagdgesellschaft gekocht wurde.

Adresse Schloss Nymphenburg, 80638 München (Neuhausen-Nymphenburg), Tel. 089/179080 | Anfahrt Tram 17, Haltestelle Schloss Nymphenburg (ab Innenstadt und Hbf.); Tram 12, 16, Haltestelle Romanplatz; Parkplätze am Schlossrondell | Öffnungszeiten 1. April – 15. Okt. täglich 9 – 18 Uhr | Tipp Weitere Schlösschen im Park: die 1721 nach Plänen von Joseph Effner erbaute Badenburg mit ihrem einzigartigen Badesaal, die von ihm zuvor geschaffene Pagodenburg und die als Ruine errichtete Eremitage Magdalenenklause.

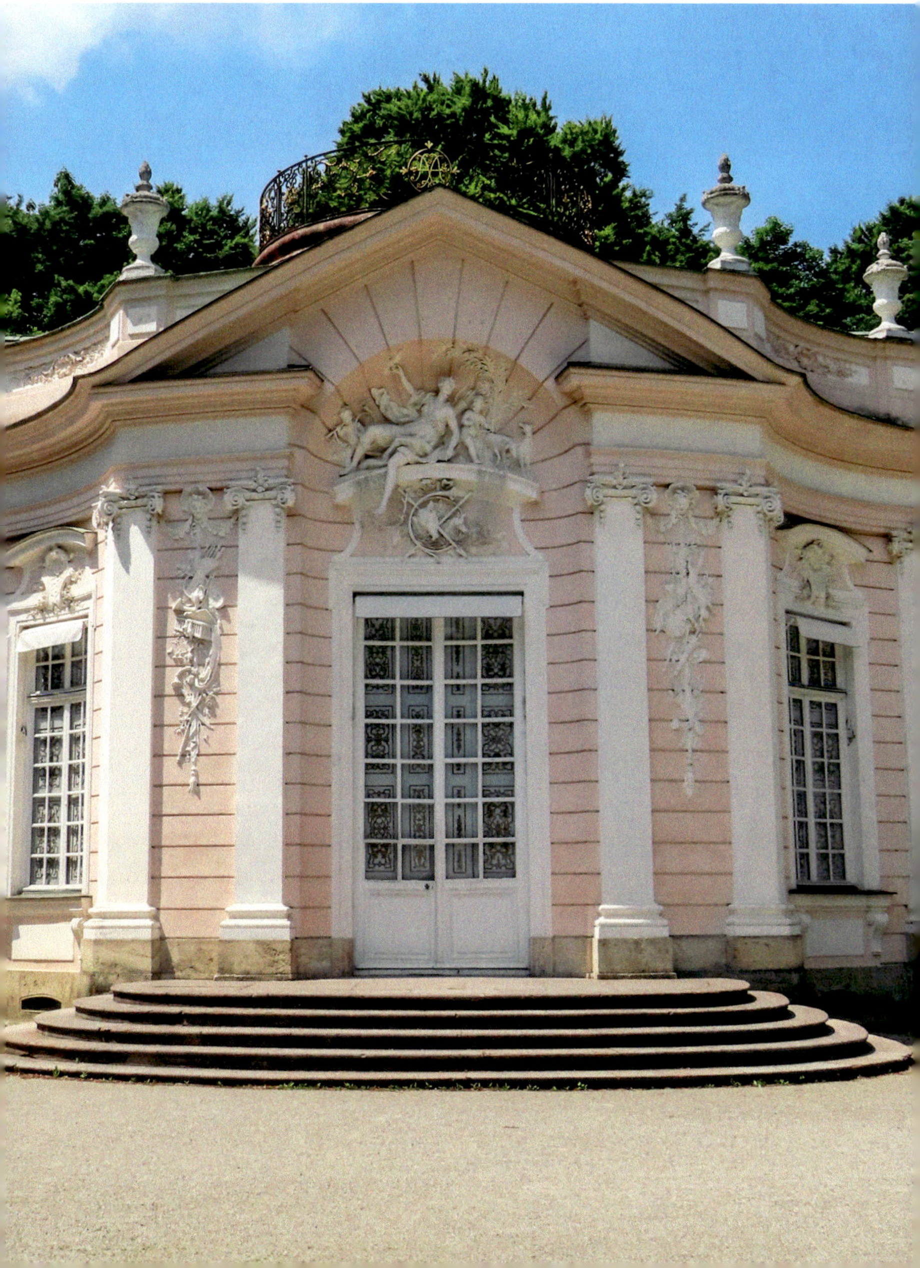

4 Der arme Poet

Carl Spitzwegs Hit von 1839

Kleines Bild mit großer Wirkung. Als das 36 mal 44 Zentimeter messende Ölgemälde des armen Poeten 1839 im Münchner Kunstverein erstmals ausgestellt wurde, stieß es auf herbe Kritik. Vor allem bei Spitzwegs Malerkollegen und dem intellektuellen Publikum. So könne man doch einen Vertreter der hehren Dichtkunst nicht in Szene setzen. Kritisiert wurde die persiflierende Darstellung des Dichterberufs, das Vorführen eines ganzen Berufsstandes. Carl Spitzweg hatte auf subtile Weise einen in seine Profession vertieften Dichter gemalt, in seiner ärmlichen Dachstube frierend, auf einer Matratze liegend, notdürftig geschützt vor herabtropfendem Wasser unter einem Regenschirm. Einen weltfremden und skurrilen Künstler in der selbstbewussten Stadt der Maler und Dichter. Spitzweg, seit 1835 Mitglied des Münchner Kunstvereins, war von diesem Verriss tief getroffen und entzog sich lange Zeit der Öffentlichkeit.

Carl Spitzweg (1808–1885), der in München geborene große Maler der Spätromantik, sollte nach dem Willen seines Vaters eigentlich Apotheker werden. Er studierte Pharmazie, Botanik und Chemie. Doch seine Leidenschaft galt von klein auf dem Malen. Mit 15 Jahren begann er damit, ab 1824 mit Ölfarben. Durch seine Apothekerausbildung verstand er es, besondere Farben zu mischen und herzustellen. Sein ganz spezielles helles Blau gilt Experten heute noch als unerreicht. Spitzweg war reiner Autodidakt, eine künstlerische Ausbildung hatte er nie genossen. 1833 entschied er sich, den Apothekerberuf aufzugeben und hauptberuflich Maler zu werden. »Der arme Poet« ist bis heute das bekannteste Werk seines 1.500 Bilder und Zeichnungen umfassenden Œuvres. 1868 wurde Spitzweg schließlich Ehrenmitglied der Münchner Akademie der Bildenden Künste. Seit seiner Jugend lebte er in einer eher schlichten Wohnung am heutigen Jakobsplatz, wo er in einer alten Dachkammer seine bedeutendsten Werke schuf.

Adresse Neue Pinakothek, Barer Straße 29, 80799 München (Maxvorstadt), www.pinakothek.de/neue-pinakothek | **Anfahrt** U 2, Haltestelle Theresienstraße; U 3, U 6, Haltestelle Odeonsplatz oder Universität; U 4, U 5, Haltestelle Odeonsplatz; Tram 27, 28, Bus 58 (CityRing), 100 (Museumslinie), Haltestelle Pinakotheken; Bus 153, 154, Haltestelle Schellingstraße | **Öffnungszeiten** derzeit geschlossen; dieses und andere Werke momentan im Untergeschoss der Alten Pinakothek und in der Sammlung Schack ausgestellt | **Tipp** In der nahen Richard-Wagner-Straße 10 befindet sich das Paläontologische Museum mit dem Mühldorfer Ur-Elefanten.

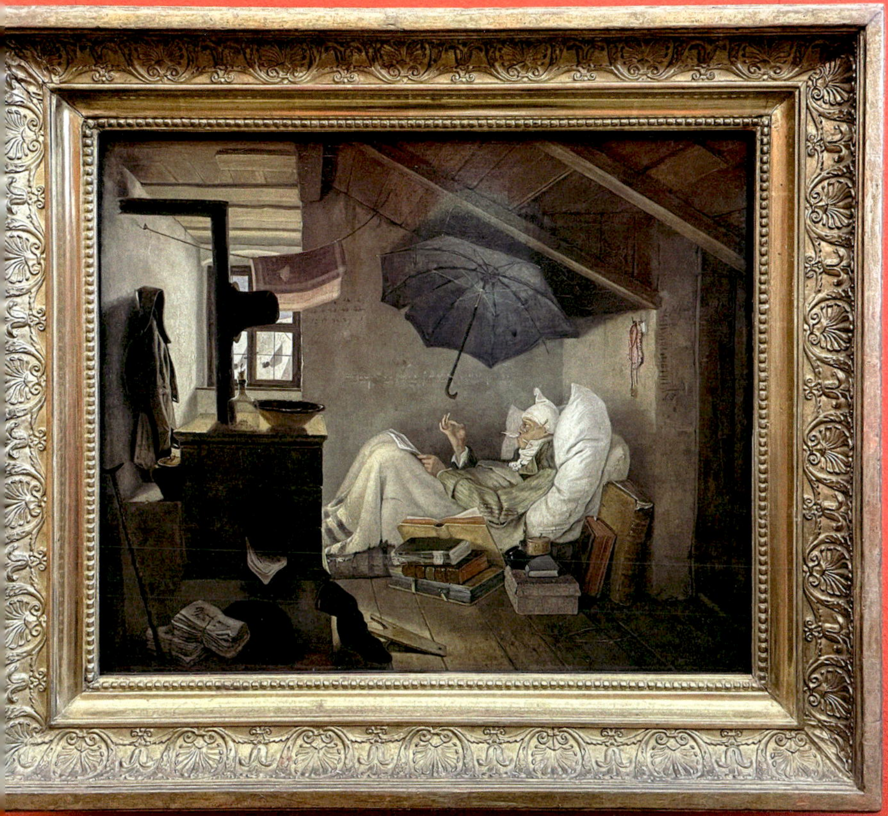

5 Die ARRIFLEX 35

Die epochale Filmkamera

Diese Filmkamera war eine Sensation. Was der Öffentlichkeit da 1937 anlässlich der Leipziger Messe aus der Filmschmiede ARRI vorgestellt wurde, revolutionierte den Film weltweit. Dem Chefkonstrukteur der Firma, Erich Kurt Kästner, war es gelungen, mit der ARRIFLEX 35 die erste Spiegelreflexkamera für den Film zu entwickeln. Jetzt gab es auch für das laufende Bild das, was man bislang nur von der Fotografie kannte: den Spiegel, der es erlaubte, dass der Kameramann durch den Sucher schon vor der Belichtung exakt das Bild sah, das in diesem Augenblick aufgenommen und schwingungsfrei umgesetzt wurde.

Die ARRIFLEX 35 startete zu einem einzigartigen Siegeszug. Überall auf der Welt, wo großes Kino produziert wurde, waren die Schwabinger aus der Türkenstraße mit ihren Spiegelreflexkameras bild- und tonangebend, avancierten seit den 1960er Jahren zum Weltmarktführer. Alles, was im Filmgeschäft Rang und Namen hatte, drehte nun mit ARRI-Kameras: Francis Ford Coppola, Stanley Kubrick, Steven Spielberg, Martin Scorsese. Zahlreiche mit Oscars ausgezeichnete Hollywoodfilme wurden fortan mit weiterentwickelten ARRIFLEX-Filmkameras gedreht, ein Dutzend Mal konnte ARRI für seine technischen Innovationen den renommierten Technik-Oscar der Filmindustrie gewinnen.

Voller Idealismus und Ideen hatten die jungen, kongenialen Tüftler August Arnold (1898–1983) und Robert Richter (1899–1972), die beide an der Technischen Hochschule München Maschinenbau studiert und schon während des Studiums Kinoprojektoren kreiert hatten, 1917 ihre gemeinsame Firma Arnold & Richter gegründet. ARRI steht also für ihre jeweiligen Nachnamen Arnold und Richter. Fasziniert von der aufstrebenden Filmindustrie, konstruierten und produzierten sie Kameras und Filmtechnik fürs Kino. Ihre zahlreichen Erfindungen kulminierten 20 Jahre später schließlich in der legendären ARRIFLEX 35.

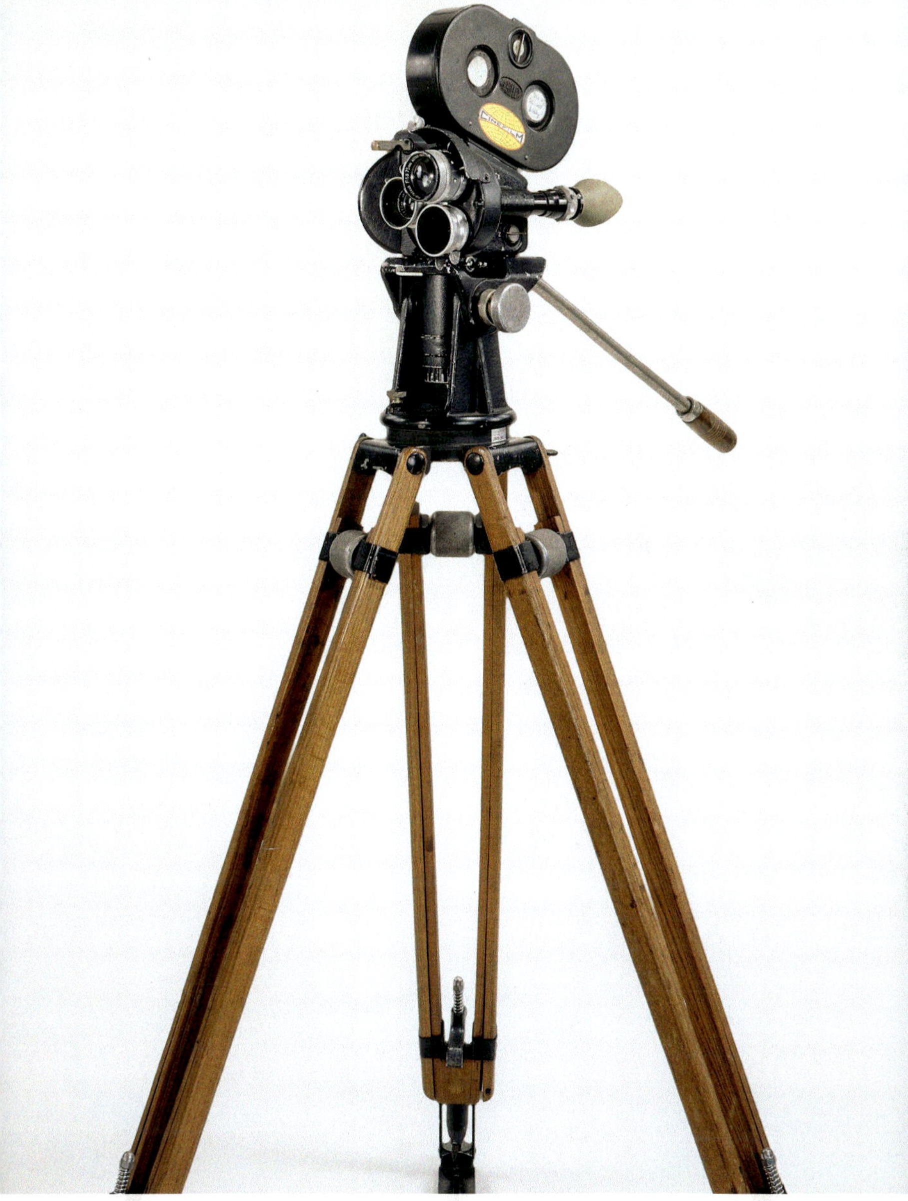

Adresse Deutsches Museum, Museumsinsel 1, 80538 München, Tel. 089/21791, www.deutsches-museum.de | **Anfahrt** S-Bahnen, Tram 16, Haltestelle Isartor; U1, U2, Tram 18, Haltestelle Fraunhoferstraße; Bus 132, Haltestelle Boschbrücke; Bus 52, 62, Haltestelle Baaderstraße | **Öffnungszeiten** täglich 9–17 Uhr | **Tipp** Anfang 2020 wurde die Zentrale der ARRI AG von der Türkenstraße in die Parkstadt Schwabing (Herbert-Bayer-Straße 10) verlegt. In der Türkenstraße 89 verblieben aber diverse Abteilungen des Unternehmens sowie das legendäre ARRI-Kino.

6 Die Asamkirche

Meisterwerk der Deckenmalerei und Stuckatur

Sie waren die zwei großen Brüder des bayerischen Spätbarocks: Egid Quirin Asam (1692–1750) und sein sechs Jahre älterer Bruder Cosmas Damian Asam (1686–1739). Sie entstammten einer bekannten Maler- und Freskantenfamilie und avancierten zu den Stars unter den Rokokokünstlern ihrer Zeit. Meist waren die berühmten Brüder, die sich vor lukrativen Aufträgen nicht retten konnten, nur im Zweierpack zu haben, vor allem seit sie 1723/24 die Barockisierung des mittelalterlichen Doms von Freising verwirklicht hatten: Cosmas Damian, der Maler und Freskant, und Egid Quirin, der Stuckator und Bildhauer. Sie galten als meisterliche Architekten des »Theatrum sacrum«, des »Heiligen Theaters«, und brachten mit genialen Kunstgriffen und gestalterischen Effekten, ihren Deckenmalereien und der plastischen Gestaltung von Kirchenräumen dem Betrachter den Himmel ganz nahe. Sie schafften es, mit Fresken, scheinbar schwebenden Figuren und dominanten Hochaltären Kirchenräume zu Gesamtkunstwerken zu machen, wie man es bis dahin nicht kannte. Formvollendet findet man all das in der zu ihrem eigenen Seelenheil erbauten Kirche in der Sendlinger Straße 30 bis 34, direkt zwischen ihren Wohnhäusern.

Hier hatte Egid Quirin Asam zwischen 1729 und 1733 mehrere Häuser gekauft. Eines davon, das sogenannte »Asamhaus«, gestaltete er zum eigenen Wohnhaus um, mit aufwendiger Stuckfassade. Ein weiteres ließ er abreißen, und in der Baulücke entstand zwischen 1733 bis 1734 auf eigene Kosten eine Privatkirche (St. Johann Nepomuk), die heutige »Asamkirche«, ein zweistöckiger Kirchenbau, 9 Meter breit, 28 Meter lang. Dann machten sich die Brüder an die Innenausstattung. Wer die schmale Kirche betritt, wird von einer ungeheuren Pracht an Stuckarbeiten, Skulpturen und prunkvollen Malereien, goldenen Ornamenten, phantasievollen Figuren und einer Lichtführung, wie sie in München einmalig sein dürfte, empfangen.

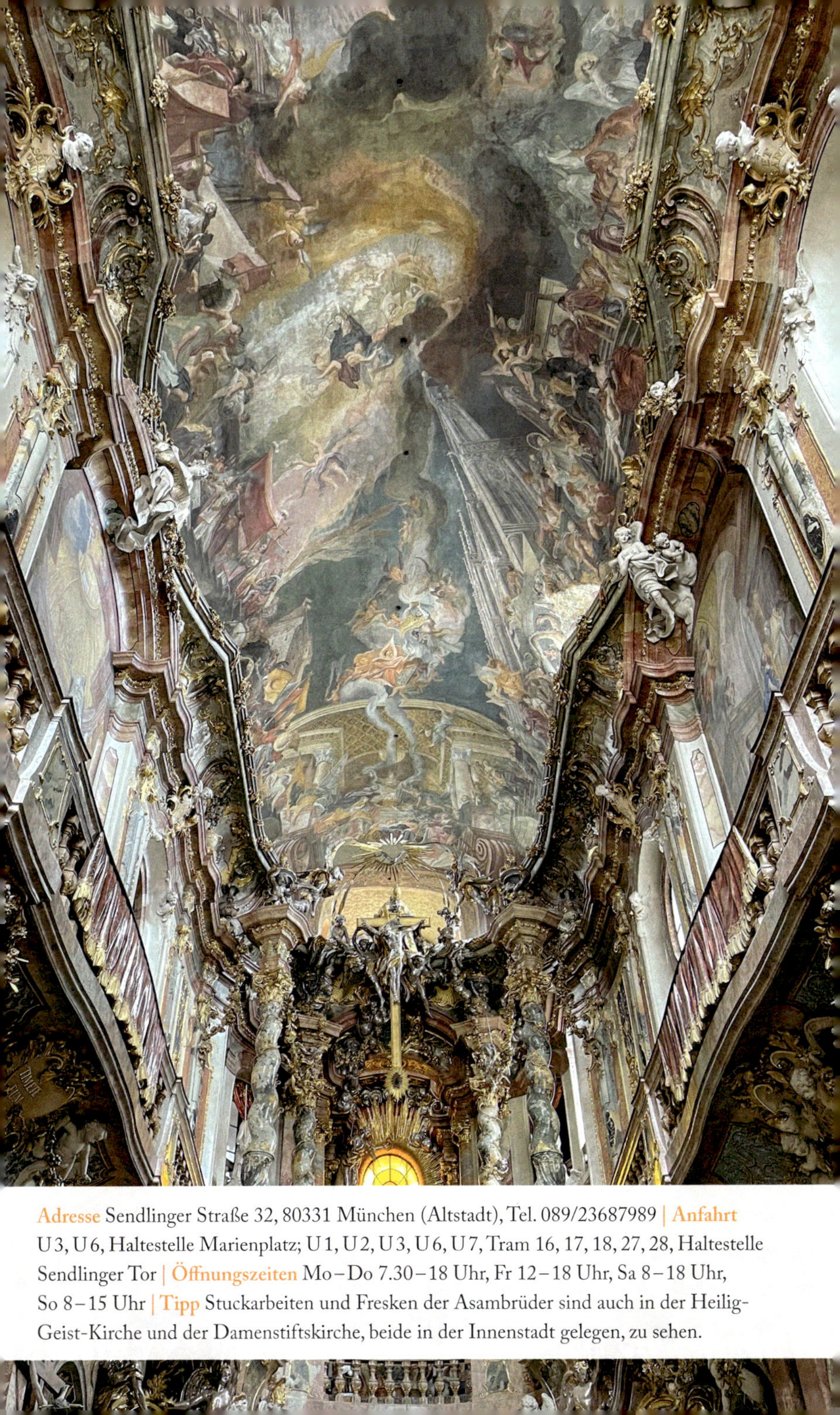

Adresse Sendlinger Straße 32, 80331 München (Altstadt), Tel. 089/23687989 | Anfahrt U3, U6, Haltestelle Marienplatz; U1, U2, U3, U6, U7, Tram 16, 17, 18, 27, 28, Haltestelle Sendlinger Tor | Öffnungszeiten Mo–Do 7.30–18 Uhr, Fr 12–18 Uhr, Sa 8–18 Uhr, So 8–15 Uhr | Tipp Stuckarbeiten und Fresken der Asambrüder sind auch in der Heilig-Geist-Kirche und der Damenstiftskirche, beide in der Innenstadt gelegen, zu sehen.

7 Der Ausstellungsbau

Zeitgenössische Kunst in Oberföhring

Seit der 2014 vollzogenen Schenkung von Teilen der Sammlung Goetz an den Freistaat Bayern ist das Münchner Kunstportfolio um eine Attraktion zeitgenössischer Kunst reicher, die bis dato eher ein Insiderdasein geführt hatte und nur begrenzt zugänglich war. Wesentlicher Teil der Schenkung: der den privaten Kunstschatz beherbergende Museumsbau und das mit zahlreichen Skulpturen versehene parkähnliche Grundstück. Die Kunstsammlerin Ingvild Goetz, Tochter und Millionenerbin des Versandhausgründers Werner Otto, hatte 1993 das damals noch ziemlich unbekannte Schweizer Architekturbüro Herzog & de Meuron, das später mit der Münchner Allianz Arena und dem Pekinger Olympiastadion Furore machen sollte, beauftragt, einen Kunstbau auf ihr Oberföhringer Privatgrundstück zu stellen.

Die beiden Stararchitekten landeten mit dem quaderförmigen Kunstpavillon aus Holz, Glas und Aluminium einen Coup, zeitlos, modern, keinem Trend gehorchend. Der geometrische Aufbau des lang gestreckten, mit taghellen Ausstellungsebenen und einem umlaufenden Fensterband aus mattem Glas unterhalb des Flachdachs versehenen Galeriegebäudes wirkt spielerisch leicht. Steht es doch auf einem lichtdurchlässigen und transparent scheinenden Unterbau. Ingvild Goetz hatte den Architekten seinerzeit nur eine Bitte aufgetragen: Es sollten lichtdurchflutete Räume entstehen, die ihre ausgestellte Kunst nicht dominierten, sondern repräsentierten. Finanziert hat die Sammlerin ihr Projekt mit dem Verkauf wertvoller Kunst aus eigenen Beständen.

Die Sammlung Goetz, mit rund 5.000 Kunstwerken eine der größten Privatsammlungen zeitgenössischer Kunst in Deutschland, stellt dem Freistaat Bayern, der das Oberföhringer Haus nun als Ausstellungsort für zeitgenössische Kunst betreibt, die nicht zur Schenkung zählenden Exponate als Dauerleihgaben für die Staatlichen Museen zur Verfügung.

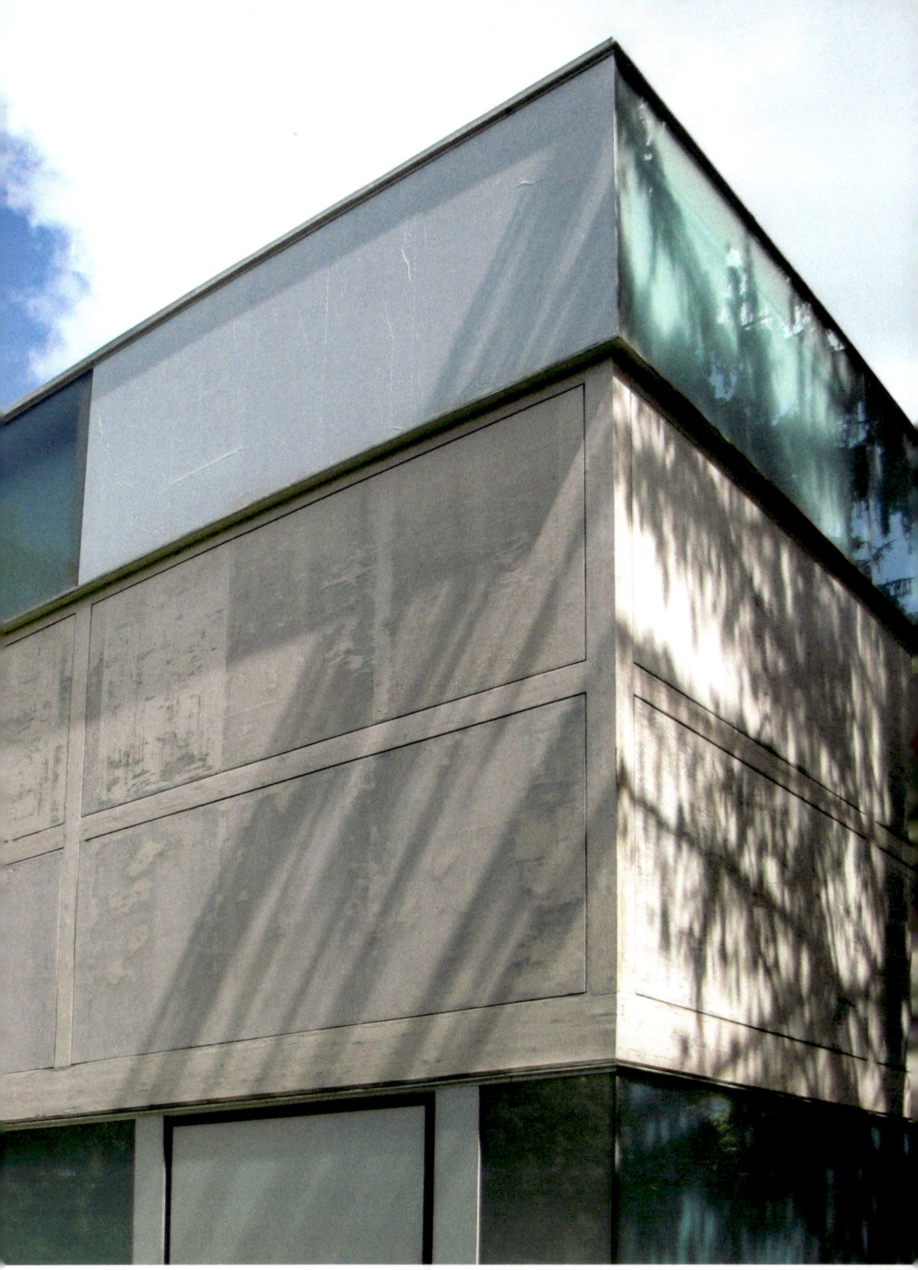

Adresse Sammlung Goetz, Oberföhringer Straße 103, 81925 München (Oberföhring), Tel. 089/95939690, www.sammlung-goetz.de | **Anfahrt** U 4, Haltestelle Richard-Strauss-Straße; Tram 17, 18, Bus 54, Haltestelle Herkomerplatz, dann Bus 188, Haltestelle Bürgerpark Oberföhring | **Öffnungszeiten** Mo – Fr 14 – 18 Uhr, Sa 11 – 16 Uhr (Besuch nur nach Anmeldung) | **Tipp** Von hier aus kann man einen Abstecher zur imposanten Stauwehranlage Oberföhring machen (Rümelinstraße 1).

8 Der Barberinische Faun

Hellenistische Kunst in Vollendung

Eines der prominentesten Exponate hellenistischer Kunst in München ist der »Barberinische Faun«, von Ludwig I. aus der gleichnamigen italienischen Galerie erworben. Dieser Jüngling wurde um 220 vor Christus erschaffen und misst über zwei Meter. Er scheint nach einem Gelage zu ruhen, streckt sich auf einem auf einem Felsensitz liegenden Pantherfell aus, die Arme hinter dem Kopf verschränkt.

Die 1625 in Rom nahe der Engelsburg gefundene Statue ist ein griechisches Original und war wahrscheinlich von den Römern geraubt worden. Der Jüngling ist ein Satyr, ein männliches Wesen mit leicht tierischen Zügen, ein Begleiter des Weingottes Dionysos. Vermutlich räkelt er sich nach zu viel Wein und Tanz erschöpft in bewusst sinnlich-lasziver Pose. Dabei korrespondieren die Arme jeweils mit den diagonal gegenüberliegenden Beinen.

Diese Skulptur ist einer der Höhepunkte der antiken Bildhauerei aus der Zeit zwischen 600 und 400 vor Christus und wird in der 1816 bis 1830 von Leo von Klenze erbauten Glyptothek mit der im ionischen Stil gestalteten Tempelfassade präsentiert.

In den 14 Sälen, die um einen großen quadratischen Innenhof angelegt sind, wollte Ludwig I. die von ihm gesammelten Originale und die wertvollen Kopien aus vier verschiedenen antiken Epochen einer breiten Öffentlichkeit vorstellen. Das Gebäude – und damit auch die reiche Innenausstattung mit Stuckmarmor und farbigen Fresken – wurde im Zweiten Weltkrieg stark zerstört. 1972 wurde die Sammlung in den alten Räumen, ohne Dekoration und weitaus nüchterner ausgestattet, wiedereröffnet. Grundlage des Wiederaufbaus war ein Ausstellungskonzept Johann Martin von Wagners (1777–1858), des Kunstagenten Ludwigs I., das schon beim ursprünglichen Bau der Glyptothek diskutiert worden war. Es sah sandfarbene Wände, schlichte Fußböden, großformatige Fenster und die Platzierung der Ausstellungsstücke in der Mitte der Räume vor.

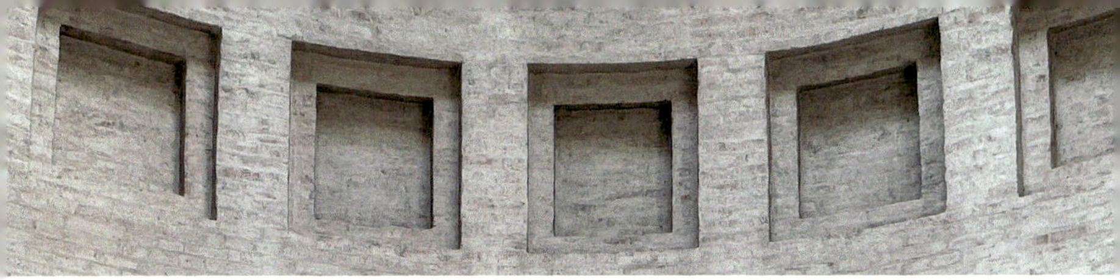

Adresse Glyptothek, Königsplatz, 80333 München (Maxvorstadt), Tel. 089/286100, www.antike-am-koenigsplatz.mwn.de | **Anfahrt** U2, Haltestelle Königsplatz; Tram 27, Haltestelle Karolinenplatz; Bus 100 (Museumslinie), Haltestelle Königsplatz | **Öffnungszeiten** täglich außer Montag 10–17 Uhr, Do 10–20 Uhr | **Tipp** In der Karlstraße 34 lohnt ein Besuch der Basilika St. Bonifaz, die nach Kriegszerstörungen im Innern neu gestaltet wurde. Hier steht auch der Marmorsarkophag Ludwigs I. von Bayern.

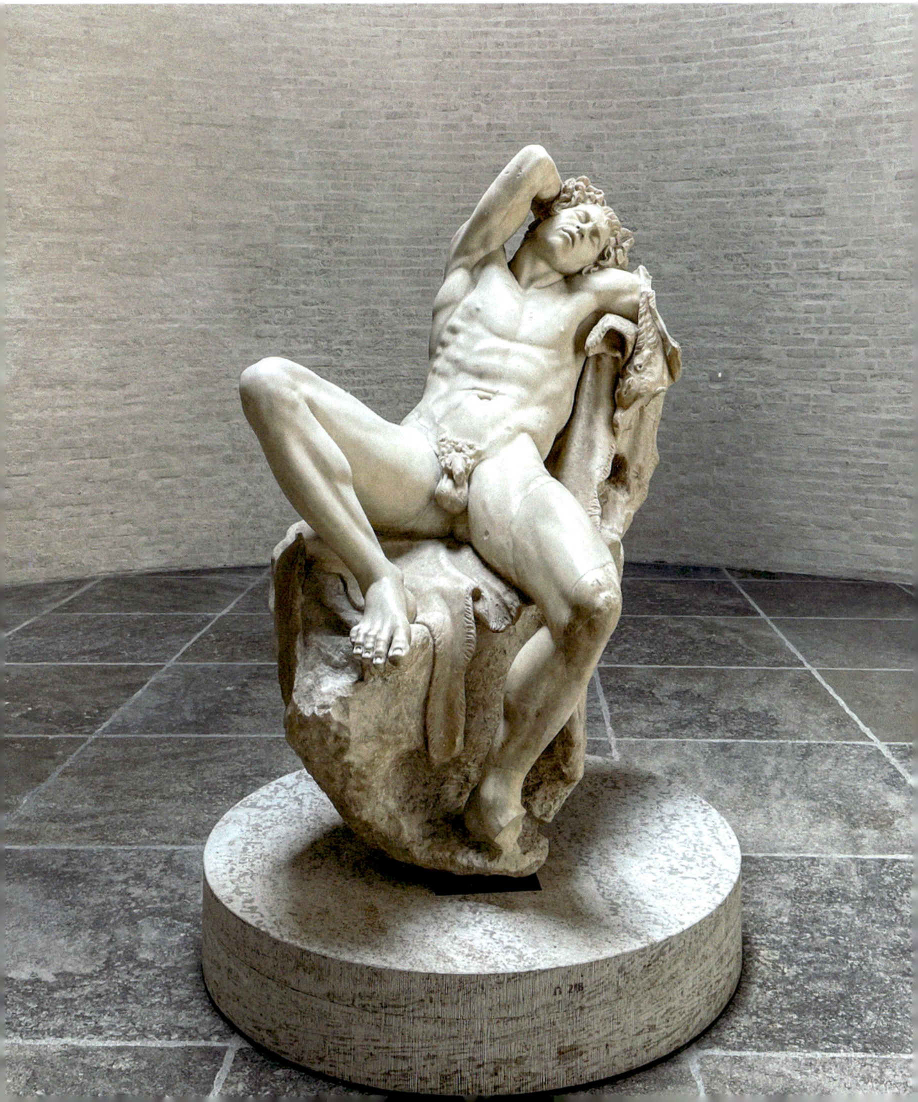

9 Der Basketballkorb

Ein Wurf hoch über den Dächern

Als die Münchner Abendzeitung im Mai 2013 schrieb: »Die Höhe schafft nicht mal NBA-Star Dirk Nowitzki«, konnte man nur zustimmen: Richtig! Denn in der Barer Straße wurde in schwindelerregender Höhe eine komplette Basketballkorbwand errichtet, und zwar auf dem Dach des mehrstöckigen ehemaligen Leibniz Rechenzentrums der TU München. Installiert wurde der riesige Basketballkorb aus Stahl und Eisen mit dem Titel »Never Ever« 2012 vom in München lebenden, 1968 geborenen Bildhauer und Installationskünstler Benjamin Bergmann. Betrachtet man die Konstruktion von der Straße aus, wirkt das alles eher irritierend, vor allem wenn man die Hinweistafel unten an der Fassade nicht entdeckt hat. Die dunkle Basketballwand hängt an einem langen, ausladenden Metallgerüst, der Korb selbst ist nur bei intensiver Begutachtung und guter natürlicher Beleuchtung als solcher auszumachen. Besonders bizarr wirkt der Basketballkorb vor einem knallblauen Himmel als Hintergrund.

»Das Absurde ist nachhaltiger, weil der Betrachter anfängt, darüber nachzudenken«, so der Künstler. Der Basketballkorb hängt am falschen Ort, verwirrt das Publikum, ist aus dem üblichen Kontext gerissen und kann in über 20 Metern Höhe nicht zum Ziel führen. Auch nicht für Dirk Nowitzki. Wie bekommt man nun den Ball in den Korb? Ist das alles sinnvoll? Denn: »Das Scheitern ist ja wahrscheinlicher als der Erfolg.« Auf der anderen Seite: Nichts ist unmöglich. Und dann interpretiert der Künstler kühn: »Irgendwann ertappt man sich bei dem Gedanken, dass eine gänzlich absurde Welt vielleicht viel schöner wäre.«

Nimmt man die Arbeiten des Künstlers in Augenschein, erkennt man seine Vorliebe fürs Absurde, aus dem Leben Gegriffene. Dabei handelt es sich vielfach um Alltägliches, um Alltagsgegenstände, die er, in einer zufälligen Situation eingefroren, in Metall geschlagen oder gegossen, vielfach in Aluminium, präsentiert.

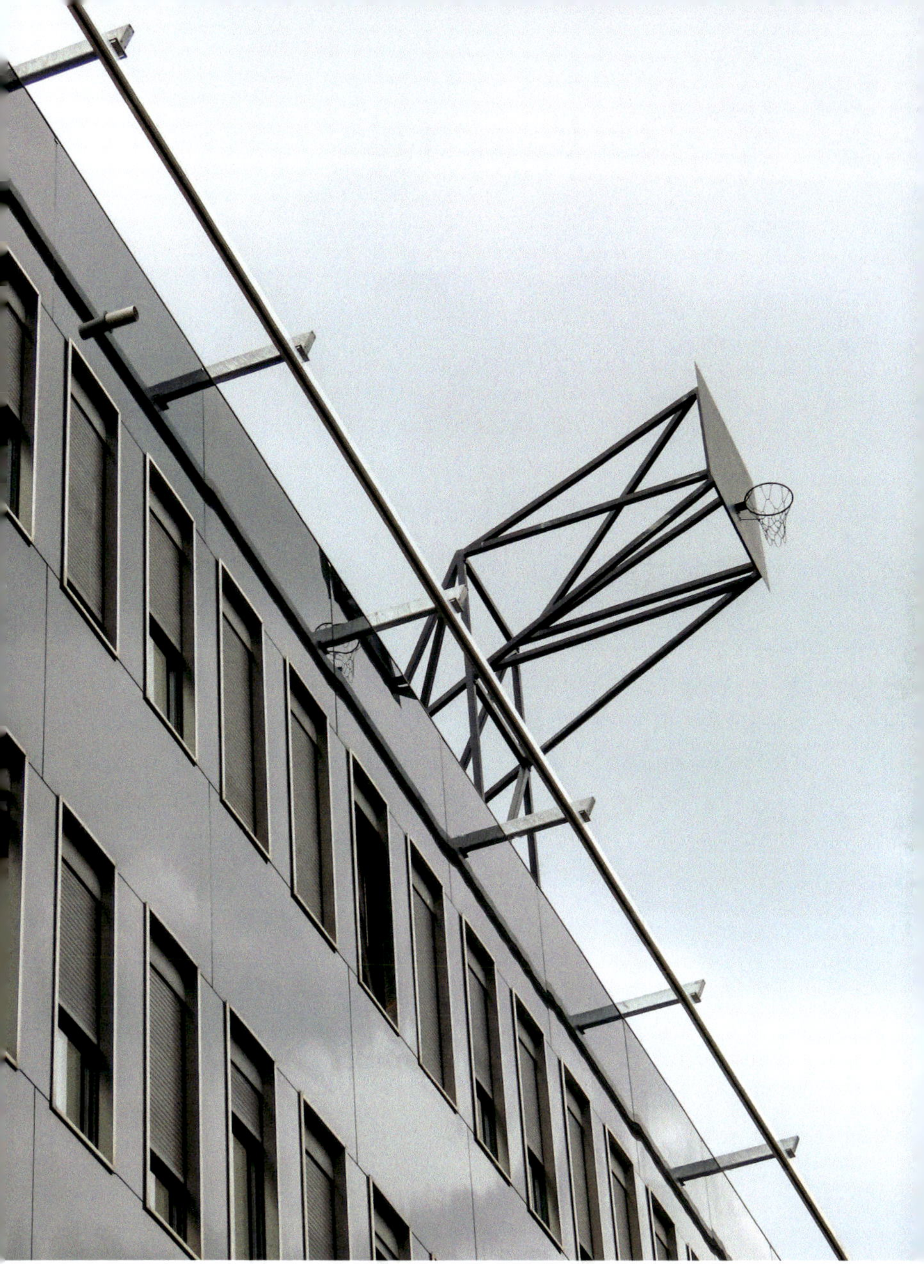

Adresse Barer Straße 21, 80333 München (Maxvorstadt) | Anfahrt U2, Haltestelle Königsplatz; Tram 20, 27, 28, Haltestelle Karolinenplatz; Bus 58 (CityRing), 100 (Museumslinie), Haltestelle Pinakotheken | Öffnungszeiten von der Straße aus immer zu sehen | Tipp Anschauen sollte man sich auch das nicht weit entfernte Ensemble der Holzfiguren auf der Mauer vor dem Eingang der Städtischen Berufsschule für das Bau- und Kunsthandwerk (Luisenstraße 9–11).

10 Die Baupläne

Die Ideen Leo von Klenzes in Augenschein nehmen

Durch dicke Stahltüren hindurch gelangt man in stets gleich temperierte Räume, in denen sich in elektronisch steuerbaren, zentralverriegelten Stahlschränken Hunderte Schubfächer befinden, die, fein säuberlich durch Seidenpapiere getrennt, die originalen Baupläne der großen Münchner Baumeister bewahren. Nur mit den weißen, klinisch sauberen Handschuhen der verantwortlichen Archivmitarbeiter lassen sich die Schätze bergen – zu Studienzwecken, wenn eine Ausstellung in der Pinakothek der Moderne geplant ist oder die Generalsanierung eines historischen Gebäudes ansteht. Dann werden die Originalbaupläne zur Beschaffenheit der Statik, der Wände und Decken zurate gezogen. Wie jüngst bei der Generalsanierung der Glyptothek am Königsplatz. Oder wenn es darum geht, auf den riesigen TU-eigenen Digitalisierungsmaschinen die Pläne für die Online-Präsentation abzulichten.

Das Archiv des Architekturmuseums der TU München, eines der größten in Deutschland, verbirgt einen Schatz, den es zu heben lohnt: die Nachlässe der bedeutendsten Architekten des 19., 20. und 21. Jahrhunderts. 600.000 Zeichnungen und Pläne, 200.000 Originalfotografien, Hunderte Architekturmodelle, darunter die Baupläne der großen Architekten Münchens wie Friedrich von Gärtner, Gottfried von Neureuther, Theodor Fischer, Richard Riemerschmid und Leo von Klenze, aber auch der Jahrhundertwurf des Olympiageländes der Architekten Behnisch und Partner mit dem spektakulären Zeltdach Frei Ottos. Ihre Entwürfe manifestieren die städtebauliche DNA Münchens.

Man kann diese architektonischen Meisterwerke in Augenschein nehmen, sich in sie hineinversetzen, die genialen Gedankengänge der Baumeister nachvollziehen. Digital und ohne großen Aufwand. Zum Beispiel die Baupläne Leo von Klenzes, der in München für den Bau der Alten Pinakothek, der Glyptothek und der Prachtbauten entlang der Ludwigstraße verantwortlich zeichnet.

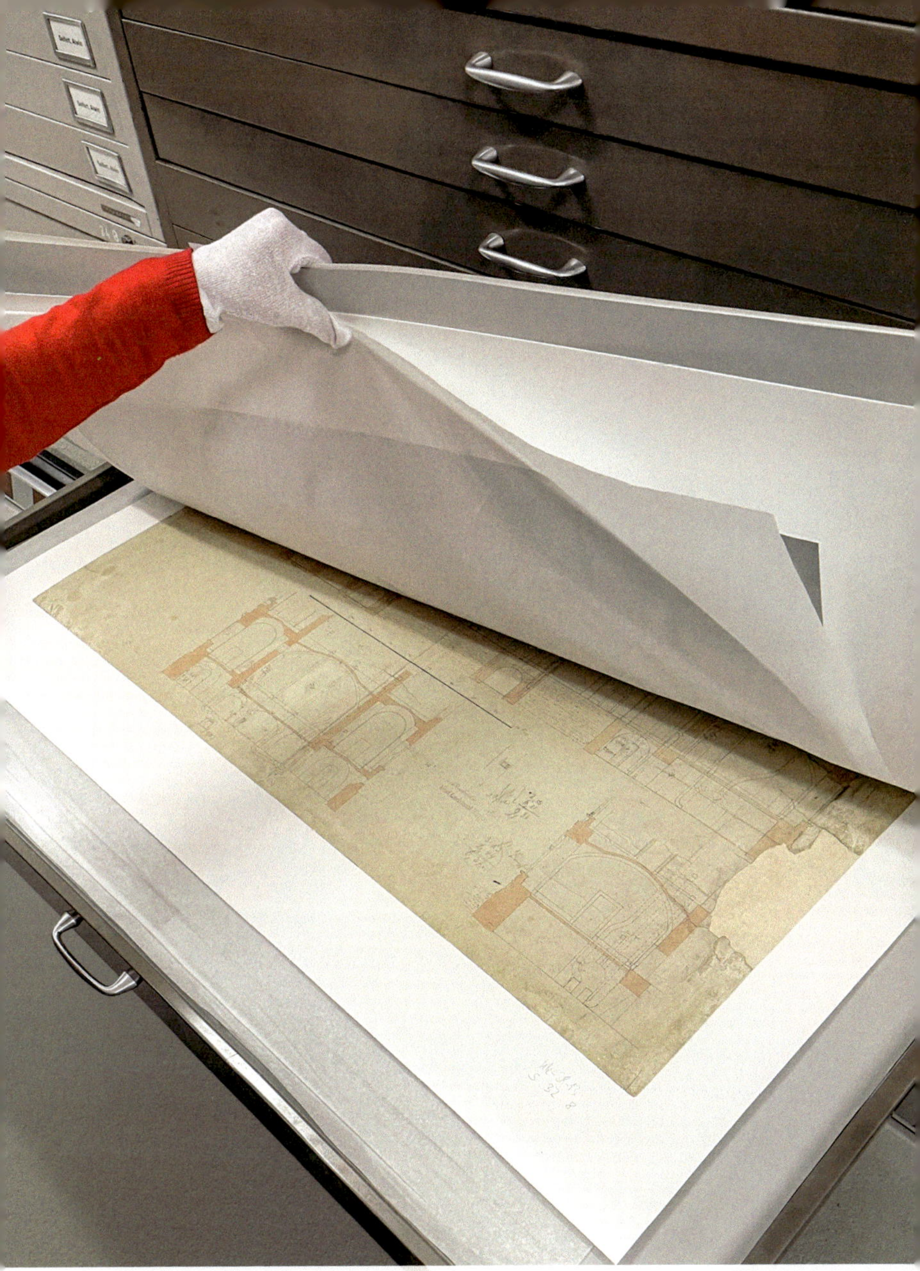

Adresse Architekturmuseum der TU München, Arcisstraße 21, 80333 München, Tel. 089/28928352, www.architekturmuseum.de | Anfahrt U 2, Haltestelle Theresienstraße; Bus 68, 100 (Museumslinie), Haltestelle Technische Universität | Öffnungszeiten Archivbesuche nur nach Voranmeldung (Zugang Luisenstraße Eingang VI), Kontakt: archiv@architekturmuseum.de | Tipp Empfehlenswert und originell ist das Café im Vorhoelzer Forum auf dem Dach der Technischen Universität (Arcisstraße 21).

11 Die Bavaria

Erste Kolossalplastik seit der Antike

Als am 9. Oktober 1850 anlässlich des Oktoberfestes die feierliche Enthüllung der 18,50 Meter hohen, auf einem Zehn-Meter-Sockel stehenden, 87 Tonnen schweren Bavaria stattfand, war klar: München hatte eine der spektakulärsten technischen Herausforderungen des 19. Jahrhunderts gemeistert. Ein Meisterwerk der Gusskunst und der Logistik gleichermaßen. Und als ob das nicht reichte: Über eine Wendeltreppe konnte man dem Koloss bis in den Kopf steigen und dort von zwei bronzenen Sitzbänken aus hinunter auf München und das Oktoberfest blicken.

Seit der Antike war keine größere Figur in Bronze gegossen worden als die von dem jungen Bildhauer Ludwig von Schwanthaler (1802–1848) modellierte Frauenfigur der Bavaria, die König Ludwig I. 1837 in Auftrag gegeben hatte. Sechs Jahre hatte Schwanthaler am Modell dieses riesigen Gipskolosses geformt und getüftelt. Jetzt musste es noch für die Ewigkeit gegossen werden. Eine Anforderung, die nur die 1824 gegründete Königliche Erzgießerei mit dem dazugehörigen metallurgischen Forschungsinstitut des Eisengießinspektors Ferdinand von Miller (1813–1887) leisten konnte. Aber auch die Produktion der gigantischen Bronzehohlgüsse von Kopf, Brust, Hüfte und Löwe dauerte noch einmal sechs Jahre.

Im Sommer 1850 war es dann so weit: Die gewaltigen Einzelteile wurden auf eigens konstruierten Spezialwagen mit je zwölf Pferden zur Theresienhöhe gezogen. Am 7. August folgte schließlich als Höhepunkt der 200 Zentner schwere Kopf in einem langen Festzug. Nachdem dieser unter dem Schmettern von Trompeten mit Kränen langsam vom Wagen gehoben worden war, um im turmhohen Baugerüst auf den montierten Rumpf aufgesetzt zu werden, entstiegen ihm unter dem Jubel des Publikums nach und nach 30 Arbeiter der Erzgießerei, die sich im Kopf versteckt hatten. Sie wollten noch einmal die monumentale Dimension der Bavaria demonstrieren.

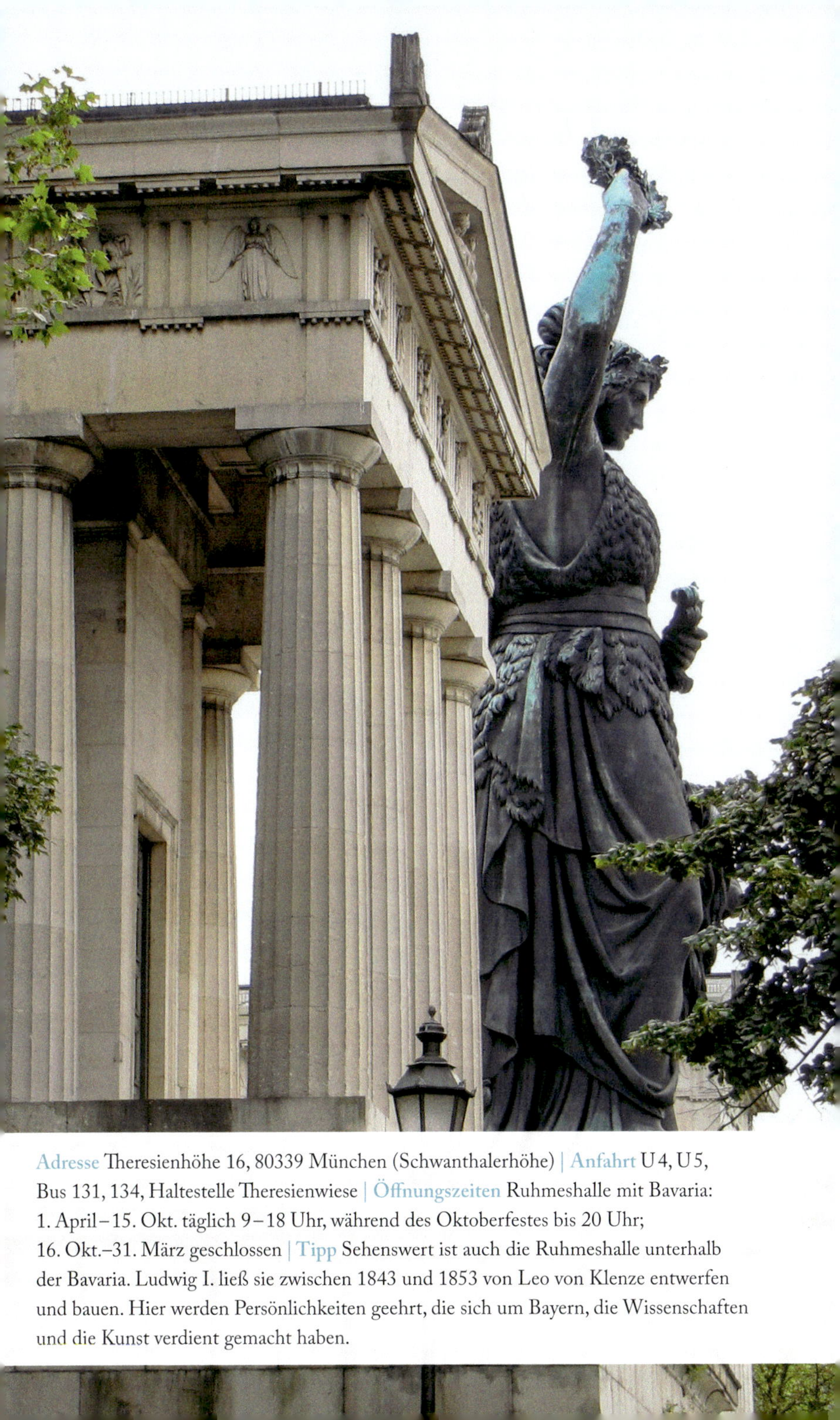

Adresse Theresienhöhe 16, 80339 München (Schwanthalerhöhe) | Anfahrt U 4, U 5, Bus 131, 134, Haltestelle Theresienwiese | Öffnungszeiten Ruhmeshalle mit Bavaria: 1. April–15. Okt. täglich 9–18 Uhr, während des Oktoberfestes bis 20 Uhr; 16. Okt.–31. März geschlossen | Tipp Sehenswert ist auch die Ruhmeshalle unterhalb der Bavaria. Ludwig I. ließ sie zwischen 1843 und 1853 von Leo von Klenze entwerfen und bauen. Hier werden Persönlichkeiten geehrt, die sich um Bayern, die Wissenschaften und die Kunst verdient gemacht haben.

12 Der Benz-Motorwagen

Das erste Benzin-Automobil der Welt

Mit dem Patent-Motorwagen Nummer 1 fing alles an. Das Automobil war erfunden, obwohl es anfänglich schwer durchzusetzen war. Noch dominierten die Kutsche und vor allem das Fahrrad, das ein Welterfolg war und zu ungeahnter Mobilität geführt hatte. Und Dampfstraßenwagen mit Dampfmaschinenantrieb, bereits seit 1830 auch als Omnibusse im Linienbetrieb, waren en vogue, mächtige, dampfausstoßende Vehikel.

So wunderte sich der geniale Erfinder Carl Benz (1844–1929) nicht, als er am 29. Januar 1886 das Deutsche Reichspatent 37435 für das »Fahrzeug mit Gasmotorbetrieb« anmeldete und dieses gemischte Gefühle auslöste: ein neuer Einzylinder-Viertaktmotor, Hubraum 0,954 Liter, 0,75 PS, Höchstgeschwindigkeit 16 Kilometer pro Stunde. Das weltweit erste Benzin-Automobil mit einem Verbrennungsmotor. Die Probefahrten des revolutionären Vehikels fanden aus Gründen der Geheimhaltung vor der ebenfalls an den ersten Motorenwagen arbeitenden Konkurrenz, den Erfindern Gottlieb Daimler (1834–1900) und Wilhelm Maybach (1846–1929), die in Stuttgart auf der Basis des Otto-Motors an einem Benziner bastelten, 1885 auf dem Werksgelände von Benz in Mannheim statt. Während diese bei ihrem Straßenfahrzeug anfänglich nicht aus der Experimentierphase einer Motorkutsche hinauskamen, startete Benz Anfang Juli 1886 mit seinem dreirädrigen Wagen, gefertigt aus vielen Bauteilen der Fahrradproduktion, die erste öffentliche Jungfernfahrt, ungläubig bestaunt, begleitet von einer kritischen Presse. Für so ein Vehikel könne man doch kein Geld ausgeben. Man prophezeite einen Flop.

Aber der Benz Patent-Motorwagen Nummer 1, heute im Verkehrszentrum zu bestaunen, dieser eigenständige Entwurf eines lenkbaren Dreispeichenrads mit Stahlrohrrahmen und einem in das Fahrgestell integrierten Einzylinder-Viertaktmotor, war die Geburtsstunde des Automobils. Und ließ den Traum vom Selbstfahren wahr werden.

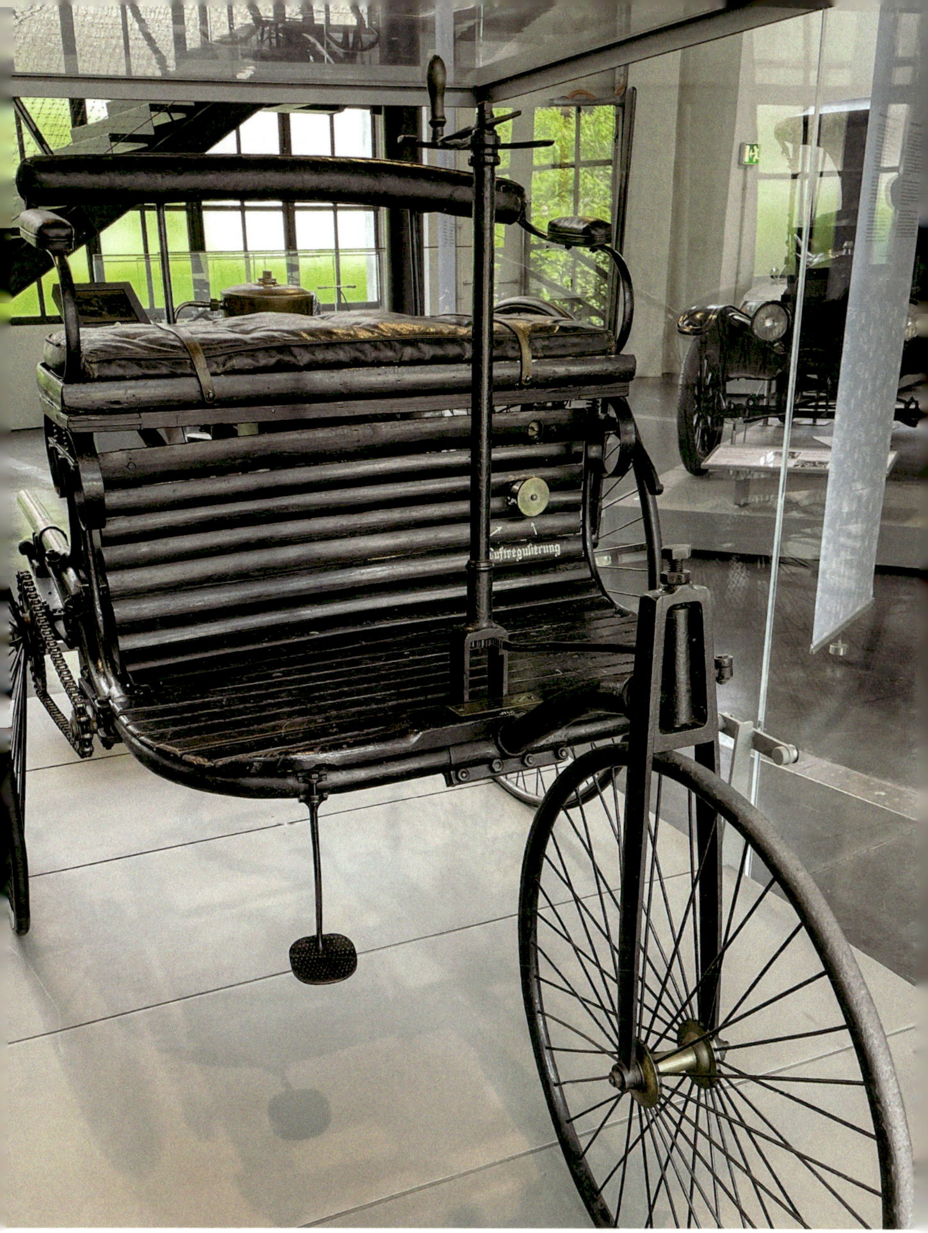

Adresse Verkehrsmuseum des Deutschen Museums, Am Bavariapark 5, 80339 München (Schwanthalerhöhe), Tel. 089/2179333, www.deutsches-museum.de/verkehrszentrum | **Anfahrt** U 4, U 5, Bus 53, Haltestelle Schwanthalerhöhe; Bus 134, Haltestelle Theresienhöhe | **Öffnungszeiten** täglich 9–17 Uhr | **Tipp** Ein Highlight: die 2004 geschaffene Installation »Umschreibung« des dänischen Künstlers Ólafur Elíasson im offenen Innenhof des KPMG-Gebäudes in der Ganghoferstraße 29. Es handelt sich hierbei um eine neun Meter hohe, begehbare Doppelspirale.

13 Die Bronzekuben

Chaos und Ordnung in Koexistenz

Das Sammeln von Kunst spielte in der Geschichte der von Carl von Thieme gegründeten Munich Re eine bedeutende Rolle. Mit der Errichtung des von Jugendstil und Klassizismus geprägten Hauptgebäudes und des von ionischen Säulen gesäumten Schmuckhofes durch die Architekten Oswald Bieber und Wilhelm Hollweck 1912/13 an der Königinstraße wurde das Sammeln zeitgenössischer Kunst Programm. Dominant im Eingangsbereich: das 1913 entworfene Fresko »Kampf der Elemente« von Reinhold Max Eichler (1872–1947).

Das ganze Haus ist voller Kunstwerke, die einen auf Schritt und Tritt auf den oberen Gängen, in den Höfen und Gärten, aber vor allem auch im unterirdischen Passagensystem begleiten. Insgesamt umfasst die Sammlung rund 3.000 Kunstwerke, von denen viele in den Münchner Geschäftsgebäuden des Unternehmens gezeigt werden. Betritt man den großen viereckigen Innenhof des historischen Hauptgebäudes, umgeben von den klaren Linien des in Ockerfarben gehaltenen Hauses, erblickt man eine Skulptur, die leicht aus der Mitte versetzt den Raum dynamisch markiert und auch deshalb besonders hervorsticht, weil sie frei und zentral steht und so auf den Betrachter wirkt.

Die 1997 entstandene, sieben Meter hohe Skulptur »Weltachse« des Künstlers Jürgen Partenheimer besteht aus 13 unterschiedlich aufeinandergesetzten Bronzekuben, handbemalt in verschiedenen ultramarineblauen Farbtönen. Man hat den Eindruck, das Kunstwerk falle durch eine überraschende Außeneinwirkung auf die Kuben in sich zusammen. Aber das Werk ist fest im Boden verankert, und die Kuben sind unverrückbar miteinander verbunden. Sie vermitteln Sicherheit und Stabilität trotz ihrer fragilen, vielleicht sogar schwebenden Wirkung. Alle Bronzekuben harmonieren trotz ihrer unterschiedlichen Größe und Bemalung aufs Beste miteinander und bilden ein ausgewogenes Ganzes.

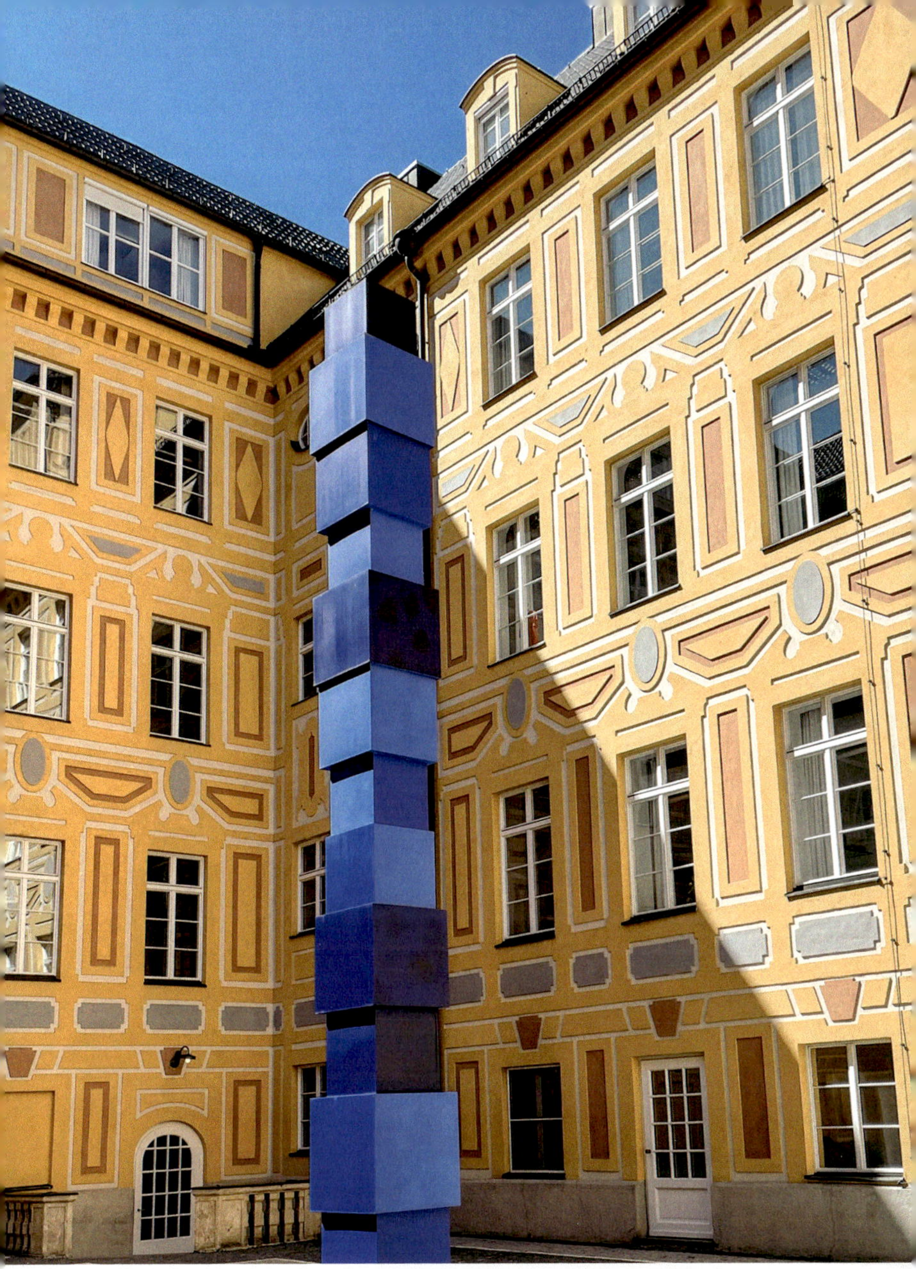

Adresse Munich Re, Königinstraße 107, 80802 München (Schwabing), Tel. 089/38910, www.munichre.com | **Anfahrt** U 3, U 6, Haltestelle Giselastraße; Bus 54, 58 (CityRing), 154, Haltestelle Thiemestraße | **Öffnungszeiten** Führungen durch die Munich Re Art Collection nach Vereinbarung (Kontakt: Dr. Susanne Ehrenfried-Bergmann, sehrenfried-bergmann@munichre.com) | **Tipp** Vor der Mensa der Universität an der Leopoldstraße stößt man auf die extravagante Skulptur »Allegorie der Lehre« (1984) des Bildhauers Jürgen Goertz.

14 Der Buddha-Saal

Eintauchen ins Museum Fünf Kontinente

Das 1862 als Königlich Ethnologische Sammlung gegründete, schließlich zum Staatlichen Museum für Völkerkunde umfirmierte und seit 2014 als Museum Fünf Kontinente fungierende Haus in der Maximilianstraße gilt mit seinen etwa 160.000 Objekten der museumseigenen Sammlungen zu Afrika, Australien, Nord-, Mittel- und Südamerika, zum Orient, zu Ost-, Zentral-, Süd- und Südostasien sowie Ozeanien als das älteste ethnologische Museum in Deutschland. Betritt man das Foyer, sticht im Treppenhaus ein riesiger Buddha ins Auge, der einen Vorgeschmack gibt auf das, was einen im sogenannten Buddha-Saal erwartet.

Dominiert wird das Ambiente dort vom majestätisch thronenden Buddha, umgeben von zwei roten Löwen und verschiedenen sogenannten Drachenwächtern. Abenteuerlich ist die Geschichte, wie diese riesigen Figuren nach München gelangt sind. Man wollte die historische Sammlung des Japanforschers, Ethnologen und Botschafters Philipp Franz von Siebold (1796–1866), das Herzstück der Ostasienabteilung des Museums, um weitere Stücke ergänzen und schickte den Konservator der Königlich Ethnologischen Sammlung, Max Buchner (1846–1921), einen ehemaligen Schiffsarzt und Ethnografen mit Afrika- und Asienkenntnissen, nach Japan, um aus den seit 1868 aufgelösten buddhistischen Klöstern Fundstücke für München zu erwerben. Mit dem Aufkommen des Shinto-Nationalismus und der damit einhergehenden religiösen und politischen Neuausrichtung war der Buddhismus nicht mehr en vogue, die Klöster und Tempel wurden aufgelöst, wertvollste Stücke versteigert. Buchner wurde in Antiquitätengeschäften in Kobe und Osaka fündig. Hier erwarb er günstig den wertvollen goldenen Buddha, nahm ihn fachgerecht auseinander und verschiffte ihn ganz legal mit vielen anderen im Buddha-Saal ausgestellten Statuen nach Europa. Eine vergleichbare Buddha-Figurengruppe aus dem 17. Jahrhundert ist in keinem anderen europäischen Museum zu sehen.

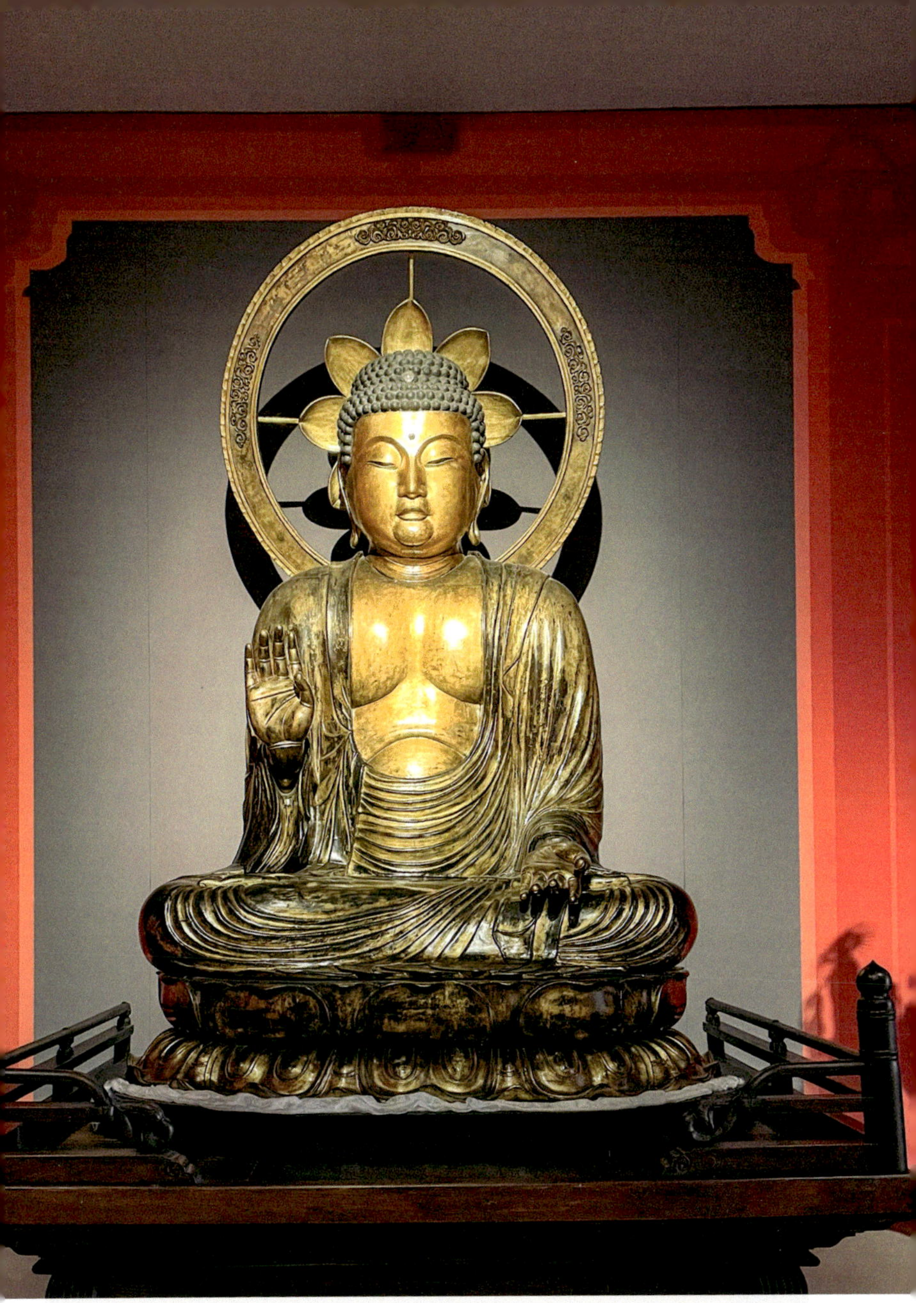

Adresse Museum Fünf Kontinente, Maximilianstraße 42, 80538 München, Tel. 089/210136100, www.museum-fuenf-kontinente.de | Anfahrt U 4, U 5, Haltestelle Lehel; Tram 16, 19, Haltestelle Maxmonument | Öffnungszeiten Di–So 9.30–17.30 Uhr | Tipp Die zum Museum Fünf Kontinente gehörende umfangreiche Sammlung Fotografie ist seit 2016 größtenteils auch online einsehbar.

15 Die Bustelli-Figuren

Commedia dell'Arte in Schloss Nymphenburg

Sie kosten immer noch ein kleines Vermögen, die von der Porzellanmanufaktur Nymphenburg angebotenen Komödienfiguren nach Modellen des 1723 in Locarno geborenen und 1763 in München gestorbenen Franz Anton Bustelli. Erst 19-jährig, wurde F. A. Bustelli (so sein Signet) 1754 von der kurz zuvor von Maximilian III. Joseph gegründeten kurfürstlichen Porzellanmanufaktur eingestellt, ein »Glücksfall«, der sich auszahlen sollte. Bis zu seinem Tod arbeitete Bustelli als Bildhauer und Modellierer von Porzellanfiguren in Nymphenburg, hatte sich rasch einen Namen gemacht und es zu einem der bedeutendsten Porzellankünstler des Rokoko gebracht, dessen Werke bis heute unverändert hoch im Kurs stehen und nichts an ihrer Faszination eingebüßt haben.

Der junge Bustelli schaffte es meisterlich, die unterschiedlichsten Figuren in Porzellan lebendig werden zu lassen. Herausragend sind seine 16 Vertreter der »Commedia dell'Arte«, die einst die höfische Desserttafel verschönerten. Die um 1760 entstandenen Komödienfiguren waren der ab dem 16. Jahrhundert in Italien populären Theaterform entliehen. Einem »Stegreiftheater« ohne vorgeschriebene Texte, dessen Dialoge innerhalb eines Handlungsrahmens improvisiert entstanden, voller Anspielungen, humoriger und amouröser Überraschungen. Die Theatergruppen der »Commedia dell'Arte« bestanden meist aus festen Ensembles mit wiederkehrenden Charaktertypen, Kostümen und Masken, die vor allem auch politische und gesellschaftliche Ereignisse karikierten. Die farbigen, immer ein wenig schelmisch wirkenden Porzellanfiguren sind in Gestik und Mimik ausdrucksstark und lassen den Betrachter schmunzeln. Die porzellanene »Commedia dell'Arte« wurde zur Erfolgsgeschichte des jungen Bildhauers, der in seinen neun Jahren in der Manufaktur rund 150 Entwürfe produzierte, darunter zahlreiche »Chinoiserien« und eine Kreuzigungsgruppe (1756) mit einem herausragenden Kruzifix, die das Museum vorhält.

Adresse Porzellanmuseum Nymphenburg, Südliches Schlossrondell, 80638 München (Nymphenburg), Tel. 089/179080, www.schloss-nymphenburg.de | Anfahrt Tram 12, Bus 42, Haltestelle Romanplatz; Tram 17, Bus 51, Haltestelle Schloss Nymphenburg | Öffnungszeiten 1. April – 15. Okt. täglich 9 – 18 Uhr, 16. Okt. – 31. März täglich 10 – 16 Uhr | Tipp Die komplette Bustelli-Kollektion der »Commedia dell'Arte« und viele weitere Exponate aus Nymphenburger Porzellan sind auch im Bayerischen Nationalmuseum zu sehen.

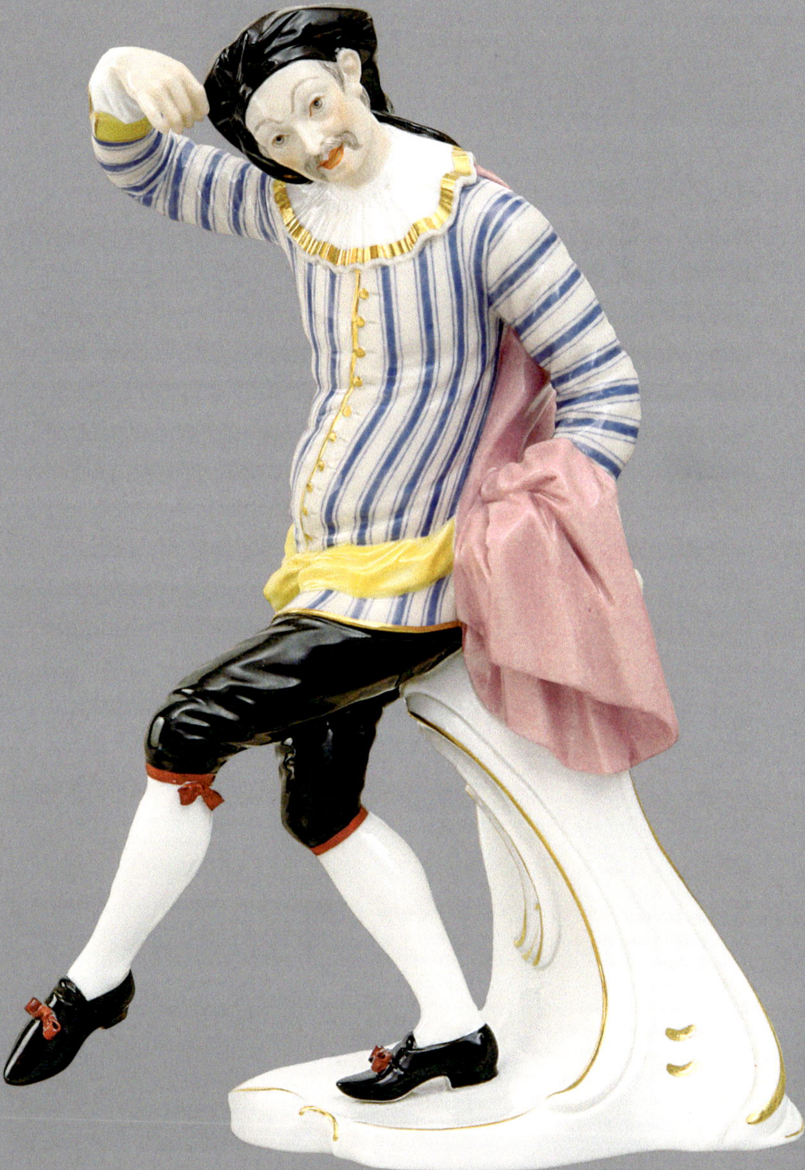

16 Der Canaletto

Schloss Nymphenburg, meisterlich in Szene gesetzt

Er gehörte zu den großen Künstlern, die europäische Metropolen wirklichkeitsgetreu abbildeten und bis heute für herausragende Stadtansichten ihrer Zeit stehen: der hochbegabte venezianische Maler Bernardo Bellotto, genannt Canaletto (1722–1780). Er hielt zahlreiche italienische Städte in Gemälden fest und schuf Ansichten von Wien, Warschau und Dresden, wo er über Jahre als Hofmaler fungierte und neue Maßstäbe setzte. Das Besondere an der Kunst Canalettos, der die Tradition venezianischer Vedutenmalerei perfektionierte: die Verdichtung optisch weit ausholender, mitunter unterschiedlicher Perspektiven, zusammengesetzt aus kleineren, mit Hilfe einer transportablen Camera obscura produzierten Einzelzeichnungen, die dann auf die große Leinwand übertragen wurden. Dazu wurden Details urbanen Lebens und viele Alltagsszenen eingearbeitet – eine realistische Darstellung, ergänzt durch szenische Elemente.

Ein Glücksfall für München: Auf Empfehlung Maria Theresias gelangte Canaletto 1761 für kurze Zeit an den Münchner Hof, wo er den Auftrag erhielt, die Sommerresidenz Schloss Nymphenburg aus zwei Perspektiven sowie ein Panorama der Stadt München, gesehen vom östlichen Isarufer aus, zu malen. Mit ungeheuer vielen Details, die einen unerwarteten Blick in eine andere Zeit ermöglichen. Bis heute sind diese Gemälde, die bereits seit dem 19. Jahrhundert im Besitz der Bayerischen Staatsgemäldesammlungen sind, im Kurfürstenzimmer der Residenz zu bewundern, seit 250 Jahren hängen sie also an ihrem ursprünglichen Bestimmungsort.

Und da ragt besonders hervor: »Das Nymphenburger Schloss, gesehen von der Parkseite«. Auf dem Gemälde, das sich wie nahezu alle Canalettos durch realistische Landschafts- und Gebäudedarstellungen auszeichnet, ist das Schloss von wie zufällig im Park flanierenden und bootsfahrenden Menschen umgeben. Eine Momentaufnahme, umgesetzt mit fotografischem Blick.

Adresse Residenz, Residenzstraße 1, 80333 München (Altstadt), Tel. 089/290671, www.residenz-muenchen.de | **Anfahrt** U 3–U 6, Bus 100 (Museumslinie), 153, Haltestelle Odeonsplatz | **Öffnungszeiten** April–18. Okt. täglich 9–18 Uhr, 19. Okt.–März täglich 10–17 Uhr | **Tipp** Sehenswert sind die ab 1828 entstandenen Nibelungensäle im Königsbau der Residenz mit den Monumentalgemälden des sächsischen Malers Julius Schnorr von Carolsfeld (1794–1872), die Motive der Nibelungensage zeigen.

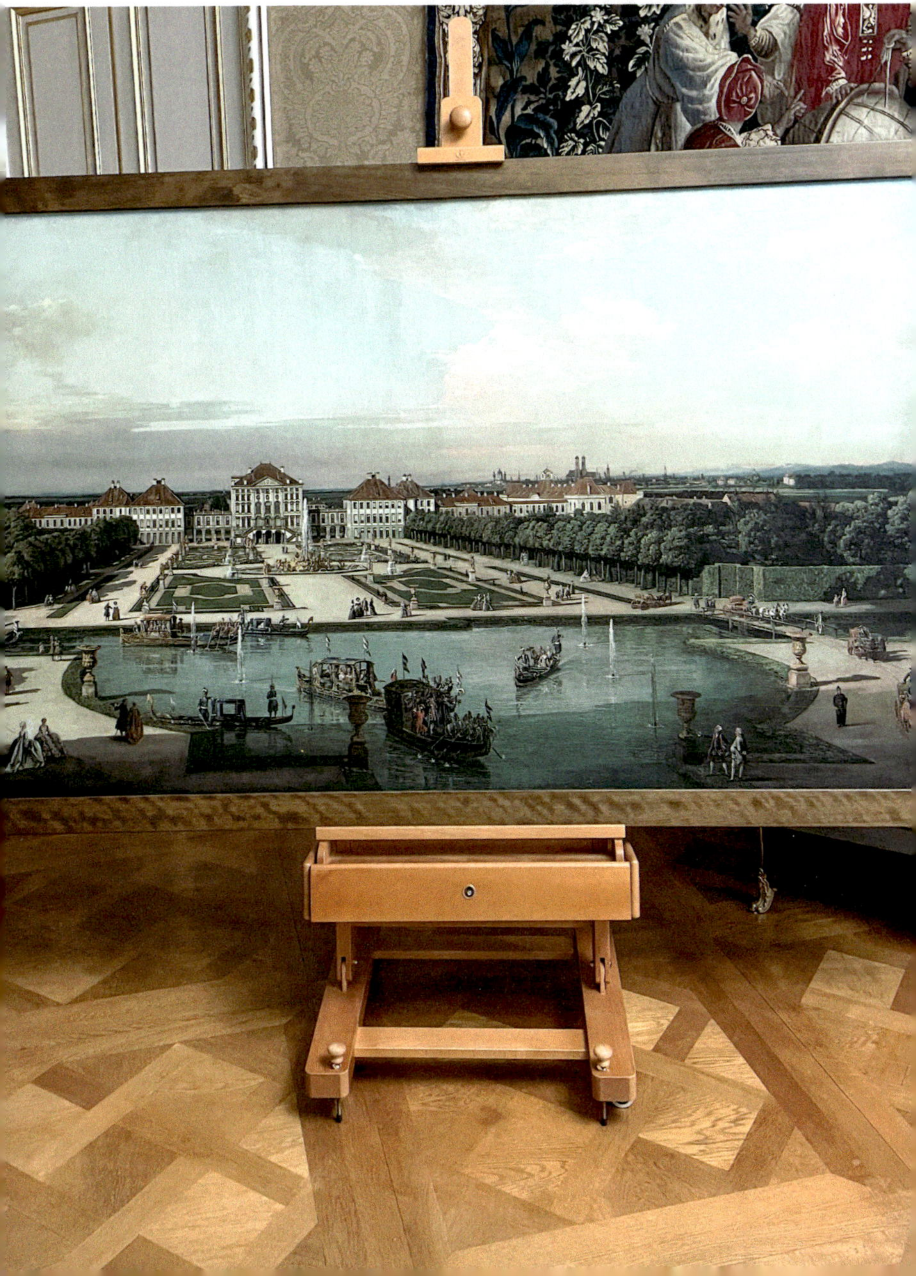

17 Die Capri-Batterie

Der extravagante Auftritt des Joseph Beuys

Als sich der Maler, Bildhauer und Aktionskünstler Joseph Beuys (1921–1986) ein Jahr vor seinem Tod 1985 auf der italienischen Mittelmeerinsel Capri von einer Krankheit erholte und mit seinem neapolitanischen Galeristen in dessen Villa beim abendlichen Wein auf der Terrasse saß, kam ihm ein Gedanke. Beuys war aufgefallen, dass die mit Einbruch der Dunkelheit aufkommenden stechwütigen Mücken einen respektablen Abstand zu ihren potenziellen Opfern hielten. Der abschreckende Grund: spezielle Glühbirnen in Steckfassungen. Und da die Terrasse unmittelbar an einen Zitronenhain grenzte, war eine Idee geboren, die an spielerischer Einfachheit und nachhaltiger Aussagekraft ihresgleichen sucht: die »Capri-Batterie«. Eine knallgelbe Glühbirne in einer schwarzen Lampenfassung mit integriertem Stecker, der fast im rechten Winkel in einer prallgelben Zitrone steckt. Sie gehört zu den Highlights des eindrucksvollen Beuys-Blocks in der Sammlung Moderne Kunst der Pinakothek der Moderne.

Die Capri-Batterie, produziert in einer Auflage von 200 Exemplaren, war ein Wurf, der es bis auf die Expo 2000 in Hannover schaffte und im Deutschen Pavillon das Land Nordrhein-Westfalen repräsentierte – als kleinstes Objekt aller 16 Bundesländer, aber mit nachhaltiger Wirkung. Denn die Capri-Batterie war viel mehr als nur ein Gag. Beuys, dessen Credo stets der »erweiterte Kunstbegriff« war – weg von der traditionell geprägten, formal ästhetischen Kunstauffassung hin zur »sozialen Plastik« –, verknüpfte mit diesem Werk eine klare ökologische Aussage: Die Natur ist die Energiequelle, die sich immer wieder aufladende Batterie, die funktionierende Technik erst ermöglicht – wie die Zitrone als Ladestation des Leuchtkörpers, der stets in der Balance zu bleiben hat. Beuys selbst hat jeder seiner Capri-Batterien, die unter der Firmierung »Glühbirne mit Steckerfassung, in Holzkiste, Zitrone« nummeriert und signiert in den Handel kam, eine Gebrauchsanweisung beigefügt: »Nach 1.000 Stunden die Batterie auswechseln«.

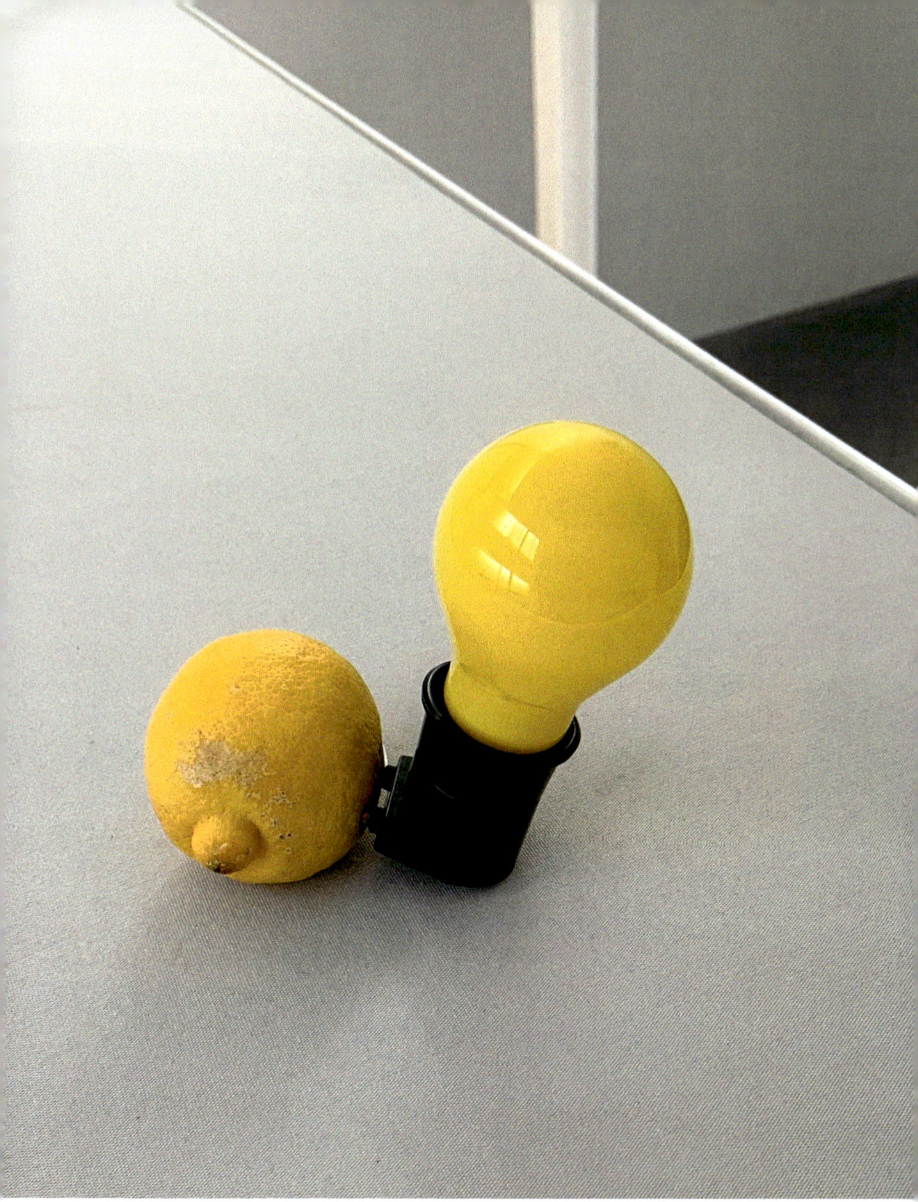

Adresse Pinakothek der Moderne, Sammlung Moderne Kunst, Barer Straße 40, 80333 München (Maxvorstadt), Tel. 089/23805360, www.pinakothek.de/pinakothek-der-moderne | Anfahrt U 3, U 6, Haltestelle Odeonsplatz oder Universität; U 4, U 5, Haltestelle Odeonsplatz; U 2, Haltestelle Königsplatz oder Theresienstraße; Tram 27, 28, Bus 58 (CityRing), 100 (Museumslinie), Haltestelle Pinakotheken | Öffnungszeiten täglich außer Mo 10–18 Uhr, Do 10–20 Uhr | Tipp Die Städtische Galerie im Lenbachhaus verfügt ebenfalls über einen eindrucksvollen Beuys-Block. Darin zu sehen: Die spektakuläre Skulptur »Zeige Deine Wunde«.

18 Die Circus-Nummer

Eigenwillige Akrobatik an der Hausecke

Vielleicht liegt der Grund für die Schaffung dieser Skulptur in der Tatsache, dass der 1933 in Dnipropetrowsk in der früheren Sowjetunion geborene Maler und Konzeptkünstler Ilja Kabakow lange Zeit als Kinderbuchillustrator arbeitete. Seine nonkonformistische Kunstauffassung hatte ein ums andere Mal zu Konflikten mit den Kulturoberen geführt, die seinem Kunstschaffen immer wieder Grenzen setzten. Mit seinem Bewerbungskonzept für eine geplante Skulptur anlässlich des Neubaus der Versicherungskammer Bayern an der Warngauer Straße setzte sich Kabakow bei den Juroren gegen starke Konkurrenz durch. Kabakow hatte die Idee, die Menschen des unmittelbaren Umfeldes, den »Normalbürger« und auch die Kinder des nahen Kindergartens, »mitzunehmen« und in das Werk für den nicht unbedingt in dieses Quartier passenden Versicherungsbau einzubeziehen. Etwas Munteres und Lebendiges sollte den eher nüchternen Verwaltungskomplex aufhellen: »The Shining Circus and its Spectators«.

Gemeinsam mit seiner Frau Emilia installierte Kabakow, der nach der Emigration aus der Sowjetunion seit 1988 in New York lebt und zu einem weltweit angesehenen und ausgestellten Künstler avancierte, 2004 das Kunstwerk, das sich zu einem trefflichen Hingucker entwickelt hat. Kabakow, der in Russland als bedeutender Vertreter des »Moskauer Konzeptualismus« galt und stark vom russischen Maler und Vertreter der russischen Avantgarde Kasimir Malewitsch beeinflusst wurde, hat die Akrobatik des Artisten vor den Augen seines Publikums auf ein Minimum reduziert und sie dennoch äußerst lebendig inszeniert. Die einzelnen Teile der Aluminium-Skulptur, die zusammengesetzt wie eine geometrische Formel wirken, sind unterschiedlich farbig akzentuiert und bestechen durch ihre Vorführung. Ilja Kabakows Œuvre umfasst hauptsächlich Gemälde, große Skulpturen im öffentlichen Raum sind eine Seltenheit.

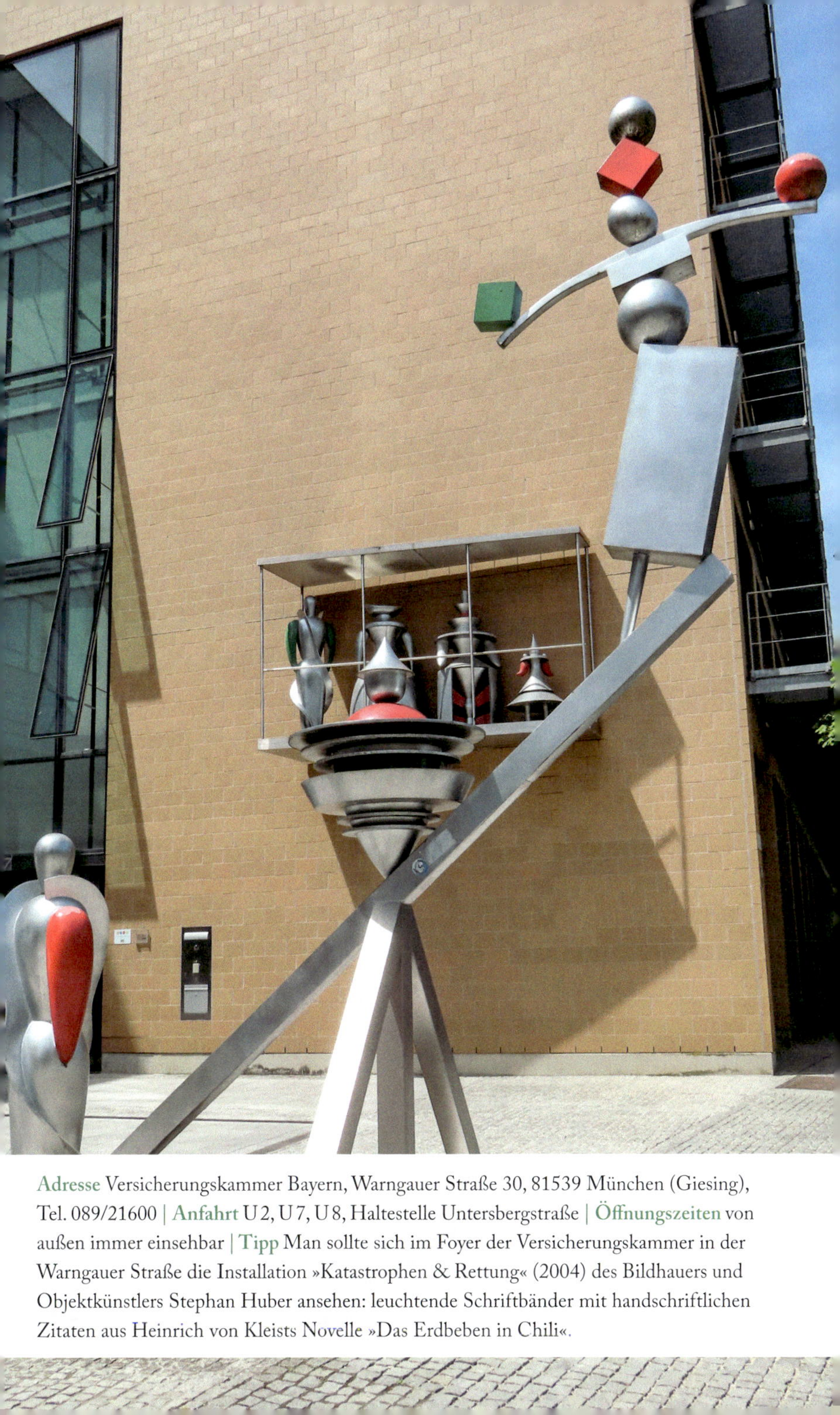

Adresse Versicherungskammer Bayern, Warngauer Straße 30, 81539 München (Giesing), Tel. 089/21600 | Anfahrt U 2, U 7, U 8, Haltestelle Untersbergstraße | Öffnungszeiten von außen immer einsehbar | Tipp Man sollte sich im Foyer der Versicherungskammer in der Warngauer Straße die Installation »Katastrophen & Rettung« (2004) des Bildhauers und Objektkünstlers Stephan Huber ansehen: leuchtende Schriftbänder mit handschriftlichen Zitaten aus Heinrich von Kleists Novelle »Das Erdbeben in Chili«.

19 Das Cuvilliéstheater

Mozart wäre doch so gern in München geblieben

Es gibt viele Münchner, die noch nie im Cuvilliéstheater waren. Aber dieses Meisterwerk des Rokoko *muss* man gesehen haben. Denn so ein Juwel findet man in Deutschland kein zweites Mal. Nicht umsonst war auch der junge Mozart in dieses architektonische Ensemble vernarrt und wäre schon seinetwegen am liebsten in München geblieben. Denn im 1753 eröffneten, vom Architekten François de Cuvilliés erbauten Theater hatte der 25-jährige Mozart 1781 seine prunkvolle Oper »Idomeneo« uraufgeführt, die zu einem umjubelten Erfolg wurde. Fünf Jahre zuvor hatte sich das junge Genie, das im Auftrag des Kurfürsten Max Joseph, des späteren Königs Max I., die Oper »La finta giardiniera« für den Münchner Karneval komponiert hatte, intensiv um eine Festanstellung am Münchner Hof beworben. Aber der Kurfürst beschied, er möge doch erst noch nach Italien gehen und weiterlernen. München hätte Mozartstadt werden können.

Der Komponist liebte das Cuvilliéstheater, diesen Rausch in Gold und Rot, diese Pracht an inszeniertem Rokoko auf vier Stockwerken mit jeweils 14 Logen und dem hufeisenförmigen Parterre, den kunstvoll geschnitzten Logenverkleidungen, dem figürlichen und ornamentalen Dekor und gleichzeitig der modernsten Bühnentechnik. Auch König Ludwig II. ließ sich in dieser Goldkulisse Opern vortragen, ganz allein in der von zwei Atlanten getragenen Fürstenloge. Das ursprünglich nur dem Hof vorbehaltene Theater, das erst 1795 für alle Bürger Münchens geöffnet wurde, war auch Schauplatz rauschender Feste.

Ursprünglich stand das Cuvilliéstheater, damals noch Residenztheater, dort, wo heute das Neue Residenztheater steht. Kurz vor der Zerstörung 1944 konnte das gesamte Interieur ausgelagert und gerettet werden. Mitte der 1950er Jahre wurde das Cuvilliéstheater in detaillierter Kleinstarbeit und unverändertem Glanz in den sogenannten Apothekerstock der Residenz eingebaut.

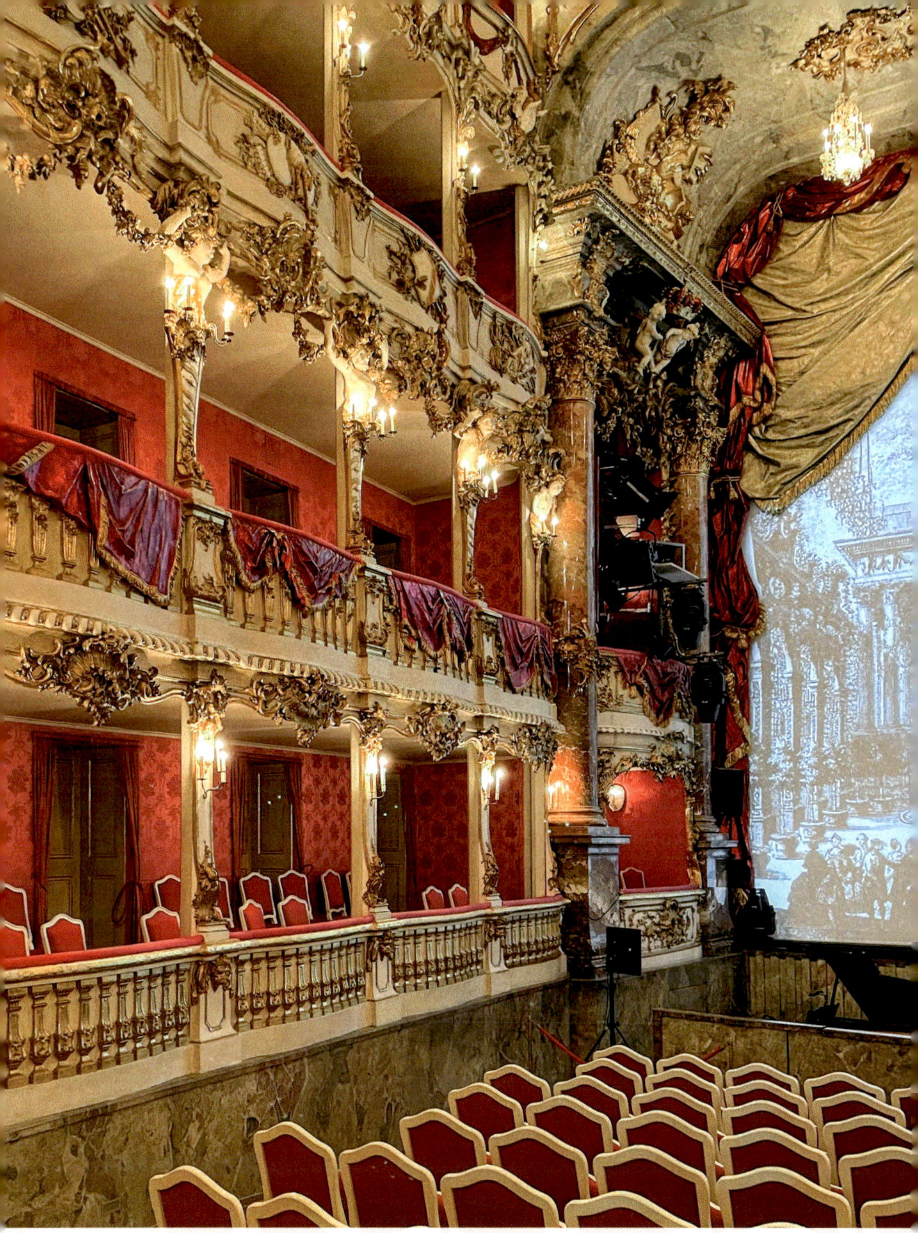

Adresse Residenzstraße 1, 80333 München, Tel. 089/290671, www.residenz-muenchen.de | Anfahrt U3–U6, Bus 100 (Museumslinie), 153, Haltestelle Odeonsplatz | Öffnungszeiten 24. März–30. Juli Mo–Sa 14–18 Uhr, So und Feiertage 9–18 Uhr, 31. Juli–5. Sept. Mo–So 9–18 Uhr, 6. Sept.–15. Okt. Mo–Sa 14–18 Uhr, So und Feiertage 9–18 Uhr, 16. Okt.–23. März Mo–Sa 14–17 Uhr, So und Feiertage 10–17 Uhr | Tipp Wenn Mozart in München zu Gast war, wohnte er meist im 1764 erbauten Seinsheim-Palais in der Prannerstraße 7, damals eine der ersten Adressen der Stadt.

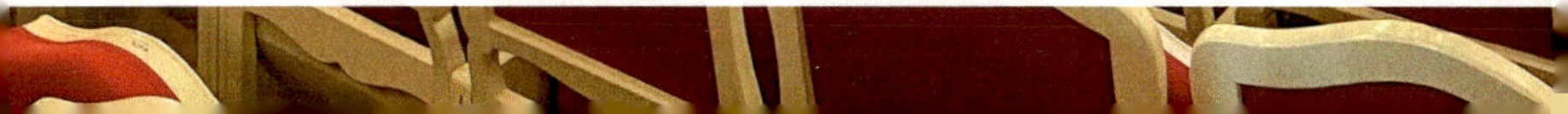

20 Die Dame mit Äffchen

Zerbrechliches aus Porzellan

Da sitzt sie auf einem Polster mit Rautenmuster in einem halbrunden weißen Gartenstuhl und lehnt sich leicht distanziert zurück, kapriziert sich, die unbekannte Dame. Das Äffchen hockt gemächlich auf der Lehne und legt der Dame den Arm auf die Schulter, macht keine Anstalten zu springen. Die Dame kokettiert schelmisch, als hätte sie den »Gast« noch nie gesehen, während das Äffchen den Betrachter aus großen Augen anschaut. Detailliert gearbeitet, mit Schwung und Leichtigkeit. Das blaue Kostüm mit dem dreifach gestuften, weiß gesäumten Rock, unter dem ein gewellter Unterrock hervorlugt. Der blaue Hut mit der weißen Pfauenfeder. Sie fügt sich ein in eine Reihe weiterer Porzellanfiguren: Pierrot und Pierrette, ein beschwingtes Paar in Rokoko-Kostümen, und zwei sich wohlig in Sessel zurücklehnende Damen mit übereinandergeschlagenen Beinen, prachtvoll gekleidet, deftig in Farbe gesetzt.

Entworfen und modelliert hat die Figurenkomposition auf einer asymmetrisch geschwungenen Bodenplatte 1906 der Bildhauer Josef Wackerle (1880–1959), koloriert wurde die Dame von Ludwig Carl Frenzel. Wackerle war 1905 zur Nymphenburger Porzellanmanufaktur gekommen und über fünf Jahrzehnte für die Manufaktur tätig, auch dann noch, als er längst eine Professur für Bildhauerei an der Münchner Hochschule für Bildende Künste innehatte. Aufsehen erregte Wackerle mit seinen großen Majolika-Figuren und den imposanten Ziervögeln für die Brüsseler Weltausstellung, die heute noch im Botanischen Garten Münchens zu sehen sind.

Die »Dame mit Äffchen« ist ein Glanzstück der Sammlung Bäuml im Porzellanmuseum Nymphenburg. Albert Bäuml (1855–1929) übernahm 1888 die Leitung der Nymphenburger Porzellanmanufaktur. Gleichzeitig begann er, herausragende Stücke seiner Manufaktur zu sammeln. Über Generationen hinweg legten er und später seine Söhne den Grundstock für die Nymphenburger Porzellansammlung.

Adresse Porzellanmuseum Nymphenburg, Südliches Schlossrondell, 80638 München (Nymphenburg), Tel. 089/179080, www.schloss-nymphenburg.de | **Anfahrt** Tram 12, Bus 42, Haltestelle Romanplatz; Tram 17, Bus 51, Haltestelle Schloss Nymphenburg | **Öffnungszeiten** 1. April –15. Okt. täglich 9–18 Uhr, 16. Okt.–31. März täglich 10–16 Uhr | **Tipp** In diesem Trakt des Schlosses befindet sich auch das Marstallmuseum mit den prächtigen Königskutschen und Schlitten der Wittelsbacher, auch die Prunkfahrzeuge Ludwigs II. sind zu sehen.

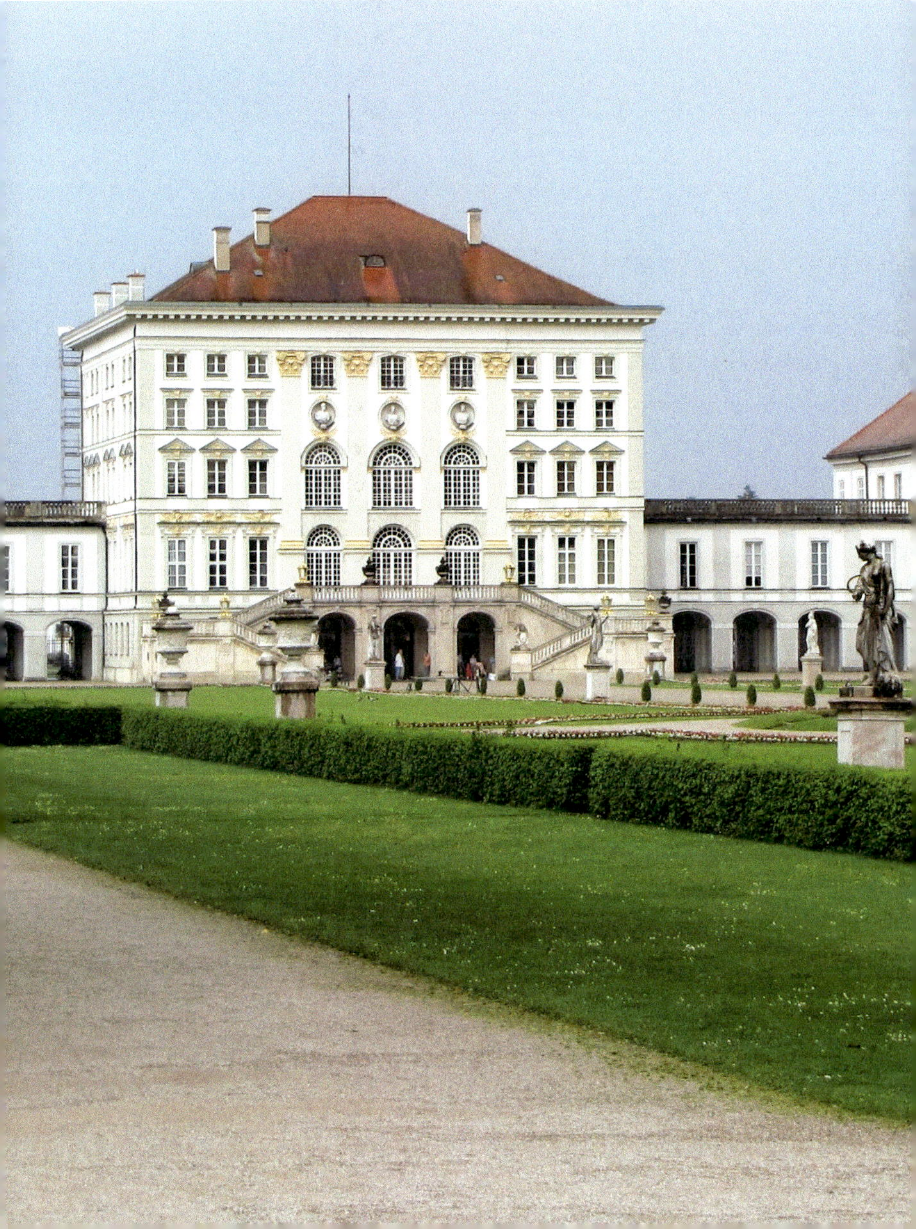

21 Das Dekadrachmon

Ein Meisterstück aus längst vergangenen Zeiten

Bei dieser Fülle an wertvollen Münzen der Antike, des Mittelalters und der Neuzeit, an Medaillen und geschnittenen Steinen, Gemmen und Kameen ist es nicht ganz einfach, in den vier Räumen mit den zahlreichen eng bestückten Vitrinen den Überblick zu behalten. Die auf Herzog Albrecht V. von Bayern (1528–1579) zurückgehende Staatliche Münzsammlung besitzt durch Schenkungen und Ankäufe Münzen und Zahlungsmittel vom Anbeginn des Geldverkehrs in Kleinasien im 7. Jahrhundert vor Christus. Rund 3.000 ausgesuchte Stücke sind hier zu sehen.

Ein Meisterstück: das um 410 vor Christus entworfene und geprägte Dekadrachmon aus der antiken griechischen Stadt Polis Akragas, heute Agrigent, der damals größten hellenischen Dependance auf Sizilien neben Syrakus. Nur acht dieser schweren Silbermünzen, die einen Höhepunkt der Münzgestaltung der griechischen Antike darstellen und zum Eindrucksvollsten der griechischen Numismatik zählen, sind bekannt. Ihr Wert wird deutlich, wenn man bedenkt, dass eine solche Münze 2012 auf einer Auktion in Zürich für 2,3 Millionen Schweizer Franken versteigert wurde. Mehr wurde für eine griechische Münze nie zuvor gezahlt.

Das Zehndrachmenstück zeigt auf der einen Seite, filigran gestaltet, eine Quadriga in vollem Galopp mit einem jugendlichen Wagenlenker, darüber einen Adler und die Aufschrift »Akragas«. Auf der anderen Seite zu sehen: zwei Adler. Der eine mit geschlossenen Flügeln und erhobenem Kopf, der andere mit geöffneten Schwingen auf einem erlegten Hasen, der auf einem Felsbrocken liegt. Und dahinter rechts im Feld: eine Heuschrecke.

Das Dekadrachmon soll aus der Silberschmiede der beiden Künstler Myron und Polykrates aus Akragas stammen. Die Münzen wurden vermutlich kurz vor der Eroberung der Stadt Akragas durch die Karthager in Umlauf gebracht und behielten über einige Dekaden hinweg ihre Gültigkeit.

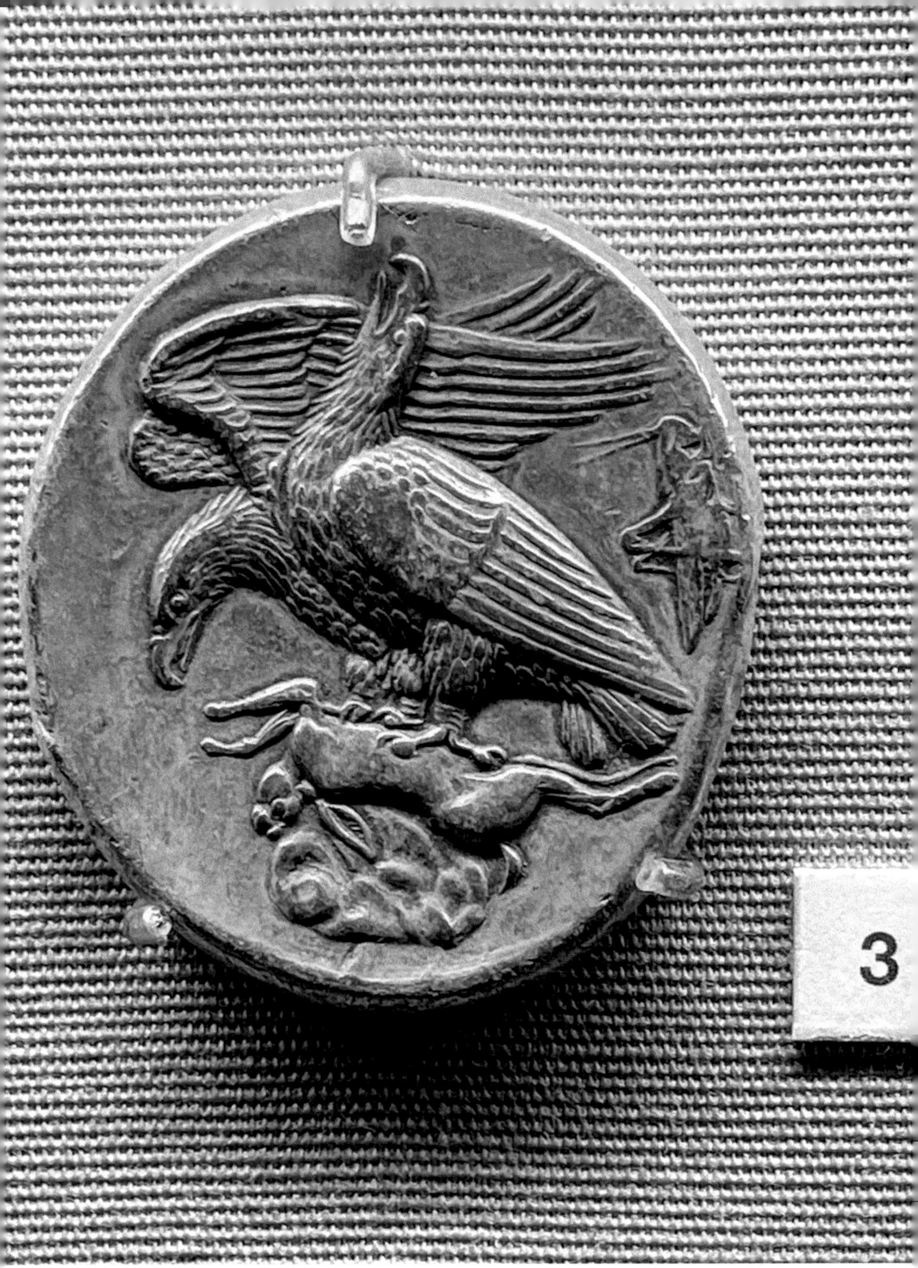

Adresse Staatliche Münzsammlung München (in der Residenz), Residenzstraße 1, 80333 München (Altstadt), Tel. 089/227221, www.staatliche-muenzsammlung.de | Anfahrt U3–U6, Bus 100 (Museumslinie), 153, Haltestelle Odeonsplatz | Öffnungszeiten Di–So 10–17 Uhr | Tipp Im Münzschatz sollte man sich das 315 nach Christus geprägte konstantinische Silbermedaillon mit dem Christogramm genauer ansehen, eines der bedeutendsten antiken Stücke der Sammlung.

22 Das Diatretglas

Römische Glaskunst voller Geheimnisse

Ludwig I. hatte ein Faible für antike Vasen. Die wertvollsten Gefäße mit figürlichen Darstellungen aus der Zeit von 1400 bis 300 vor Christus, meist Schwarz auf Rot, sind in den verschiedenen Sälen der Staatlichen Antikensammlungen am Königsplatz zu sehen und zählen zu den herausragendsten Objekten der Welt. Ein Exponat der Vasensammlung verdient jedoch besondere Beachtung. Es ist zwar erheblich später datiert, aber – was seine Technik und Erscheinung angeht – einzigartig: das Diatretglas aus der Zeit von 300 bis 350 nach Christus.

Es wurde 1844 bei Ausgrabungsarbeiten im Gräberbezirk eines römischen Gutshofes in Köln, der einstigen Hauptstadt der römischen Nordprovinz, entdeckt. Das etwa zwölf Zentimeter hohe Glas, bis heute bestens erhalten und wegen seines immensen Wertes nicht versicherbar, soll ein Geschenk der Stadt Köln an den bayerischen König Ludwig I. gewesen sein, der den Weiterbau des Kölner Doms finanziell großzügig unterstützte. Bis heute findet man in keinem Museum der Welt, selbst in Rom nicht, eine größere Anzahl römischer Gläser als im Römisch-Germanischen Museum in Köln. Aber keines ist von solchem Wert wie das Diatretglas.

Das prunkvolle farbige Glasgefäß aus spätrömischer Zeit ist doppelwandig angelegt und hat die Anmutung durchbrochenen Glases. Es ist mit einem gläsernen vierreihigen Maschennetz umzogen und teilweise mit filigranen Ornamenten, figürlichen Szenen oder Trinksprüchen verziert. Bis heute ranken sich Geheimnisse um die Herstellung des Diatretglases. Wahrscheinlich wurden diese Gläser aus einer Glasmasse geschnitten oder geschliffen, von der nur die Verbindungsstege zum eigentlichen Glaskörper stehen geblieben sind. Das lateinische Wort »diatretus« bedeutet so viel wie »durchbrochen« oder »durchbohrt«. Ein Schriftzug auf dem Glas fordert: »Trinke noch viele Jahre!« Das erste Glas dieser Art aus römischer Zeit wurde 1680 in Norditalien gefunden.

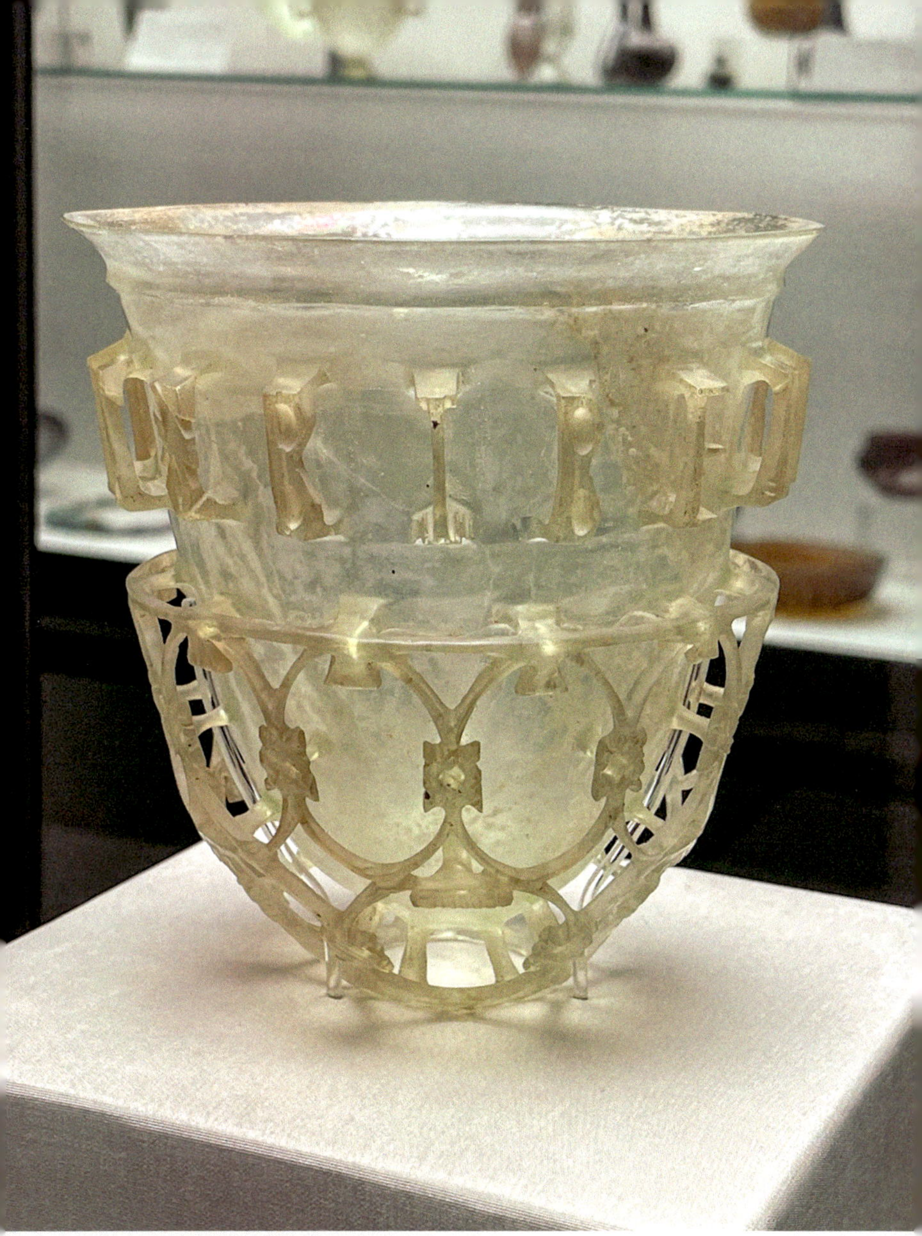

Adresse Staatliche Antikensammlungen, Königsplatz 1, 80333 München (Maxvorstadt), Tel. 089/59988830, www.antike-am-koenigsplatz.mwn.de | Anfahrt U 2, Haltestelle Königsplatz; Tram 27, Haltestelle Karolinenplatz; Bus 100 (Museumslinie), Haltestelle Königsplatz | Öffnungszeiten Di–So 10–17 Uhr, Mi 10–20 Uhr | Tipp Herausragende Exponate griechischer Vasenkunst sind eine Trinkschale des Töpfers und Vasenmalers Exekias mit dem Titel »Dionysos' Fahrt übers Meer« oder die Darstellung der Dichterin Sappho auf einem Weinkühler.

23 Die Dioramen

Wenn Technikgeschichte lebendig wird

Wie mag das bloß gewesen sein, als diese bahnbrechenden Erfindungen damals gemacht wurden, die faszinierenden Prototypen erstmals zum Einsatz kamen, als Pioniere wissenschaftliches Neuland betraten? Wer waren die Personen hinter den epochalen Schritten? Unter welchen Bedingungen haben sie geforscht und gearbeitet? Die Dioramen des Deutschen Museums, diese in die Tiefe des Raums gebauten dreidimensionalen Schaubilder mit den kleinen plastischen Objekten, die nahtlos in einen perfekt gemalten Hintergrund übergehen, geben Antworten. Eine künstlich gestaltete Realität, in Szene gesetzt und modelliert bis ins kleinste, meist historisch belegte Details, effektvoll ausgeleuchtet. Der Betrachter taucht in eine Miniaturwelt ein, in der alles der Wirklichkeit entspricht. Nichts ist dem Zufall überlassen. Die technischen Apparaturen, die individuellen Gesichtszüge der Protagonisten, die exakten Landschaften. Man versinkt in künstlich geschaffene Realitäten. Ins Alte Ägypten, in ein Forschungslabor, in Meerestiefen, auf andere Planeten. Die perfekte Illusion.

Das Deutsche Museum hat den Dioramenbau zu einer eigenen Kunstform entwickelt. Das Gezeigte unterliegt einem strengen, bis ins Detail ausgetüftelten Plan. Experten der 15 museumseigenen Fachwerkstätten, darunter Schlosser, Schreiner, Elektriker, Bildhauer und Modellbauer, sind für die Aufbauten des Vordergrundes zuständig, die Maler für den Hintergrund. Hunderte von Arbeitsstunden, unzählige Arbeitsschritte und ständige Perspektivwechsel sind für das Erstellen einer Szene vonnöten, bis die Geschichte aus der Vergangenheit ins Heute geholt ist, die Miniaturwelten zu »leben« und zu erzählen beginnen. Von den insgesamt rund 150 unterschiedlichen Dioramen sind viele integraler Bestandteil der Ausstellungen des Deutschen Museums, darunter riesige Schaukästen von über fünf Metern Höhe und Breite und einer Tiefe bis zu drei Metern.

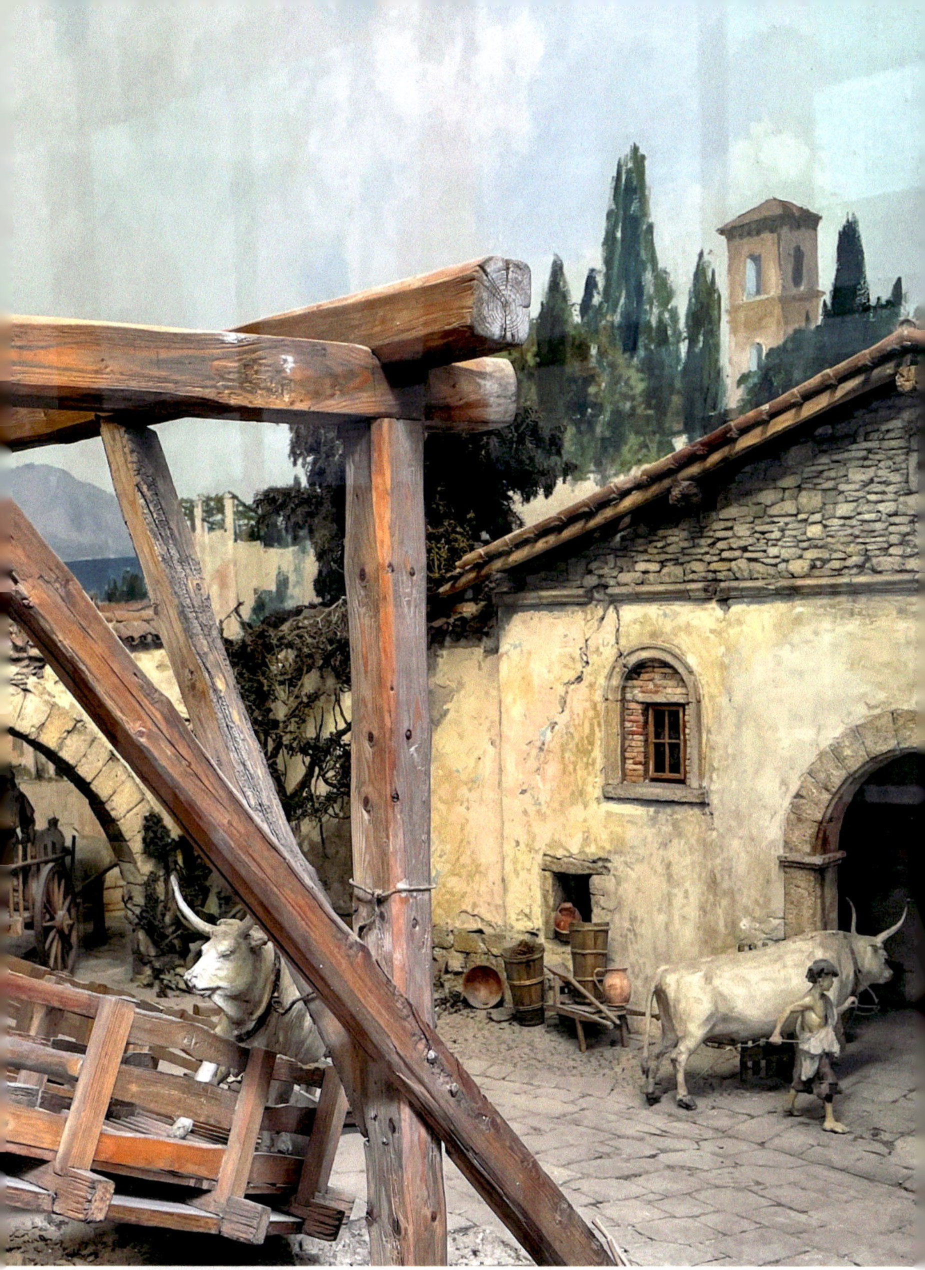

Adresse Deutsches Museum, Museumsinsel 1, 80538 München, Tel. 089/21791, www.deutsches-museum.de | Anfahrt S-Bahnen, Tram 16, Haltestelle Isartor; U1, U2, Tram 18, Haltestelle Fraunhoferstraße; Bus 132, Haltestelle Boschbrücke, Bus 52, 62, Haltestelle Baaderstraße | Öffnungszeiten täglich 9–17 Uhr | Tipp Zu empfehlen ist der umfangreiche Museumsshop mit vielen Überraschungen auch zu den technischen Exponaten.

24_Der Doppelkegel

Die extravagante Architektur der BMW-Welt

In unmittelbarer Nachbarschaft zum Olympiapark mit der architektonisch herausragenden Dachkonstruktion über den einstigen Olympiasportstätten trifft man auf ein weiteres gestalterisches Potpourri von Format: die Auto-City des BMW-Konzerns.

250 internationale Architekturbüros hatten sich am Wettbewerb für die neue BMW-Welt beteiligt, mit der der Autobauer den Beginn des neuen Jahrhunderts markieren wollte. Der Entwurf des renommierten Wiener Architekturbüros Coop Himmelb(l)au ging als Sieger hervor und setzte Zeichen im Münchner Norden. Es ist eine Welt für sich. Das rund 180 Meter lange und 130 Meter breite Gebäude, das von einer schwerelos und schwebend wirkenden Dachkonstruktion überspannt ist, wird von einem Dutzend wohlplatzierter Stützpfeiler getragen. Über das gesamte Dach erstrecken sich 3.600 zu einer optischen Einheit verbundene Solarzellen. Alles wirkt transparent und silbern. Dominiert wird der Bau von einem vorgesetzten mächtigen Doppelkegel aus poliertem Stahl, der einen Tornadowirbel und damit unbändige Dynamik symbolisieren soll und sich ins Innere des Hauptgebäudes schraubt. Über eine halbe Milliarde Euro wurden verbaut.

Es versteht sich von selbst, dass die Auslieferung fabrikneuer Autos in der BMW-Welt für die neuen Besitzer eine Attraktion ist. Zumal es für die Neubesitzer exklusive Einblicke in die Forschung und Entwicklung, in Design und Produktion ihres neuen Autos gibt. Aber auch der normale Besucher kommt in der BMW-Welt auf seine Kosten: Er kann eintauchen in einen futuristischen Showroom in unmittelbarer Nachbarschaft zur Produktion.

Die BMW-Welt aus Stahl und Glas von Coop Himmelb(l)au befindet sich seit 2007 unmittelbar vor dem BMW-Museum und dem vierzylindrischen Hochhaus der Konzernzentrale, die beide seit 1999 unter Denkmalschutz stehen. Dahinter tut sich das riesige Produktionsgelände des BMW-Stammwerks auf.

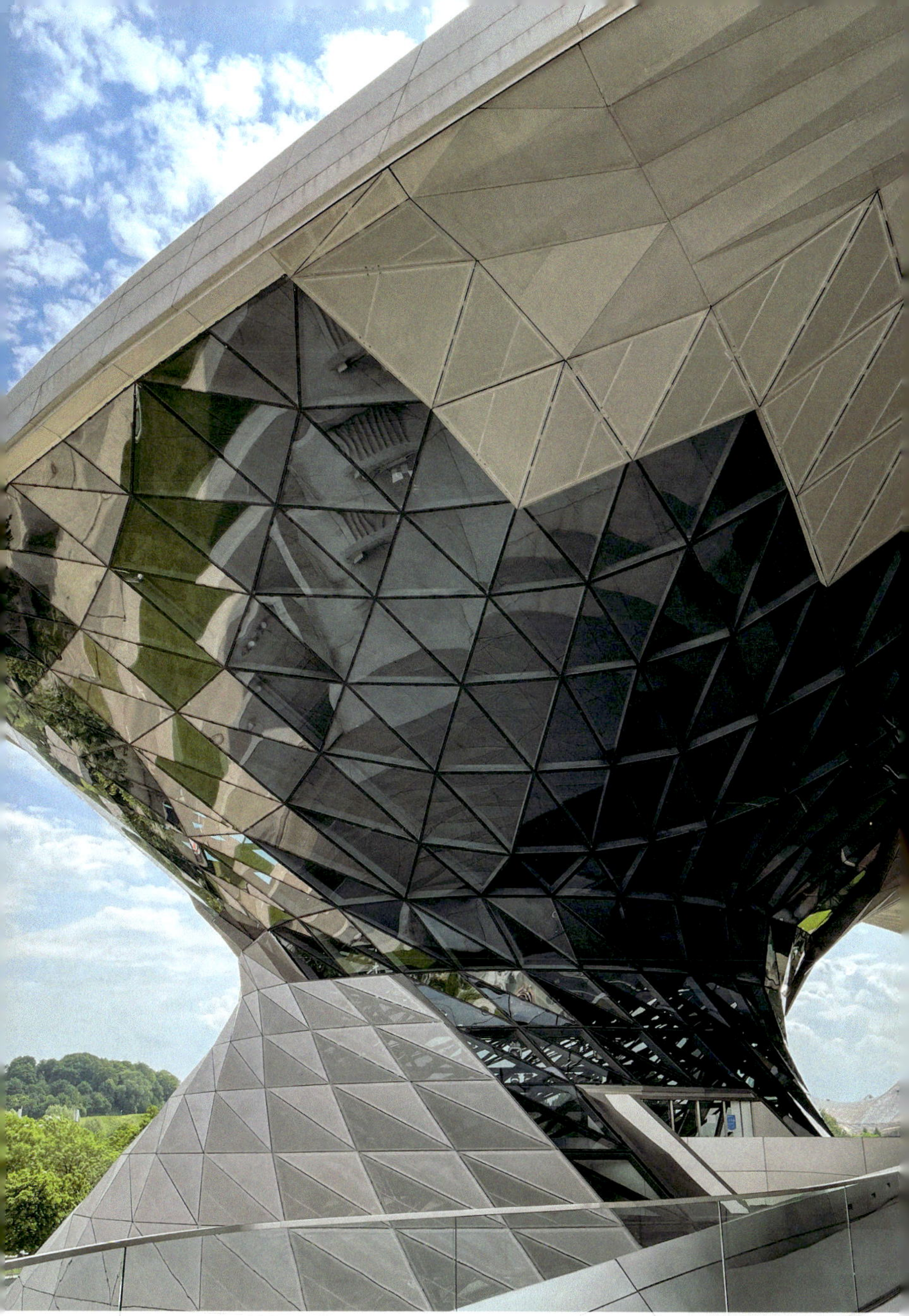

Adresse Am Olympiapark 1, 80809 München (Milbertshofen) | Anfahrt U3, Haltestelle Olympiazentrum | Öffnungszeiten täglich 9–18 Uhr | Tipp Das Architekturbüro Coop Himmelb(l)au hat auch den 2005 geschaffenen Anbau der Akademie der Bildenden Künste in der Akademiestraße entworfen.

25 Die Doppelsäule

Der Skulpturenpark im Kunstareal

Das Kunstareal München mit seinen Museen und Galerien präsentiert auch eine Reihe hochkarätiger Objekte im öffentlichen Raum, vor allem im Umfeld der drei Pinakotheken. In den 2000er Jahren ist hier der »Skulpturenpark Pinakothek« mit ausgewählten Großplastiken der Bayerischen Staatsgemäldesammlungen entstanden. Permanent und unmittelbar zugänglich.

So auch die »Doppelsäule 23/70« des Bildhauers Erich Hauser (1930–2004), die 2013 als Schenkung der Kunststiftung Theo Wormland vom Status der Dauerleihgabe in den Besitz der Bayerischen Staatsgemäldesammlungen überging. Die 1970 geschaffene, sieben Meter hohe Edelstahlplastik, die seit 1984 zwischen Alter und Neuer Pinakothek ihren festen Standort hat, besteht aus zwei glänzenden Säulen, die sich im oberen Viertel hartkantig brechen und ineinanderrücken.

Der als Meister der plastischen Skulptur geltende Erich Hauser, der in den 1960er und 1970er Jahren regelmäßig Gast der Kasseler documenta war, hat seine geometrischen Objekte mit hoher handwerklicher Qualität aus glatt polierten Stahlplatten gefertigt und nahezu immer mit Brüchen versehen.

Inmitten der großen, von Kastanien umgebenen Wiese vor der Alten Pinakothek, meist umlagert von Studenten oder pausierenden Museumsbesuchern, gibt es noch einige andere Kunstwerke zu sehen: die mächtige zweiteilige Monumentalplastik »Two-Piece Reclining Figure: Points« (1970) von Henry Moore, zwei abstrahierte liegende Frauenkörper, oder die begehbare Eisenplastik »Buscando la Luz« (1997) von Eduardo Chillida. Weitere herausragende Großskulpturen im Umfeld der Alten Pinakothek sind die »Große Biga« (2000) des Bildhauers Fritz Koenig oder die Skulptur »Miracolo« (1970) des Künstlers Marino Marini vor der Neuen Pinakothek. Nicht zu vergessen: der »Rossebändiger« (1931) von Bernhard Bleeker und der »Rosselenker« (1928) von Herbert Hahn.

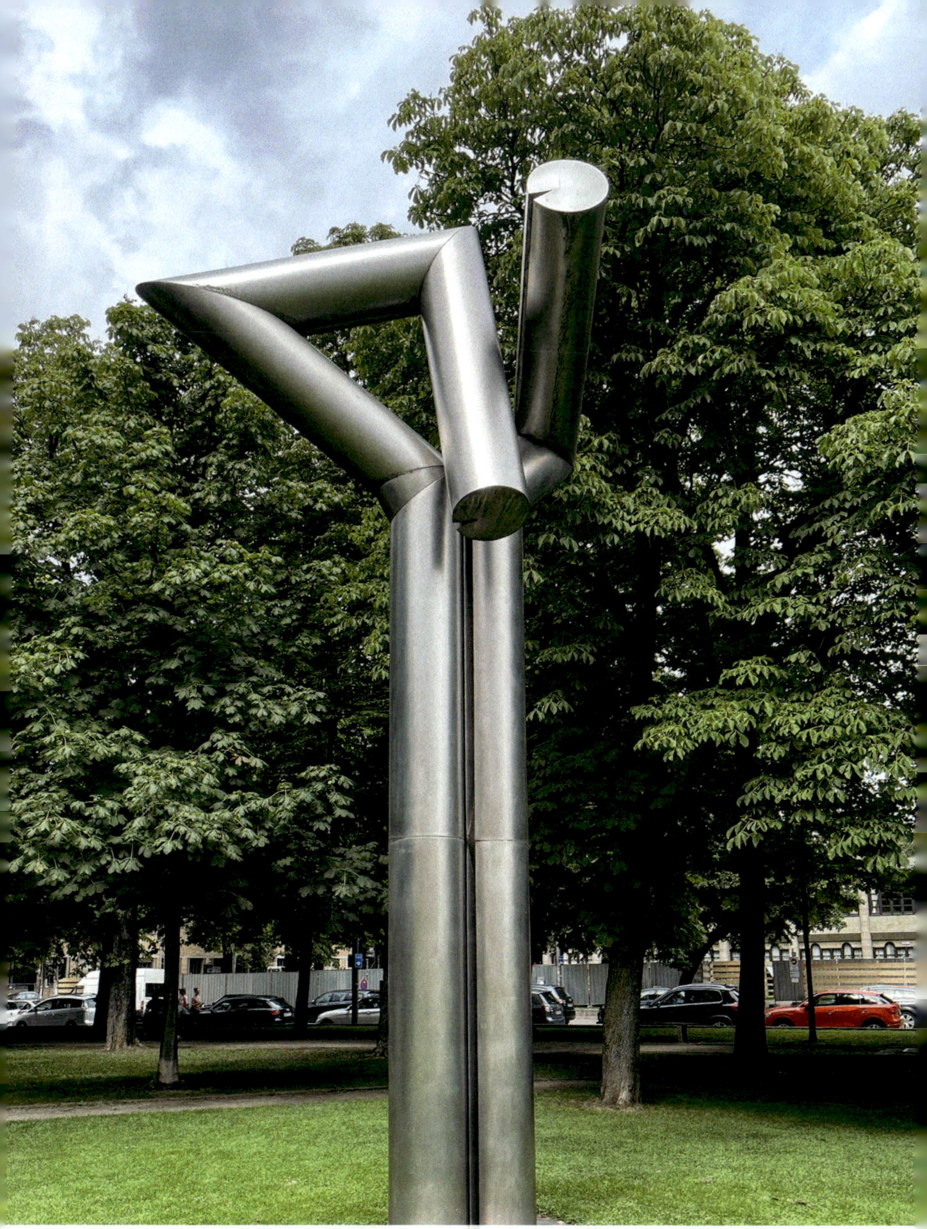

Adresse Kunstareal München (vor der Alten Pinakothek), zwischen Barer und Arcisstraße, 80333 München (Maxvorstadt) | Anfahrt U 2, Haltestelle Königsplatz oder Theresienstraße; U 3, U 6, Haltestelle Odeonsplatz oder Universität; U 4, U 5, Haltestelle Odeonsplatz; Tram 27, 28, Bus 58 (CityRing), 100 (Museumslinie), Haltestelle Pinakotheken | Öffnungszeiten immer zu besichtigen | Tipp Man sollte sich auch das 1968 entworfene, auf einem Metallgerüst stehende und zu begehende Kunststoff-Rundhaus »Ufo Futuro« des finnischen Architekten Matti Suuronen (1933–2013) vor der Pinakothek der Moderne anschauen.

26 Die doppelte Minerva

Eingang der anderen Art

Auf beiden Seiten des Haupteingangs der am Hofgarten gelegenen, nach fünfjähriger Bauzeit 1999 bezogenen Generalverwaltung der Max-Planck-Gesellschaft begegnet man der Skulptur »Minerva«, der römischen Göttin der Wissenschaften und der schönen Künste, die seit jeher das Sinnbild der Wissenschaftseinrichtung ist und sich als Namensgeberin durch zahlreiche Programme und Initiativen der Max-Planck-Institute zieht. Die 45 Tonnen schwere und über sechs Meter hohe Skulptur des 1948 in Lima geborenen Malers und Bildhauers Fernando de la Jara, die aus dunkelgrünem südafrikanischem Granit besteht, zeigt die Minerva auf der linken Eingangsseite im Profil als Symbol für die Welt des Geistes. Gegenüber steht ihr Negativprofil, das die Welt der Materie darstellen soll. In die beiden Teilskulpturen, die in einem faszinierenden Spannungsverhältnis zueinander stehen, sind wiederum zahlreiche die Thematik vertiefende Elemente modelliert. Für den Bildhauer de la Jara, der Ateliers im peruanischen Lima und dem bayerischen Oettingen unterhält, verkörpert die doppelte Minerva die Komplexität der Wissenschaft. Zwischen den beiden Teilen der Skulptur führt eine Brücke über den wieder eigens freigelegten Stadtgrabenbach ins Gebäudeinnere.

Es lohnt ein Blick auf die Architektur des Gebäudes. Die Münchner Architekten Angelika Popp, Michael Streib und Rudolf Graf haben es verstanden, den nahen Marstallplatz in den Innenhof des Max-Planck-Hauses zu integrieren und gleichzeitig eine Harmonie mit der angrenzenden Residenz zu wahren. Nach Durchschreiten der zweiteiligen Minerva betritt man die hinter einer gewaltigen Glasfassade liegende Eingangshalle, die mit einer sogenannten Himmelsleiter aufwartet, die steil bis ins oberste der fünf Geschosse fast unters Dach führt. Dabei kann man auf allen Etagen die Treppe verlassen und die diversen Gänge mit den dahinter liegenden Büros ansteuern.

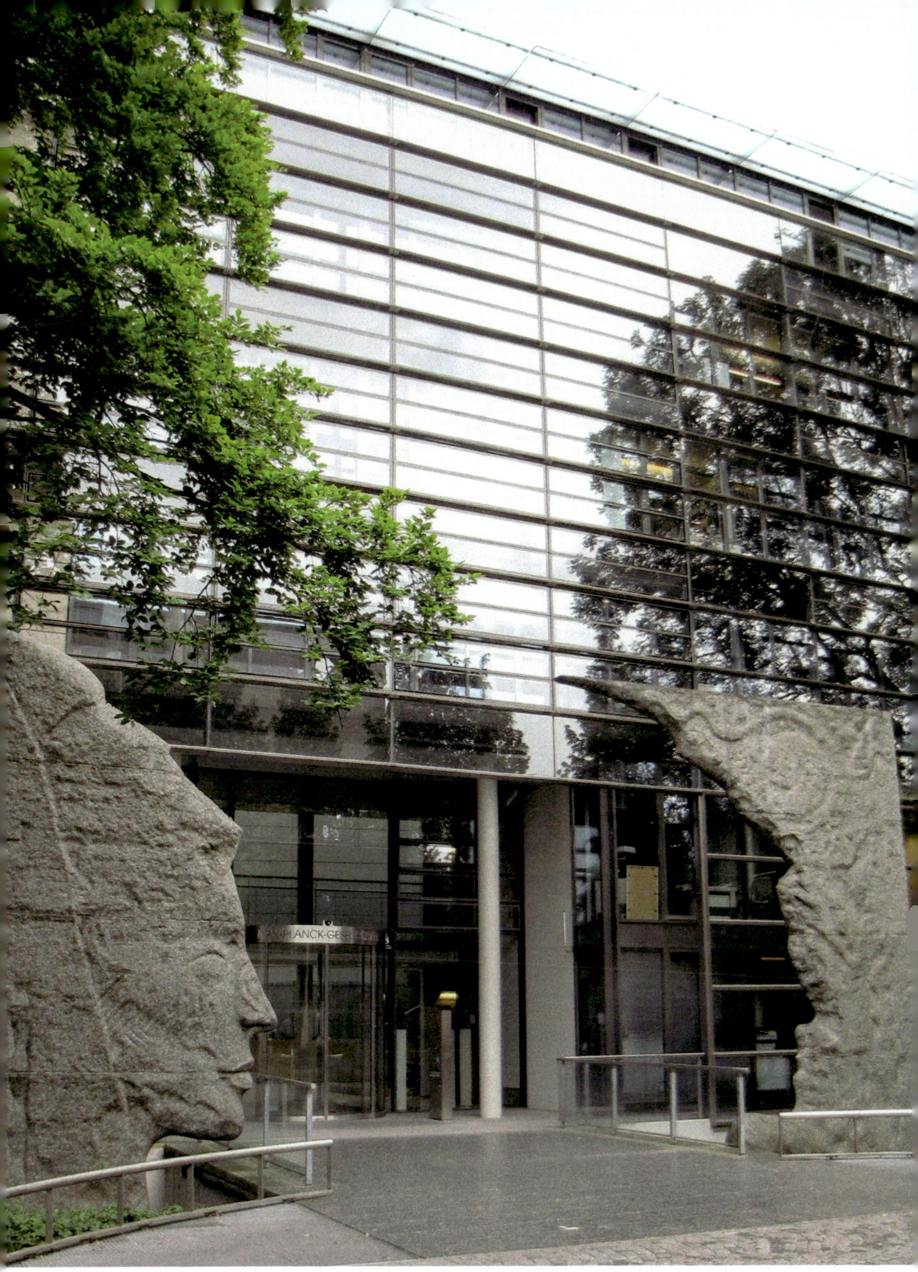

Adresse Max-Planck-Gesellschaft zur Förderung der Wissenschaften e. V., Hofgartenstraße 8, 80539 München, Tel. 089/21080 | **Anfahrt** U3–U6, Haltestelle Odeonsplatz; U3, U6, Haltestelle Marienplatz; Tram 19, Haltestelle Nationaltheater | **Öffnungszeiten** jederzeit zugänglich | **Tipp** Vor der früheren Zentrale des Goethe-Instituts in der Dachauer Straße 122 steht die zweiteilige Großskulptur »Finnischer Granit gespalten« (1992/93) des Bildhauers Ulrich Rückriem.

27 Der Englische Garten

Gesamtkunstwerk für die Bevölkerung

Der Englische Garten in München ist ein Meisterwerk der Garten- und Parkarchitektur, wie es ihn in dieser Art in Europa kein zweites Mal gibt, auch nicht in England. Mit seinen Grünanlagen auf einer rund 400 Hektar großen Fläche und einer Länge von sieben Kilometern zwischen der Naturlandschaft der Isarauen und der Münchner Altstadt gehört er zu den größten zusammenhängenden Parkanlagen der Welt. Vorbild der bis ins Detail gestalteten Anlage waren die englischen Landschaftsgärten, die einen Gegensatz zu den geometrischen »französischen« Gärten bildeten.

Die Entstehung des Englischen Gartens in seiner heutigen Form war auch der Not der bayerischen Obrigkeit und der herrschenden Wittelsbacher geschuldet. Diese hatten Angst, dass infolge der Französischen Revolution der umstürzlerische Funke einer unzufriedenen Bevölkerung auch auf Bayern überspringen werde. Umgehend sollten dem Volk gegenüber Konzessionen gemacht werden. So befahl Kurfürst Carl Theodor 1789, den vom bayerischen Kriegsminister Benjamin Thompson, dem späteren Grafen Rumford, konzipierten Militärgarten der bayerischen Armee in großen Teilen in einen Volksgarten umzuwandeln. 70 Kilometer Spazier- und Reitwege wurden angelegt, Bäche in einer Länge von 15 Kilometern umgeleitet, 100 Brücken und Stege gebaut. Der Chinesische Turm und das Rumfordhaus entstanden bereits 1790. 1792 wurde der Park für die Münchner Bürger geöffnet, acht Jahre später wurde er unter Rumfords Nachfolger Reinhard von Werneck um die nördliche »Hirschau« erweitert. Die Militärgärten wurden einbezogen und der Kleinhesseloher See angelegt. Dann ging es an die detaillierte Gestaltung. Und die wurde dem 1804 von Maximilian I. Joseph zum Leiter der neuen bayerischen Hofgärtenintendanz berufenen, aus Schwetzingen stammenden Gartenbaumeister Friedrich Ludwig von Sckell (1750–1823) übertragen, dem eigentlichen Schöpfer dieses Gesamtkunstwerks.

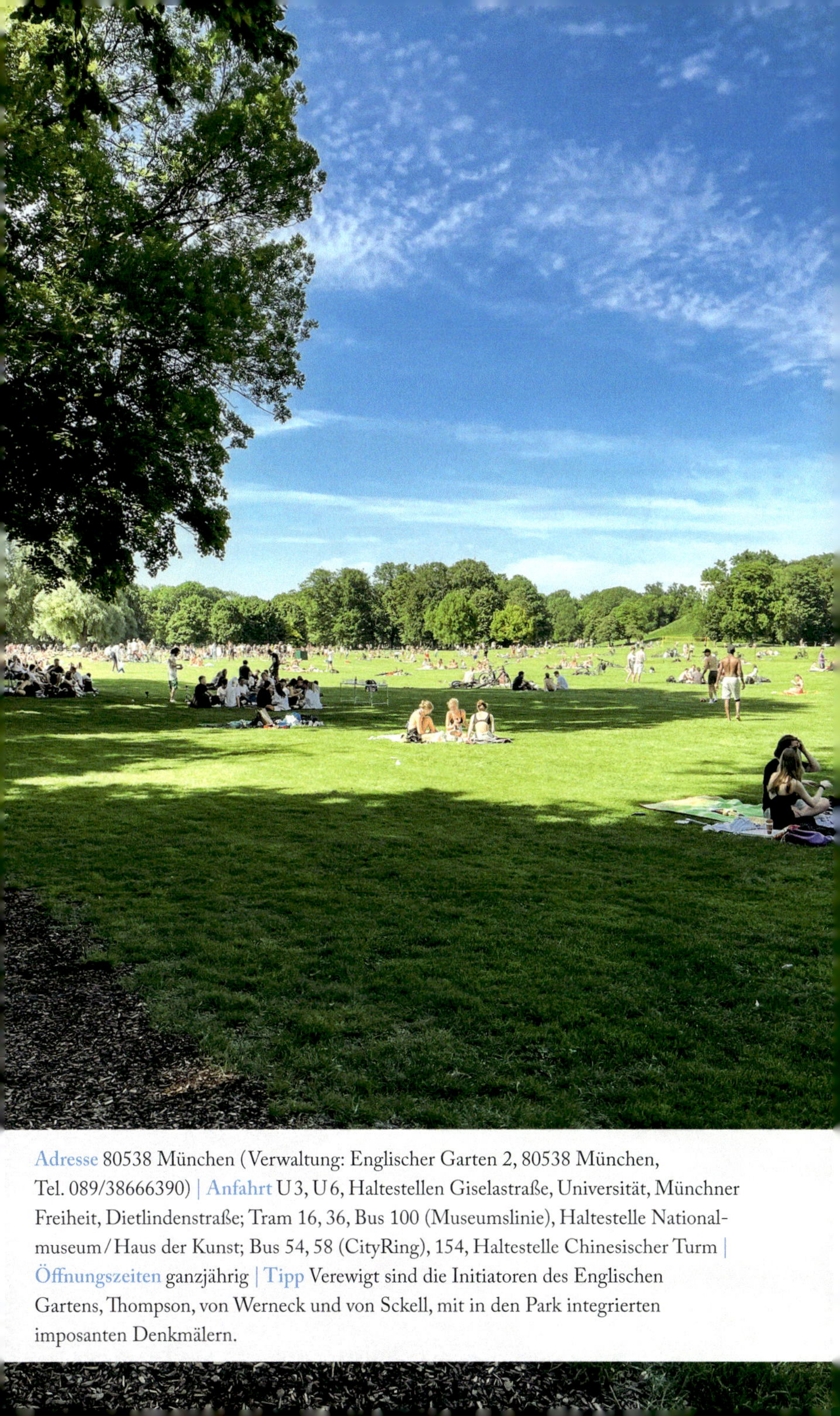

Adresse 80538 München (Verwaltung: Englischer Garten 2, 80538 München, Tel. 089/38666390) | Anfahrt U 3, U 6, Haltestellen Giselastraße, Universität, Münchner Freiheit, Dietlindenstraße; Tram 16, 36, Bus 100 (Museumslinie), Haltestelle Nationalmuseum / Haus der Kunst; Bus 54, 58 (CityRing), 154, Haltestelle Chinesischer Turm | Öffnungszeiten ganzjährig | Tipp Verewigt sind die Initiatoren des Englischen Gartens, Thompson, von Werneck und von Sckell, mit in den Park integrierten imposanten Denkmälern.

28 Die »Flora III«

Fritz Koenig im Kabinettsgarten der Residenz

Das wohl international bekannteste Werk des Landshuter Bildhauers Fritz Koenig (1924–2017) dürfte seine in den 1970er Jahren für das New Yorker World Trade Center geschaffene Brunnenskulptur »Kugelkaryatide« sein. Der schwer beschädigte riesige Bronzeglobus wurde nach dem Terroranschlag des 11. September 2001 aus den Trümmern geborgen und steht seit 2017 als Erinnerungsmahnmal im nahen Liberty Park. Koenig, der 30 Jahre den Lehrstuhl für Plastisches Gestalten an der Fakultät für Architektur der TU München innehatte und zu den bekanntesten deutschen Bildhauern des 20. Jahrhunderts zählt, hat weltweit bedeutende Skulpturen im öffentlichen Raum geschaffen und ist auch in München prominent vertreten. Von ihm sind beispielsweise der »Klagebalken« (1994/95), das Denkmal für die Opfer des Terroranschlags während der Olympischen Spiele 1972 im Olympiapark, die »Große Biga« (2000) vor der Alten Pinakothek oder die »Große Zwei V« (1973) an der Neuen Pinakothek.

Fritz Koenig, als junger Kriegsteilnehmer geprägt durch Tod und Leid, hat viele Zeichnungen und Skulpturen in die Mahn- und Erinnerungskultur eingebracht. Aber auch die Natur mit ihrem steten Aufbruch und Wachstum hat den Bildhauer, der auf einem landwirtschaftlichen Anwesen in Ganslberg bei Landshut lebte und arbeitete, in seinen Motiven stark inspiriert. »Flora III« von 1971, die im malerischen Kabinettsgarten der Münchner Residenz aufragende Skulptur, eingerahmt zwischen Allerheiligen-Hofkirche und Cuvilliéstheater, ist ein Bravourstück. Die Abstraktion des natürlichen Prozesses, der Ruhe und Wachstum gleichermaßen ausstrahlt, steht in der Mitte des Gartens, der durch seine flachen, bewegten Wasserbecken mit farbigen Glasmosaiksteinen besticht, umrahmt von Blaulilien, Duftrosen und Magnolien. Den Mittelweg des an die Farben der Residenz anknüpfenden Gartens beschließen vier Platanen und ein klassischer Brunnen.

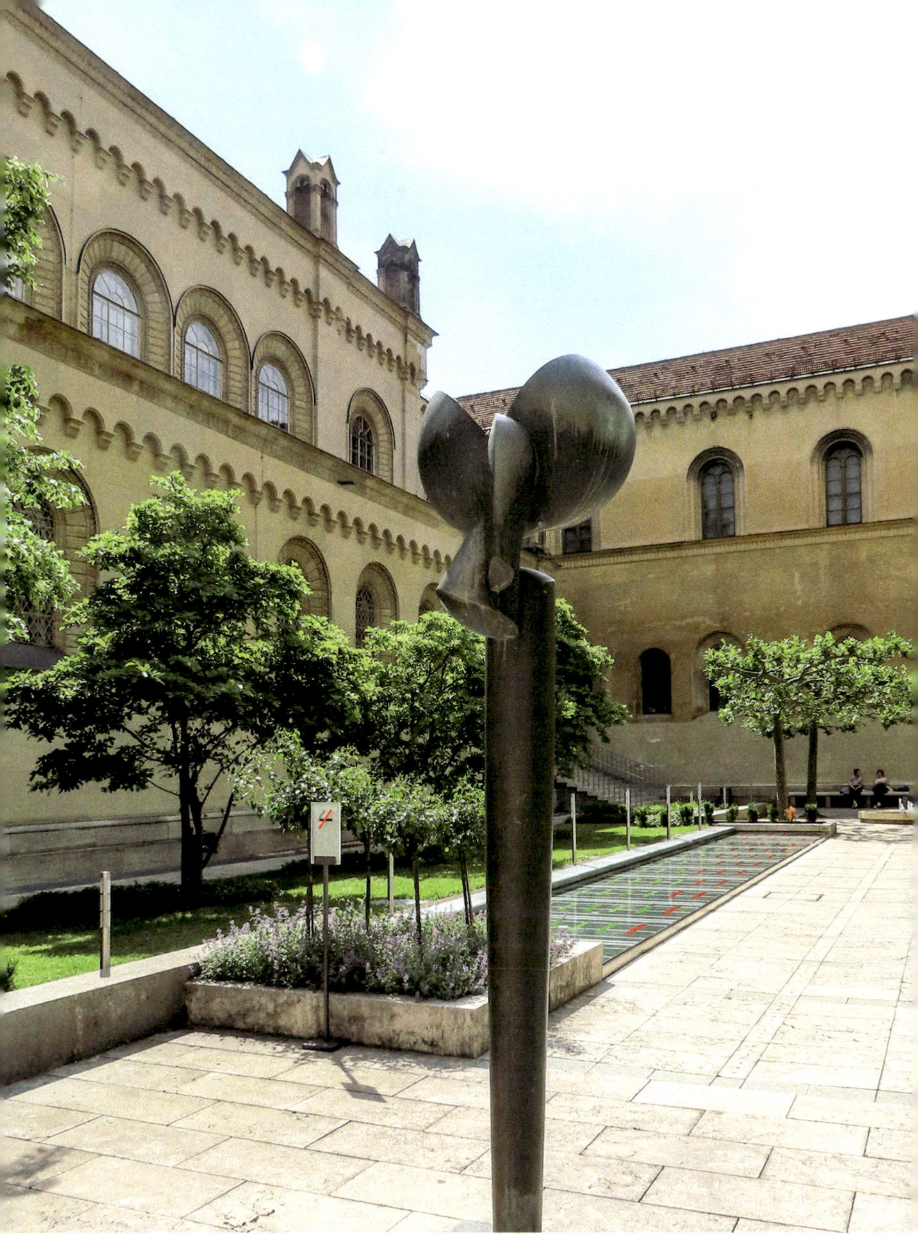

Adresse Kabinettsgarten der Residenz, Alfons-Goppel-Straße, 80333 München (Altstadt) | Anfahrt U 3, U 6, Haltestelle Marienplatz; U 3, U 4, U 5, U 6, Bus 100 (Museumslinie), Haltestelle Odeonsplatz; Tram 19, Haltestelle Nationaltheater | Öffnungszeiten immer zugänglich, Kabinettsgarten über die kleine Pforte in der zum Marstallplatz hin liegenden Gartenmauer erreichbar | Tipp Man sollte sich unbedingt die zwischen 1826 bis 1837 von Leo von Klenze erbaute Allerheiligen-Hofkirche ansehen. Die im Zweiten Weltkrieg größtenteils zerstörte Kirche wurde 2003 als moderner Konzertsaal wiedereröffnet.

29 Die Flügel

Daniel Libeskind vor der Konzernzentrale

Vor dem Entree der neuen Zentrale der Siemens AG am Oskar-von-Miller-Ring hat der Konzern eine ungewöhnliche, zehn Meter hohe und 15 Tonnen schwere Metallskulptur des 1946 geborenen amerikanischen Stararchitekten Daniel Libeskind platziert. Libeskind, dessen architektonisches Wirken das bildhauerische weit überstrahlt, wartet hier aber nichtsdestotrotz mit einer interessanten und äußerst eigenwilligen Großskulptur auf.

»The Wings«, die es so vier Mal gibt, ist eine Installation aus flügelartigen, ineinander verflochtenen Aluminiumplatten, zwei davon bestückt mit Tausenden in die matt geschliffenen Oberflächen integrierten kleinen LED-Lichtern, die eine optische Animation ermöglichen. Erstmals präsentiert wurden sie auf der Expo 2015 in Mailand. Drei dieser Installationen, eine Auftragsarbeit der Siemens AG im Rahmen des »Siemens Arts Program«, sind nun an den historisch bedeutsamen deutschen Standorten des Konzerns in Berlin, Erlangen und eben vor der Konzernzentrale in München zu sehen. Der vierte Flügel ziert die Siemens-Zentrale in Mailand. Siemens will diese von Daniel Liebeskind entworfene und umgesetzte Skulptur als eine »Innovation Bridge« verstanden wissen, die den Konzernanspruch verkörpert, »die Zukunft sowie den technologischen Fortschritt kreativ mitzugestalten«.

Die vom dänischen Architekturbüro Henning Larsen Architects entworfene, 2016 eröffnete Siemens-Zentrale stellt weitere Kunst im für die Öffentlichkeit frei zugänglichen glasüberdachten Atrium aus, einem von der Innenstadt zum Kunstareal der Maxvorstadt begehbaren Areal. So beispielsweise die bronzene, mit schwarzer Patina überzogene Figurengruppe des Malers und Bildhauers Georg Baselitz, eine »ikonografische Konstellation der Drei Grazien (Schönheit, Charme und Freude)«, oder die in kräftigen Farben leuchtende »Wort-Installation«, eine schlanke, über sechs Stockwerke reichende Skulptur des Künstlers Rupprecht Matthies.

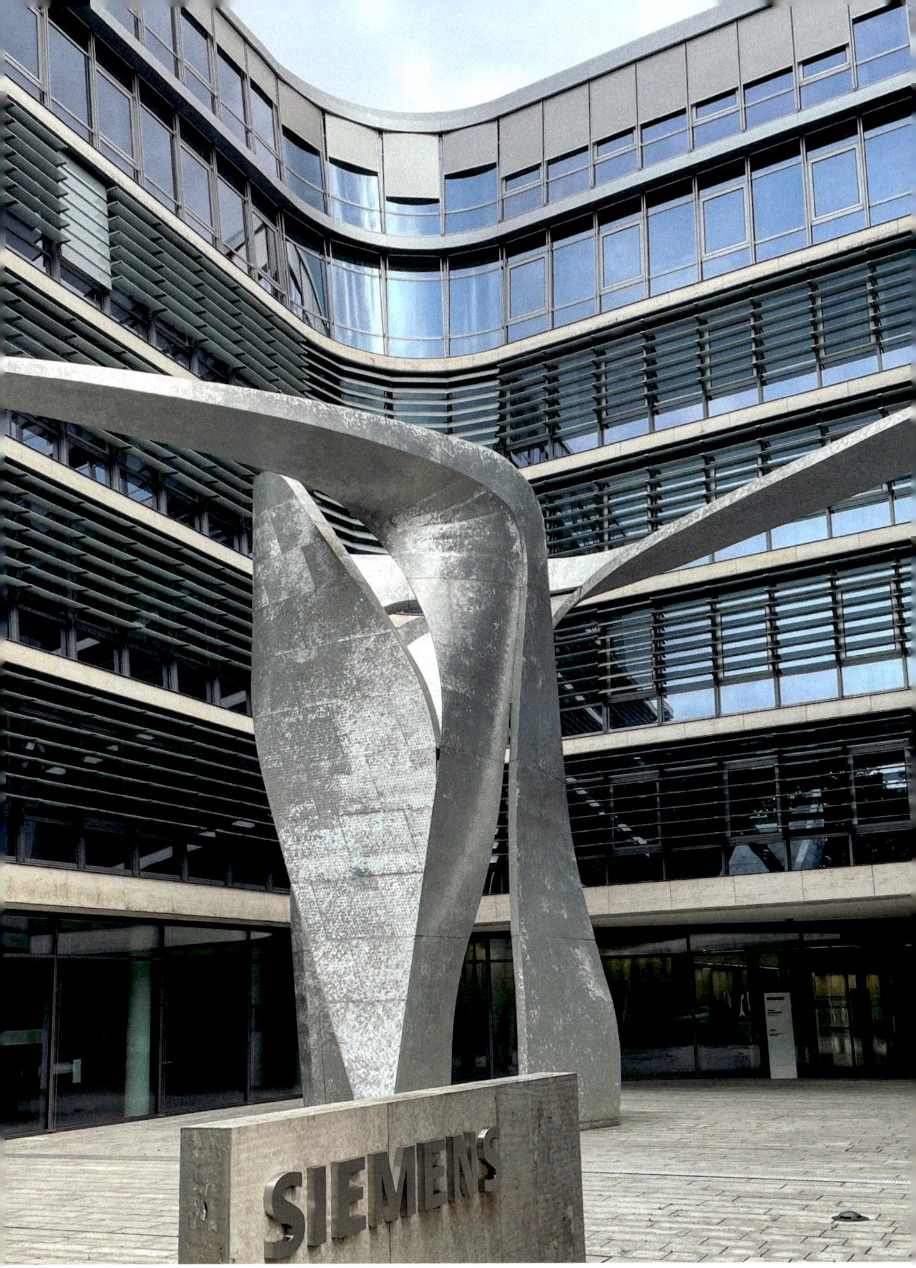

Adresse Siemens AG, Werner-von-Siemens-Straße 1, 80333 München (Altstadt) | Anfahrt U 3–U 6, Haltestelle Odeonsplatz; Bus 58 (CityRing), 100 (Museumslinie), Haltestelle Oskar-von-Miller-Ring | Öffnungszeiten immer zu besichtigen | Tipp In den Fünf Höfen (Theatinerstraße) sollte man sich die an der Decke installierte Skulptur »Sphere« (2003) des Künstlers Ólafur Elíasson (Viscardihof) und die »Hängenden Gärten« (2002) von Tita Giese (Salvatorpassage) ansehen.

30 Der Foster-Bau

Die mutige Erweiterung des Lenbachhauses

Als der britische Stararchitekt Norman Foster, der schon mit der Berliner Reichstagskuppel Maßstäbe gesetzt hatte, seinen Entwurf für die Erweiterung des Lenbachhauses präsentierte, brach in München ein Sturm der Entrüstung los. Man könne doch um Himmels willen nicht dieses historische Kleinod zu Teilen in einem mit goldenem Messing verkleideten Kubus verschwinden lassen. Der Schritt, sich für den Entwurf Fosters zu entscheiden, war mutig, zumal das Ensemble des Lenbachhauses, dieses hochherrschaftlichen Domizils, das sich der Münchner Malerfürst Franz von Lenbach (1836–1904) 1882 vom Architekten Gabriel von Seidl in bester Lage und in unmittelbarer Nachbarschaft der großen Museen hatte bauen lassen, schier unberührbar schien. 1924 verkaufte Lenbachs Witwe Lolo die prachtvolle Villa in toskanischem Stil mit dem voluminösen Ateliergebäude und dem vorgelagerten Renaissancegarten samt Interieur an die Stadt München. Die Gemälde ihres Mannes wurden zur ständigen Leihgabe. Die daraus 1929 entstandene Städtische Galerie im Lenbachhaus wurde durch bedeutende Zukäufe – das Lenbachhaus besitzt rund 28.000 Kunstwerke – im Laufe der Jahrzehnte zu eng und entsprach schon lange nicht mehr einem modernen Museumsbau.

2013 wurde nach vierjähriger Generalsanierung der Erweiterungsbau Norman Fosters eröffnet, und die Kritik verstummte rasch. Denn dem Architekten war ein Wurf gelungen, der das Alte mit dem Neuen nahezu perfekt zusammenführte. Ein eigener Museumsbau voller Leichtigkeit, aber mit grundlegenden Veränderungen und einer gänzlich neuen Lichtgebung. Eine der wichtigsten Neuerungen: eine große helle Lobby, von der aus man die Sammlungs- und Ausstellungsräume erreicht und in die ein Teil der denkmalgeschützten Villa integriert ist. Und der historische Garten der Renaissancevilla mit seinen Brunnen und Statuen, der früher den Eingangsbereich bildete, ist heute Teil des Museumsbesuches.

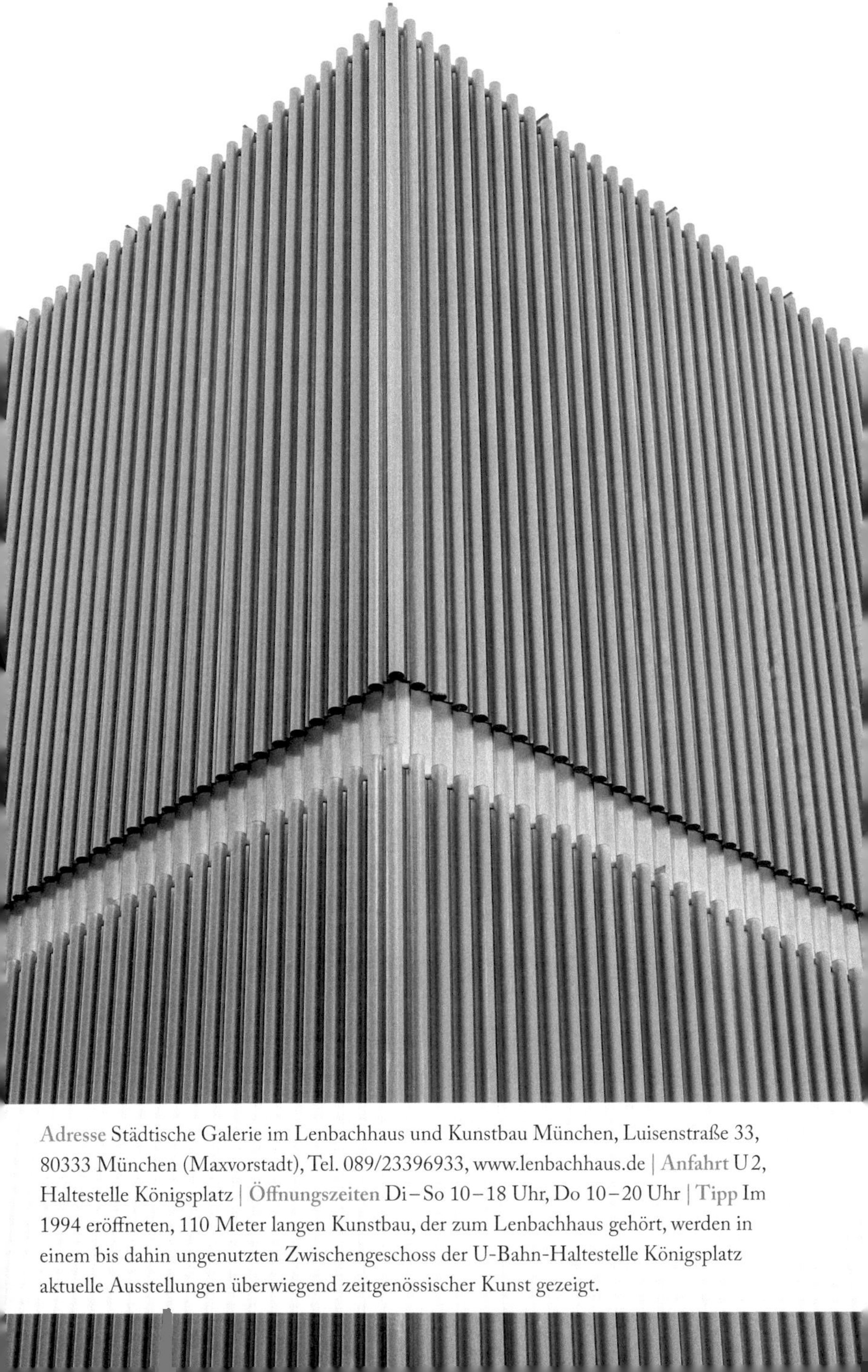

Adresse Städtische Galerie im Lenbachhaus und Kunstbau München, Luisenstraße 33, 80333 München (Maxvorstadt), Tel. 089/23396933, www.lenbachhaus.de | Anfahrt U 2, Haltestelle Königsplatz | Öffnungszeiten Di–So 10–18 Uhr, Do 10–20 Uhr | Tipp Im 1994 eröffneten, 110 Meter langen Kunstbau, der zum Lenbachhaus gehört, werden in einem bis dahin ungenutzten Zwischengeschoss der U-Bahn-Haltestelle Königsplatz aktuelle Ausstellungen überwiegend zeitgenössischer Kunst gezeigt.

31 Die »Friends«

Zwillingswohntürme in Gleisnähe

Hier zu wohnen ist exklusiv und teuer, aber nicht unbedingt jedermanns Sache. So nahe den Bahngleisen und unmittelbar an der Friedenheimer Brücke. Aber sich der Architektur der »Friends«, wie die beiden 2018 fertiggestellten Wohnhochhäuser des Münchner Architekturbüros Allmann Sattler Wappner genannt werden, zu nähern kostet nichts und lohnt sich.

Seitdem das Terrain mit seinen früheren Gewerbeflächen und toten Gleisbetten entlang der Bahnachse zwischen Hauptbahnhof und Pasing auf der Höhe Hirschgarten 2003 zum Bebauungsgebiet umgewidmet wurde, mit dem Ziel, nahezu 10.000 neue Wohnungen zu schaffen, hat sich viel verändert. Die Stadt wollte durch diese städtebauliche Maßnahme auch dem mit dem ICE anreisenden Besucher ein urbanes München bieten, den Eintritt in die zeitgemäße Großstadt. Viele der neuen Bauten sind architektonisch unspektakulär, aber das gesamte Areal wirkt nun aufgeräumter, strukturierter. Und es gibt auch Hingucker, architektonische Highlights, die den Ankommenden in Bann ziehen.

So die 53 Meter hohen, 15 Etagen fassenden Zwillingswohntürme »Friends«. Besonders die Fassade sticht ins Auge, deren scheinbar durchgehende Verglasung durch quadratische weiße Raster zwischen den raumhohen Fenstern unterbrochen wirkt. Der eigentliche Clou der Fassade aber ist, dass mit aufsteigender Stockwerkzahl immer mehr Erker aus der Fläche ragen. Sie geben den beiden Türmen nicht nur eine Plastizität, sondern dienen ihren Bewohnern auch als Balkonersatz mit Panoramablick. Mehr Platz, mehr Licht, mehr Ausblick.

Die »Friends« warten darüber hinaus mit dem Konzept des »Sharing« als Antwort auf die Anonymität der Hochhäuser auf. Es gibt Bereiche, die von allen Mietern gleichermaßen genutzt werden können: offen zugängliche Dachterrassen, ein Fitnessstudio und »Kitchen Lounges«, große Wohnküchen für Festivitäten, falls die eigene Küche in den kleineren Apartments nicht ausreicht.

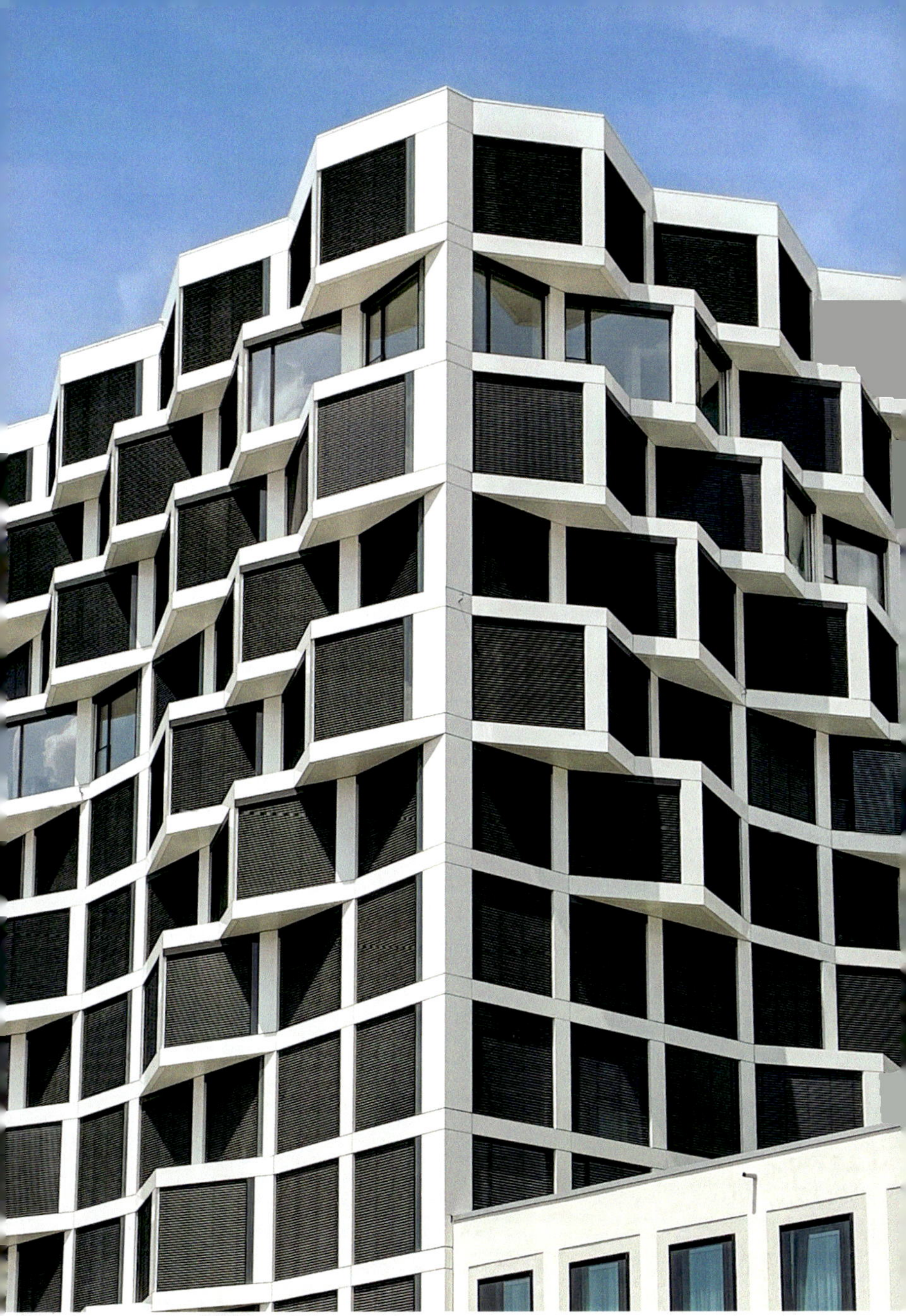

Adresse Birketweg 37, 80639 München | Anfahrt S 1–S 4, S 6, S 8, Bus 51, 62, Haltestelle Hirschgarten | Öffnungszeiten von außen jederzeit zu besichtigen | Tipp Es lohnt sich, einen Blick auf die Architektur des »Amerikanerblocks« mit seiner geschwungenen Randbebauung am nahen Steubenplatz zu werfen.

32 Die Gänge

Die unterirdischen Lichtpassagen der Munich Re

Sie sind schon ein Erlebnis der besonderen Art, die unterirdischen Gänge der Munich Re (Münchner Rück) am Englischen Garten. Sie verbinden die zahlreichen Gebäude zwischen Königin- und Leopoldstraße miteinander, alles Standorte des Versicherungskonzerns, die im Außenbereich eindrucksvolle Kunstwerke internationaler Künstler aufweisen, darunter beispielsweise die Skulptur »Konkav gerundet« (Rupprecht Geiger, 1973), der »Walking Man« (Jonathan Borofsky, 1995) oder der silberne Baum »Discrepancy« (Roxy Paine, 2011).

Aber auch im Innern der Munich Re, in ihren unterirdischen Räumen, wandeln die Mitarbeiter und Besucher des Unternehmens inmitten von sehenswerter Kunst. Herausragend: die verschiedenen Lichtinstallationen, die die fensterlosen Gänge außergewöhnlich illuminieren. Dezent leuchtend bis grell strahlend, manchmal voller Farbigkeit, dann wieder nur in einem Ton gehalten, monochrom. Darunter spektakuläre Lichtinstallationen namhafter Künstler wie die des US-Amerikaners James Turrell, der Kanadierin Angela Bulloch und des Italieners Maurizio Nannucci.

Herausragend im unterirdischen Passagensystem: die Arbeit des New Yorker Malers, Bildhauers und Lichtkünstlers Keith Sonnier (1941–2020), der das Licht als Skulptur einsetzte und seine Deckeninstallationen mit farbigen Lichtkonzeptionen als Zeichnungen im Raum gestaltete. Seine Lichtinstallation »Verbindung RotBlauGelb«, die er für die Munich Re 2002 auf einer Länge von 142 Metern gestaltete, besteht aus farbigen Neonröhren mit variablen Lichteffekten. In diesen Lichträumen werden die Passanten Teil der Inszenierung, weil sie beim Durchschreiten der Gänge ebenfalls von Farbe umhüllt werden. Dasselbe gilt auch für die Menschen, die einem entgegenkommen. Dieses Farbspiel kann für den Betrachter irritierend sein, es lässt einen aber beim Passieren der Flure keineswegs unberührt.

Adresse Munich Re, Königinstraße 107, 80802 München (Schwabing), Tel. 089/38910, www.munichre.com | **Anfahrt** U 3, U 6, Haltestelle Giselastraße; Bus 54, 58 (CityRing), 154, Haltestelle Thiemestraße | **Öffnungszeiten** Führungen durch die Munich Re nach Vereinbarung (Kontakt: Dr. Ehrenfried-Bergmann, sehrenfried-bergmann@munichre.com) | **Tipp** Von Keith Sonnier stammt auch das Neonkunstwerk »Lichtweg« des Terminal 1 im Münchner Flughafen, das einen über 1.000 Meter langen Laufweg begleitet und die Ebene zum Erlebnisraum macht.

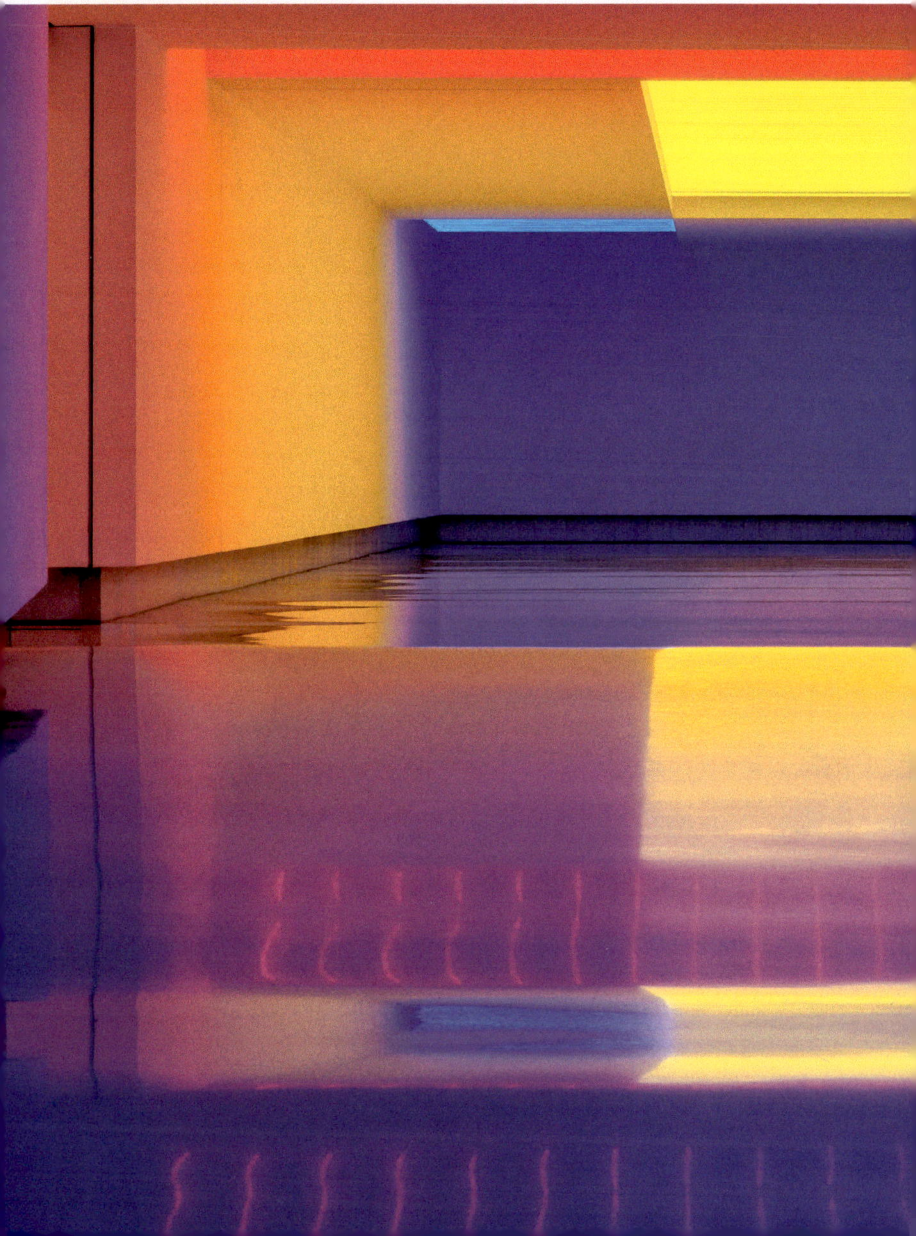

33 Das Genrebild

Alltag in Sevilla

In Saal VIII im Obergeschoss der Alten Pinakothek trifft man auf ein ungewöhnliches Meisterwerk: das um 1645 entstandene Gemälde »Trauben- und Melonenesser« des aus Sevilla stammenden Barockmalers Bartolomé Esteban Murillo (1618–1682), der seine Grundausbildung bei dem spanischen Barockmaler Juan del Castillo erfahren hatte und ab 1660 erster Präsident der von ihm selbst gegründeten Malerakademie Sevillas wurde. Murillo, beeinflusst vom spanischen Maler Diego Velázquez, wurde in seiner Zeit zum bedeutendsten Maler der Handelsmetropole Sevilla und zu einem der berühmtesten und einflussreichsten Maler Mitte des 17. Jahrhunderts in Spanien. Schwerpunkt der Arbeit des weit über die Grenzen Spaniens hinaus bekannten Malers war die religiöse Malerei: Gemälde mit christlichen Motiven, Altarbilder, Madonnen- und Heiligenbilder.

Aber Murillo hatte eine weitere Leidenschaft, die seine Bilder, die hoch gehandelt wurden, zu Lebzeiten zu begehrten Sammlerobjekten machte: Genrebilder, Gemälde aus dem Alltagsleben der Stadt, Momentaufnahmen von starker Wirkung. Seine bevorzugten Motive: Straßenjungen und Bettelkinder, Menschen aus dem Volk, die im Schatten lebten. Lebens- und farbenfroh, hell und lichterfüllt in Szene gesetzt. Flämische Mäzene liebten diese Straßen- und Alltagsszenen, sodass es 1779 zu einem Exportverbot für seine Genrebilder kam. Es soll heute in keinem einzigen spanischen Museum ein Genrebild Murillos geben.

Auch Kurfürst Max Emanuel von Bayern, seinerzeit residierend in Brüssel, gehörte zu den Murillo-Fans. 1698 erstand er für die Residenz in München die »Trauben- und Melonenesser« mit den zwei zerlumpten Jungen, die sich über einen Berg Obst hermachen. Ihnen gehört in diesem Moment die Welt, sie essen voller Lust und sind scheinbar rundum glücklich. Der Ankauf weiterer Murillos folgte, sie sind heute in der Alten Pinakothek zu bewundern.

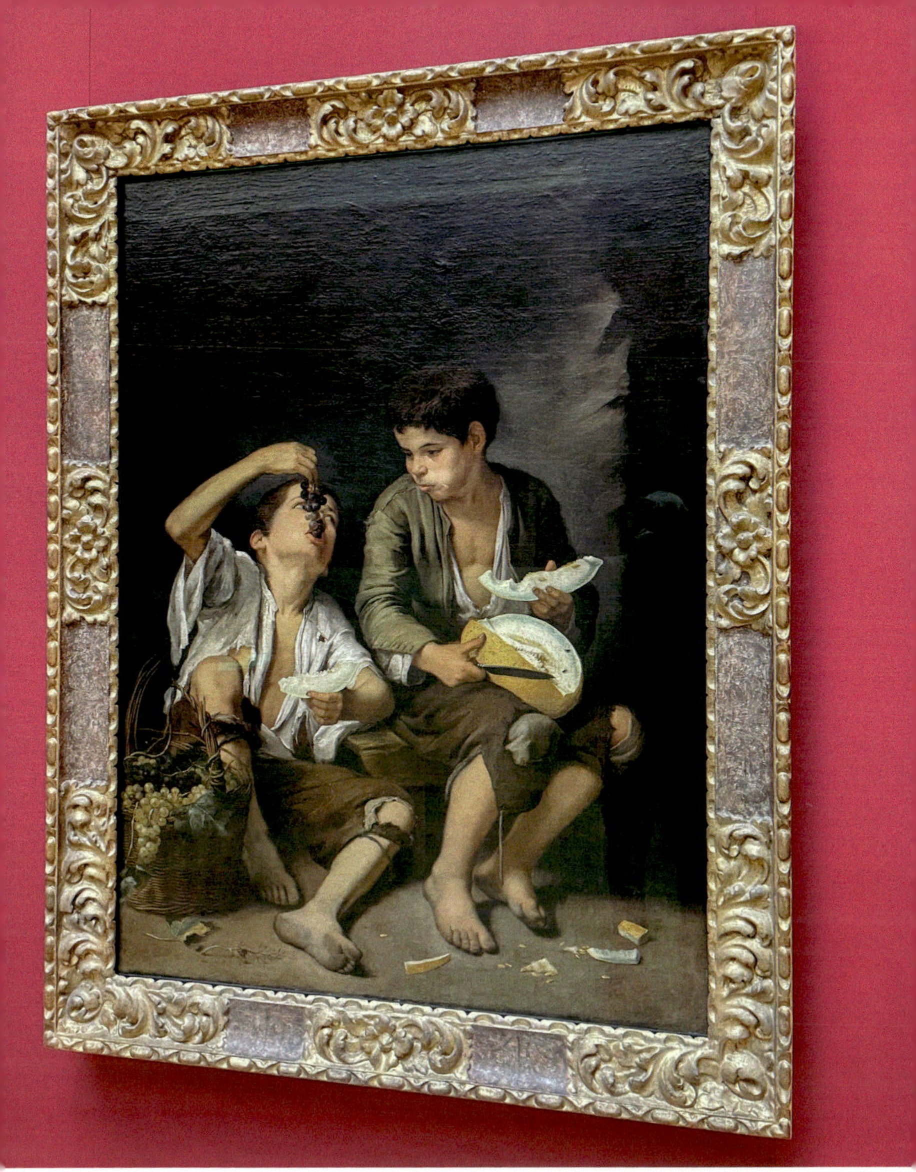

Adresse Alte Pinakothek, Barer Straße 27, 80333 München (Maxvorstadt), Tel. 089/23805216, www.pinakothek.de/alte-pinakothek | **Anfahrt** U 2, Haltestelle Königsplatz oder Theresienstraße; U 3, U 6, Haltestelle Odeonsplatz oder Universität; U 4, U 5, Haltestelle Odeonsplatz; Tram 27, 28, Bus 58 (CityRing), 100 (Museumslinie), Haltestelle Pinakotheken | **Öffnungszeiten** täglich außer Mo 10–18 Uhr, Di, Mi 10–20.30 Uhr | **Tipp** Die Wandmalereien in den Hofgartenarkaden, an der Stelle, an der man den Hofgarten vom Odeonsplatz betritt, lohnen einen Blick. Zahlreiche große Fresken aus der Geschichte des Hauses Wittelsbach, gemalt von rund 20 Schülern des Akademiepräsidenten Peter von Cornelius (1783–1867), sind dort zu sehen.

34 Das Giambologna-Kreuz

Das Schönheitsideal der Renaissance

Im Zentrum der Jesuitenkirche St. Michael, vor dem Hauptaltar, tut sich seit 2016 ein sieben Meter hohes Kreuz auf, das dort zwei Jahrhunderte lang stand, bevor es 1818 vom berühmten Baumeister Leo von Klenze an die Ostwand der Kirche versetzt wurde, weil es die Sicht aufs Allerheiligste verstellte, aber vor allem der Raumästhetik der Zeit zuwiderlief. Zurück an seinem ursprünglichen Ort, wird es in Zukunft wohl dauerhaft hierbleiben. Denn es komplettiert die ursprüngliche »christologische Achse« des weiten Tonnengewölbes: vom Jesusknaben unter der Empore über das mittige Giambologna-Kreuz bis zum Hochaltar mit Christus, dem Erlöser. Vor allem aber handelt es sich um einen außergewöhnlichen Kunstschatz, ein 1594 entstandenes Meisterwerk des flämisch-italienischen Bildhauers Giovanni da Bologna (1529–1608), Künstlername: Giambologna.

Der bronzene Christus-Corpus aus der Florentiner Werkstatt des Bildhauers, der überwiegend für den italienischen Hochadel und das Haus Medici arbeitete, gilt als eines der frühen Werke des Manierismus. Jesus, mit Händen und Füßen ans Kreuz genagelt, wird nicht leidend und sterbend gezeigt, sondern mit einem unverletzten und makellosen Körper, dem Schönheitsideal der Renaissance entsprechend, und der Liebe Gottes im Tod ganz nah. Diese Darstellung sollte der zu ihm aufblickenden Gemeinde Trost, Hoffnung und Zuversicht vermitteln. Am Fuße des Kreuzes trauert kniend die zu Jesus schauende Maria Magdalena, eine Bronzeskulptur des süddeutschen Bildhauers Hans Reichle (1570–1642), eines Meisterschülers von Giambologna.

Der zwischen den Jahren 1583 und 1597 durch Herzog Wilhelm V. (1548–1626) initiierte Kirchenkomplex St. Michael war der bedeutendste Sakralbau am Übergang von der Renaissance zum Barock nördlich der Alpen. Er war Symbol der gegenreformatorischen Bewegung in Bayern und geistiges und kulturelles Zentrum der Jesuiten.

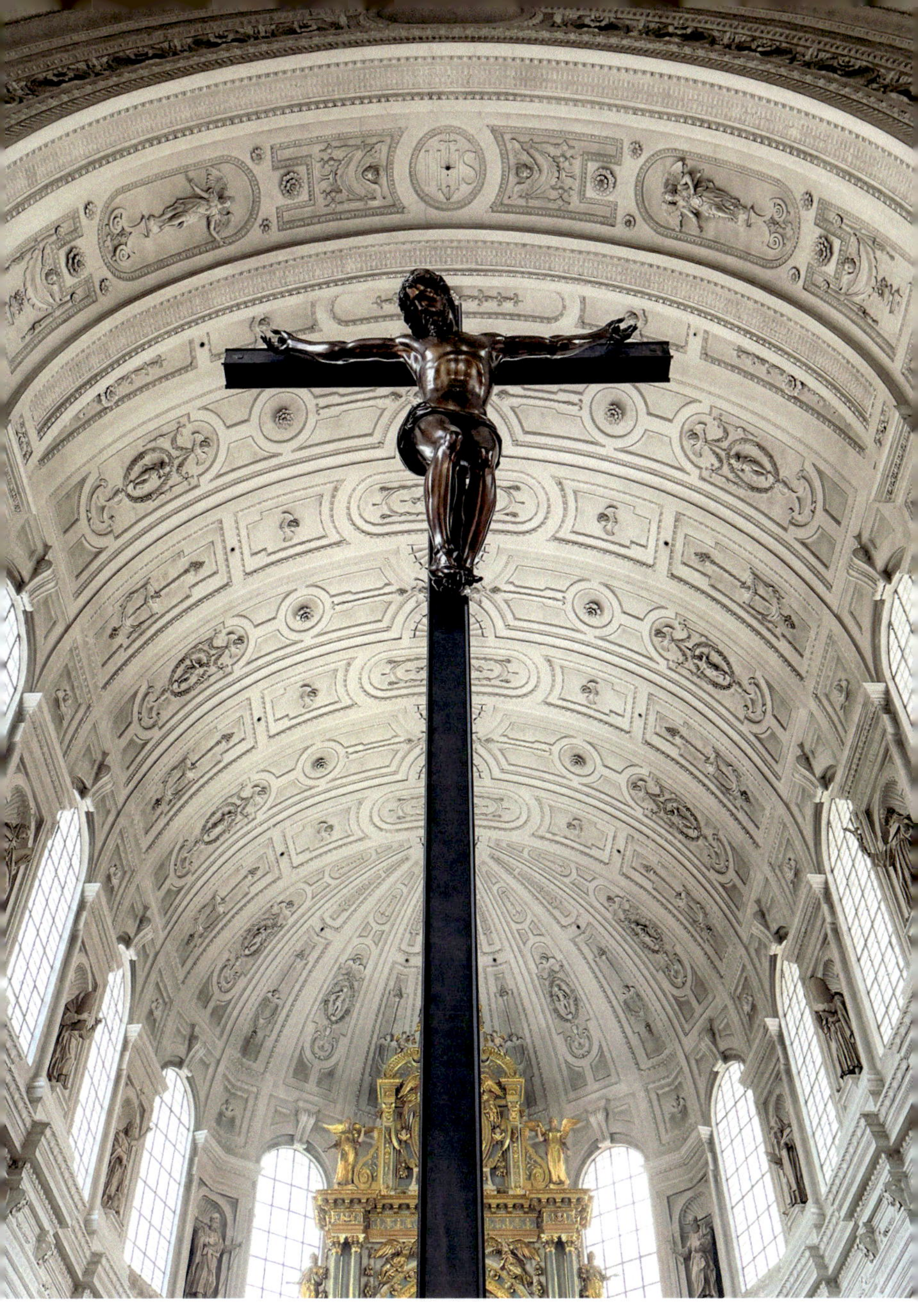

Adresse St. Michael, Neuhauser Straße 6, 80333 München (Altstadt) | Anfahrt U 3, U 6, Haltestelle Marienplatz; U 4, U 5, Haltestelle Karlsplatz/Stachus oder Odeonsplatz | Öffnungszeiten Mo, Mi, Do, Sa 8–19 Uhr, Di 8–20.15 Uhr, Fr 10–19 Uhr, So 7–22.15 Uhr | Tipp Der schönste Arkadenhof Münchens befindet sich in der Alten Münze, dem heutigen Sitz des Bayerischen Landesamtes für Denkmalpflege am Hofgraben 4.

35_Der Gnadenstuhl

Jan Polack in der Schlosskapelle

Steht man in der Kapelle von Schloss Blutenburg vor der »Blutenburger Madonna«, so kommt einem unweigerlich eine Geschichte in den Sinn, die seinerzeit deutschlandweit Furore machte. Hinter ihrem spektakulären Raub soll der bayerische Schauspieler Walter Sedlmayr gesteckt haben, in dessen Haus das Meisterwerk schließlich auf einer Anrichte entdeckt wurde. Wer die berühmte Madonna und die anderen Skulpturen der Schlosskapelle – Christus als Schmerzensmann und die Apostel – um 1490 gefertigt hat, ist nicht bekannt. Es ist nur vom »Meister der Blutenburger Apostel« die Rede.

Die außergewöhnliche Tafelmalerei des Hochaltars mit dem berühmten »Gnadenstuhl«, dem gekrönten Vater, seinem toten Sohn und der Taube als dem Heiligen Geist, kann aber eindeutig zugeordnet werden. Sein Schöpfer ist der 1477 wahrscheinlich aus dem polnischen Krakau nach München gekommene Maler Jan Polack (1450–1519), der 1488 Münchner Stadtmaler und zu einem der bedeutendsten spätgotischen Künstler und Kirchenmaler wurde. Mit dem 1491 entstandenen, 200 mal 155 Zentimeter hohen, in Öl auf Holz gemalten Gnadenstuhl, der den Mittelteil des Flügelaltars ausmacht, verfügt die kleine spätgotische Kapelle über ein ungewöhnliches Meisterwerk. Sie wurde 1488 von Herzog Sigismund gebaut und gehört zum 60 Jahre vorher am westlichen Stadtrand Münchens als Jagdschloss und Landsitz Herzog Albrechts III. errichteten Schloss Blutenburg. Die beiden Seitenflügel des Hauptaltars zeigen die Taufe Jesu und die Krönung Marias. Auf dem geschlossenen Altar ist der Stifter Sigismund zu sehen. Bis heute ist die Schlosskapelle inklusive der Butzenscheiben nahezu vollständig erhalten.

Eine weitere bedeutende Arbeit aus der Werkstatt des Jan Polack, der eng mit dem Bildhauer Erasmus Grasser (1450–1518) befreundet war und über zwei Jahrzehnte lang der Münchner Malerzunft vorstand, ist der Freskenzyklus im Chor von St. Wolfgang im nahen Pipping.

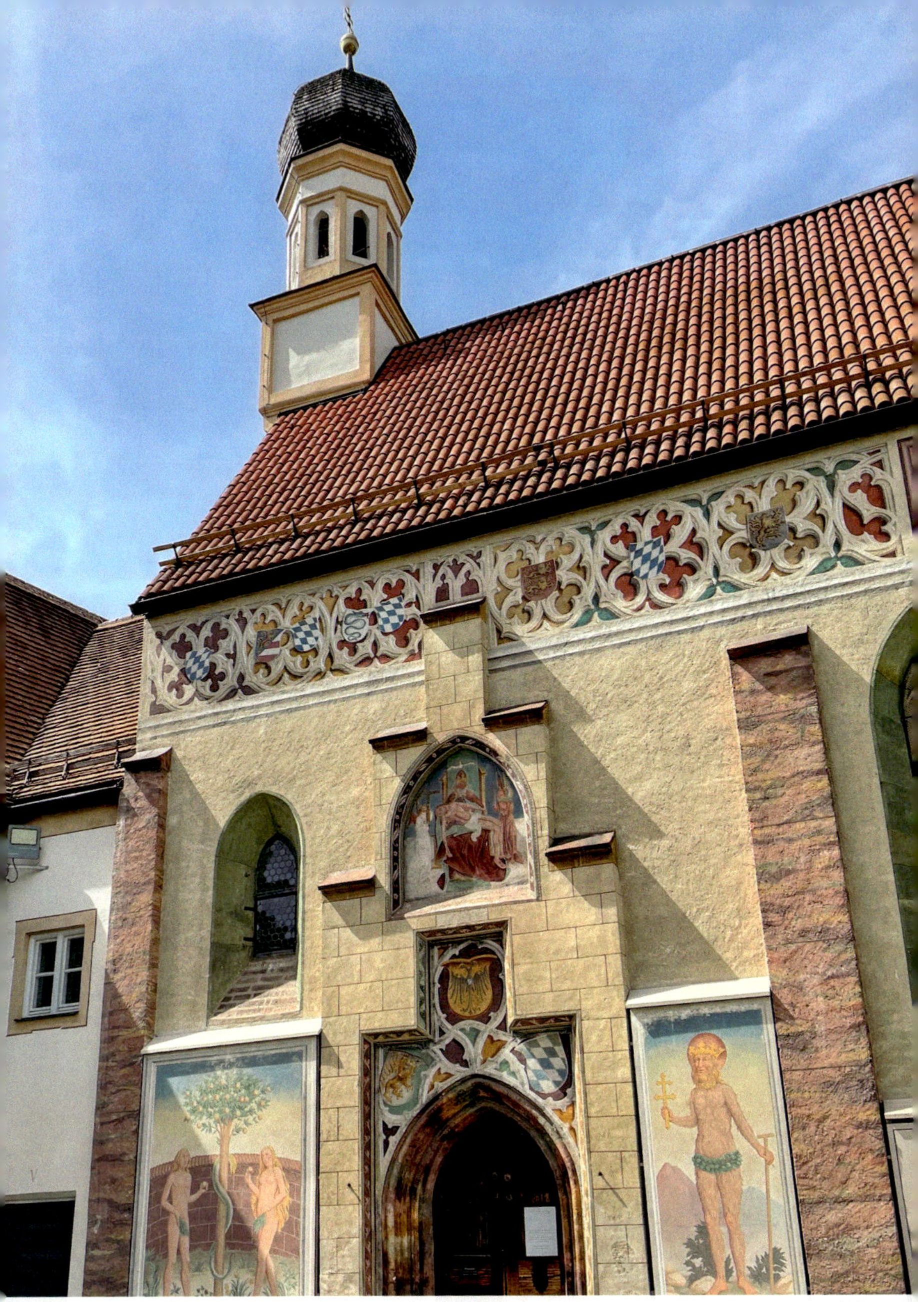

Adresse Kapelle von Schloss Blutenburg, 81247 München (Obermenzing) | **Anfahrt** S 3, S 4, S 6, S 8, Haltestelle Pasing, dann Bus 56, 143, 160, Haltestelle Schloss Blutenburg | **Öffnungszeiten** Okt.–März 10–16 Uhr, April–Sept. 9–17 Uhr | **Tipp** Das Schloss Blutenburg beherbergt die Internationale Jugendbibliothek und ein Museum für den Momo-Autor Michael Ende.

36 Die goldene Sargmaske

Königin Satdjehuti aus der 17. Dynastie

Betritt man das vollständig unterirdisch liegende Staatliche Museum Ägyptischer Kunst über die abschüssige Freitreppe des Portals, fühlt man sich an den Einstieg in ein altägyptisches Pharaonengrab erinnert. Durch einen versenkten Innenhof mit reichlich Tageslicht gelangt man in ein mit raffiniert gesetztem Kunstlicht ausgestattetes Museum, das 5.000 Jahre Kunst und Kultur des Alten Ägypten vorhält – von der Frühzeit über das Alte, Mittlere und Neue Reich bis in die griechisch-römische Zeit.

Mit dem 2013 eröffneten, 150 Meter langen, an der Gabelsberger Straße vis-à-vis der Alten Pinakothek liegenden Neubau des Kölner Architekten Peter Böhm, der sich als moderne Antwort auf die zeitlose Pinakothek-Architektur Leo von Klenzes versteht und zentraler Sitz der Hochschule für Film und Fernsehen ist, konnten die wertvollen, über München verteilten Meisterwerke ägyptischer Kunst, überwiegend von den kunstbeflissenen Wittelsbacher Herrschern zusammengetragen, zu einer Schau vereint werden, wie es in Europa nur wenige gibt.

Unter der reichen Fülle an Kunstschätzen besticht die 60 Zentimeter große vergoldete Sargmaske der Königin Satdjehuti, deren Rückseite, also die Innenseite des Sargdeckels, dicht mit Hieroglyphen, den sogenannten Totenbuch-Hieroglyphen, beschriftet ist, die auch ihren Namen preisgeben. Ein Meisterwerk der 17. Dynastie, um 1575 vor Christus entstanden, aus stuckiertem und vergoldetem hartem Sykomorenholz aus der oberägyptischen Stadt Theben. Kupferstreifen umrahmen die marmornen Augen mit der aus vulkanischem Gesteinsglas bestehenden Iris. Das Museum verweist darauf, dass die Särge der Königinnen dieser Epoche in ihrer künstlerischen Ausarbeitung die ihrer königlichen Ehemänner, die sich häufig auf Kriegspfaden fernab des Hofes aufhielten, bei Weitem übertrafen. Ein Indiz ihrer gesellschaftlichen und politischen Bedeutung.

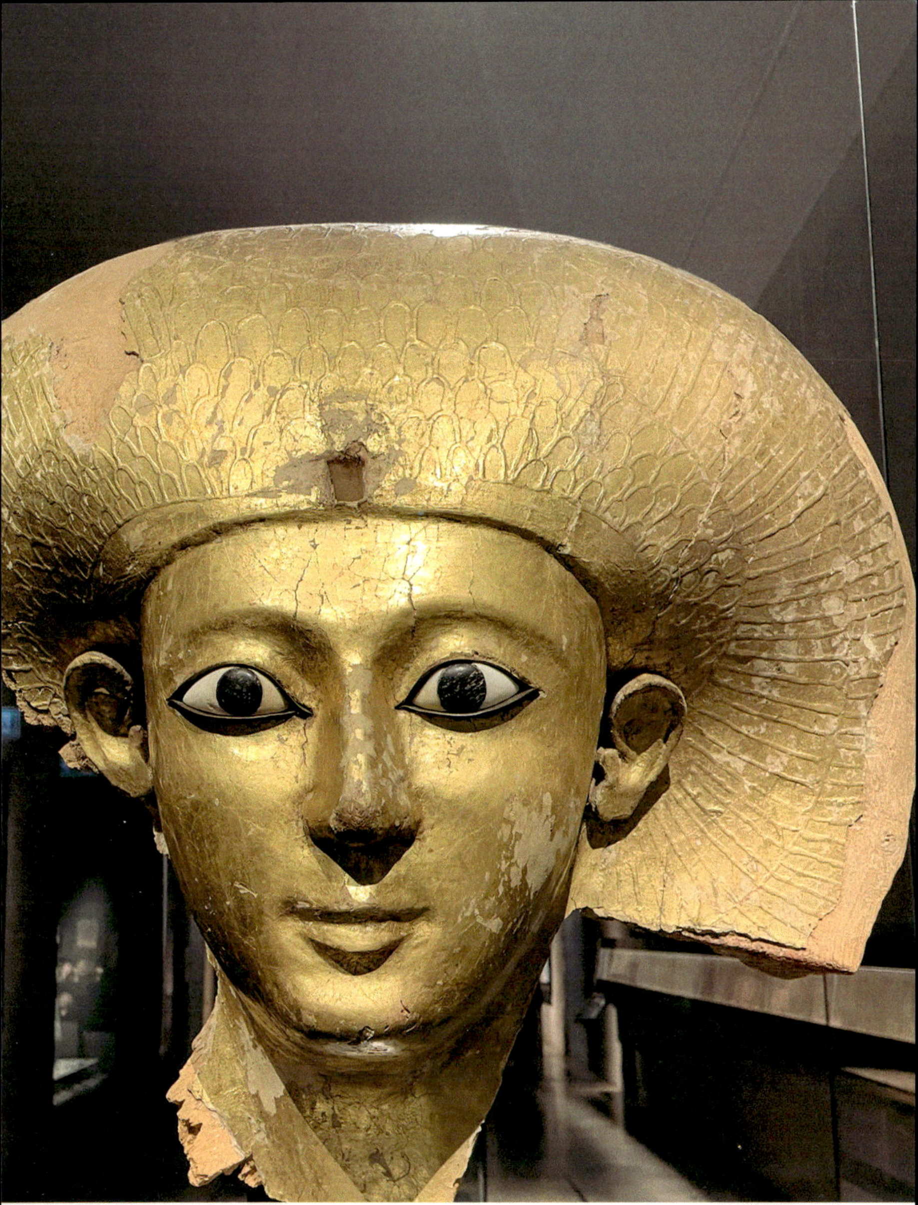

Adresse Staatliches Museum Ägyptischer Kunst, Gabelsberger Straße 35, 80333 München (Maxvorstadt), Tel. 089/28927630, www.smaek.de | Anfahrt U2, U8, Haltestelle Königsplatz; Tram 27, 28, Haltestelle Karolinenplatz; Bus 58 (CityRing), 68, 100 (Museumslinie), Haltestelle Pinakotheken | Öffnungszeiten Mi–So 10–18 Uhr, Di 10–20 Uhr | Tipp Die vor dem Museumsbau stehende 3,60 Meter hohe Aluminium-Skulptur »Present Continuous« des niederländischen Bildhauers Henk Visch zeigt einen armlosen Gebückten, von dessen Stirn ein stählerner Stab durch die Erde in die darunterliegende Sammlung führt. Gedacht als Verbindung zwischen Moderne und Antike.

37 Die Granitblöcke

Komposition mit Steinquadern

Ziemlich versteckt in einem der für die Öffentlichkeit jederzeit zugänglichen Innenhöfe des Europäischen Patentamtes (EPA) gelegen, aber den meisten Münchnern vermutlich unbekannt, steht die vom Schweizer Architekten, Maler, Designer und Bildhauer Max Bill (1908–1994) geschaffene spektakuläre Granitskulptur »Rhythmus im Raum«, eine seiner letzten Arbeiten. Eine vergleichbare Pavillonskulptur, also ein begehbares Objekt, findet man auch in Zürich in bester Lage an der Bahnhofstraße, unweit des Paradeplatzes. Sie wurde dort von Max Bill als Gegengewicht zum hektischen Treiben der Straße, als Moment der Ruhe und Entspannung aufgestellt. Nun geht es im begehbaren Innenhof des Europäischen Patentamtes alles andere als hektisch zu, aber auch hier lädt die raffiniert gestaltete Skulptur zum Verweilen und Relaxen ein. Sie ist exakt auf die Sitz- und Anlehnbedürfnisse eines Menschen zugeschnitten.

Die eigens für den Hof des Europäischen Patentamtes 1994 geschaffene Skulptur, eine Auftragsarbeit, wurde passend für die quadratische Rasenfläche zwischen den Gebäudetrakten konstruiert. Dabei hat Max Bill, der als einer der Protagonisten der »Konkreten Kunst« gilt, die zur Verfügung stehende Fläche raumgreifend genutzt und seine Skulptur entsprechend platziert. Oder besser: inszeniert. Sie verlangt vom Betrachter geradezu, Kontakt mit ihr aufzunehmen und sich auf einem der Granitblöcke getrost niederzulassen.

Max Bill bevorzugte, beeinflusst durch die Denk- und Gestaltungsweise des Bauhauses, das »perfekte geometrische und mathematische Zusammenspiel von Form und Farbe für ein harmonisches Kunstwerk«. In »Rhythmus im Raum« werden auf einer Fläche von etwa 10 mal 20 Metern in immer wiederkehrendem Rhythmus lang gezogene Granitquader exakt berechnet zu Rechtecken aufgerichtet, die wiederum im unteren Bereich miteinander verbunden sind und eine Einheit bilden.

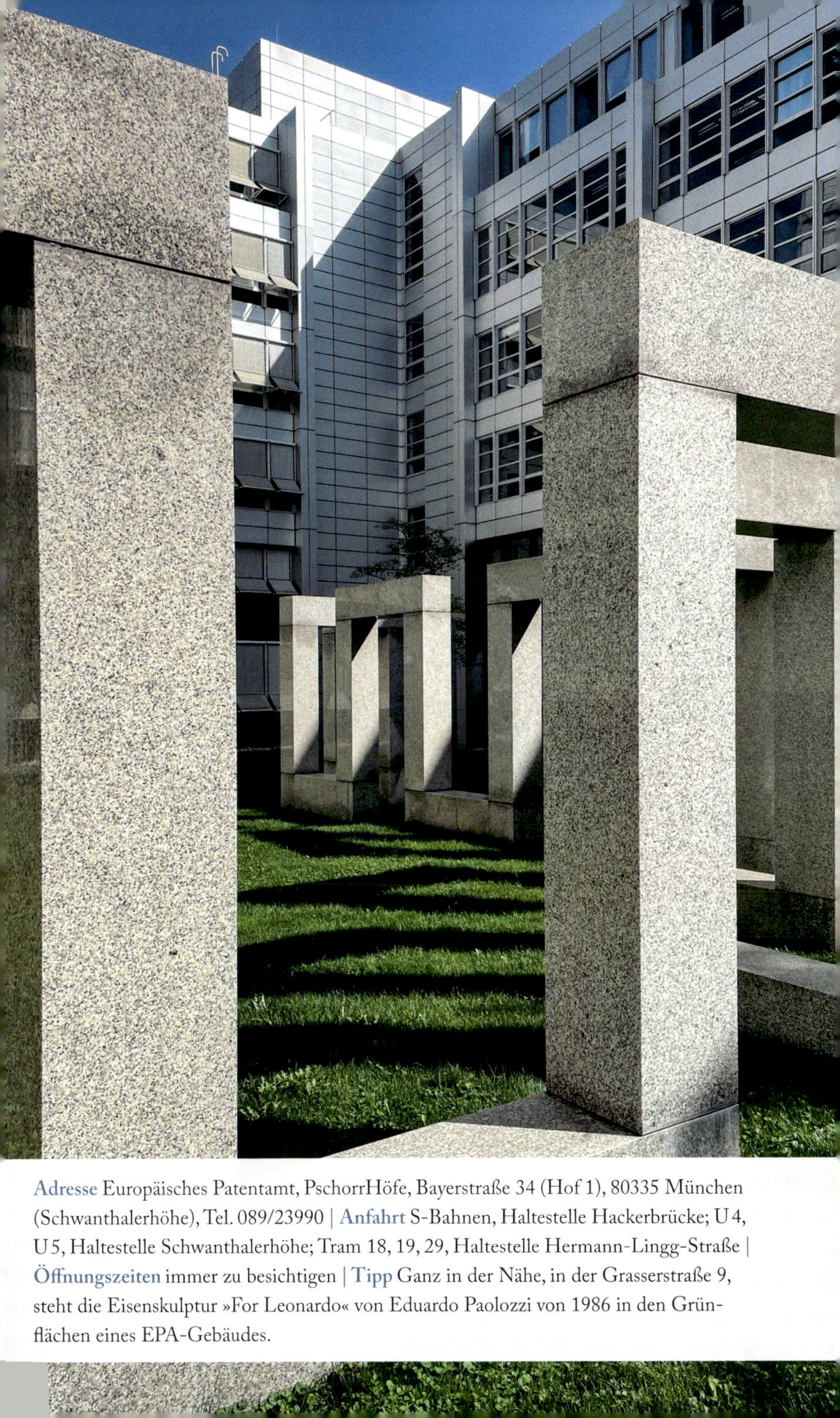

Adresse Europäisches Patentamt, PschorrHöfe, Bayerstraße 34 (Hof 1), 80335 München (Schwanthalerhöhe), Tel. 089/23990 | Anfahrt S-Bahnen, Haltestelle Hackerbrücke; U 4, U 5, Haltestelle Schwanthalerhöhe; Tram 18, 19, 29, Haltestelle Hermann-Lingg-Straße | Öffnungszeiten immer zu besichtigen | Tipp Ganz in der Nähe, in der Grasserstraße 9, steht die Eisenskulptur »For Leonardo« von Eduardo Paolozzi von 1986 in den Grünflächen eines EPA-Gebäudes.

38 Die Grüne Galerie

Auf den Spuren des François de Cuvilliés

Eine Perle des höfischen Rokoko stellen die sogenannten »Reichen Zimmer« dar, die Kurfürst Karl Albrecht (1697–1745) zwischen 1730 und 1733 vom in Paris ausgebildeten Hofarchitekten François de Cuvilliés erbauen und gemeinsam mit den besten Hofkünstlern mit Stuckaturen, Wandvertäfelungen, Dekorationen und Möbeln ausstatten ließ. Im Zentrum dieser schon früh auf die Kaiserwürde abzielenden repräsentativen Raumarchitektur mit den prunkvollen Sälen für die unterschiedlichsten Anlässe stand die Grüne Galerie, ein imposanter Seitentrakt der Reichen Zimmer. Der seit 1726 regierende Karl Albrecht wurde 1742 tatsächlich als Karl VII. kurzfristig Kaiser des Heiligen Römischen Reiches.

In der Grünen Galerie mit ihren Rundbogenfenstern fanden rauschende Hoffeste statt, demonstrierten die Wittelsbacher ihren Gästen ihre Macht und ihren Einfluss. Den Namen Grüne Galerie erhielt der lang gestreckte Saal mit seinen hohen Wandspiegeln und der reichen Stuckatur von einer aufwendigen Wandbespannung mit kostbarem grünem Seidendamast. Aber die Grüne Galerie war viel mehr, sie war auch eine Bildergalerie und beherbergte bis zu 160 Gemälde zum Teil bedeutender Künstler. Heute präsentiert sie immer noch eine Auswahl der Wittelsbacher Kunstsammlung. Es lohnt sich, sich in die schön gestalteten, in Gold gerahmten Bilder zu vertiefen.

Unter ihnen finden sich herausragende Kostbarkeiten, Meisterwerke der europäischen Malerei, die Karl Albrecht erworben hat oder nach siegreichen Feldzügen aus fremden Städten nach München hat überführen lassen. Andere wurden zurückgegeben oder hängen aktuell in den Bayerischen Staatsgemäldesammlungen. Die Grüne Galerie kann heute, nachdem 2011 die ursprüngliche Bilderhängung wiederhergestellt wurde, »als bedeutender Sammlungsraum und als Ort absolutistischer Herrschaftsrepräsentation« gleichermaßen erlebt werden.

Adresse Residenz, Residenzstraße 1, 80333 München (Altstadt), Tel. 089/290671, www.residenz-muenchen.de | **Anfahrt** U 3–U 6, Bus 100 (Museumslinie), 153, Haltestelle Odeonsplatz | **Öffnungszeiten** April–15. Okt. täglich 9–18 Uhr, 16. Okt.–März täglich 10–17 Uhr | **Tipp** Die vier die Kardinaltugenden Klugheit, Gerechtigkeit, Tapferkeit und Mäßigung repräsentierenden Bronzelöwen in der Residenzstraße, 1595 geschaffen, gelten als Glückslöwen. Im Vorbeigehen über die blanken Schnauzen zu reiben soll Glück bringen.

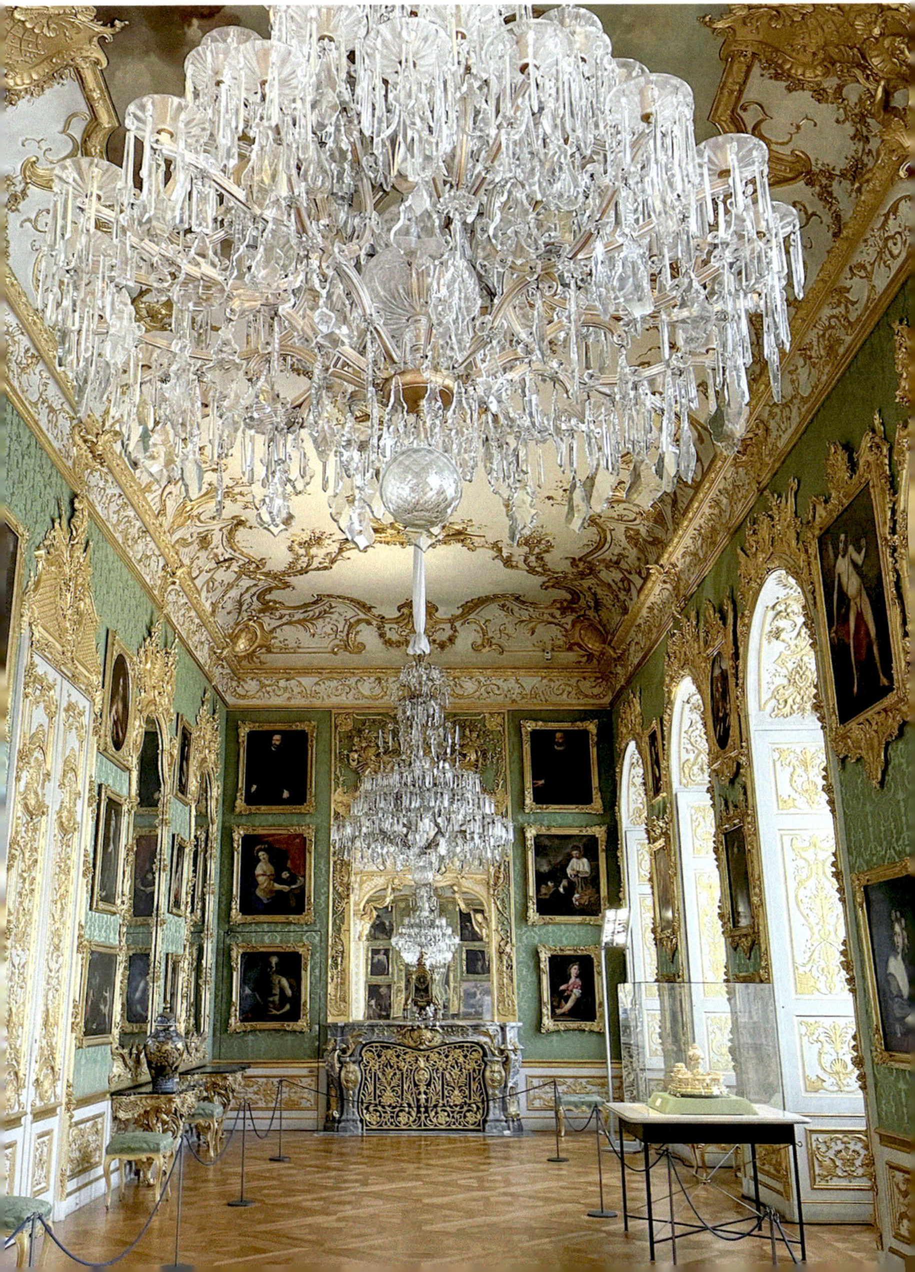

39 Die Halbkugeln

Als sich in Magdeburg 16 Pferde ins Zeug legten

Das Experiment war spektakulär und erregte weit über Magdeburg hinaus Aufsehen. Hunderte Zuschauer und zahlreiche namhafte Wissenschaftler waren 1657 zugegen, als der Physiker, Erfinder und zwischenzeitliche Bürgermeister von Magdeburg Otto von Guericke (1602–1686) den Startschuss zu einer Vorführung gab, die Wissenschaftsgeschichte schreiben sollte. 16 Pferde, auf jeder Seite Achtergespanne, sollten versuchen, zwei abgedichtet aufeinandergesetzte, luftleer gepumpte Halbkugeln aus Kupfer mit aller Gewalt auseinanderzureißen. Vergeblich, die Halbkugeln waren fest miteinander verbunden. Der von außen auf die Kugel wirkende Luftdruck drückte die Hälften des luftleeren Hohlraums so zusammen, dass sie sich nicht trennen ließen und erst dann wieder auseinanderfielen, als Guericke erneut Luft in die Kugel ließ. Der Wissenschaftler hatte den Beweis erbracht, dass es ein Vakuum gibt, einen »leeren Raum«, der künstlich zu erzeugen war. Einen Luftdruck mit einer zu berechnenden Kraft, der bis zu einem bestimmten Gewicht so auf die Halbkugeln einwirkte, dass diese sich nicht öffnen ließen.

Im Deutschen Museum sind Guerickes »Magdeburger Halbkugeln« und die von ihm erfundene Vakuumpumpe, mit der er dem Hohlraum zwischen den beiden aufeinandergepressten Kugelhälften über ein Ventil die Luft entziehen konnte, zu bestaunen. Die hier ausgestellten Meisterstücke hatte Otto von Guericke, der seine Experimente gern spektakulär präsentierte, 1663 eigens für eine Vorführung seiner Entdeckung vor den Augen des Kurfürsten Friedrich Wilhelm von Brandenburg an dessen Hof anfertigen lassen. Auch diese spektakuläre Demonstration war von durchschlagendem Erfolg. Dieses Mal waren die luftentleerten Kugeln mit einem Durchmesser von 42 Zentimetern senkrecht an einem Gerüst aufgehängt und die untere Halbkugelschale mit schwersten Gewichten versehen worden.

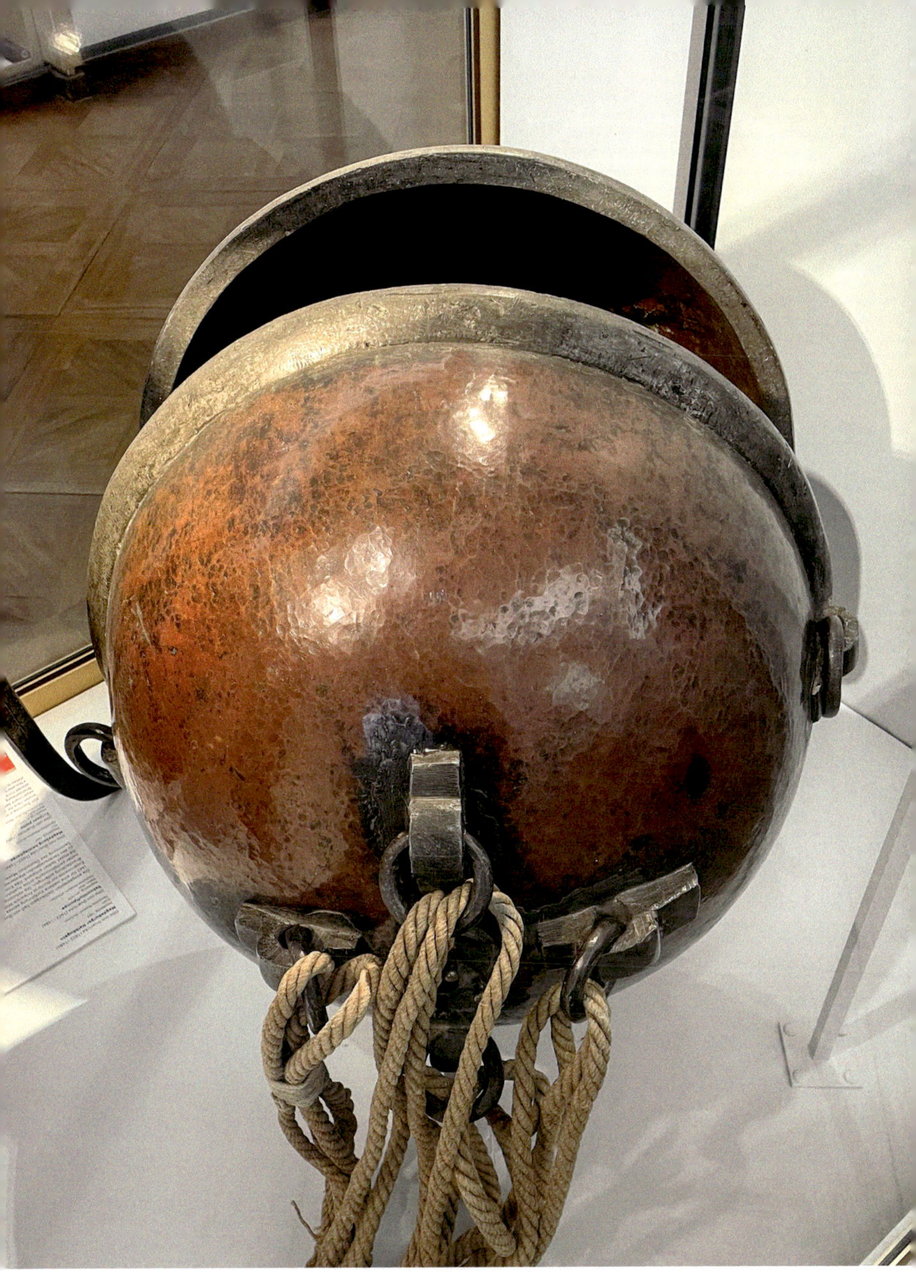

Adresse Deutsches Museum, Museumsinsel 1, 80538 München, Tel. 089/21791, www.deutsches-museum.de | Anfahrt S-Bahnen, Tram 16, Haltestelle Isartor; U 1, U 2, Tram 18, Haltestelle Fraunhoferstraße; Bus 132, Haltestelle Boschbrücke; Bus 52, 62, Haltestelle Baaderstraße | Öffnungszeiten täglich 9–17 Uhr | Tipp Ein weiteres Highlight des Deutschen Museums: der Planetariumsprojektor von Carl Zeiss in der Abteilung Astronomie.

40__Die Herz-Jesu-Kirche

… und dann öffnet sich das riesige Portal

Ein kleiner Knopfdruck, und das riesige, blau schimmernde Portal mit den beiden ausladenden Glasflügeltüren öffnet sich. Majestätisch langsam – in acht Minuten. Es handelt sich um das gewaltige Eingangstor eines spektakulären Kirchenbaus, eines architektonischen Meisterwerkes auf einem unscheinbaren Platz mitten im Münchner Stadtteil Neuhausen. Die Kirchengemeinde rühmt *ihr* »größtes Kirchenportal der Welt«, und das Architekturbüro Allmann Sattler Wappner, das diesen quaderförmigen Bau mit dem 14 Meter hohen, 18 Meter breiten und 50 Tonnen schweren, vollständig zu öffnenden Eingangsportal entworfen und zwischen 1997 und 2000 realisiert hat, widerspricht nicht. Diese Kirche ist ohne jedes Vorbild.

Von außen gleicht der Kubus einem überdimensionierten Kristall, die Fassaden ändern ihre Farbe je nach Lichteinfall von Transparent bis Blau, auf den Portalen lässt sich je nach Sonnenstand ein schwach schimmerndes, monumentales Kreuz erkennen. Die vom renommierten, 1951 geborenen englischen Glaskünstler Alexander Beleschenko auf die quadratischen Glasfenster der Portale aufgetragenen weißen Kreuznägel zitieren in einem bestimmten Code die Johannespassion.

Die katholische Herz-Jesu-Kirche, deren zwei hölzerne Vorgängerbauten in Flammen aufgingen und abbrannten, der letzte Ende 1994, besteht aus drei ineinandergestellten »Hüllen«. Innerhalb der teiltransparenten, blau schimmernden äußeren Glashülle des Baus mit stets changierendem Lichteinfall verbirgt sich ein hölzerner Kubus, bestehend aus 2.000 vertikal installierten Holzlamellen, durch deren Stellung das Licht in unterschiedlicher Intensität zum Altar gelenkt wird. Der Raum zwischen den beiden »Schachteln« soll den Kreuzgang klassischer Kathedralen symbolisieren. Die innerste Hülle aus Beton umfasst die Orgel und die Orchesterempore. Ein wenig abgerückt von Kirchvorplatz und Kirche steht ein 37 Meter hoher Campanile.

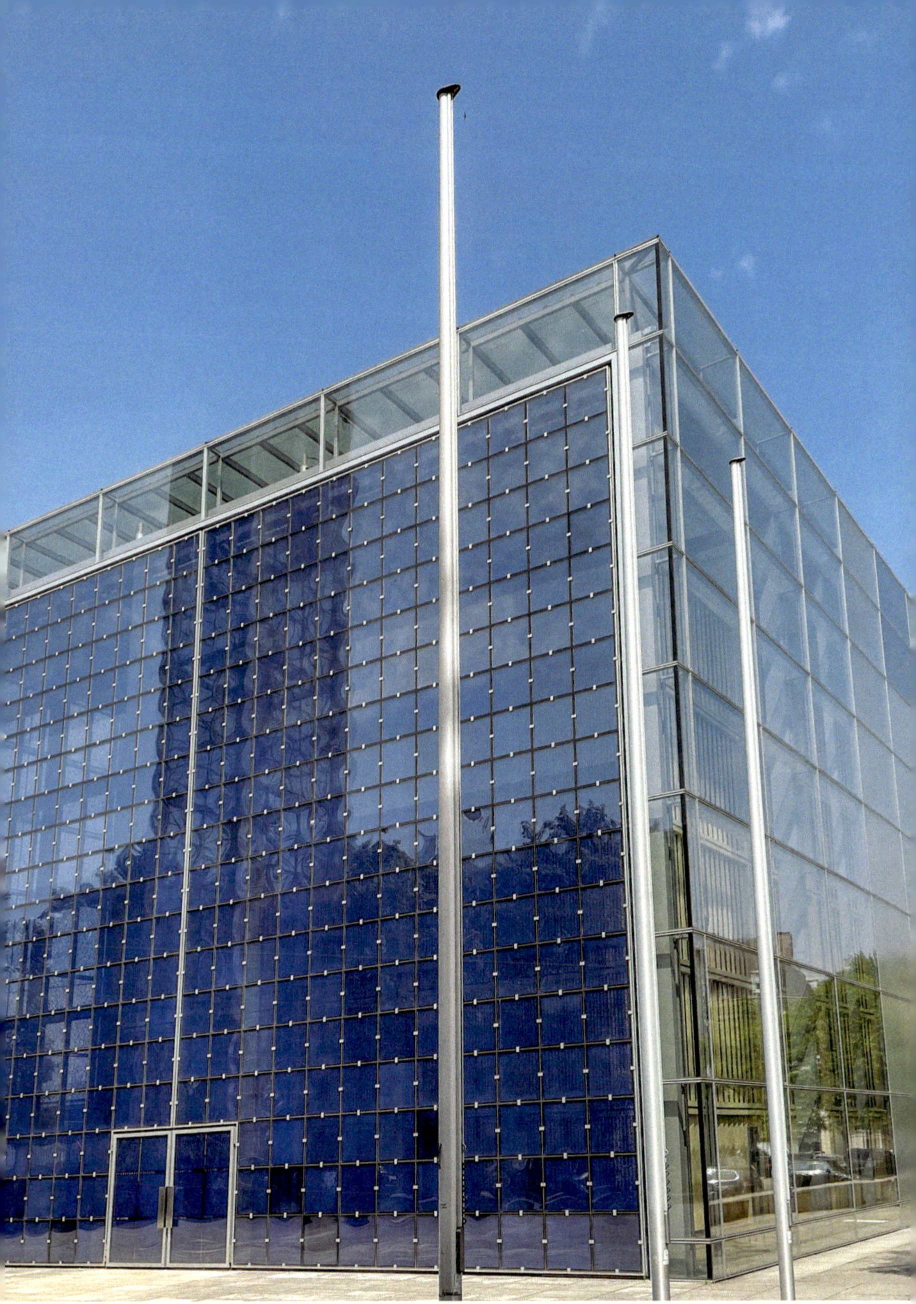

Adresse Lachnerstraße 8, 80639 München (Neuhausen), Tel. 089/1306750, www.herzjesu-muenchen.de | **Anfahrt** U 1, U 7, Haltestelle Rotkreuzplatz; Tram 12, Bus 53, 144, Haltestelle Rotkreuzplatz oder Neuhausen | **Öffnungszeiten** täglich 8–19 Uhr | **Tipp** Sehenswert ist auch die in den 1960er Jahren als Rundbau errichtete Kirche St. Johann von Capistran des Architekten Sep Ruf (1908–1982) in der Gottheldstraße 5 in Bogenhausen.

41 Der Hirtenknabe

Lenbach und die Malerei des 19. Jahrhunderts

Die hochkarätige Sammlung Schack, die ein wenig im Schatten des Museumsareals der Maxvorstadt steht, hält rund 180 Gemälde deutscher Künstler von Weltgeltung vor. Kleinodien der »Münchner Schule« und der Spätromantik: Anselm Feuerbach, Arnold Böcklin, Moritz von Schwind, Carl Spitzweg und Franz von Lenbach.

Eine besondere Rolle in der Sammlung des Kunstförderers Adolf Friedrich Graf von Schack (1815–1894) mit seinen überwiegenden Historien- und Landschaftsbildern, die seit 1939 Teil der Bayerischen Staatsgemäldesammlungen ist, kommt dem »Malerfürsten« Franz von Lenbach (1836–1904) zu. Denn Lenbach war auch ein genialer Meister der Kopie. Er verstand es wie kein Zweiter, Historienbilder großer Maler des 16. und 17. Jahrhunderts neuerlich in Szene zu setzen. Schack hatte seinerzeit zahlreiche Kopien von großformatigen Gemälden alter italienischer Meister der Renaissance in Auftrag gegeben –Tizian, Tintoretto und Veronese –, was in dieser Zeit nicht unüblich war, gab es doch noch keine entwickelte Fotografie, keinen Film. Besonders die »Tizians« von Franz von Lenbach, deren Originale in den wichtigsten europäischen Museen hängen, zählen zu den besten Gemäldekopien des 19. Jahrhunderts. Zu sehen sind sie im nach jahrelanger Generalsanierung 2009 wiedereröffneten Kopiensaal im Obergeschoss, dem größten Saal der Galerie.

Aber Franz von Lenbach ist auch mit eigenen Kreationen in der Sammlung Schack vertreten. Und da ragt sein »Hirtenknabe« heraus. Ein Meisterwerk von 107 mal 154 Zentimetern, das vielen Menschen durch Poster und Karten bekannt ist, von dem aber die wenigsten wissen, wo es zu finden ist. Sengende Hitze, flitternde Luft und ein Hirtenknabe auf dem Rücken im Gras und zwischen Blumen liegend, dösend, die Welt an sich vorbeiziehen lassend. Eine Idylle, die Ausdruck von Sehnsucht ist, fast lyrisch. Ein Genrebild, wie es Lenbach so kein zweites Mal gemalt hat.

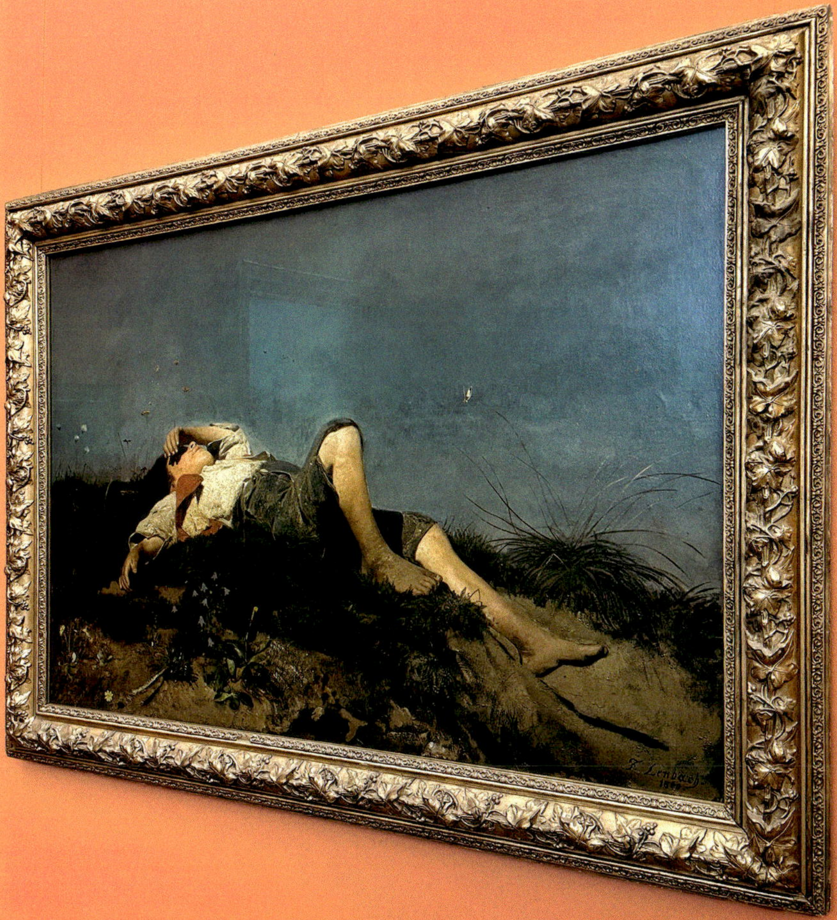

Adresse Sammlung Schack, Prinzregentenstraße 9, 80538 München (Lehel), www.pinakothek.de/sammlung-schack | Anfahrt Tram 18, Haltestelle Nationalmuseum/Haus der Kunst; Bus 100 (Museumslinie), Haltestelle Reitmorstraße/Sammlung Schack | Öffnungszeiten Mi–So 10–18 Uhr | Tipp Das Gebäude, in dem sich die Galerie befindet, wurde zwischen 1907 und 1909 nach Plänen von Max Littmann erbaut, der schon 1900/01 das Prinzregententheater entworfen hatte.

42 Das Hoch-Wiesen-Haus

Hundertwassers Architekturphantasien im Westpark

Der österreichische Architekt und Maler Friedensreich Hundertwasser (1928–2000) steht für das Durchbrechen der geraden Linie, das schwung- und phantasievolle Bauen und Malen in ausgeprägter Farbigkeit, und er bezog die Natur stets in seine kunstvollen Entwürfe mit ein. Mit seinen spektakulären Wiener Bauten (Hundertwasserhaus) schrieb er Architekturgeschichte. Anlässlich der IGA 1983 im Westpark in München schuf er ein besonderes Kunstwerk: das »Hoch-Wiesen-Haus«.

Mit diesem Phantasie-Modellhaus im Maßstab 1:20, das als richtiges Wohnhaus letztendlich nie gebaut wurde, wollte Hundertwasser aufzeigen, dass Architektur unbedingt im Einklang mit der Natur zu realisieren sei – basierend auf seinem künstlerischen Manifest zur IV. Internationalen Gartenbauausstellung »Konkrete Utopien für die grüne Stadt«, einem Plädoyer für seine Vorstellung einer natur- und menschengerechteren Stadt. Das »Hoch-Wiesen-Haus«, das nach seinen genauen Plänen und Vorgaben von einem Wiener Architekturbüro mit Beton, Holz, Glas und üppiger Bepflanzung umgesetzt worden war, wurde am 26. Juli 1983 in Anwesenheit des Künstlers vorgestellt. 2008 wurde die zwischenzeitlich ziemlich verwahrloste »Baummieter-Installation« zum 25-jährigen Bestehen des landschaftsarchitektonisch gelungenen Westparks, der ein wenig im Schatten des Englischen Gartens und anderer Münchner Parkanlagen steht, grundlegend saniert und in seinen alten Zustand zurückversetzt.

Immer wieder hatte Hundertwasser Architekturmodelle gefertigt, die seine Ideen zur Dachbegrünung und zu regenerativen Mechanismen wie Humustoiletten und Pflanzenkläranlagen, alles auf verschiedenen Dachebenen, propagieren. »Warum sollte nur der Mensch in Etagen übereinander leben, man kann auch Wälder, Wiesen, Parkanlagen und Gemüsegärten übereinanderlegen«, schrieb Hundertwasser anlässlich der Realisierung seines »Hoch-Wiesen-Hauses«.

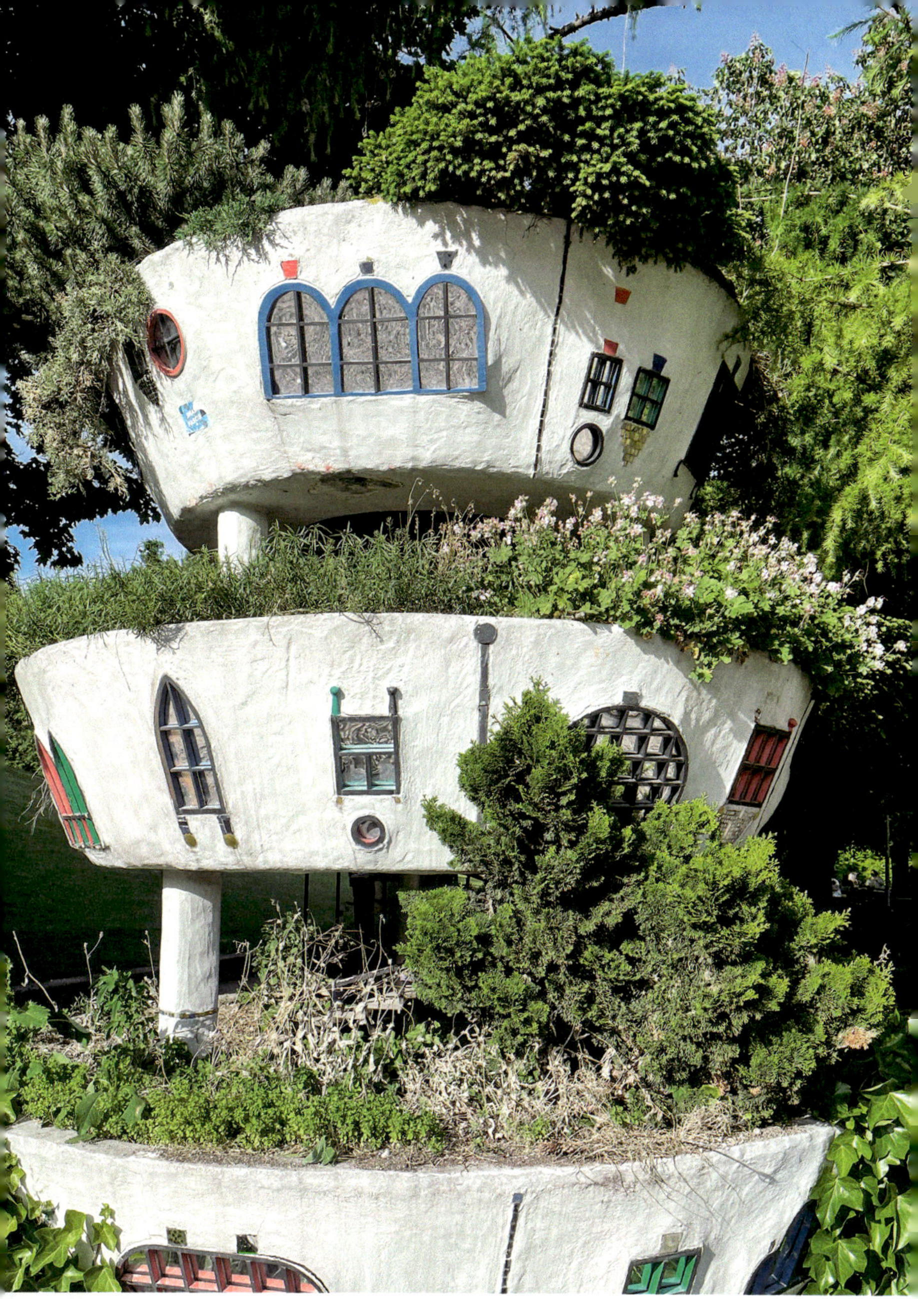

Adresse Westpark, Westendstraße, 81377 München (Sendling) | **Anfahrt** Bus 51, 151, Haltestelle Andreas-Vöst-Straße oder Ammerseestraße; Westparkplatz am Rosengarten: Westendstraße 305, von dort über die Terrasse des Wirtshauses rund 200 Meter in den Rosengarten | **Öffnungszeiten** immer zu besichtigen | **Tipp** Im Westpark lohnt ein Besuch der »Wasserwand« im Westsee, der Nepalpagode und des thailändischen Tempels.

43 Die Isetta

Das Mobilcoupé als letzter Schrei

Auch das kreisförmige BMW-Museum gleich neben dem Vierzylinder, ebenfalls 1971 entworfen und realisiert vom österreichischen Architekten Karl Schwanzer, ist ein bauliches Highlight. Von außen einer Schüssel gleich, wartet die knapp 20 Meter hohe Spannbetonschale im Innern mit einer scheinbar frei schwebenden Straßenspirale auf, auf der man die sich nach oben vergrößernden Plattformen erreicht, die die Verkehrstechnik anhand der Entwicklung der Marke BMW didaktisch geschickt präsentieren, wobei die Exponate, darunter Triebwerksmotoren, Motorräder und Automobile, überwiegend auf der sich nach außen ausbuchtenden Schale gezeigt werden. Nahezu von allen Positionen aus lassen sich große Teile des Museums einsehen. Das Museum beherbergt in optisch raffinierter Darstellung sämtliche Highlights der Geschichte des Konzerns.

Ein Meisterstück der innovativen Automobilkonstruktion von BMW war die BMW Isetta, die zwischen 1955 und 1962 ihre große Zeit hatte. Das vom italienischen Ingenieur Renzo Rivolta (1908–1966) und seiner Firma Iso entwickelte Auto wurde für die damals wirtschaftlich schwächelnden BMW-Werke, die noch ganz aufs Motorrad setzten, als Lizenzprodukt zum Verkaufsschlager. Dieses heute ulkig erscheinende Rollermobil mit Platz für zwei Personen war eine Mischform aus einem Auto und einem Motorrad. BMW selbst nannte das 2,30 Meter kurze Vehikel, das viele traditionelle Motorradfahrer zum Auto brachte, »Motocoupé« und ersetzte den italienischen Zweitakter durch einen ruhigeren Einzylinder-Viertakter mit 245 Kubik und 12 PS. Der Verbrauch betrug drei Liter auf 100 Kilometern. Der Clou: Man bestieg die Isetta von vorne. Die gesamte Vorderfront mitsamt der Lenksäule ließ sich öffnen und nach dem Einstieg von innen verriegeln. Und ab ging die Fahrt mit der »Knutschkugel«, wahrscheinlich einer der originellsten Kleinwagen der Automobilgeschichte.

Adresse BMW-Museum, Am Olympiapark 2, 80809 München, Tel. 089/125016001, www.bmw-museum.com | **Anfahrt** U 3, U 8, Bus 173, 180, Haltestelle Olympiazentrum | **Öffnungszeiten** Di–So 10–18 Uhr | **Tipp** Im nahen Olympiagelände sollte man sich unbedingt die fast sieben Meter hohe Bronzeplastik »Schuttblume« des Bildhauers Rudolf Belling (1886–1972) ansehen, ein für die Olympischen Spiele 1972 installiertes »Friedensdenkmal«.

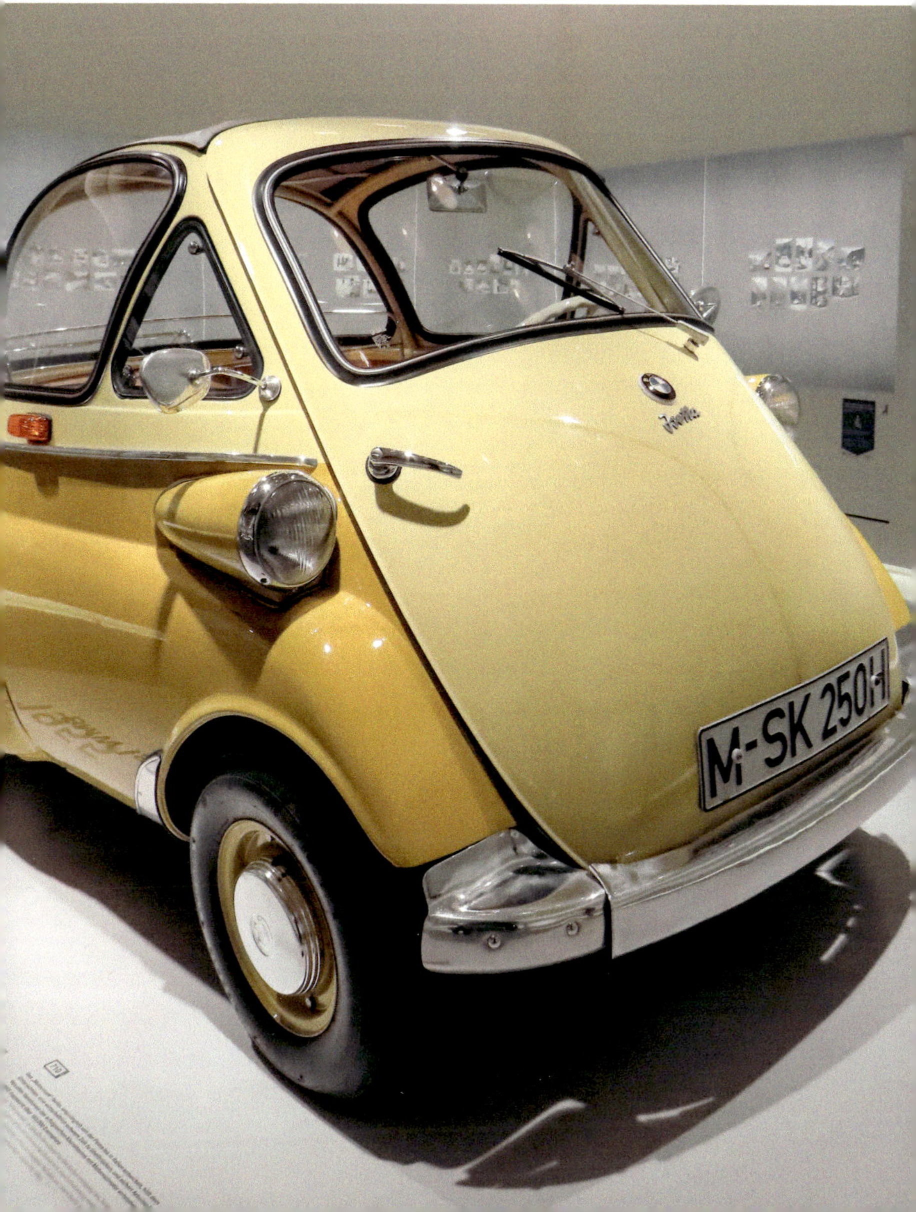

44 Das Jugendstilbad

Eintauchen ins Müller'sche Volksbad

Das nach den Entwürfen des Architekten Carl Hocheder (1854–1917) an den Ufern der Isar erbaute Müller'sche Volksbad war vom ersten Moment an spektakulär. Hatte es doch so etwas in Deutschland zuvor nicht gegeben. Mehr noch: Das mit viel Stuck, Wandmalereien, Bronzestatuen und eisernen Gittern versehene Jugendstilbad, das am 1. Mai 1901 feierlich eröffnet wurde, galt bei der Fertigstellung als teuerste, aber auch prunkvollste und größte Schwimmhalle Europas. Es hatte 1,8 Millionen Goldmark gekostet und wurde zur Attraktion des an phantasievollen und nachhaltigen Jugendstilbauten nicht armen München der Jahrhundertwende. Ein Badetempel, der gleichermaßen die Sinne verzückte und den gestiegenen Ansprüchen an Hygiene Rechnung trug.

Stifter und Bauherr des neuen Volksbades war der Münchner Ingenieur Karl von Müller (1821–1909), ein Mann, der der sozialreformerischen Badebewegung anhing und eine permanente Wascheinrichtung für die ärmeren Bewohner anstrebte, ein »Bad fürs Volk«. Denn viele Menschen in der Stadt hatten keinen Zugang zu fließendem Wasser. Wannen- und Brausebäder wurden daher Bestandteil öffentlicher Volksbäder, die vor allem Menschen aus der Unterschicht die Möglichkeit geben sollten, sich einer regelmäßigen Körperpflege zu unterziehen.

Müller plante deshalb, neben dem großen Schwimmbecken für die Männer, das unter einem mit Stuck und Jugendstilornamenten verzierten Tonnengewölbe lag, einem kleineren Becken für die Damen, einem original römisch-irischen Schwitzbad und einem Dampfbad mit einem marmornen Kaskadenbrunnen über 100 Wannen- und Brausebäder einzubauen – im Untergeschoss, öffentlich zugänglich für alle, die in ihren Wohnungen über keine Bademöglichkeit verfügten. Noch heute kann man sich im um die Jahrtausendwende generalsanierten Bad eine Wanne mieten. Karl Müller wurde 1901 von Prinzregent Luitpold in den Adelsstand erhoben.

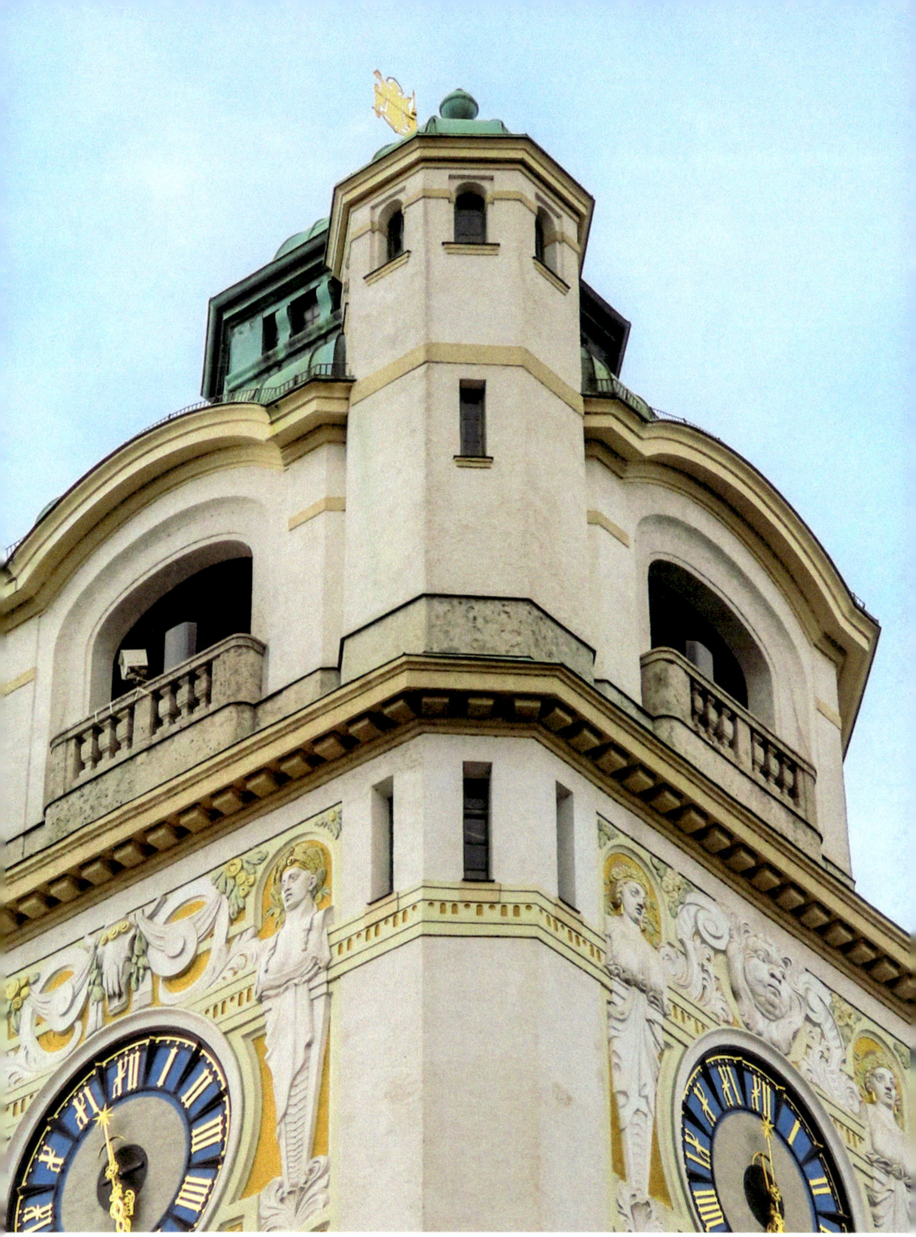

Adresse Müller'sches Volksbad, Rosenheimer Straße 1, 81667 München (Au) | **Anfahrt** S 1 – S 8, Tram 18, Haltestelle Isartor; Tram 16, Haltestelle Deutsches Museum; Bus 132, Haltestelle Ludwigsbrücke | **Öffnungszeiten** täglich 7.30 – 23 Uhr, Mo große Halle nur bis 17 Uhr; Sauna: täglich 9 – 23 Uhr; Wannen- und Brausebad: Mo 17.30 – 20.30, Mi und Fr 8 – 13.30 Uhr | **Tipp** Weitere Jugendstilikonen schließen sich an das Müller'sche Volksbad an: das Muffatwerk und die Muffathalle. Ursprünglich beherbergte die 1894 gebaute Muffathalle ein kombiniertes Wasser- und Heizkraftwerk.

45 Die Jugendstilhäuser

Architekturperlen in Schwabing und der Maxvorstadt

München kann mit hochkarätigen Jugendstilhäusern aufwarten, Perlen der Architektur, um 1900 erbaut, die heute oft unverändert faszinierend daherkommen und nur durch Werbeschilder oder Leuchtschriften irgendwelcher Firmen im Parterre verschandelt werden. Das ist auch beim Gebäude Ainmillerstraße 22 in Schwabing so, kann aber der Faszination der Fassade keinen Abbruch tun. Farbenstark und detailverliebt präsentiert sich das 1899/1900 von Felix Schmidt erbaute und 1982 komplett sanierte viergeschossige Haus der Architekten Ernst Haiger (1874–1952) und Henry Helbig, von denen die fünfachsige bunte Fassade mit ihren Rundbögen, dem figürlichen Dekor und den vergoldeten Reliefs stammt. Beide Architekten zeichnen auch für die Fassade des 1900 gebauten Mietshauses Römerstraße 11 mit ihren goldgerahmten Masken, den zahlreichen Pilastern und dem Stuckdekor verantwortlich.

München wurde um 1900 zu einem Zentrum des europäischen Jugendstils. Der Ursprung lag in der Ende des 19. Jahrhunderts in München erscheinenden avantgardistischen Kunstzeitschrift »Jugend«, nach der die Kunstrichtung benannt wurde. Kräftige Farben, geschwungene Linien, Verzierungen und florale Ornamente bestimmten die Fassaden und Giebelfenster zahlreicher großbürgerlicher Häuser vor allem im Schwabing der Jahrhundertwende.

Architekten und Künstler wie Richard Riemerschmid, August Endell, Hermann Obrist, Franz Popp oder Martin Dülfer gaben nun die Richtung vor. Besonders Martin Dülfer (1859–1942) hat Eindrucksvolles hinterlassen: Das große Mietshaus an der Leopoldstraße 77, in dem er selbst wohnte, trägt seine Handschrift. Am besten kann man dieses mächtige farbige Gebäude von der anderen Straßenseite an der Münchner Freiheit in Augenschein nehmen. Auch seine Fassade an der Gedonstraße 4 bis 6 am Englischen Garten in den klassischen Jugendstilfarben Grün, Blau und Gold ist sehenswert.

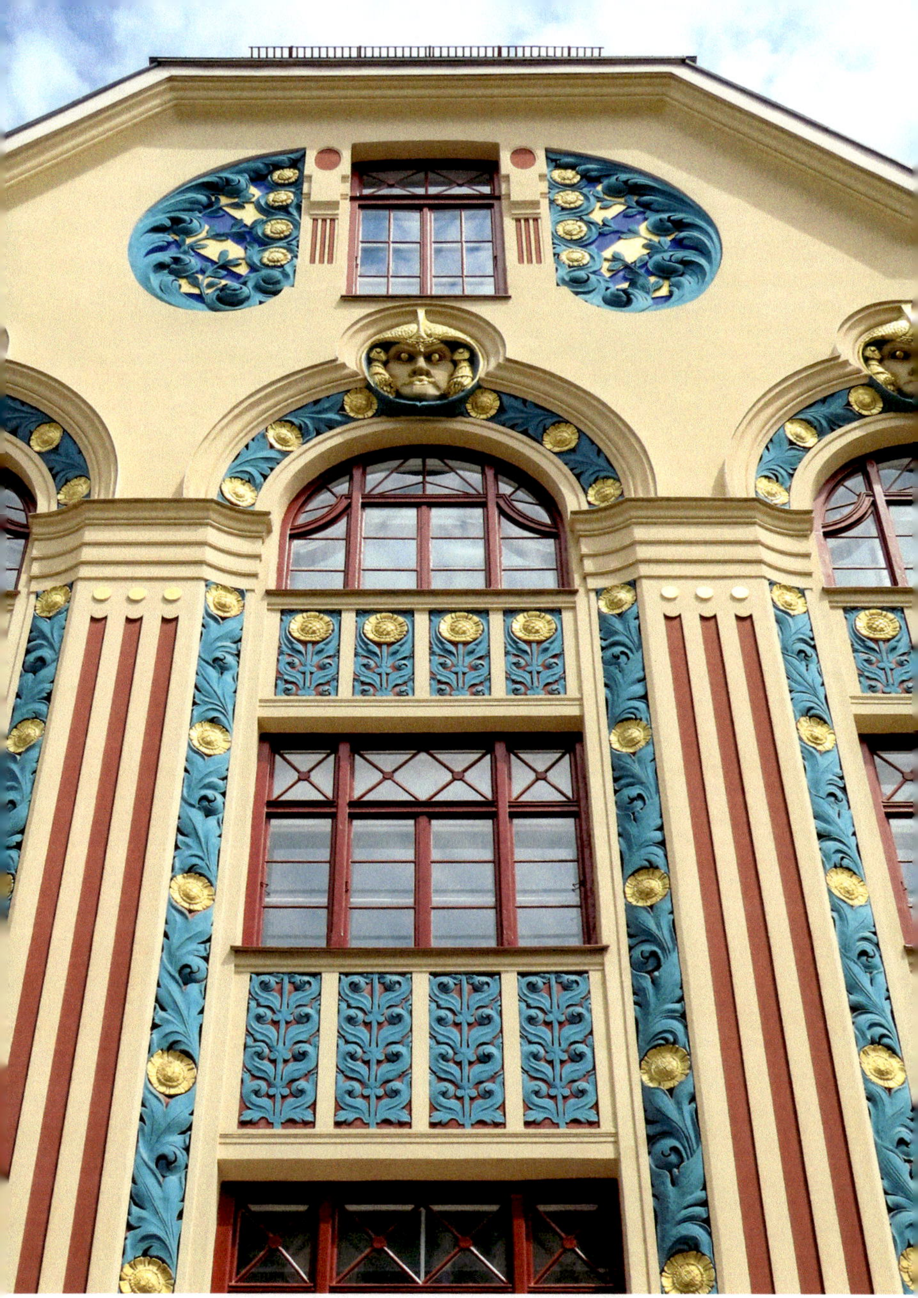

Adresse Ainmillerstraße 22, Römerstraße 11, 80801 München | Anfahrt U3, U6, Haltestelle Giselastraße | Öffnungszeiten immer zu besichtigen | Tipp Einige weitere beeindruckende Schwabinger Jugendstilhäuser befinden sich in der Friedrichstraße 9 bis 11/Ecke Konradstraße, in der Ohmstraße 13 bis 17 und 20 bis 22, in der Franz-Joseph-Straße 19 und in der Leopoldstraße 4.

46 Das Jugendstiltheater

Einzigartiger Zuschauerraum

Wenn man vor der neogotischen Fassade mit dem Schriftzug »Münchner Kammerspiele Schauspielhaus« in der Maximilianstraße steht, ahnt man kaum, was sich dahinter verbirgt: ein Theaterbau der Superlative, eine Ikone des Münchner Jugendstils. 1900/01 war er von Carl Riemerschmid, dem Besitzer der legendären Likör- und Essigfabrik auf der Praterinsel, als unabhängiges Privattheater in Auftrag gegeben worden. Bis zur Übernahme durch die Stadt München im Jahr 1933 war das an der Maximilianstraße auf einem Anwesen der Riemerschmids gelegene Schauspielhaus von der Familie selbst betrieben worden. Die 1911 gegründeten Kammerspiele, die mit zeitgenössischen und klassischen Inszenierungen, avantgardistisch, innovativ und meist gesellschaftlich provokativ, von Anfang an als extravagantes Sprechtheater für Furore sorgten, zogen 1926 in das Jugendstiltheater. Auf dem Spielplan stand als erstes Stück »Dantons Tod« von Georg Büchner.

Gebaut wurde das Schauspielhaus von den Architekten Richard Riemerschmid (1868–1957), dem Bruder des Likörfabrikanten, und Max Littmann (1862–1931), der für den Außen- und Bühnenbau zuständig war. Richard Riemerschmid, der auch ein namhafter Jugendstilkünstler war, zeichnete für die Innenausstattung verantwortlich, die er bis ins kleinste Detail plante und umsetzte. Das farbige Foyer, die verspielten Garderoben und der ungewöhnliche Zuschauerraum mit seinen feuerroten, mit Mörtelputz modellierten Wänden weisen eine pastellfarbene, filigrane Pflanzen- und Blütenornamentik und eine hohe hellgrün gehaltene Decke auf. Dazu die von einem goldenen Gitter geschützten Logen und die beiden seitlichen Balkone. Das stufenlos ansteigende Parkett des gerundeten Theaterraums vermittelt eine direkte Nähe zur Bühne, die sich von allen Plätzen trefflich einsehen lässt. 690 Zuschauer finden Platz, 480 im Parkett und 210 in Balkon und Logen. 2003 wurden die Kammerspiele vom Atelier Achatz Architekten grundlegend saniert.

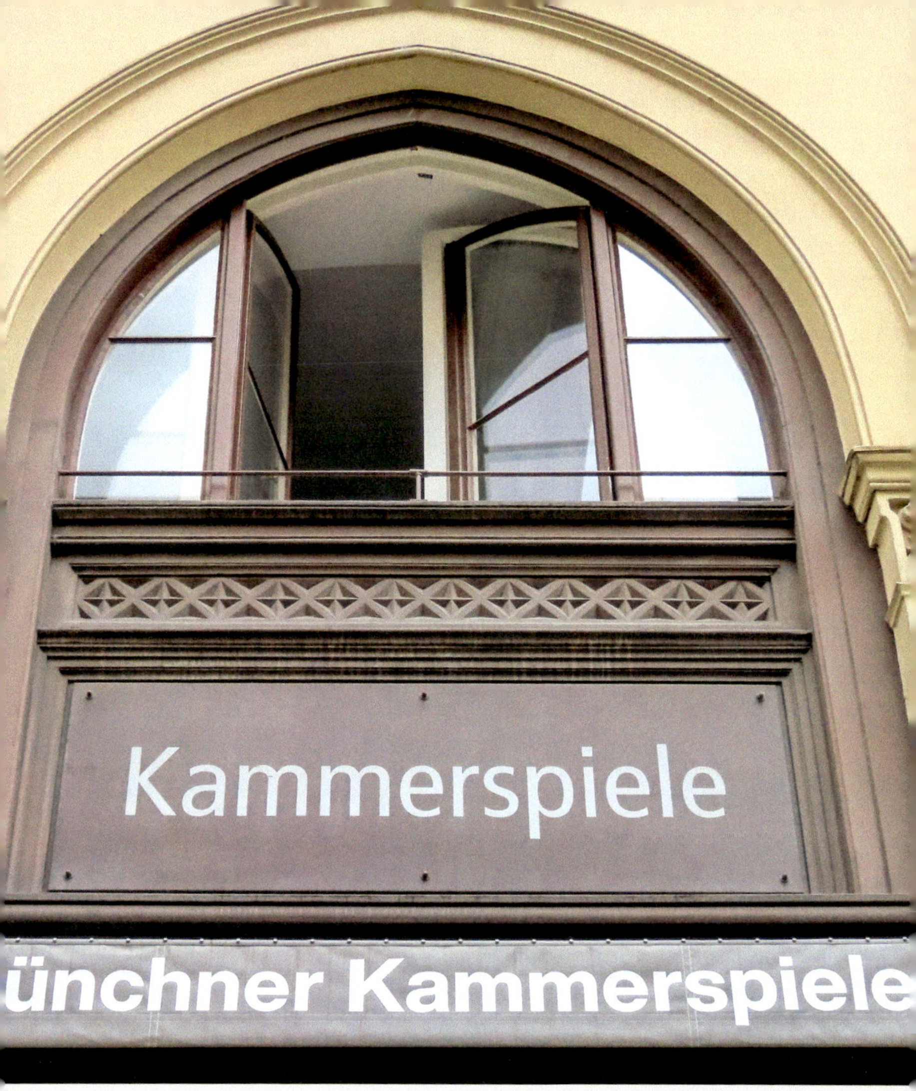

Adresse Kammerspiele (Schauspielhaus), Maximilianstraße 26–28, 80539 München (Altstadt), Tel. 089/23396600 | **Anfahrt** U3, U6, Haltestelle Marienplatz; Tram 19, Haltestelle Kammerspiele | **Öffnungszeiten** Theaterkasse: Mo–Sa 11–19 Uhr | **Tipp** In der Kaufingerstraße 9, am Beginn der Einkaufspassage, sollte man sich den 1997 geschaffenen »Mann mit ausgebreiteten Armen« des Bildhauers Stephan Balkenhol anschauen.

47 Der Kabinettsschrank

Für die Kurfürstin das Feinste

Kurfürstin Maria Anna (1610–1665), die Ehefrau des Kurfürsten Maximilian I. von Bayern (1573–1651), hatte dieses 1655 gefertigte Schmuckstück bei den renommiertesten Augsburger Kunsthandwerkern, die in der ersten Hälfte des 17. Jahrhunderts für ihre prunkvollen Kabinettsschränke weit über die Grenzen Augsburgs hinaus berühmt waren, für den Münchner Hof in Auftrag gegeben. Es handelt sich um ein Meisterstück aus Nussbaumholz, das durchweg mit Elfenbein verkleidet ist, das mit großen tiefblauen Platten aus Lapislazuli kontrastiert, an vielen Stellen der Vorderfront vergoldet, teilweise emailliert, während die Rückseite mit kleinteiligen Emaille-Ornamenten und Silberplatten versehen ist.

Der in seiner Zeit hoch gelobte Augsburger Kunsttischler Melchior Baumgartner (1621–1686) entwarf und gestaltete den außergewöhnlichen Kabinettsschrank, der in München ansässige Bildhauer und Elfenbeinschnitzer Christof Angermair der Ältere (1580–1633) versah ihn mit den Elfenbeinplatten und der Goldschmied Franz Kessler mit den goldenen Beschlägen. Der Kabinettsschrank, der 176 kleine Schubladen und Geheimfächer für Preziosen und wichtige Papiere, aber auch für ein komplettes Schachspiel aufweist, gelangte 1868 aus den Königlichen Sammlungen der Wittelsbacher in das Bayerische Nationalmuseum und zählt heute zu seinen Meisterwerken.

Korrespondierend mit dem Kabinettsschrank stößt man auf ein ähnliches Stück, ebenfalls mit Elfenbein, Lapislazuli und vergoldeten Elementen ornamentiert, das Melchior Baumgartner bereits 1646 für Kurfürst Maximilian I. realisiert hatte. Auch der Kabinettsschrank, den sich Maximilian Emanuel II. (1662–1726), Bauherr zahlreicher Schlösser und ein bedeutender Kunstsammler, 1680 in den Werkstätten der Medici in Florenz anfertigen ließ, ist mit seinen verschiedenen Bildtafeln, mosaikartig aus den unterschiedlichsten Steinen zusammengesetzt, ein seltenes und äußerst kostbares Exemplar.

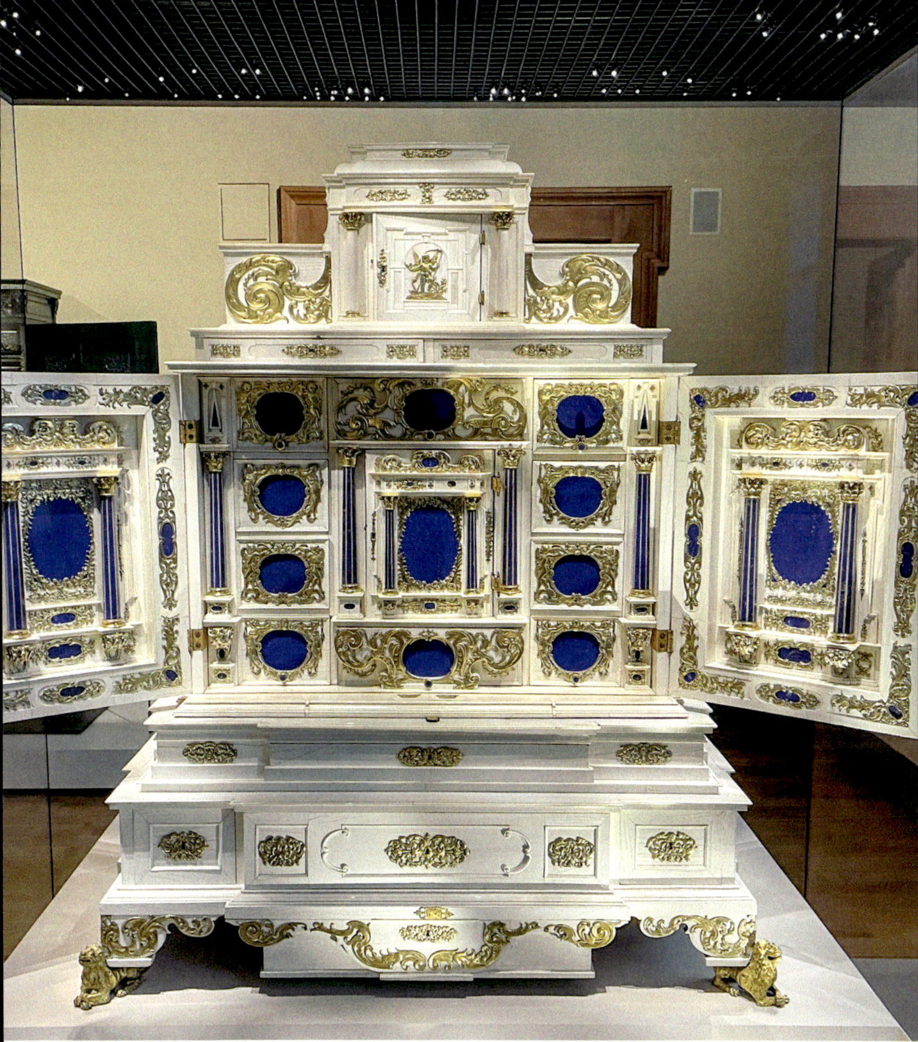

Adresse Bayerisches Nationalmuseum, Prinzregentenstraße 3, 80538 München, Tel. 089/2112401, www.bayerisches-nationalmuseum.de | **Anfahrt** U 4, U 5, Haltestelle Lehel; Tram 16, Bus 100 (Museumslinie), Haltestelle Nationalmuseum / Haus der Kunst | **Öffnungszeiten** Di–So 10–17 Uhr | **Tipp** Beachtenswert ist die 1780 geschaffene, mit Perlmutt, Marmor, Holzmosaiken und Darstellungen aus der Commedia dell'Arte versehene dreigliedrige Kommode des damals berühmtesten deutschen Kunsttischlers und Kabinettdesigners David Roentgen (1743–1807).

48 Die Kamee

Doppelporträt auf kleinstem Raum

Viel weiß man über diese Kamee, die zu den Gemmen, also geschnittenen Schmucksteinen, zählt, nicht. Weder kennt man den Steinschneider noch Details zu ihrem Ankauf. Nicht auszuschließen ist, dass dieses hochqualitative Stück für eine stattliche Summe durch die Münchner Kunstkammer erworben wurde, weil man es für ein antikes Original hielt, das sich aber schließlich als eine meisterlich geschnitzte Nachbildung entpuppte. Die Kamee entstand um 1600, ist aus einem braun-weißen Sardonyx geschnitzt, 5 Zentimeter groß und 14 Millimeter tief. Das Doppelporträt mit den Profilen eines Paares ist in vier Schichten geschnitten und erhält dadurch seine Tiefe und Mehrdimensionalität.

Von der klassischen Gemme, die auch als Intaglio bezeichnet wird, unterscheidet sich die Kamee insoweit, als das Figürliche beziehungsweise das Bild hier nicht *in* einen Schmuckstein vertieft eingeschnitten oder geritzt wird, sondern der Hintergrund Schicht für Schicht weggeschnitten wird, sodass das Motiv reliefartig und erhaben aus dem Stein herausragt. Durch unterschiedliche Tönungen des Steins hebt sich das Motiv meist heller vom dunkleren Grund ab. Eine Technik, die in der Antike zur Blüte reifte und im 17. und 18. Jahrhundert eine starke Renaissance erlebte. Bevorzugt verwendete man beim Schnitzen von Kameen harte Steine wie Onyx, Sardonyx und Karneol.

Die um 1600 in Oberitalien entstandene und 1635 im Inventar der Münchner Kunstkammer registrierte Kamee trägt den Titel »Pallas neben einem anderen Kopf«. Sie ist die ungefähre Nachbildung eines antiken Vorbilds, der sogenannten Ptolemäerkamee, eines um 287 vor Christus in Alexandria gearbeiteten Steins, der heute im Kunsthistorischen Museum in Wien zu sehen ist. Auf ihm sind die Bildnisse des ägyptischen Königs Ptolemaios II. (308–246 vor Christus) und seiner Schwester Arsinoes II. (316–270 vor Christus) zu sehen.

Adresse Staatliche Münzsammlung München (in der Residenz), Residenzstraße 1, 80333 München (Altstadt), Tel. 089/227221, www.staatliche-muenzsammlung.de | **Anfahrt** U3–U6, Bus 100 (Museumslinie), 153, Haltestelle Odeonsplatz | **Öffnungszeiten** Di–So 10–17 Uhr | **Tipp** Man sollte unbedingt die kostbaren japanischen Lackschränke genauer unter die Lupe nehmen, die Ludwig I. um 1810 aus der Residenz in die Münzsammlung überführen und zu Münzschränken umarbeiten ließ.

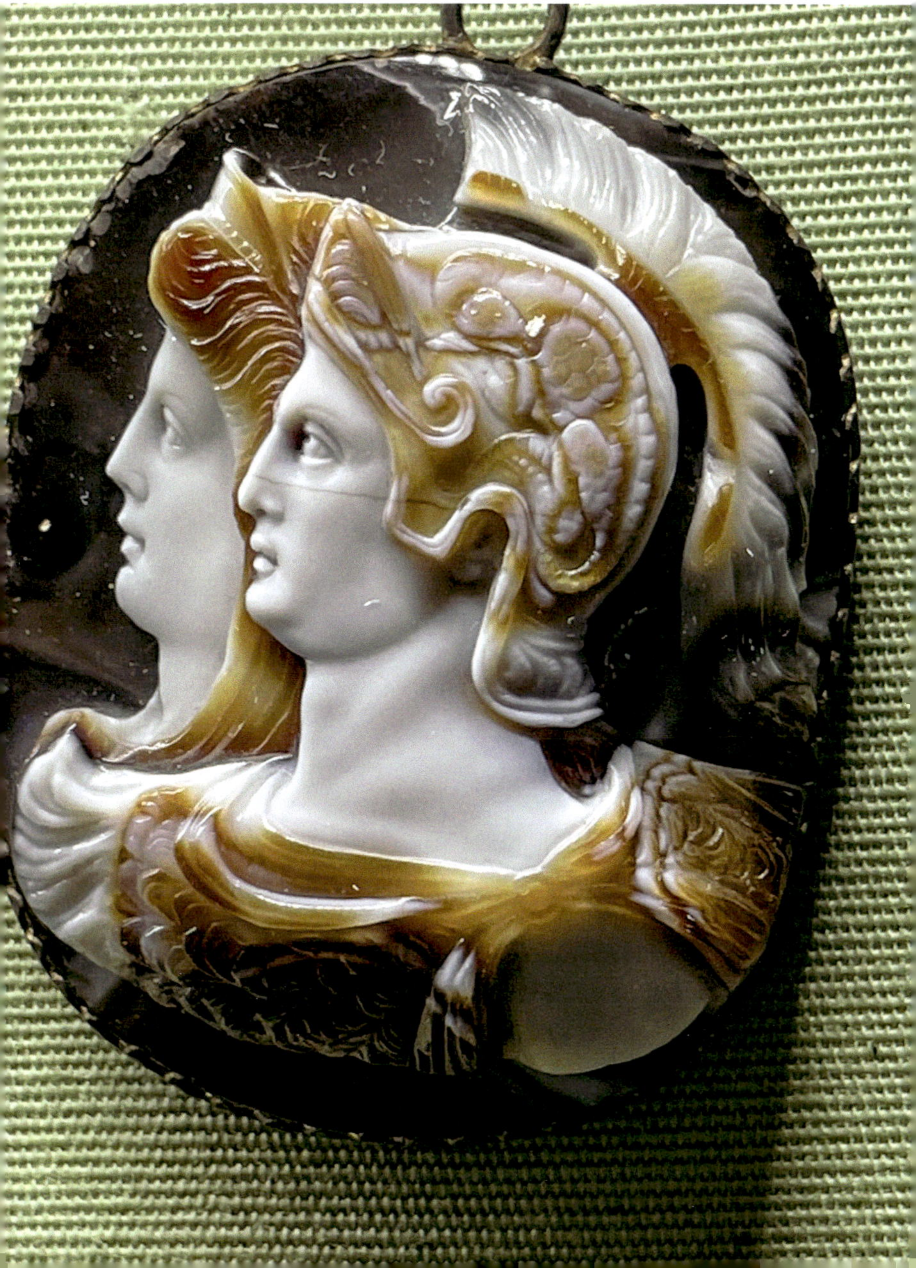

49 Die Kniefigur

Hier hat sich der Architekt verewigt

Er war ein herausragender Mann seiner Zeit und ein hoher Beamter mit unzähligen Funktionen am Königshof, protegiert von höchster Stelle, der Liebling der ägyptischen Königin Hatschepsut, die zwischen 1473 und 1458 vor Christus in Theben, dem Gebiet, in dem heute die Tempel von Luxor und Karnak liegen, herrschte. Er erdachte und baute Hatschepsuts aufsehenerregenden Terrassentempel, lebte privilegiert und war mit viel Macht und Einfluss ausgestattet. Der Architekt, Baumeister und hochrangige Würdenträger Senenmut stammte aus einfachen Verhältnissen und war im Neuen Reich, der 18. Dynastie um 1470 vor Christus, ein Star. Der politische und kulturelle Einfluss des Senenmut ging so weit, dass er von Hatschepsut auserkoren wurde, ihre Tochter Nofrure zu erziehen und ihr Vermögen zu verwalten. Immer wieder wurde darüber spekuliert, ob Senenmut nicht gar der Vater der Prinzessin sei. Er durfte sich im Zenit seines Einflusses und seiner Macht sogar ein Grab unmittelbar neben dem Totentempel der Königin bauen.

Senenmut drückte seiner Zeit den architektonischen Stempel auf. Er erfand vollkommen neue künstlerische Ausdrucksformen, eine Art neuer Statuen, die ihn selbst zeigten. 25 solcher Denkmäler, die seinen Nachruhm sichern sollten, sind in den großen ägyptischen Museen der Welt zu sehen, eine der schönsten ist die perfekt erhaltene Kniefigur in München. Die Statue hält ein altägyptisches Sistrum vor sich, ein kultisches Rasselinstrument. Das Gesicht mit den weit geöffneten Augen zieht den Betrachter in seinen Bann.

Trotz allen Ruhms fiel Senenmut zu Lebzeiten in Ungnade. Nahezu auf allen Statuen, die ihn darstellen, wurde sein Name herausgemeißelt, unzählige Skulpturen wurden vernichtet oder erheblich beschädigt. Er sollte anscheinend aus dem historischen Gedächtnis Ägyptens getilgt werden. Man vermutet, auf Geheiß Hatschepsuts. Warum, ist jedoch nicht bekannt.

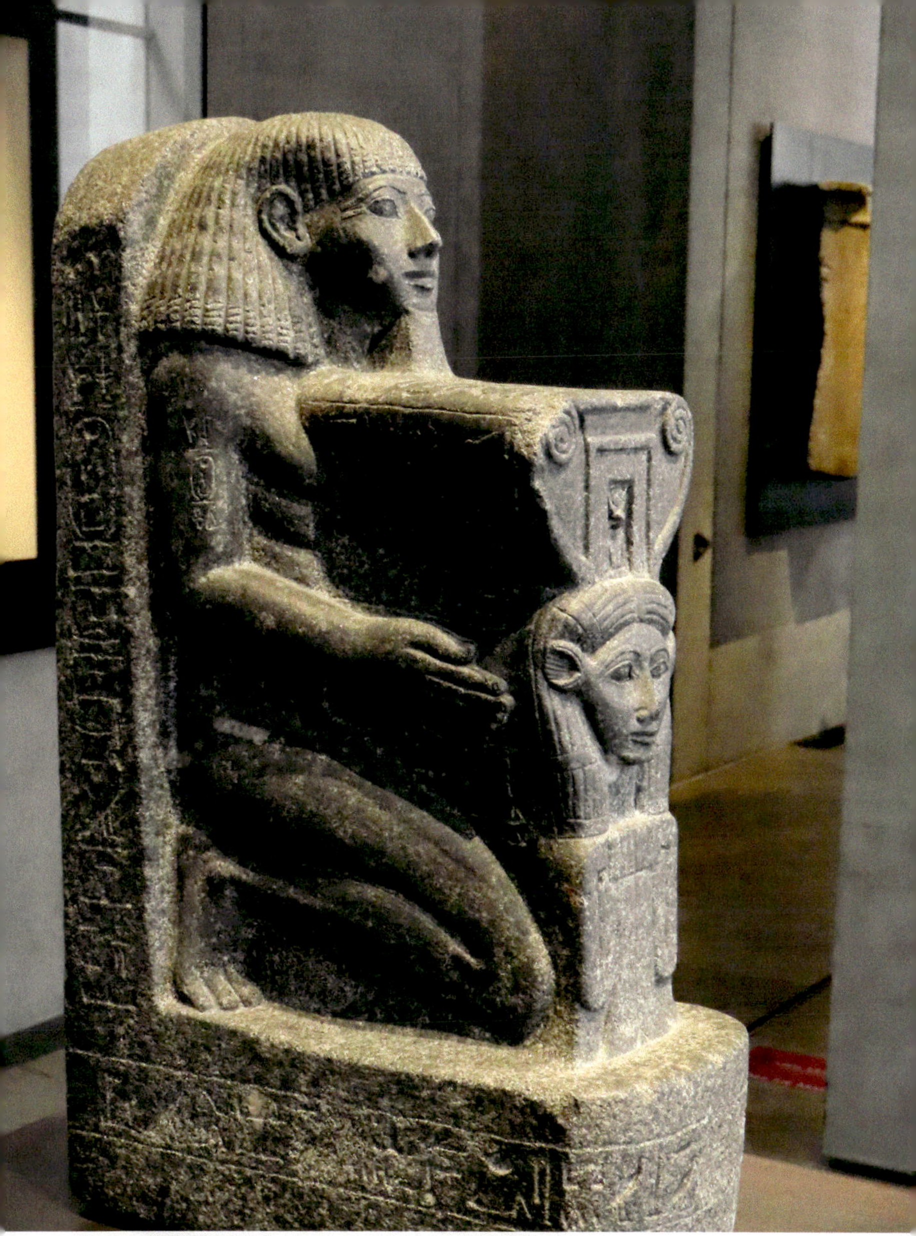

Adresse Staatliches Museum Ägyptischer Kunst, Gabelsberger Straße 35, 80333 München (Maxvorstadt), Tel. 089/28927630, www.smaek.de | Anfahrt U 2, U 8, Haltestelle Königsplatz; Tram 27, 28, Haltestelle Karolinenplatz; Bus 58 (CityRing), 68, 100 (Museumslinie), Haltestelle Pinakotheken | Öffnungszeiten Mi–So 10–18 Uhr, Di 10–20 Uhr | Tipp Sehenswert sind auch der in das Museum eingelassene, fünfeinhalb Meter hohe Obelisk des Titus Sextius Africanus aus ägyptischem Rosengranit sowie der winzige blaugelbe Kelch des Thutmosis III. (um 1540 vor Christus), das älteste Glasgefäß des Museums.

50 Das Kruzifix

Als Heilig Kreuz zum Wallfahrtsort wurde

Dieses romanische Kruzifix galt immer schon als wundertätig. Und ist darüber hinaus eines der kunsthistorisch wertvollsten seiner Art in Bayern. Das in der sogenannten byzantinischen Manier kolorierte, 1,75 Meter hohe Kreuz wurde zwischen 1180 und 1200 von Abt Alban von Seeon, der auch einen bedeutenden Ruf als Bildhauer genoss, geschnitzt und gelangte wenige Jahre später in die Burgkapelle nach Andechs. 1208 gerieten die Grafen von Andechs-Meranien im Zuge des »Bamberger Königsmordes« in Verdacht, hinter der Ermordung König Philipps II. zu stehen. Einige Jahre später wurde die Burg Andechs bei einem Angriff der Wittelsbacher bis auf die Burgkapelle zerstört, zuvor aber war der Kirchenschatz in Sicherheit gebracht und vergraben worden. Er gilt bis heute als verschollen. Auch das Großkreuz sollte vor den Angreifern gerettet und ins Kloster Seeon verbracht werden. Doch als die Transporttiere bei Forstenried erschöpft zusammenbrachen, behielt man das Kreuz kurzerhand dort. Schon damals wurden ihm heilende Kräfte zugesprochen, sodass man es in den Vorgängerbau der heutigen, in der ersten Hälfte des 15. Jahrhunderts eigens für das Kruzifix erbauten Heilig-Kreuz-Kirche, die 1672 barockisiert wurde und 1749 eine Rokoko-Ausstattung erhielt, integrierte.

Seit 1229 wird das Kreuz in Forstenried als wundertätig verehrt, es wurde zur zentralen Pilgerstätte vor den Toren Münchens. Viele spektakuläre Heilungen sollen sich vor ihm ereignet haben, nach dem Dreißigjährigen Krieg und den Verheerungen der Pest gab es einen regelrechten Wallfahrtsboom zu diesem Meisterwerk sakraler Kunst. Denn die Art der Christusdarstellung ist außergewöhnlich. Der Gekreuzigte, der schon erhöht und nicht mehr leidend scheint, wird mit ausgebreiteten Armen und weit geöffneten Augen gezeigt, die einen durchdringend anblicken. Und noch etwas Ungewöhnliches: Beide Füße des Heilands sind mit demselben Nagel befestigt.

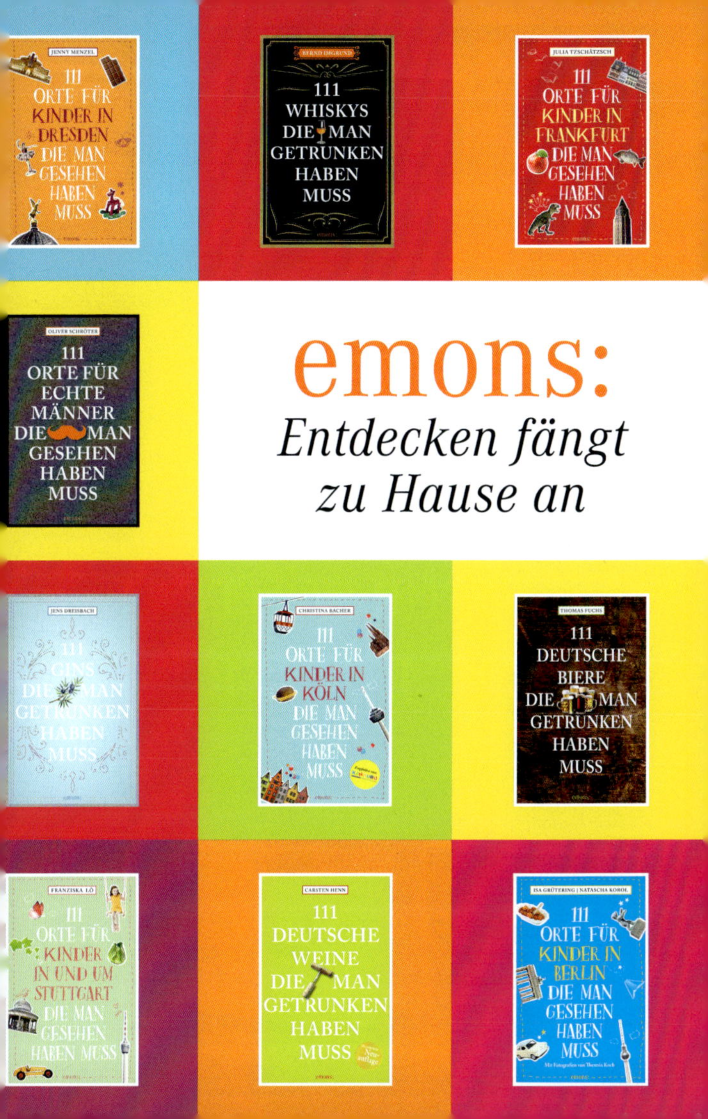
emons:
Entdecken fängt zu Hause an
JENNY MENZEL
111 Orte für Kinder in Dresden die man gesehen haben muss
BERND IMGRUND
111 Whiskys die man getrunken haben muss
JULIA TZSCHÄTZSCH
111 Orte für Kinder in Frankfurt die man gesehen haben muss
OLIVER SCHRÖTER
111 Orte für echte Männer die man gesehen haben muss
JENS DREISBACH
111 Gins die man getrunken haben muss
CHRISTINA BACHER
111 Orte für Kinder in Köln die man gesehen haben muss
THOMAS FUCHS
111 deutsche Biere die man getrunken haben muss
FRANZISKA LÖ
111 Orte für Kinder in und um Stuttgart die man gesehen haben muss
CARSTEN HENN
111 deutsche Weine die man getrunken haben muss
Neuauflage
ISA GRÜTERING | NATASCHA KOROL
111 Orte für Kinder in Berlin die man gesehen haben muss
Mit Fotografien von Theresia Koch

Adresse Heilig Kreuz, Forstenrieder Allee 180, 81476 München (Forstenried), Tel. 089/74529290 | Anfahrt U 3, Haltestelle Baseler Straße; Bus 132, 134, Haltestelle Forstenried (Anschluss U 3) | Öffnungszeiten Ostermontag–1. Nov. 1. und 3. So im Monat 15 – 17 Uhr, 26. Dez., 6. Jan. 14 – 16 Uhr, sonstige Termine nach Vereinbarung über Pfarrbüro unter Tel. 089/74529290 | Tipp Das Schloss Fürstenried mit seinem Park liegt ganz in der Nähe der Kirche.

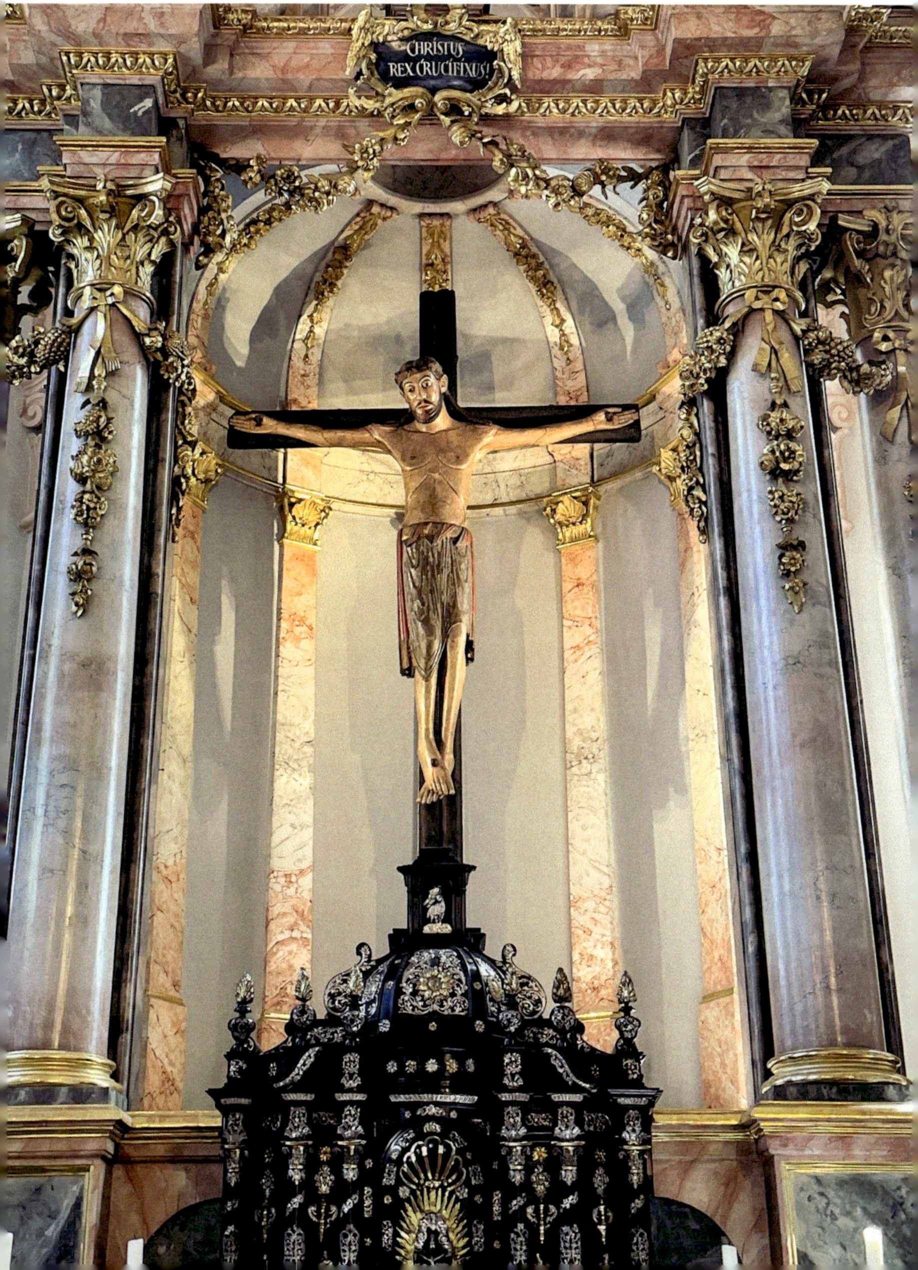

51 Die Künstlergruppe

Macke, Marc, Münter und der »Blaue Reiter«

Die Kunstsammlung des Lenbachhauses stand jahrzehntelang im Schatten der in unmittelbarer Nachbarschaft liegenden Pinakotheken und des Ensembles am Königsplatz. Das änderte sich jedoch im Jahr 1957, als die Malerin Gabriele Münter anlässlich ihres 80. Geburtstags ihre private Murnauer Sammlung dem Lenbachhaus vermachte, wodurch dieses in der Kunstszene schlagartig Weltgeltung erlangte.

Zur Schenkung zählten der Großteil ihres eigenen Œuvres mit zwei Dutzend Gemälden sowie das gesamte Werk ihres Lebensgefährten Wassily Kandinsky, von dem allein rund 90 Ölgemälde und über 300 Aquarelle und Zeichnungen in den Besitz der Städtischen Galerie im Lenbachhaus übergingen. Aber damit nicht genug: Auch zahlreiche hochkarätige Bilder der Künstlergruppe »Der Blaue Reiter«, der Alexej von Jawlensky, Franz Marc, August Macke, Paul Klee und Marianne von Werefkin, Münters Freunde, angehörten, kamen dazu. Weitere Schenkungen folgten, die den Bestand insbesondere mit Bildern von Franz Marc und August Macke erweiterten.

Die Mitglieder der avantgardistischen Künstlergruppe »Der Blaue Reiter«, 1911 als Alternative zum etablierten Münchner Kunstbetrieb von Wassily Kandinsky und Franz Marc gegründet, waren entscheidende Erneuerer der deutschen Kunst des 20. Jahrhunderts. Ihr Markenzeichen: expressive, abstrahierte Darstellungen sowie eine gänzlich neue Farb- und Formensprache. Besonders eindringlich sind die Farbkompositionen von Wassily Kandinsky. Ein Großteil ihrer Bilder sind Meisterwerke, ästhetisch zeitlos und aussagestark, beispielsweise das »Blaue Pferd« von Franz Marc (1911), Gabriele Münters »Jawlensky und Werefkin« (1908/09) oder August Mackes »Hutladen« (1912). Bilder, die im Gedächtnis bleiben. Mit Beginn des Ersten Weltkriegs löste sich die Künstlergruppe auf, womit München auch seinen Ruf als Stadt der avantgardistischen Kunst verlor.

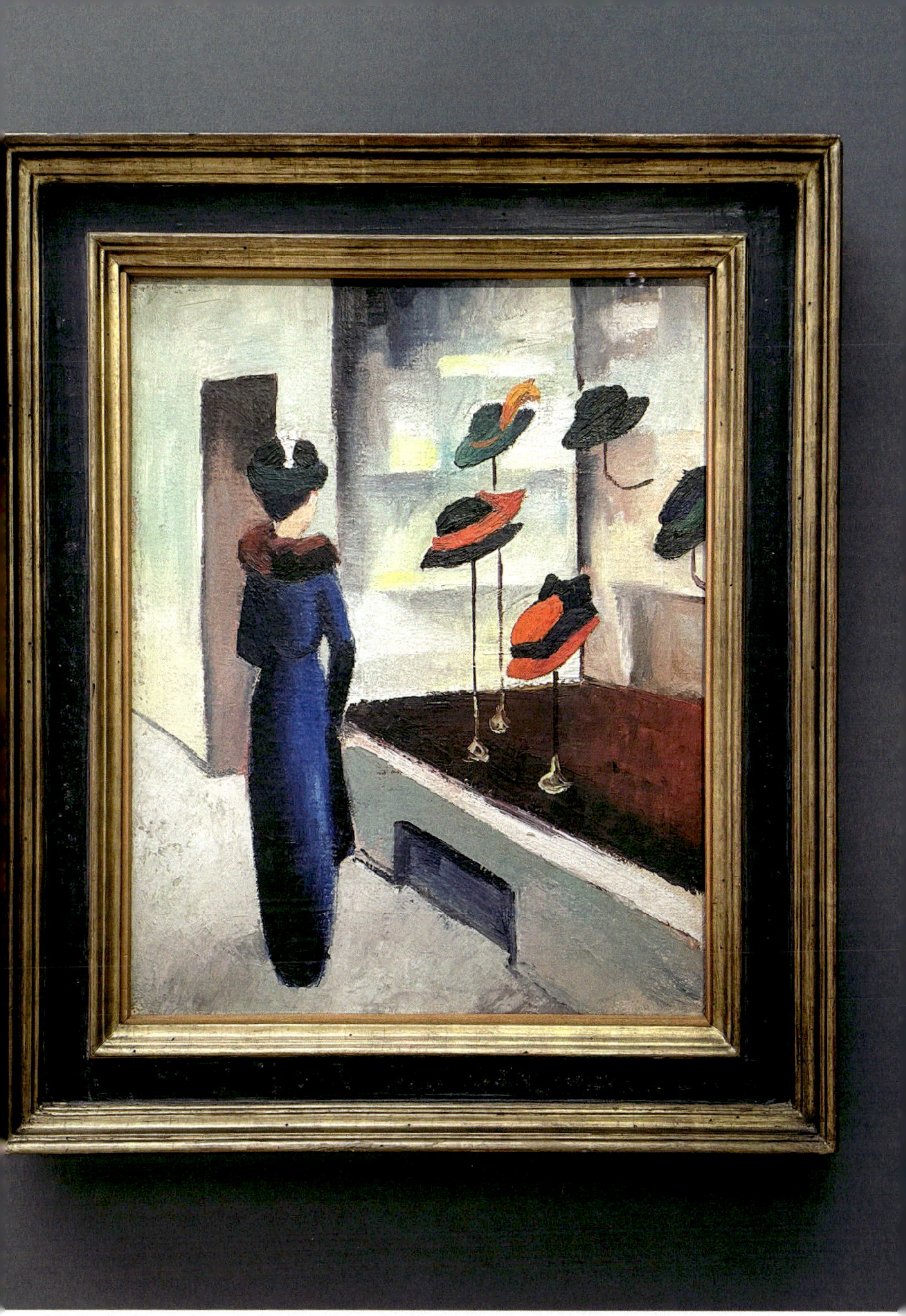

Adresse Städtische Galerie im Lenbachhaus und Kunstbau München, Luisenstraße 33, 80333 München (Maxvorstadt), Tel. 089/23396933, www.lenbachhaus.de | **Anfahrt** U 2, Haltestelle Königsplatz | **Öffnungszeiten** Di–So 10–18 Uhr, Do 10–20 Uhr | **Tipp** Das Museumscafé mit seiner vorgelagerten Terrasse lohnt einen Besuch.

52 Die Kuppelfresken

Johann Baptist Zimmermann in Berg am Laim

Bis heute ist sie ein Geheimtipp, den es zu erkunden lohnt: die katholische Pfarrkirche St. Michael in Berg am Laim, einer der prachtvollsten und beeindruckendsten Sakralbauten Münchens, seit Berg am Laim 1913 nach München eingemeindet wurde. Nähert man sich dieser vom Kurfürsten Clemens August zwischen 1735 und 1751 nach Plänen des bayerischen Baumeisters Johann Michael Fischer (1692–1766) errichteten spätbarocken Kirche, ist man tief beeindruckt. Das farbige Innere ist ein Gesamtkunstwerk des Rokoko, das seinesgleichen sucht.

Es waren die Besten ihrer Zunft, die Clemens August, der durch die Reichskirchenpolitik der Wittelsbacher auch Erzbischof von Köln war, für diesen Bau nahe seines Schlösschens Josephsburg, eine Hofkirche, die auch Hauskirche des damaligen Michaelsklosters werden sollte, auserkoren hatte: den Maler und Hofstuckator Johann Baptist Zimmermann (1680–1758) und den Bildhauer Johann Baptist Straub (1704–1784) für die Schnitzarbeiten. Mit den Großmeistern der süddeutschen Deckenmalerei und Stuckatur wollte der in Köln residierende Clemens August bewusst ein Zeichen gegen seinen Bruder Karl Albrecht in Nymphenburg setzen, aber auch gegen die in Schleißheim und Fürstenried ansässige Verwandtschaft.

Dabei gelang es Johann Baptist Zimmermann, mit seinen drei miteinander verbundenen Gewölbefresken in den hohen Kuppeln des Kirchenraums in eine neue Dimension der Deckenmalerei des Rokoko vorzustoßen. Seine Meisterschaft im Modellieren des Stucks, der Entwurf und die Ausführung spektakulärer Motive rund um den Erzengel Michael, aber vor allem die farbig strahlende Kolorierung der kreisförmig und perspektivisch gemalten Bilder sind einzigartig. Anfang der 1980er Jahre wurden die Fresken Zimmermanns aufwendig renoviert und restauriert, nachdem das Kirchenschiff in den letzten Tagen des Zweiten Weltkriegs schwer beschädigt worden war.

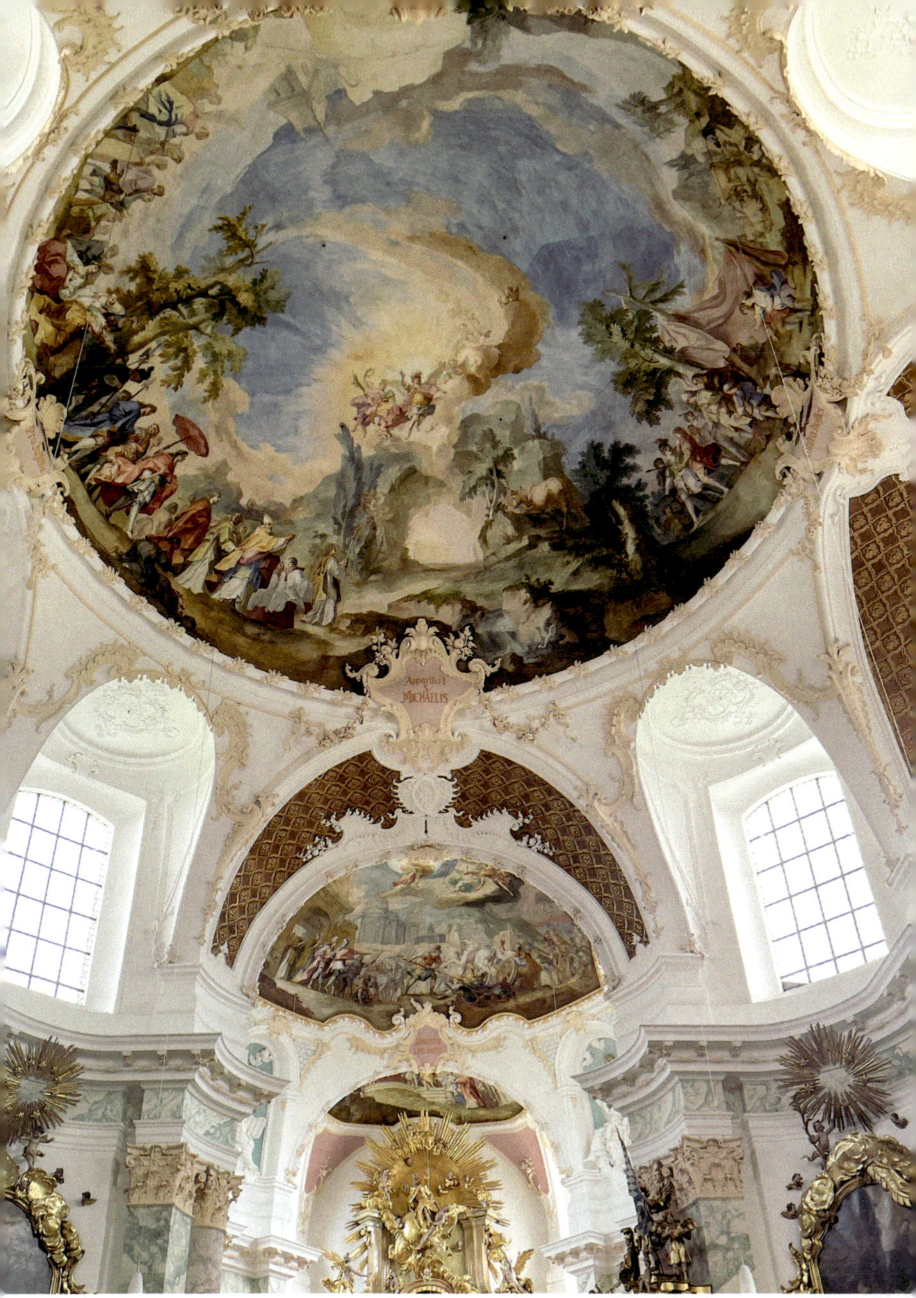

Adresse St. Michael, Johann-Michael-Fischer-Platz 1, 81673 München (Berg am Laim), Tel. 089/43689630 | **Anfahrt** U 2, Haltestelle Josephsburg | **Öffnungszeiten** Mo, Fr 8.30–12 Uhr, Di, Do 8.30–12 und 14–16 Uhr | **Tipp** Die nördlich von St. Michael gelegene Kirche St. Stephanus (Baumkirchner Straße 45) von 1511 sollte man sich ebenfalls anschauen.

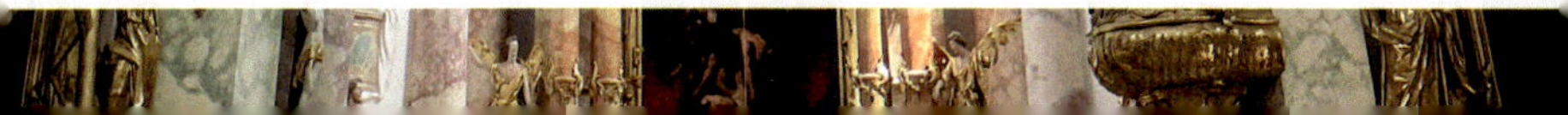

53 Das Ledigenheim

Neue Sachlichkeit gegen Wohnungsnot

Ein außergewöhnliches Gebäude tut sich im Westend in der Bergmannstraße unmittelbar am Gollierplatz direkt an der Auferstehungskirche auf. Grund und Funktion des Baus sind bemerkenswert und rangieren weitgehend unter dem Radar der Öffentlichkeit. Geschaffen wurde er 1926/27 nach genauen Vorgaben. Eine Einrichtung sollte es werden, die alleinstehenden Menschen eine günstige Herberge bieten konnte in einer Stadt, die schon immer unter Mangel an bezahlbarem Wohnraum litt.

So taten sich bereits vor dem Ersten Weltkrieg einige betuchte Münchner unter Einbeziehung des Architekten Theodor Fischer, der als Leiter der kommunalen Bauverwaltung für den städtischen Generalbebauungsplan zuständig war, zusammen. Sie gründeten den Verein Ledigenheim München e.V. mit dem Ziel, »gestrandeten« Männern eine Bleibe zu ermöglichen. Die Vorgabe: ein fester Bau, ein Ledigenheim. 1927 war es dann so weit. Im Stil der Neuen Sachlichkeit war der Entwurf Fischers umgesetzt worden: ein Ziegelbau, funktional, zweckbetont und ohne Schnörkel – in Abgrenzung zum Jugendstil –, der sich am Stil des »Neuen Bauens« orientierte. Die Wohnanlage in Form eines H, rechteckig angelegt, besteht aus zwei viergeschossigen Gebäudetrakten, die durch einen tiefer gelegenen Mitteltrakt verbunden und durch Seitenflügel geschlossen sind. Am Eingang zur Bergmannstraße wird die klare Architektur durch sechs Säulen unterbrochen. Der Bau bietet 330 kleine Zimmer, die für wenig Geld zu mieten sind. Möbliert, mit Waschbecken ausgestattet, Reinigungsservice inklusive. Toiletten und Gemeinschaftsduschen sowie eine Gemeinschaftsküche mit individuellen Kochmöglichkeiten befinden sich im Erdgeschoss. Damenbesuch auf den Zimmern ist bis heute verboten. Das Münchner Ledigenheim für alleinstehende, mittellose Männer ist die einzige Einrichtung dieser Art in Europa, die nach wie vor besteht.

Adresse Bergmannstraße 39, 80339 München, Tel. 089/507149 | Anfahrt U 4, U 5, Haltestelle Schwanthalerhöhe; Bus 53, 153, Haltestelle Bergmannstraße | Öffnungszeiten von außen jederzeit zu besichtigen, Foyer im Innern tagsüber | Tipp Weitere Bauten Fischers in München: die Gebsattelbrücke (1901) in der Au, das Münchner Marionettentheater in der Blumenstraße (1900) sowie die Isarbrücken Luitpoldbrücke, Wittelsbacherbrücke und Max-Joseph-Brücke.

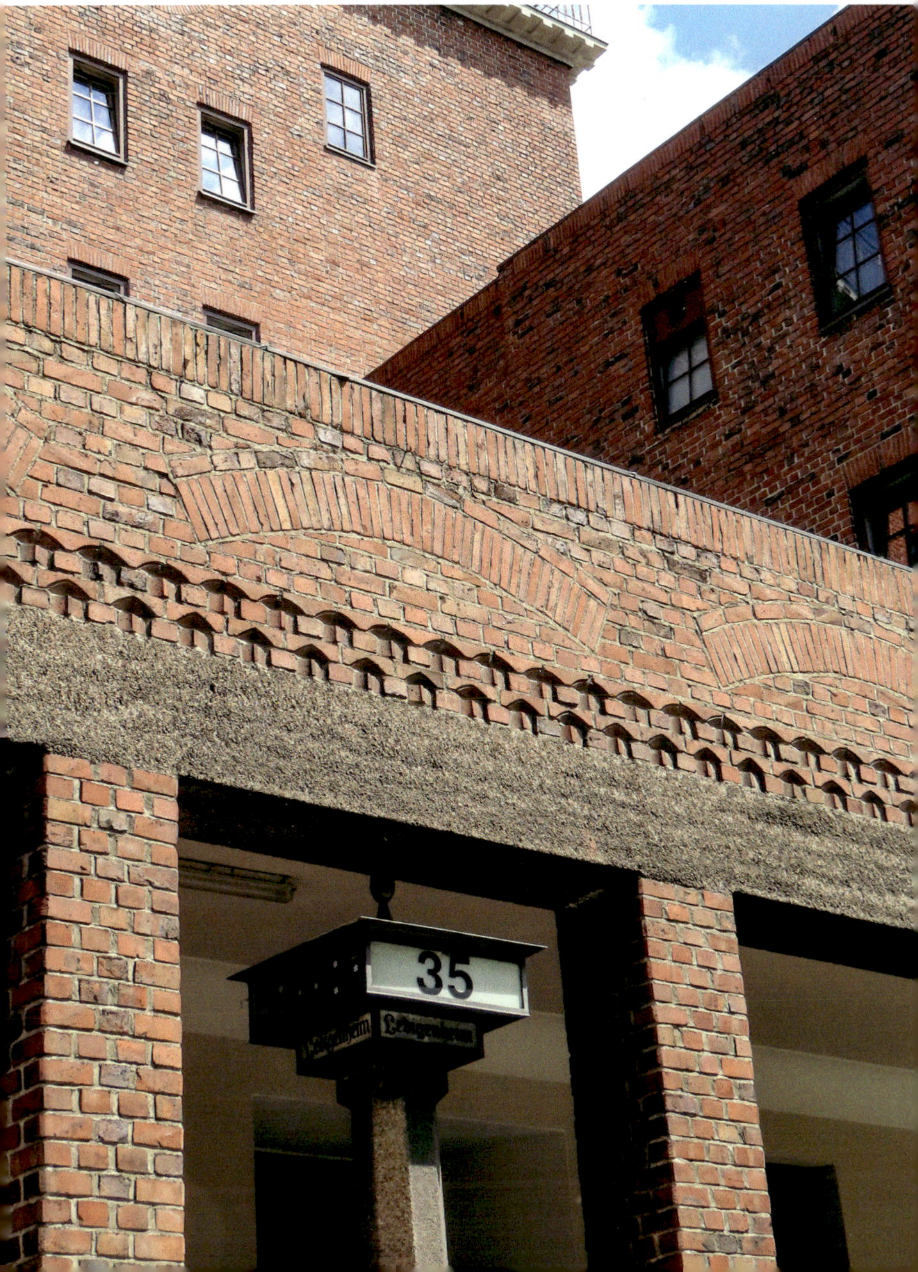

54 Der Lichtkünstler

Ingo Maurer und sein Münchner Leuchten

München kann stolz sein, den 2019 verstorbenen Industriedesigner und Lichtkünstler Ingo Maurer zu den Seinen zu zählen. Vier Jahrzehnte lang entstanden in seiner Münchner Factory die ausgefallensten Leuchtkörper und Lichtinstallationen. Ein Mann von Weltrang, der der Stadt einzigartige Lichtinszenierungen hinterlassen hat, im privaten und im öffentlichen Raum. Neben aller funktionalen Raumgestaltung legt München seit Jahren besonderen Wert auf die künstlerische Gestaltung neuer U-Bahn-Stationen. Und die Ergebnisse können sich sehen lassen.

Ingo Maurer entwarf 2009 das Lichtkonzept des U-Bahnhofs Münchner Freiheit (U 3, U 6) mit den markanten blauen Lichtsäulen. Es gelang Maurer, die zu den Olympischen Spielen 1972 bläulich gekachelten Säulen, damals der letzte Schrei, mit einer indirekten tiefblauen LED-Beleuchtung zu illuminieren und damit eine warme Atmosphäre zu schaffen. Die grauen Wände wurden mit gelben Lamellen versehen, die Decke mit 1.900 Edelstahlblechen bestückt, die die gesamte Bahnsteigebene effektvoll spiegeln. Beleuchtet wird die Station von etwa 100 quadratischen, über die Decke verteilten Lichtkassetten.

Herausragend ist Maurers Lichtinstallation der U-Bahn-Station Westfriedhof (U 1, U 7). Geplant und umgesetzt wurde die Neugestaltung des Bahnhofs Westfriedhof vom Architekturbüro Auer + Weber (Stuttgart/München). Spektakulär aber wurde der U-Bahnhof durch die Beleuchtung, die vielfach als Vorbild für Kreativagenturen hergenommen wird und als Filmkulisse dient. Elf große Leuchten sowie Halbkugeln an der Decke mit einem jeweiligen Durchmesser von 3,80 Meter in den Farben Blau, Rot und Gelb tauchen den Bahnsteig in ein sattes Farbenmeer: fünfmal Gelb, zweimal Rot und viermal Blau. Dazu werden die naturbelassenen rauen Wände, die wie gesprengter Fels scheinen, in blaues Licht getaucht, dennoch wirkt der Bahnsteig hell und einladend.

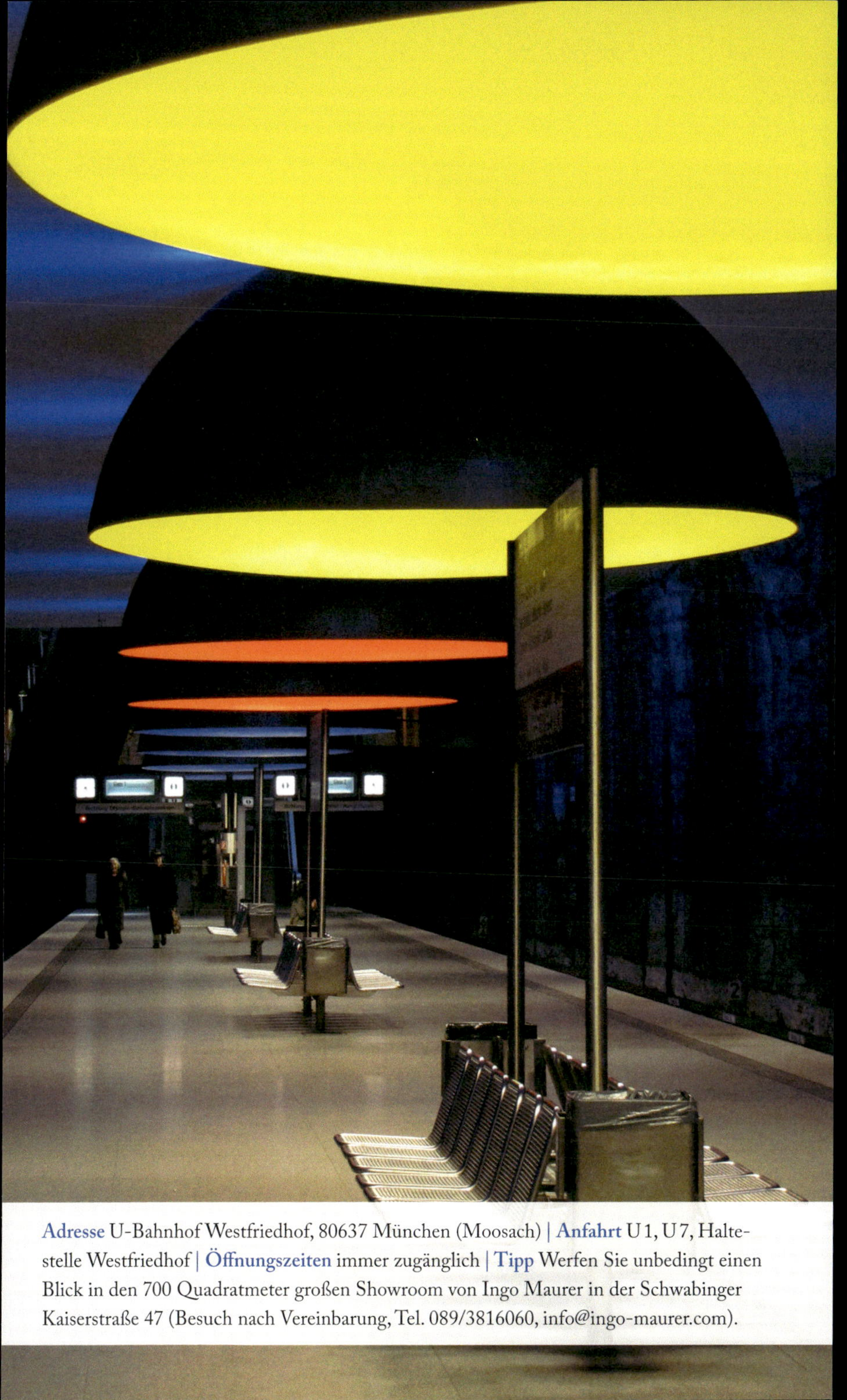

Adresse U-Bahnhof Westfriedhof, 80637 München (Moosach) | Anfahrt U 1, U 7, Haltestelle Westfriedhof | Öffnungszeiten immer zugänglich | Tipp Werfen Sie unbedingt einen Blick in den 700 Quadratmeter großen Showroom von Ingo Maurer in der Schwabinger Kaiserstraße 47 (Besuch nach Vereinbarung, Tel. 089/3816060, info@ingo-maurer.com).

55 Die Mätresse

Madame de Pompadour hält Hof

Sie inspirierte zu Operetten, über sie gibt es Filme und Theaterstücke, nach ihr sind modische Accessoires benannt und verschiedene Pflanzen. Sie nimmt einen Platz in der seriösen französischen Literatur ein, ist aber auch aus dem Boulevard nicht wegzudenken. Und sie wurde immer wieder porträtiert: Madame de Pompadour, die legendäre Mätresse des französischen Königs Ludwig XV. Jeanne-Antoinette Poisson (1721–1764), von bürgerlicher Herkunft, brachte es von seiner Geliebten zu einer der schillerndsten und elegantesten Frauen von Paris. Intelligent, kultiviert und machtbewusst, mit Charme und Raffinesse, war sie sich zeitlebens der Gunst des Königs sicher. Für ihn organisierte sie mit dem »Hirschpark« nahe dem Schloss Versailles sogar ein Edelbordell. Eine historische Figur, die erst zur Herzogin und 1756 schließlich zur Hofdame der Königin ernannt wurde.

Mit diesem Karrieresprung entstand im gleichen Jahr das herausragende Gemälde »Porträt der Madame de Pompadour« des Malers, Zeichners und Kupferstechers François Boucher (1703–1770), des Direktors der Königlichen Akademie in Paris, der einer der wichtigsten Künstler Frankreichs war. Für die einen symbolisiert das Staatsporträt die hohe gesellschaftliche Stellung der Mätresse, für andere ist es eine kitschüberladene Huldigung der Pompadour.

Selbstbewusst ließ sie sich in ihrem Boudoir von François Boucher, den sie bewunderte und protegierte, porträtieren, im Ambiente des damals angesagten Rokoko. Überliefert ist, dass der Künstler für seine hoch dotierte Auftragsarbeit nur wenige Sitzungen mit Madame de Pompadour persönlich benötigte, um ihren Kopf, die Gesichtszüge, die Hände und das Interieur des Salons einzufangen. Um das opulente türkisfarbene Kleid mit seinen Rosen, Rüschen und Spitzen im Detail des Faltenwurfs zu malen, ließ er sich den Stoffberg ins Pariser Atelier bringen und drapierte ihn entsprechend.

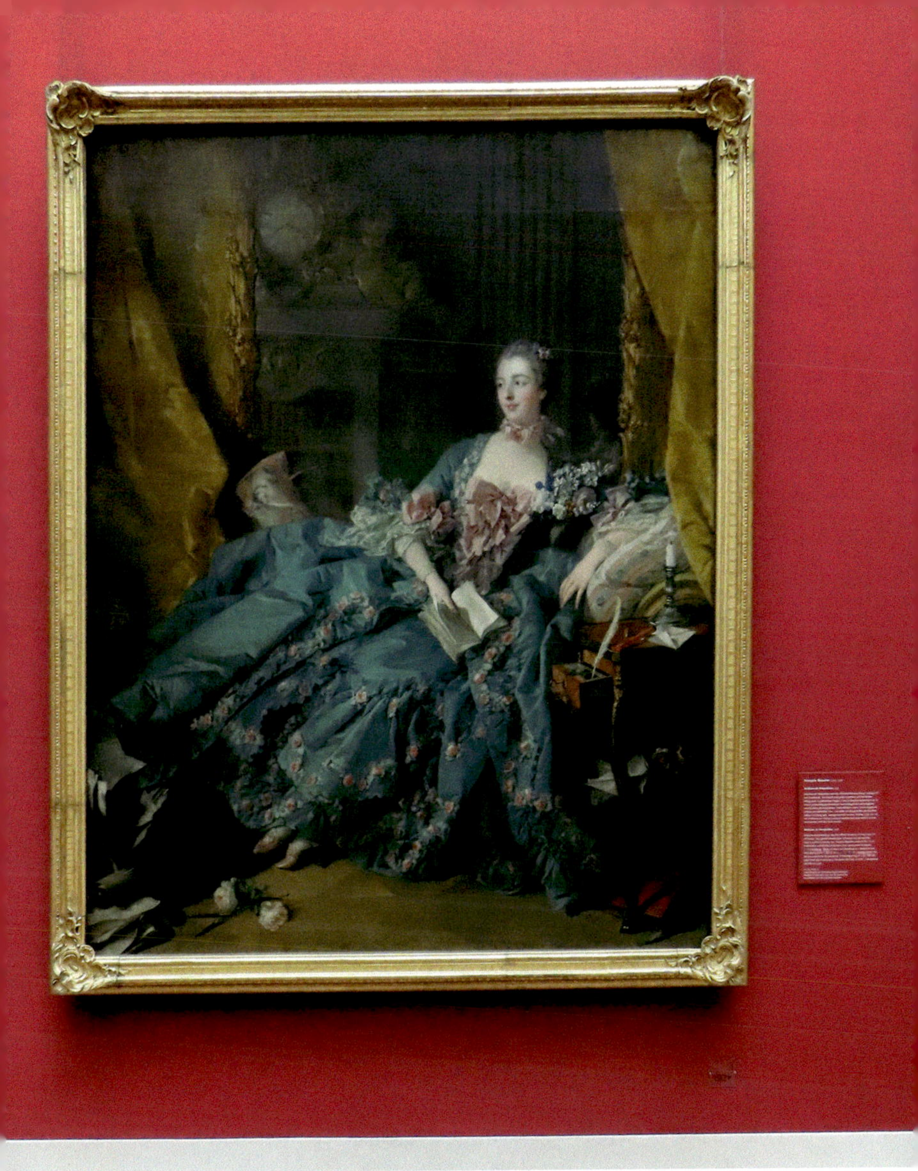

Adresse Alte Pinakothek, Barer Straße 27, 80333 München (Maxvorstadt), Tel. 089/23805216, www.pinakothek.de/besuch/alte-pinakothek | Anfahrt U 2, Haltestelle Königsplatz oder Theresienstraße; U 3, U 6, Haltestelle Odeonsplatz oder Universität; U 4, U 5, Haltestelle Odeonsplatz; Tram 27, 28, Bus 58 (CityRing), Bus 100 (Museumslinie), Haltestelle Pinakotheken | Öffnungszeiten täglich außer Mo 10–18 Uhr, Di, Mi 10–20.30 Uhr | Tipp Gleich nebenan hängt ein weiteres bedeutendes Gemälde von Boucher: »Ruhendes Mädchen« von 1751. Es handelt sich um das Porträt von Louise O'Murphy, einem Modell François Bouchers, das schließlich auf Vermittlung von Madame de Pompadour zur zwischenzeitlichen Geliebten des Königs wurde.

56 Die Medienbrücke

Vom Schreibtisch auf die Alpen blicken

Das ehemalige Industriegelände hinter dem Ostbahnhof mit Unternehmen wie Pfanni, Zündapp oder Optimol, wo einst allein bei Pfanni über 1.000 Beschäftigte in der Knödel-Produktion arbeiteten und aus dem nach seiner endgültigen Stilllegung 1996 der weit über München hinaus bekannte Kunstpark Ost und schließlich der Kulturpark wurde, hat sich nach seiner Umwidmung als Wohn-, Event- und Gewerbequartier und seiner Umbenennung in »Werksviertel« zu einem spektakulären Zentrum für Architektur, Kunst und Kultur entwickelt. In dem 39 Hektar großen Areal hinter den Bahngleisen sollen rund 1.000 Wohnungen und 7.000 Arbeitsplätze sowie ein großer Eventplatz für Sport, Gastronomie und die Münchner Clubszene entstehen. Und auch der neue Münchner Konzertsaal wird hier im Werksviertel realisiert.

Einer der ungewöhnlichsten architektonischen Würfe im Mix von alten Industriehallen und neuen Gebäuden gelang bereits zu Beginn der neuen Bauoffensive 2012 mit der »Medienbrücke München«, einem extravaganten Hochhaus, das bis heute ein Alleinstellungsmerkmal hat. Entworfen vom renommierten Architekten Otto Steidle, wurde es nach dessen Tod von seinem Münchner Büro (Steidle Architekten) umgesetzt.

Der Clou der Architekten: Sie haben das Hochhaus in die Horizontale gelegt. Mit doppeltem Effekt. Man bleibt unter der magischen Münchner Bemessungsgrenze für Hochhäuser von 100 Metern und trotzt der Flächenversiegelung in einem eng bebauten Quartier. Auf zwei 45 Meter hohen Betonsäulen, deren Fundamente 20 Meter tief im Boden liegen, tut sich die 90 Meter lange, 23 Meter tiefe und 250 Tonnen schwere Stahlkonstruktion auf drei Etagen auf. Das scheinbar schwebende Gebäude mit Panoramablick in 3,80 Meter hohen Räumen beherbergt auf rund 7.000 Quadratmetern Dutzende Medienunternehmen aller Größe und Couleur: die »Media World Munich«. Und auf der Dachterrasse wartet ein Restaurant.

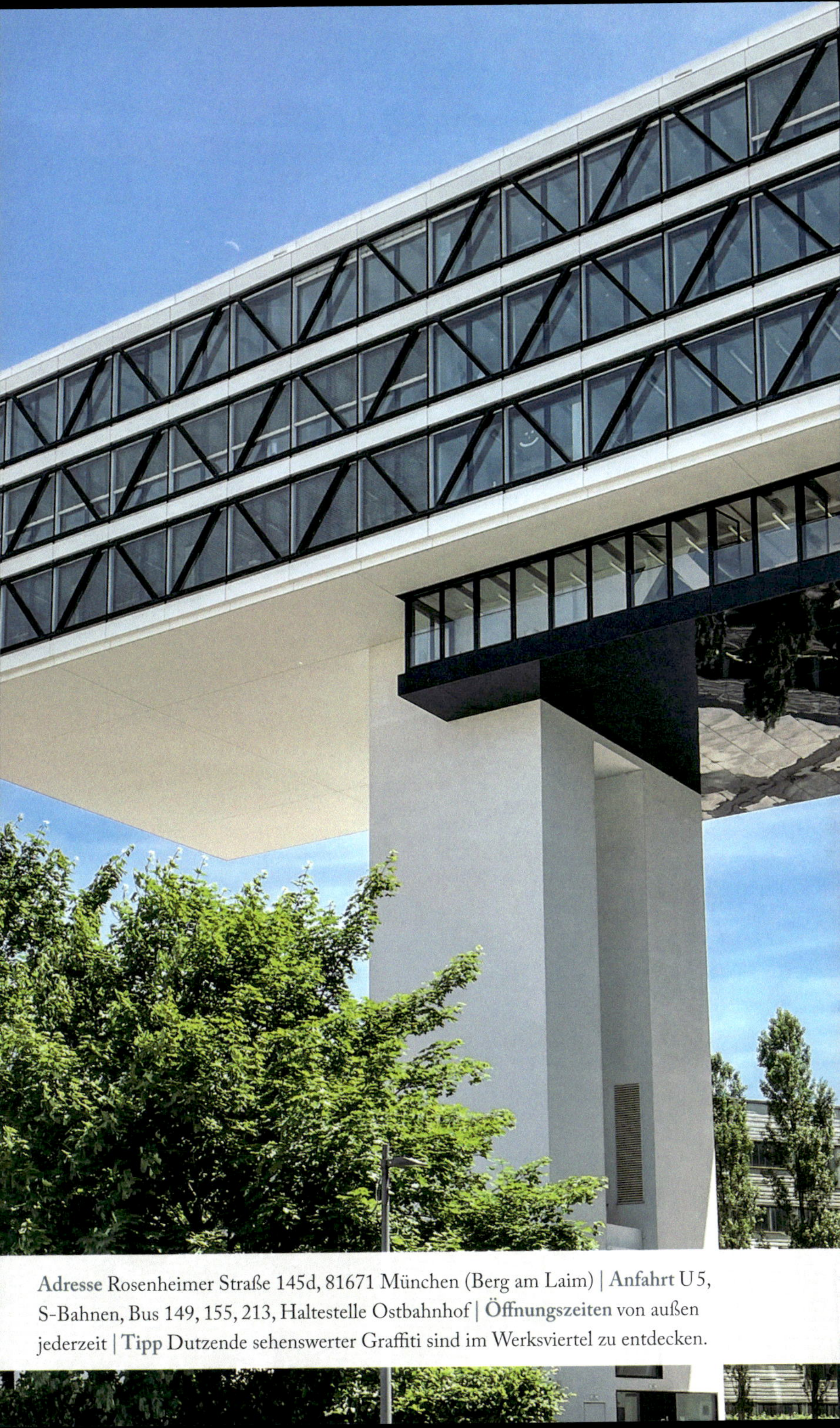

Adresse Rosenheimer Straße 145d, 81671 München (Berg am Laim) | **Anfahrt** U5, S-Bahnen, Bus 149, 155, 213, Haltestelle Ostbahnhof | **Öffnungszeiten** von außen jederzeit | **Tipp** Dutzende sehenswerter Graffiti sind im Werksviertel zu entdecken.

57 Die Membranhülle

Die Allianz Arena in Regenbogenfarben

Diese Stadion-Ummantelung hat Architekturgeschichte geschrieben. Knapp 2.800 luftgefüllte rautenförmige Membrankissen, durch Ventilatoren mit einem dauerhaften Luftdruck versehen, bilden die 67.000 Quadratmeter große Kunststoffhülle der 2005 eröffneten Allianz Arena im Münchner Norden. Mit einem Effekt, wie es ihn in einem Stadionneubau bis dahin nicht gab: Die transluzente, 0,2 Millimeter dünne Folie der äußeren Hülle lässt sich über Tausende LED-Leuchten in die unterschiedlichsten Farben tauchen, die mitunter einen magisch-rauschhaften Effekt erzielen.

Besticht die Hülle der Arena tagsüber durch Reflexionen im Glanz der Sonne, so verändert sie sich nach Einbruch der Dunkelheit ganz nach Bedarf. Spielen die Hausherren Fußball, leuchtet das Stadion im Rot der Bayern. Doch auch jede andere Farbvariante ist möglich. Über Projektionen können Farbverläufe, Schriftzüge oder Bildsegmente nach Bedarf in den Nachthimmel erstrahlen, zu den unterschiedlichsten Anlässen gibt es Sonderbeleuchtungen auch außerhalb der Spieltage.

Mit Stolz weist der FC Bayern darauf hin, über das modernste Fußballstadion Deutschlands zu verfügen. Nachdem der Club jahrzehntelang Triumphe im architektonisch nicht minder extravaganten Olympiastadion feiern konnte, entschied sich der Verein Anfang der 2000er Jahre dazu, ein neues, 75.000 Zuschauer fassendes, ganz auf den Fußball zugeschnittenes Stadion im Norden Münchens zu bauen. Aus einem internationalen Wettbewerb gingen die Schweizer Architekten Jacques Herzog und Pierre de Meuron als Sieger hervor. Und sie präsentierten mit der Stadionumhüllung einen architektonischen Coup. Zur Fußballweltmeisterschaft 2006 trat das 340 Millionen Euro teure Stadion erstmals in den Fokus der Weltöffentlichkeit. Und zur Europameisterschaft 2020/21 erregte die geplante Illumination der Umhüllung in den Regenbogenfarben internationale Aufmerksamkeit.

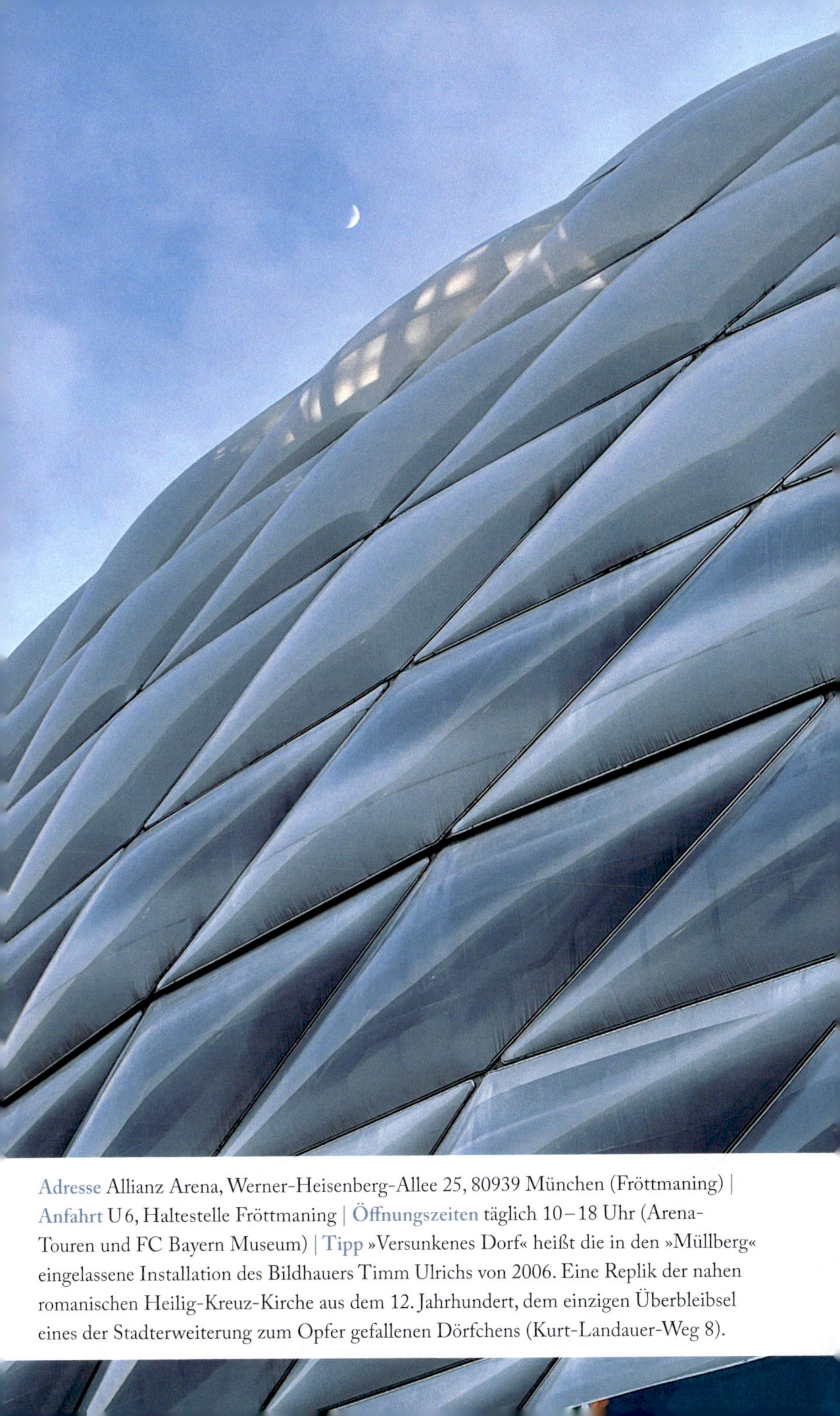

Adresse Allianz Arena, Werner-Heisenberg-Allee 25, 80939 München (Fröttmaning) | **Anfahrt** U 6, Haltestelle Fröttmaning | **Öffnungszeiten** täglich 10–18 Uhr (Arena-Touren und FC Bayern Museum) | **Tipp** »Versunkenes Dorf« heißt die in den »Müllberg« eingelassene Installation des Bildhauers Timm Ulrichs von 2006. Eine Replik der nahen romanischen Heilig-Kreuz-Kirche aus dem 12. Jahrhundert, dem einzigen Überbleibsel eines der Stadterweiterung zum Opfer gefallenen Dörfchens (Kurt-Landauer-Weg 8).

58 Das Miniaturenkabinett

129 Gemälde im Kleinformat

Durchschreitet man die unendlichen Gänge und Räume des Kaisertraktes und des Königsbaus der Münchner Residenz auf den ausgefallenen Parkettkreationen, die vielen prunkvollen Säle und Nischen mit den kostbaren Möbeln, pompösen Leuchtern, silbernen Uhr-Ungetümen und dem erlesenen Porzellan aus der Nymphenburger Manufaktur, muss man aufpassen, dass man dabei nichts übersieht. Das Audienz- und Paradeschlafzimmer zum Beispiel, das Konferenzzimmer oder die nach französischem Vorbild von François de Cuvilliés eingebauten Kabinette: das sogenannte Spiegel-, das Porzellan- und vor allem das außergewöhnliche Miniaturenkabinett ganz am Ende der »Reichen Zimmer«. Ein kleiner Raum, jedoch von einer Ausstattung, die einzigartig ist. Gedacht als Rückzugsort für den Herrscher, zur Besinnung und Muße inmitten zahlreicher Miniaturgemälde.

Die Wände sind in einem tiefen Rot lackiert und mit vergoldeten Schnitzereien des Hofbildhauers und Ornamentschnitzers Joachim Dietrich (1690–1753) versehen, der auch an der Inneneinrichtung der Amalienburg im Nymphenburger Park mitgewirkt hat. Der rote Lack ist eine Spezialmixtur, deren ursprüngliche Ingredienzien unbekannt sind. Eingelassen sind in die von Spiegeln unterbrochenen Wände 129 Miniaturen, kleine, formvollendete Gemälde flämischer, französischer und deutscher Maler des 16. bis 18. Jahrhunderts. Ein besonderes Faible für Miniaturen hatten Kurfürst Maximilian I. (1573–1651) und sein Enkel Max Emanuel (1662–1726). Sie gaben viele Miniaturen in Auftrag: Landschaftsbilder, Porträts, Kopien großer Meister.

Im Zweiten Weltkrieg wurde das Miniaturenkabinett nahezu völlig zerstört, lediglich die Miniaturgemälde waren rechtzeitig ausgelagert und damit vor den Bomben gerettet worden. Bis 2001 konnte dieses Kleinod in einem über Jahre andauernden Prozess rekonstruiert und wiederhergestellt werden.

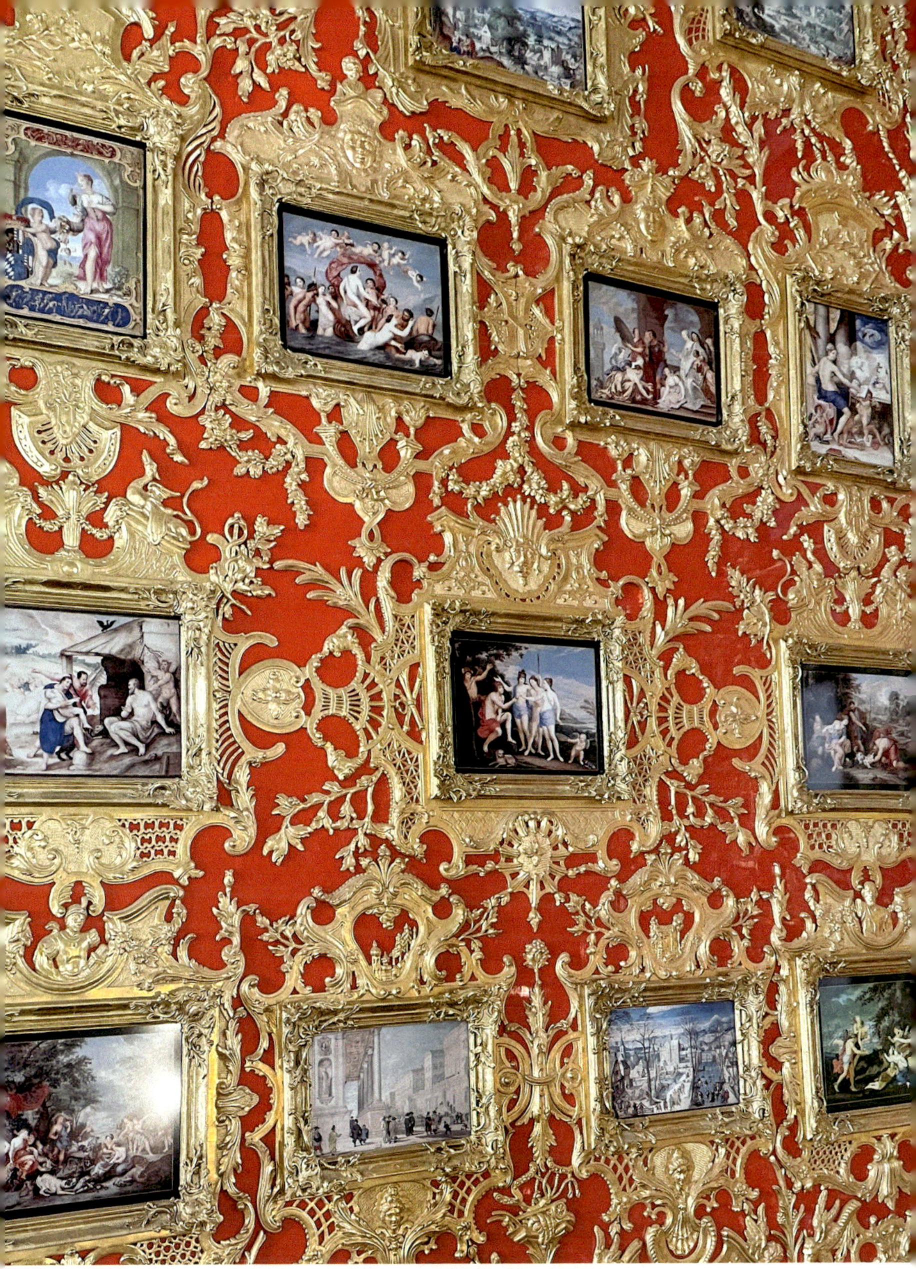

Adresse Residenz, Residenzstraße 1, 80333 München (Altstadt), Tel. 089/290671, www.residenz-muenchen.de | Anfahrt U3–U6, Bus 100 (Museumslinie), 153, Haltestelle Odeonsplatz | Öffnungszeiten April–15. Okt. täglich 9–18 Uhr, 16. Okt.–März täglich 10–17 Uhr | Tipp Lohnenswert ist ein Blick in die prachtvolle Ahnengalerie im Erdgeschoss. 120 Porträts und Bilder der in Bayern regierenden Wittelsbacher sind hier zu sehen, teilweise gemalt von den bedeutendsten Künstlern ihrer Zeit.

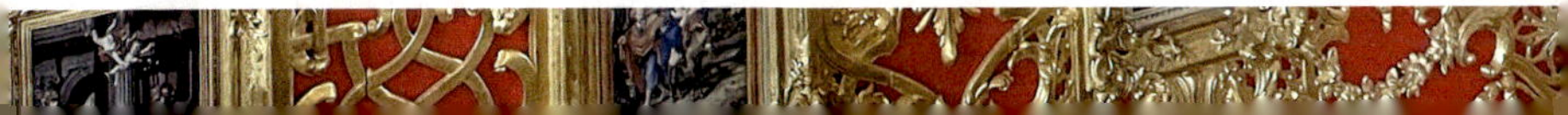

59 Das Monumentalbild

Das »Große Jüngste Gericht« von Peter Paul Rubens

Die Alte Pinakothek ist reich an Überraschungen, und wenn man den Saal im ersten Obergeschoss betritt, ist man überwältigt. An der Längsseite empfängt den Besucher das größte und opulenteste Gemälde der an Höhepunkten nicht gerade armen Münchner Museumslandschaft: das »Große Jüngste Gericht« des flämischen Malers Peter Paul Rubens (1577–1640). Über 6 Meter hoch und 4,60 Meter breit ist dieses um 1617 von Rubens für den Hauptaltar der Jesuitenkirche in Neuburg an der Donau in Öl auf Leinwand gemalte Werk. Farbenstark und prallvoll an Inhalt.

Auftraggeber des Gemäldes war Wolfgang Wilhelm von Pfalz-Neuburg. Das Großgemälde aus der Rubens-Factory – ein Dutzend Helfer des Großmeisters sollen an der Erstellung beteiligt gewesen sein, wenngleich nur die Signatur Rubens' auf dem Gemälde zu finden ist – avancierte zu Beginn des Dreißigjährigen Krieges zu einem Symbol der Gegenreformation. Da trat das Weltgericht auf den Plan: Die Seligen in den Himmel, die Sünder in die Hölle! Hoffnung und Schrecken für die Menschen, die auf das ewige Leben am Jüngsten Tag hoffen. Strahlend linker Hand die Hochfahrt zum Herrn, rechts die Verdammnis zum Teufel. Über allem: Christus, der Weltenrichter. Das Bild machte Furore. Vor allem wegen der Nacktheit der rund 90 gemalten Körper. Teile des Gemäldes wurden immer wieder verhängt.

1692 gelangte das Monumentalgemälde in die Düsseldorfer Galerie. Mit der Thronverlegung der Wittelsbacher nach München kamen 1806 auch die Gemäldesammlungen aus Mannheim und Düsseldorf an die Isar und 1836 in die gerade eröffnete Pinakothek. So auch das »Große Jüngste Gericht«. Im Grunde hat das Bild die Architektur des Museums beeinflusst. Baumeister Leo von Klenze hat den größten Saal der Alten Pinakothek eigens für dieses Gemälde konzipiert und zum Zentrum des Museums gemacht. Seither hängt es dort, in Saal VII, dem »Rubenssaal«, immer an derselben Stelle.

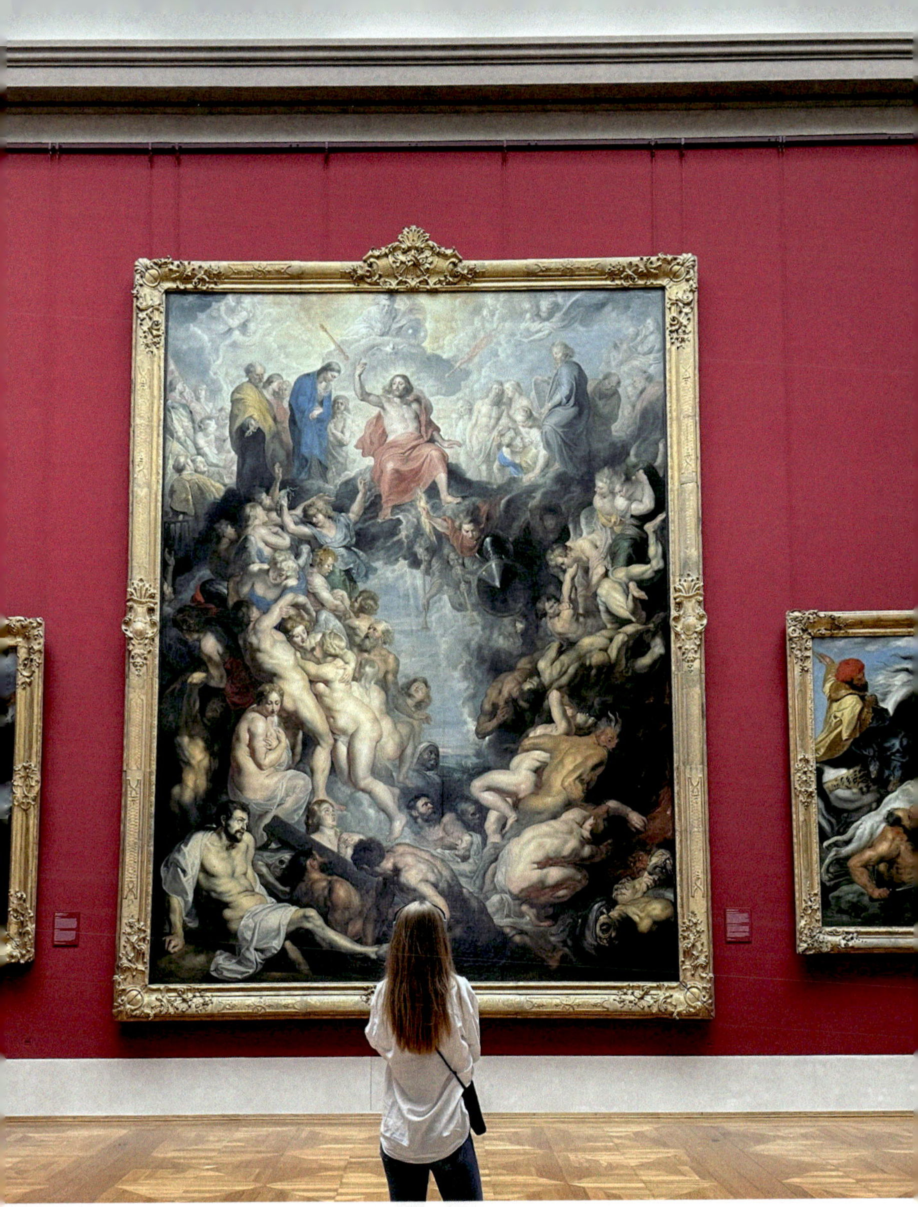

Adresse Alte Pinakothek, Barer Straße 27, 80333 München (Maxvorstadt), Tel. 089/23805216, www.pinakothek.de/alte-pinakothek | Anfahrt U 2, Haltestelle Königsplatz oder Theresienstraße; U 3, U 6, Haltestelle Odeonsplatz oder Universität; U 4, U 5, Haltestelle Odeonsplatz; Tram 27, 28, Bus 58 (CityRing), 100 (Museumslinie), Haltestelle Pinakotheken | Öffnungszeiten täglich außer Mo 10–18 Uhr, Di, Mi 10–20.30 Uhr | Tipp Rubens malte zwei weitere Bilder dieses Genres: das »Kleine Jüngste Gericht« (1619) und den »Höllensturz der Verdammten« (1620). Insgesamt umfasst die Rubenssammlung der Alten Pinakothek rund 30 Werke.

60 Der Monumentalbrunnen

Das Wasserspiel des Adolf von Hildebrand

Dieser Brunnen könnte auch am Las Vegas Strip stehen oder Teil von Disney World sein. Und das ist überhaupt nicht despektierlich gemeint. Wer abends vor dem beeindruckend illuminierten Wittelsbacher Brunnen am Lenbachplatz steht, muss ins Schwärmen geraten. Ein Sprudeln und Rauschen im Lichtermeer. Ein Meisterwerk der Brunnenkunst. Und eine Huldigung. Wasser für die Stadt, Wasser in der Stadt. Die Stadt war so berauscht von der Anfang der 1890er Jahre gerade in Betrieb genommenen ersten Hochdruckwasserleitung, die München fortan mit sauberem Trinkwasser aus dem Mangfalltal versorgen sollte, dass sie dieser Innovation ein ehrendes Gedenken setzen wollte, prominent platziert zwischen Karlsplatz und dem begrünten Maximiliansplatz, auf den Resten der alten Stadtmauer, alle bisherigen Stadtbrunnen übertreffend.

Die Stadt beauftragte den renommierten Bildhauer Adolf von Hildebrand (1847–1921), eine repräsentative Brunnenanlage zu entwerfen und bauen zu lassen. Ein monumentales Werk entstand, angelehnt an die großen Stadtbrunnen der italienischen Renaissance – Hildebrand hatte lange in Florenz gelebt –, das 1895 feierlich enthüllt wurde und bis heute seine Wirkung nicht verfehlt. Zwei große, über 20 Meter breite, übereinandergesetzte Wasserbecken werden von einem kunstvoll mit Reliefs versehenen Schalenbrunnen bekrönt. Auf zwei seitlich der halbkreisförmigen Anlage drapierten Felsblöcken steigen an die Antike erinnernde Reiterfiguren auf, die allegorisch an die Urkräfte des Wassers appellieren. Der männliche Reiter linker Hand schleudert einen Felsbrocken als Symbol für die zerstörerische Kraft des Wassers, die aus den Fluten aufsteigende Amazone rechts präsentiert dem Betrachter eine Schale frischen Wassers als Quell des Lebens. Dass der Brunnen nach den Wittelsbachern benannt wurde, liegt daran, dass sie sich maßgeblich an der Finanzierung der Anlage beteiligten.

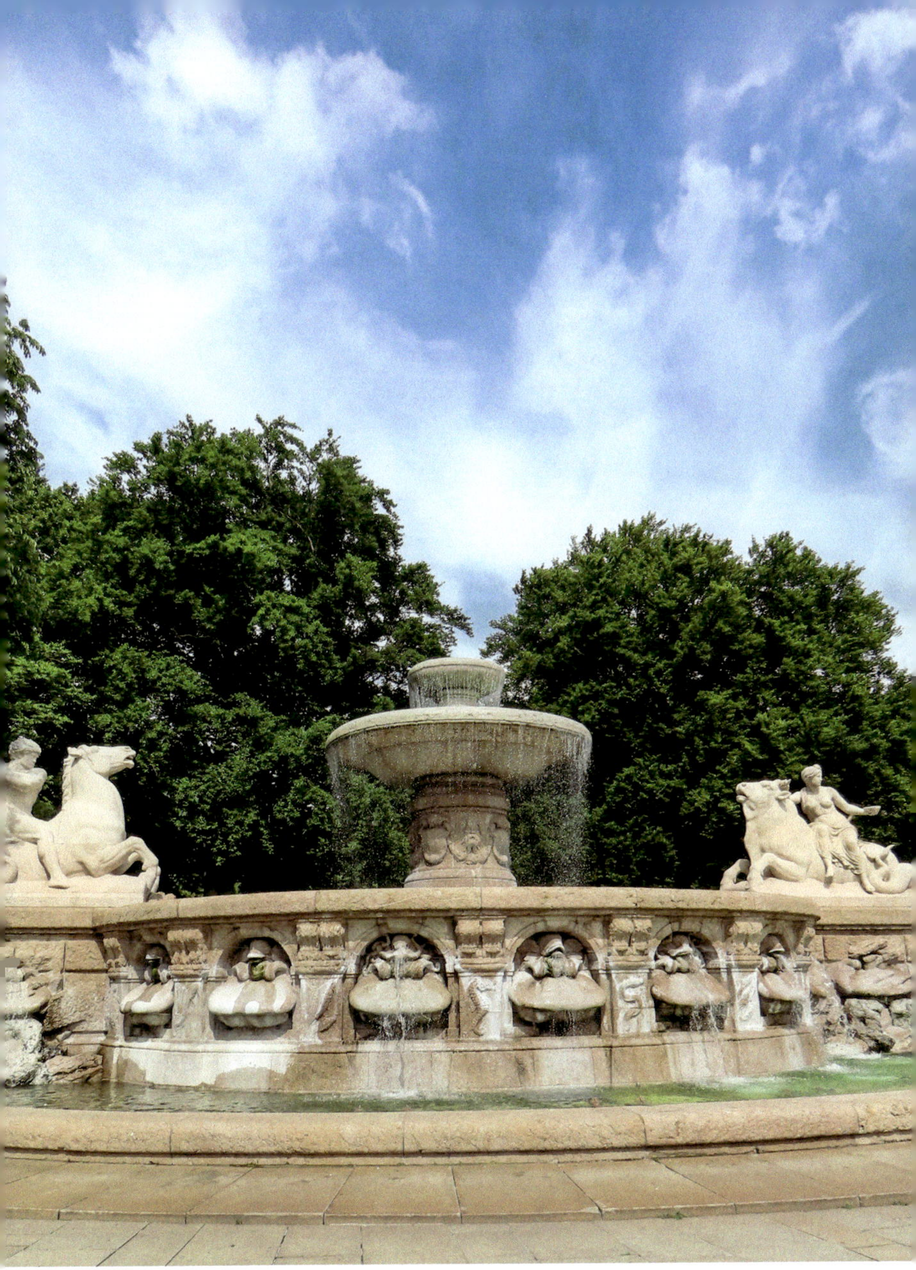

Adresse Wittelsbacher Brunnen, Lenbachplatz, 80333 München (Altstadt) | Anfahrt U 4, U 5, Haltestelle Karlsplatz/Stachus; Tram 16, 19, 21, 39, Bus 52, Haltestelle Lenbachplatz | Öffnungszeiten im Sommer jederzeit, im Winter teilbedeckt | Tipp In München gibt es zwei weitere Hildebrand-Brunnen: den Vater-Rhein-Brunnen (1903) auf der Insel an der Ludwigsbrücke und den Hubertusbrunnen (1907) am östlichen Ende des Nymphenburger Kanals.

61 Die Morgenstunde

Aufwachen in der Spätromantik

Eine Szene, die unspektakulärer nicht sein könnte. Und genau in dieser Einfachheit liegt ihre Faszination. Die Morgensonne fällt durch das offene Fenster in ein Zimmer. Ein junges Mädchen steht am Fenster, gerade dem noch ungemachten Bett entstiegen. Der Blick ins Freie, in die Berge. Das Mädchen symbolisiert das blühende Leben durch den jungen Tag. Die Geborgenheit des Innen stößt auf die unberechenbare Welt da draußen. So in etwa will sich das um 1860 entstandene, 35 mal 42 Zentimeter kleine Ölgemälde des in Wien geborenen Malers Moritz von Schwind (1804–1871) interpretiert wissen: »Die Morgenstunde«. Ein malerischer Schnappschuss.

Das Bild soll im Ferienhaus des Malers am Starnberger See entstanden sein, das Mädchen ist wohl die Tochter des Künstlers. 1860 wurde das Meisterwerk der Spätromantik vom Kunstsammler Adolf Friedrich von Schack (1815–1894) gekauft, der seine Sammlung von überwiegend ausgesuchten zeitgenössischen Kunstwerken in einem Palais in der Brienner Straße vorhielt, die er ab 1865 auch der Öffentlichkeit zugänglich machte.

Moritz von Schwind, der anfänglich hauptsächlich Fresken und Gemälde mit historischen Motiven gemalt hatte und durch seine Illustrationen für den »Münchner Bilderbogen« und die »Fliegenden Blätter« bekannt geworden war, war in seiner Malerei inhaltlich zutiefst gefangen von den Idealen der Romantik. Er liebte Sagen, heimisches Liedgut, Gedichte. Seine Motive entnahm er vielfach märchenhaft phantasievollen Geschichten, mitunter volkstümlichen Legenden. 1848 entstand sein Gemälde »Des Knaben Wunderhorn«, das ebenfalls in der Sammlung Schack zu sehen ist. Die spätromantischen Motive und Stimmungen hatten es dem Kunstmäzen Graf Schack angetan. Früh begann er, neben Werken von jungen Künstlern wie Anselm Feuerbach und Arnold Böcklin besonders jene von Moritz von Schwind zu sammeln und ihm immer wieder Aufträge zu erteilen.

Adresse Sammlung Schack, Prinzregentenstraße 9, 80538 München (Lehel), Tel. 089/23805224, www.pinakothek.de/sammlung-schack | **Anfahrt** Tram 18, Haltestelle Nationalmuseum / Haus der Kunst; Bus 100 (Museumslinie), Haltestelle Reitmorstraße / Sammlung Schack | **Öffnungszeiten** Mi – So 10 – 18 Uhr | **Tipp** In der Maria-Theresia-Straße 23 lohnt ein Besuch der Monacensia, dem Literaturarchiv der Stadt München.

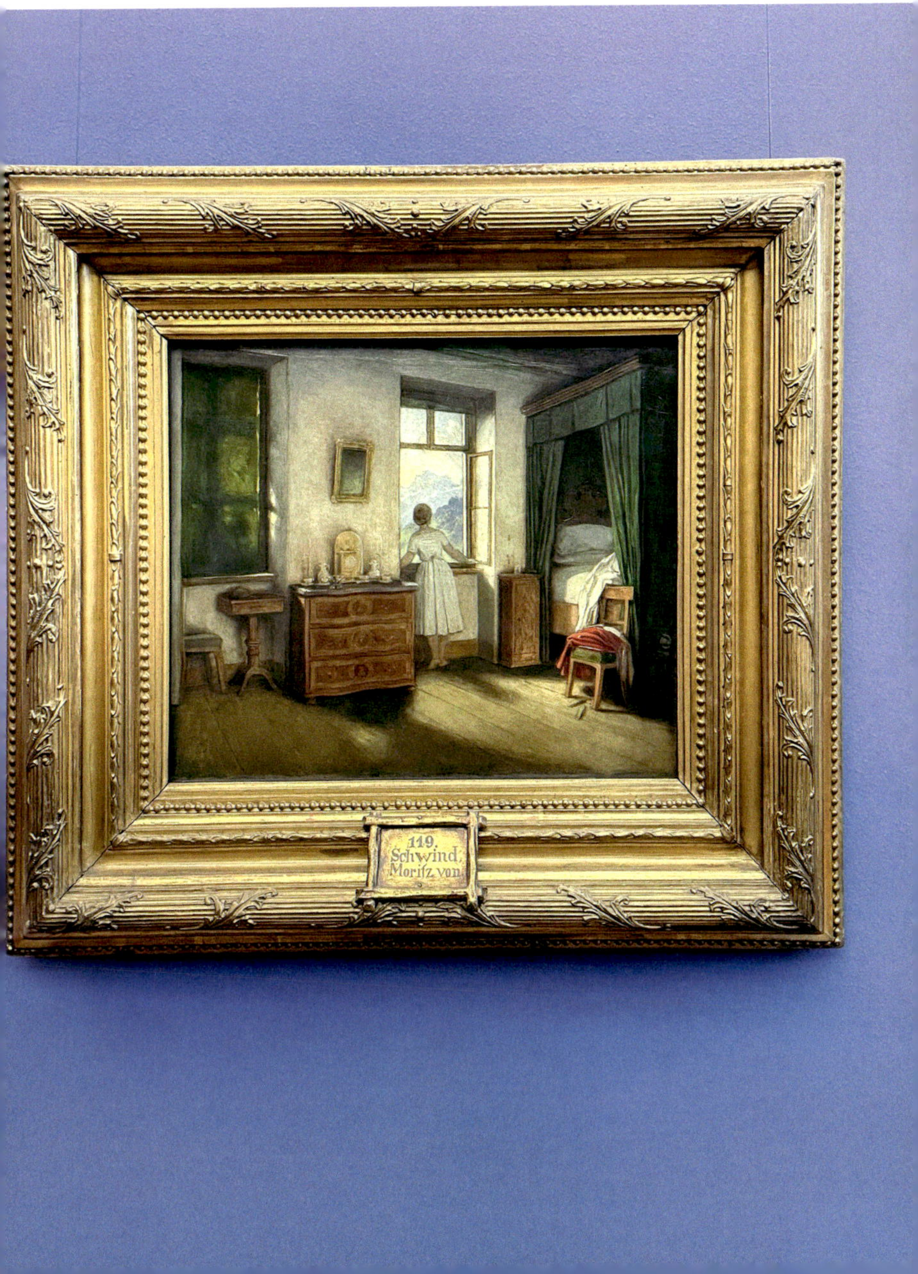

62 Die Moriskentänzer

Erasmus Grassers Figurenkabinett

Die Moriskentänzer des Oberpfälzer Bildhauers Erasmus Grasser (um 1450–1518) gelten als Stadtschätze und sind ein kulturhistorisches Stück Münchner Identität. Die Originale der Moriskentänzer befinden sich seit 1931 allesamt im Münchner Stadtmuseum. Jahrhundertelang waren sie integraler Bestandteil des »Tanzhauses«, des großen Saals des 1470 von Jörg von Halsbach errichteten Alten Rathauses, zu sehen im Wappenfries unterhalb des hölzernen Tonnengewölbes. Die zwischen 60 und 80 Zentimeter hohen Moriskentänzer, 1480 von Erasmus Grasser aus Lindenholz geschnitzt und koloriert, standen in fünf Metern Höhe auf hölzernen Konsolen und fielen den Gästen des Festsaals möglicherweise gar nicht weiter auf. Dabei bildeten die zehn Figuren auch eine humoristische Sicht auf das, was sich unter ihnen im Saal so abspielte.

Der im Mittelalter populäre Moriskentanz, ein improvisierter Springtanz, der aus den maurischen Regionen Nordwestafrikas stammte und vermutlich von akrobatischen Gauklern und Schaustellern über Spanien und Frankreich nach Deutschland gelangt war, erfreute sich besonderer Beliebtheit, vor allem aufgrund seiner ekstatischen Körperbewegungen und skurrilen Verrenkungen. Alle Grasser-Figuren sind mittelalterlichen Charakteren zugeordnet. Und irgendwie fanden sich auch die bayerischen Schuhplattler in den Moriskentänzern wieder. Da gibt es den Moriskentänzer mit weißem Stirnband und Umhang, den »Hochzeiter«, den »Zauberer« mit der löwenbesetzten Mütze, den »Orientalen« mit Turban oder den »Burgunder« mit der Kegelmütze.

Die wirkliche Wertschätzung der Moriskentänzer in München setzte aber erst Ende des 19. Jahrhunderts ein, als man die Figuren 400 Jahre nach ihrer Entstehung für sich adaptierte und mit Stolz präsentierte. Vielleicht wurden sie gerade wegen ihrer augenzwinkernden Andersartigkeit für München zu Wahrzeichen mit hohem Identifikationswert.

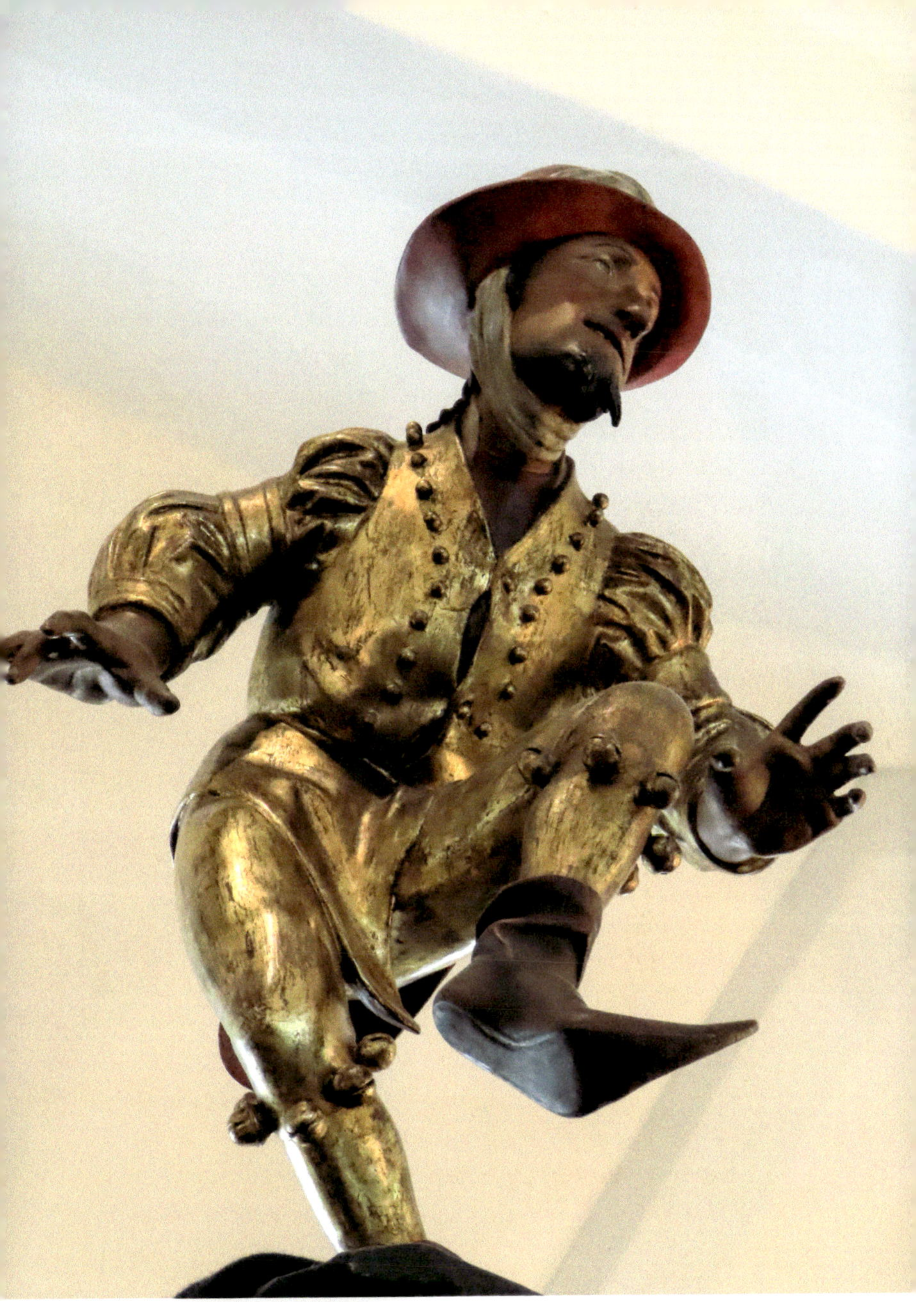

Adresse Münchner Stadtmuseum, St.-Jakobs-Platz 1, 80331 München (Altstadt), Tel. 089/23322370, www.muenchner-stadtmuseum.de | **Anfahrt** U3, U6, Haltestelle Marienplatz oder Sendlinger Tor; Bus 52, 62, Haltestelle St.-Jakobs-Platz | **Öffnungszeiten** Di–So 10–18 Uhr | **Tipp** Erasmus Grasser, seit 1480 Vorsteher der Münchner Malerzunft, wohnte im sogenannten Zechbauer-Haus an der Ecke Residenzstraße/Perusastraße.

63 Der Nachlass

»Jugendstil skurril« des Carl Strathmann

Ein wenig unter dem Radar und von der Öffentlichkeit kaum wahrgenommen, schlummert im Stadtmuseum ein Schatz, den es unbedingt zu heben lohnt. Eine »Perle« des Münchner Jugendstils. Sein Protagonist: Carl Strathmann (1866–1939). Der in Düsseldorf geborene Sohn einer wohlhabenden Kaufmannsfamilie, der an der Kunstakademie Düsseldorf und der Kunstschule Weimar studiert hatte, kam 1891 nach München und ging in der dortigen Boheme als freischaffender Künstler auf. Trinkfest, humorvoll und lebensnah entwickelte er *sein* Genre zwischen Malerei, Kunstgewerbe und Karikatur und brachte es zur Meisterschaft.

Egal, ob es sich um Ölgemälde, Zeichnungen, Aquarelle oder Druckgrafiken handelte, um Landschaftsgemälde, Frauenporträts, Blumenstillleben oder Karikaturen, Strathmann liebte das Dekorative, das Märchen- und Phantasiehafte. In seinen Bildern erzählt er Geschichten, immer eingebettet in ornamentale Muster, originell und teils quietschbunt. Vielfach akribisch gemalt, in einem Meer aus Blüten, Blättern, Ranken. Meist witzig, exzentrisch, vielfach voller Ironie und Hintergründigkeit. Aber so gut wie nie politisch. Und dennoch immer seine Umgebung im Blick habend: champagnerschlürfende Damen, dümmliche Burschenschaftler, eitle Gockel der Münchner Gesellschaft.

Die Detailversessenheit seiner bis in die kleinsten Farbtupfer skurrilen Bilderwelten beschrieb Nico Kirchberger, Kurator der Strathmann-Ausstellung »Jugendstil skurril« (2019/20), so: »In seinen Kompositionen ist der Schmuckwert der Bilder wichtiger als der Bildinhalt an sich.« So auch beim »Bacchantenzug« von 1896. Ein bis ins kleinste Detail akribisch gemaltes Bild voller ulkiger Figuren und Fabelwesen, bizarr und fast unübersichtlich, einem Wimmelbild gleich. 1960 übergab die Tochter von Carl Strathmann den knapp 500 Exponate umfassenden Nachlass ihres Vaters dem Münchner Stadtmuseum, wo er online zu entdecken ist.

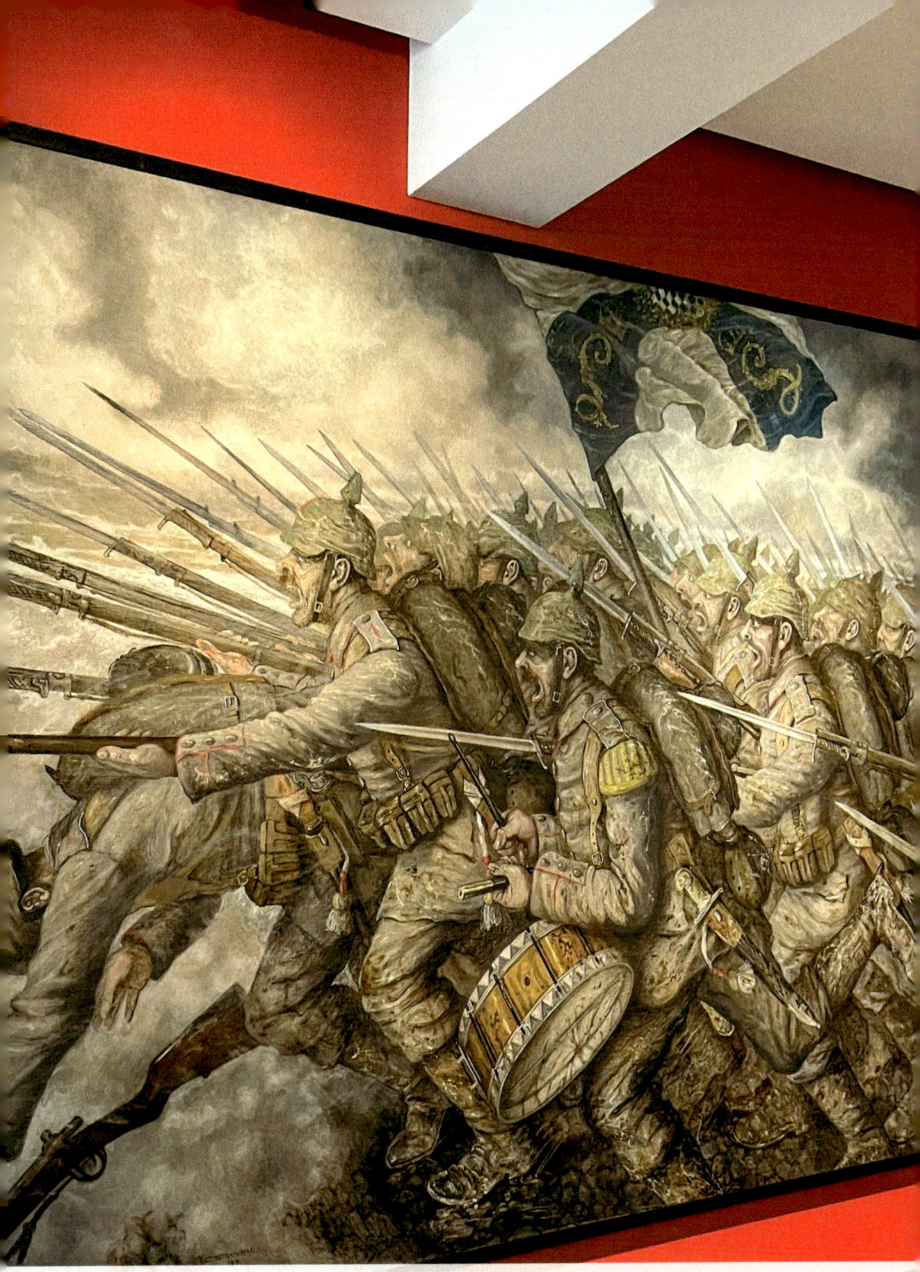

Adresse Münchner Stadtmuseum, St.-Jakobs-Platz 1, 80331 München (Altstadt), Tel. 089/23322370, www.muenchner-stadtmuseum.de | **Anfahrt** U 3, U 6, Haltestelle Marienplatz oder Sendlinger Tor; Bus 52, 62, Haltestelle St.-Jakobs-Platz | **Öffnungszeiten** täglich außer Mo 10–18 Uhr | **Tipp** Erst auf den zweiten Blick als Kunstwerk auszumachen: die später nicht mehr verbauten historischen Fragmente des im Zweiten Weltkrieg weitgehend zerstörten Siegestores, angeordnet in einem Regal außerhalb des Stadtmuseums.

64 Die Naturgewalten

Zwischen Sonnentor und Mondplatz

In der Gründungsurkunde des Europäischen Patentamtes (EPA) ist festgelegt, dass ein bestimmtes Budget des Etats in Kunst zu investieren sei. Dies hängt mit dem Selbstverständnis zusammen, dass eine aus der historischen Vergangenheit gewachsene europäische Institution, deren Inhalte auf Innovation und Dynamik setzen, ihre Grundlage von »Humanität und Wertevermittlung« auch in der zeitgenössischen Kunst widerspiegeln solle. Auf dieser Basis hat sich eine kontinuierliche Sammlungstätigkeit der EPA in den Bereichen »Humanität und Wertevermittlung« mit den Schwerpunkten »Kunst am Arbeitsplatz« und »Kunst im öffentlichen Raum« etabliert. Die sich ständig weiterentwickelnde Sammlung umfasst Hunderte Werke internationaler Künstler, zeitgenössische Kunst, Auftragsarbeiten, Großplastiken, die immer in einem direkten Zusammenhang mit den Verwaltungsgebäuden des EPA in München zu sehen und als »Kommunikationsangebote an eine städtische Öffentlichkeit« gedacht sind; vor allem durch die abstrakten Großskulpturen, die ihre Rolle im Stadtbild gefunden haben.

Rund um die vom Münchner Architekturbüro Ackermann Architekten zwischen 2005 und 2008 gebauten PschorrHöfe findet sich an der Bayerstraße der spektakuläre, vom New Yorker Künstler Steven Rand 2004 illuminierte »Stadtbalkon« mit Freitreppe vor den Neubauten der erweiterten zweiten großen Münchner Dependance des Europäischen Patentamtes.

Dann, in der kleinen, zwischen den Gebäuden verlaufenden Kurt-Haertel-Passage, die Installation »Zwischen Sonnentor und Mondplatz« des 1940 geborenen Bildhauers Hannsjörg Voth. Sie soll im übertragenen Sinne die von Mond, Sonne und Wasser ausgelösten Naturgewalten im Stadtraum zeigen. Durch einen schmalen Spalt scheint zur Mittagszeit die Sonne, ein Marmorstreifen dokumentiert den Sonnenlauf. Und zwischen alledem fließt auf die Mondphasen ausgerichtetes Wasser.

Adresse Europäisches Patentamt, PschorrHöfe, Bayerstraße 34 und 115/Kurt-Haertel-Passage, 80335 München (Schwanthalerhöhe), Tel. 089/23990 | Anfahrt S-Bahnen, Haltestelle Hackerbrücke; U 4, U 5, Haltestelle Schwanthalerhöhe; Tram 18, 19, 29, Haltestelle Hermann-Lingg-Straße | Öffnungszeiten immer zu besichtigen | Tipp Ebenfalls in den PschorrHöfen zu sehen: »Der Ring« von Leo Zogmayer (1990) und die »Laternen I + II« des japanischen Bildhauers Chihiro Shimotani (2004).

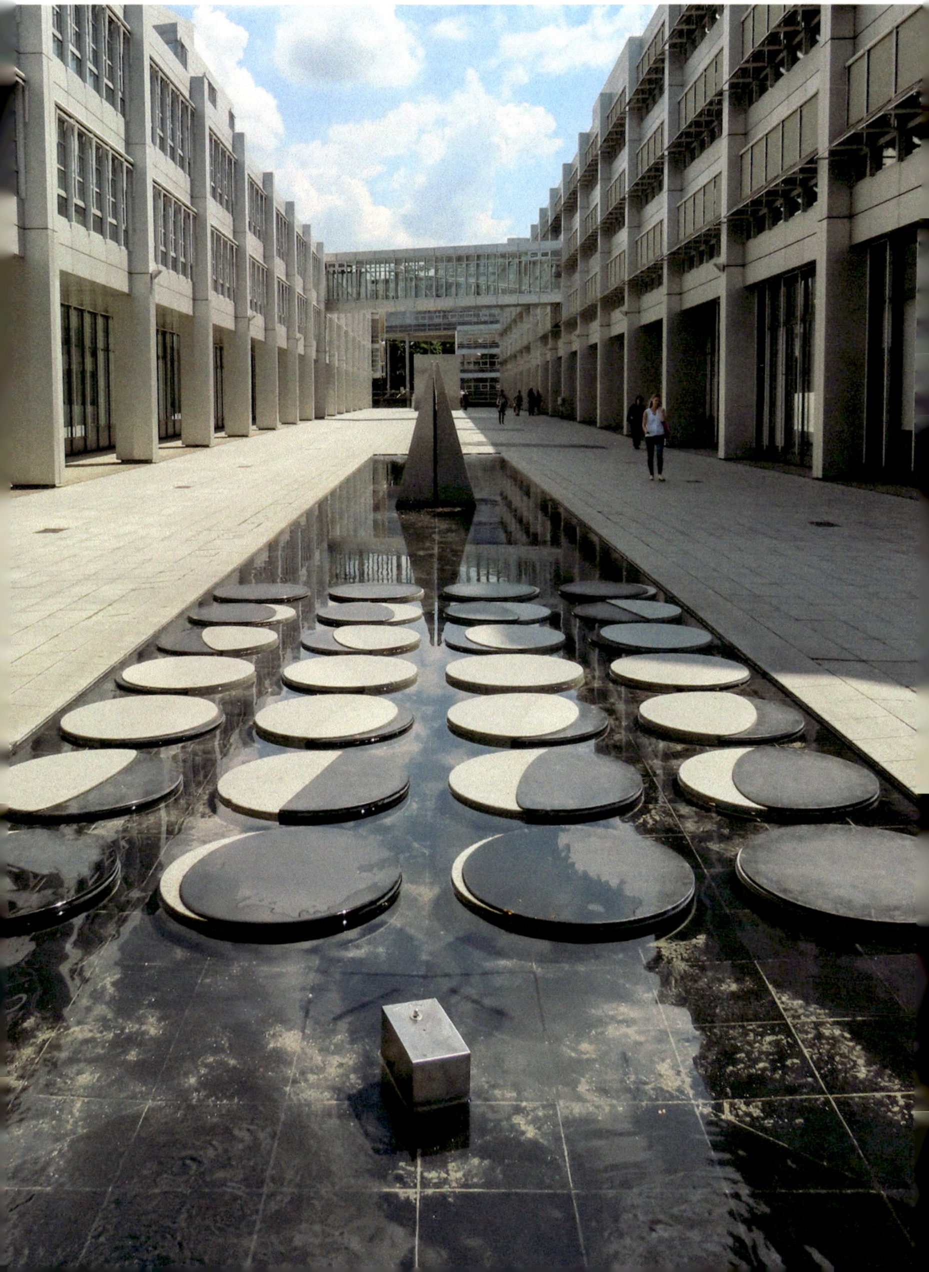

65 Das Olympiadach

Münchens Jahrhundertwurf

Den wohl größten städtebaulichen Schwung nach den Architekturoffensiven Ludwigs I. im 19. Jahrhundert dürfte München im Zuge der Olympischen Spiele 1972 erfahren haben: das U-Bahn-System, eine umfassende Erneuerung der Infrastruktur und der Olympiapark mit den olympischen Sportstätten, die Geschichte schrieben. Und eines übertraf alles, was planerische Waghalsigkeit, statische Berechnung, bauliche Raffinesse und ästhetische Anmutung anging: das 75.000 Quadratmeter große, geradezu spielerisch über die Landschaft und die Sportstätten »geworfene« Zeltdach. Eine »statische und gestalterische« Sensation, die weltweit Furore machte und die der Bundesrepublik Deutschland und der Stadt München nach den Grauen der Nazizeit geradezu ein neues Lebensgefühl verlieh.

Die Macher rund um das Architekturbüro Behnisch & Partner realisierten mit ihrem futuristischen Entwurf der Olympiastätten und vor allem der Zeltdachkonstruktion, die sie gemeinsam mit dem Architekten Frei Otto entwickelten, eine hochkomplexe Konstruktion. Das Zeltdach mit seinen Hunderten transluzenten Acrylglasplatten überspannt in einer schwungvollen Einheit, aufgehängt an 58 Stahlmasten, das in die Landschaft eingelassene Olympiastadion (»Erdstadion«) mit der benachbarten Olympiahalle und dem Schwimmstadion sowie einen Teil der Fußwege zu und zwischen den Arenen. Alle Dimensionen sprengend erscheint die über die Westtribüne des Olympiastadions gespannte Seilnetzkonstruktion, die rund die Hälfte der gesamten Zeltdachfläche in Anspruch nimmt. Hier wurde ein von 12 bis 80 Meter hohen Pylonen gehaltenes, 450 Meter langes Stahlseil im runden Bogen gespannt, an dem das mit Acrylplatten bestückte Netz hängt. Um keinem Zuschauer die Sicht zu nehmen, wurde das Stahlseilnetz auf der gegenüberliegenden Seite des Stadions mit bis zu 30 Meter tief in den Boden eingelassenen, 4.000 Tonnen schweren Betonquadern verankert.

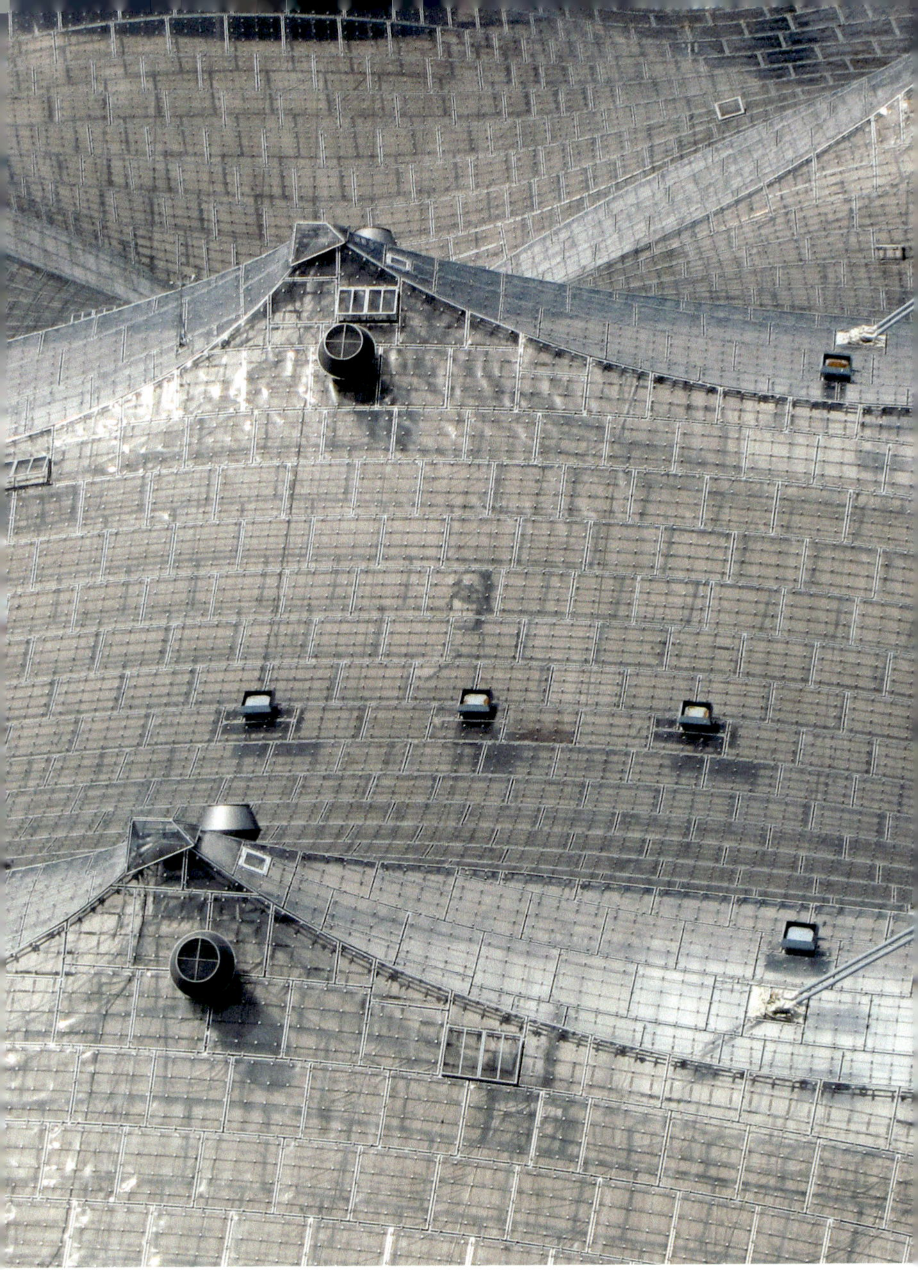

Adresse Olympiastadion, Spiridon-Louis-Ring 27, 80809 München (Milbertshofen), Tel. 089/30672222 | Anfahrt U 2, U 3, Haltestelle Olympiazentrum | Öffnungszeiten Olympiapark immer zugänglich; Stadionbesuche und -führungen täglich 11–16 Uhr | Tipp Interessant ist auch die Architektur der 2011 geschaffenen, nahezu unsichtbar in den Boden versenkten »Kleinen Olympiahalle« zwischen ihrer großen Schwester und der Olympiaschwimmhalle, in der bis zu 3.600 Menschen Platz finden.

66 Das »Oskar«

Das alte Siemens-Forum des Stararchitekten

Der Weltkonzern Siemens leistete sich Ende der 1990er Jahre zur Erweiterung der Münchner Zentrale einen der weltbesten Architekten, den 1934 geborenen New Yorker Richard Meier, der unter vielen anderen herausragenden Bauten das Getty Center in Los Angeles, das Museum für Zeitgenössische Kunst in Barcelona und das Museum Angewandte Kunst in Frankfurt/Main geschaffen hatte. Sein Markenzeichen: stets strahlend weiße Fassaden, strenge geometrische Formen, lichtdurchflutete Innenräume, ausgesuchte Materialien. Auch Siemens wollte für München die Handschrift Meiers.

Das 1999 fertiggestellte Siemens-Forum am Oskar-von-Miller-Ring 20 wurde ein »typischer Meier«, bestehend aus einem markanten Rundbau, einer Rotunde mit halbkreisförmigem Schildbogen und großzügiger Empfangslobby, hinter der sich ein sechsgeschossiger Gebäudekomplex mit zwei Innenhöfen und stockwerkübergreifenden Verbindungen erstreckt – auf einer Fläche von über 40.000 Quadratmetern und ausgelegt für 1.000 Arbeitsplätze. Der Rundbau hat eine glatte Fassade aus weiß lackierten Metallflächen sowie geschwungene Fenster, die wie durchlaufende Glasbänder wirken.

Der Pritzker-Preisträger von 1984, der sich nach eigenem Bekunden von den Entwürfen des schweizerisch-französischen Architekten, Stadtplaners und Möbeldesigners Le Corbusier inspirieren lässt, hatte für das Siemens-Forum, dem ein internationaler Wettbewerb vorausgegangen war, die Vorgabe erhalten, in den Gebäudekomplex auch ein konzerneigenes Kulturforum zu integrieren, ein Kommunikationszentrum zwischen Siemens und der Öffentlichkeit. Hier wurde auch das Siemens-Museum installiert.

Die Siemens AG hat das Gebäude 2011 wieder verlassen. Seit 2017 firmiert das ehemalige Siemens-Forum, das heute der Swiss Life gehört, unter dem Oberbegriff »Oskar«. Seit 2019 ist es unter anderem Sitz des Medienhauses Condé-Nast und von Amazon Web Services.

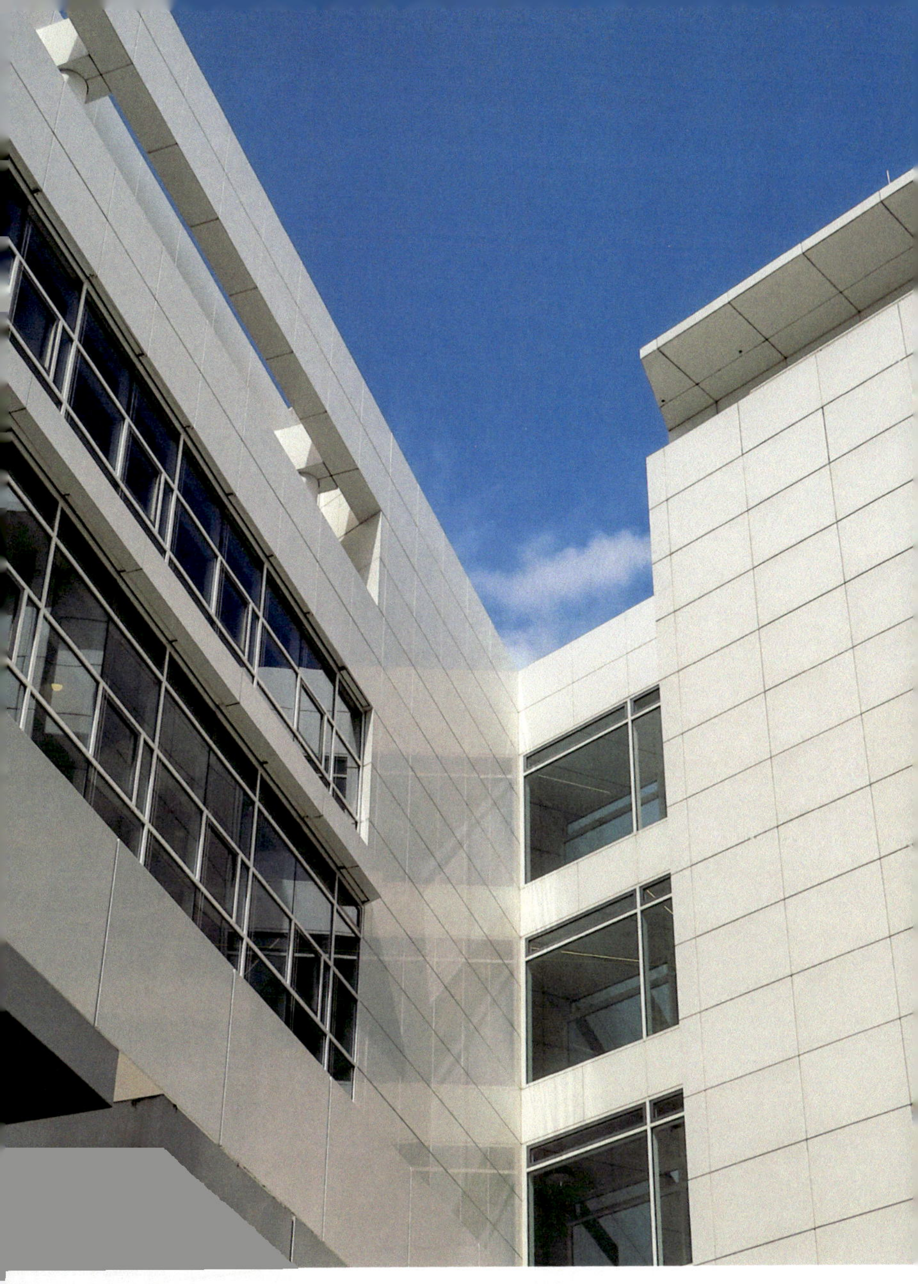

Adresse Oskar-von-Miller-Ring 20, 80333 München (Maxvorstadt) | Anfahrt U3–U5, Haltestelle Odeonsplatz; Bus 58 (CityRing), 100 (Museumslinie), Haltestelle Oskar-von-Miller-Ring | Öffnungszeiten von außen immer zu besichtigen | Tipp Wenige Schritte entfernt steht das sechsgeschossige, 1956/57 um einen quadratischen Innenhof konzipierte Gebäude der alten Münchner Siemens-Zentrale mit dem zu allen Seiten nach oben geschwungenen Dach (heute Sitz des Goethe-Instituts).

67_Das Postamt

»Neues Bauen« in München

Die geschwungene Front zur Straße hin ist ein architektonischer Lichtblick. Die meisten Münchner sind schon viele Male an der Fassade der »Goethepost« (Postamt München 15) vorbeigerauscht oder waren sogar im Gebäude, aber wahrscheinlich ohne Notiz zu nehmen von dem, was es da an architektonisch Spannendem zu sehen gibt. Ein Stück Architektur im Stil der Neuen Sachlichkeit, dieser Ausdrucksform des »Neuen Bauens« zwischen 1910 und 1930, die im Bauhaus und seinem Stil kulminierte.

Gebäude im funktionalistischen Stil des Bauhauses, wie man sie mit dem Postamt und dem Wohngebäude am Goetheplatz antrifft, gibt es in München nur wenige. Denn das »Neue Bauen« beschränkte sich hier im Wesentlichen auf die Postgebäude. Und die sind meistens mit dem Namen Robert Vorhoelzer (1884–1954) verbunden. Der Architekt, Leiter des Baureferats der Münchner Oberpostdirektion, Oberbaurat der Postverwaltung in Bayern und Professor an der TU München, hatte ein Faible für das innovative Bauen der Neuen Sachlichkeit, für neue Werkstoffe und Materialien sowie eine geradlinige und schnörkellose Innenausstattung, und davon profitierten die meisten neu geplanten Postgebäude. Schnell war von der bayerischen »Postbauschule« die Rede, eine Art Pendant zum Bauhaus in Dessau und Berlin und seiner Architektur. Die hob sich bewusst von den beengten, »seelenlosen« Mietskasernen ab. Sie stand für ein neues Sozialverständnis im Bauen dieser Jahre und beeinflusste schließlich maßgeblich die moderne Architektur des beginnenden 20. Jahrhunderts.

Das sechsstöckige Wohn- und Postgebäude von 1932 der Architekten Robert Vorhoelzer, Walther Schmidt und Franz Holzhammer ist ein Solitär in der vielfachen Nullachtfünfzehn-Architektur entlang der Lindwurmstraße und am Goetheplatz. Die geschwungene Form des nüchternen weiß verputzten Gebäudes zur Straße hin, die runden Ecken und das Flachdach wirken modern und zeitlos.

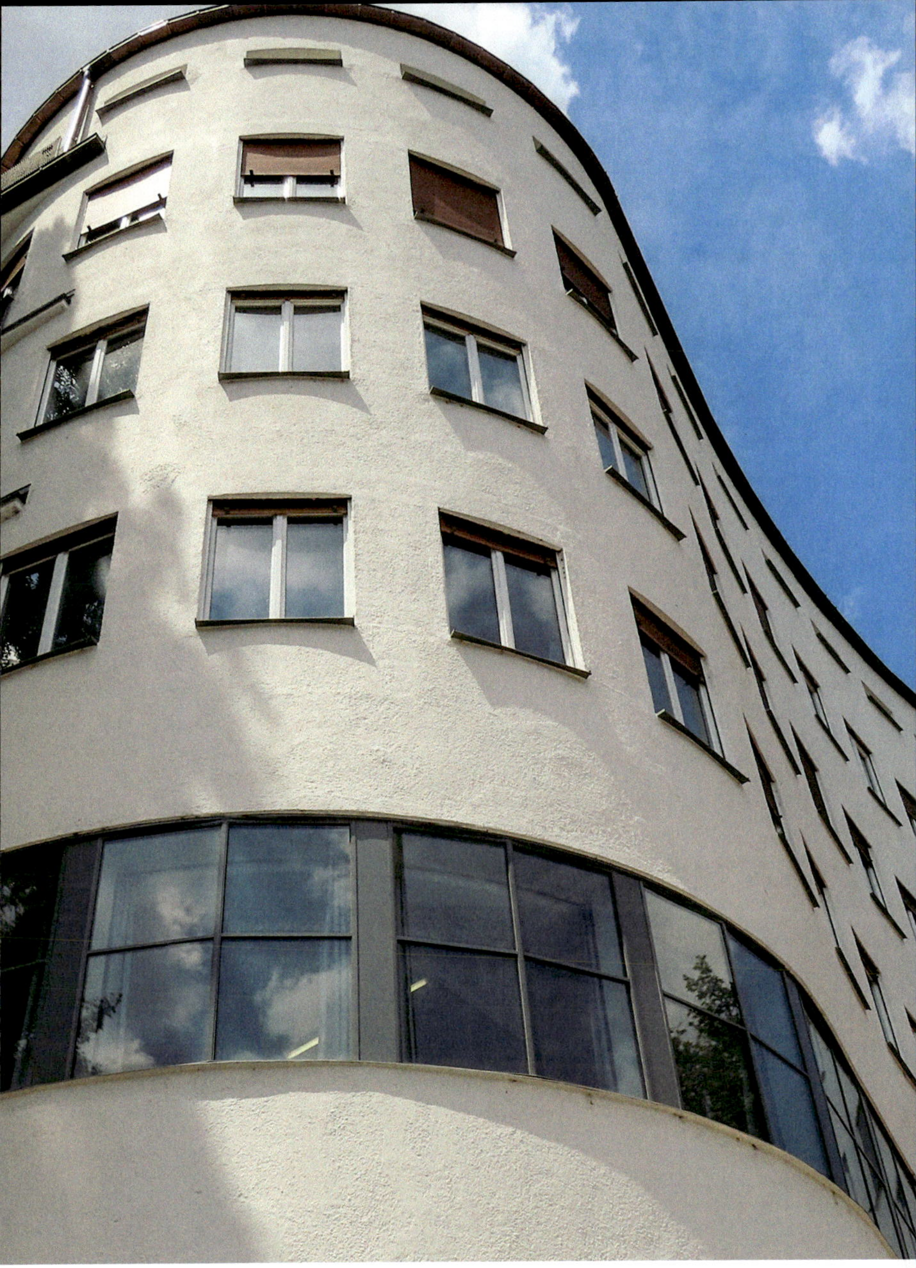

Adresse Goetheplatz 1, 80337 München (Ludwigsvorstadt), Tel. 089/4333112 | **Anfahrt** U3, U6, Bus 58 (CityRing), 68, Haltestelle Goetheplatz | **Öffnungszeiten** von außen immer zu besichtigen; Postamt: Mo–Fr 8–18 Uhr, Sa 9–12 Uhr | **Tipp** Zu den beeindruckendsten Postgebäuden der »Postbauschule« in München gehören der Komplex des ehemaligen Paketzustellamtes an der Arnulfstraße mit seiner gigantischen runden Stahlbetonhalle und den 60 Türen, die dortige Oberpostdirektion und die Agnespost in Schwabing.

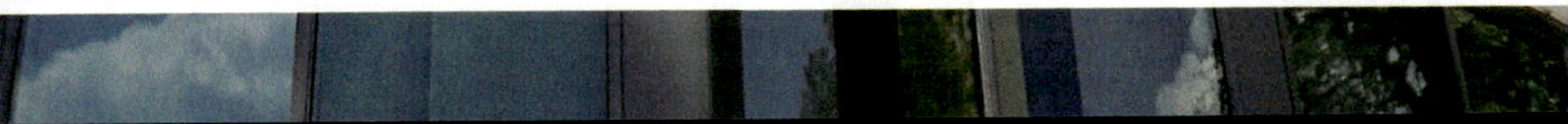

68 Die Pumpwerke

Meilensteine der Ingenieurskunst

Die Maschinen arbeiten ununterbrochen. Seit über 200 Jahren sorgen sie für das Sprudeln der Fontänen des Schlossparks. Sie sind die ältesten ihrer Art in Europa und gelten als Meilensteine der Ingenieurskunst. Damals waren sie eine Sensation. Als Joseph von Baader (1763–1835), Mitglied der Königlichen Akademie der Wissenschaften und einer der profiliertesten Ingenieurskonstrukteure seiner Zeit, 1797 seine »Theorie der Saug- und Hebepumpen« veröffentlichte, war es nur eine Frage der Zeit, bis er von Kurfürst Max Joseph IV. den Auftrag erhielt, seine Ideen im Nymphenburger Schlosspark umzusetzen. Neue, besonders starke Fontänen sollten her, sie sollten zudem leiser sein, ohne die nervenden Geräusche der alten hölzernen Pumpanlage von 1767. Die neuen eisernen Pumpwerke sollten die historischen Wasserspiele in eine neue Dimension versetzen.

1803 wurden anstelle des barocken Pumpwerks zwei leistungsstarke, auf dem natürlichen Wassergefälle aufbauende hydraulische Pumpwerke mit großen Wasserrädern und gusseiserner Mechanik, sogenannte Windkessel, zur Erhöhung des Leitungsdrucks in das 100 Jahre zuvor von Kurfürst Maximilian II. Emanuel errichtete »Grüne Brunnhaus« eingebaut – für die parkseitigen Fontänen und die Badenburg. Als der französische Kaiser Napoleon die in die Höhe schießenden Nymphenburger Wasserfontänen sah, war er so begeistert, dass er Baader 1806 beauftragte, seine Erfindung auch im Park von Versailles zu installieren.

Baader, der bereits seit 1798 Direktor des Berg- und Maschinenwesens in Bayern war, schuf 1808 mit dem »Johannisbrunnhaus« im Nordflügel des Schlosses eine noch größere Anlage – für die riesige, mit über 50 Litern pro Sekunde betriebene, bis zu zehn Meter hohe Fontäne am Rondell vor dem Schloss. Eine weitere Sensation, die zur Attraktion wurde. 1813 wurde Baader für seine technischen Meisterleistungen geadelt.

Adresse Schloss Nymphenburg, 80638 München (Neuhausen-Nymphenburg), Tel. 089/179080 | Anfahrt Tram 17, Haltestelle Schloss Nymphenburg; Tram 12, 16, Haltestelle Romanplatz | Öffnungszeiten Ostern – Anfang Okt. täglich 9 – 16 Uhr; Pumpwerke durch geöffnete Türen und Fenster sichtbar, Betreten der Brunnenhäuser verboten; Betrieb der Fontänen: täglich 10 – 12 und 14 – 16 Uhr | Tipp Zum sogenannten »Dörfchen« des Nymphenburger Parks gehören neben dem Grünen Brunnhaus auch das Brunnwärterhaus mit Schmiede, das Biberwärterhaus, das Hirschgartenbrunnhaus sowie ein Wohnhaus für Hofbedienstete.

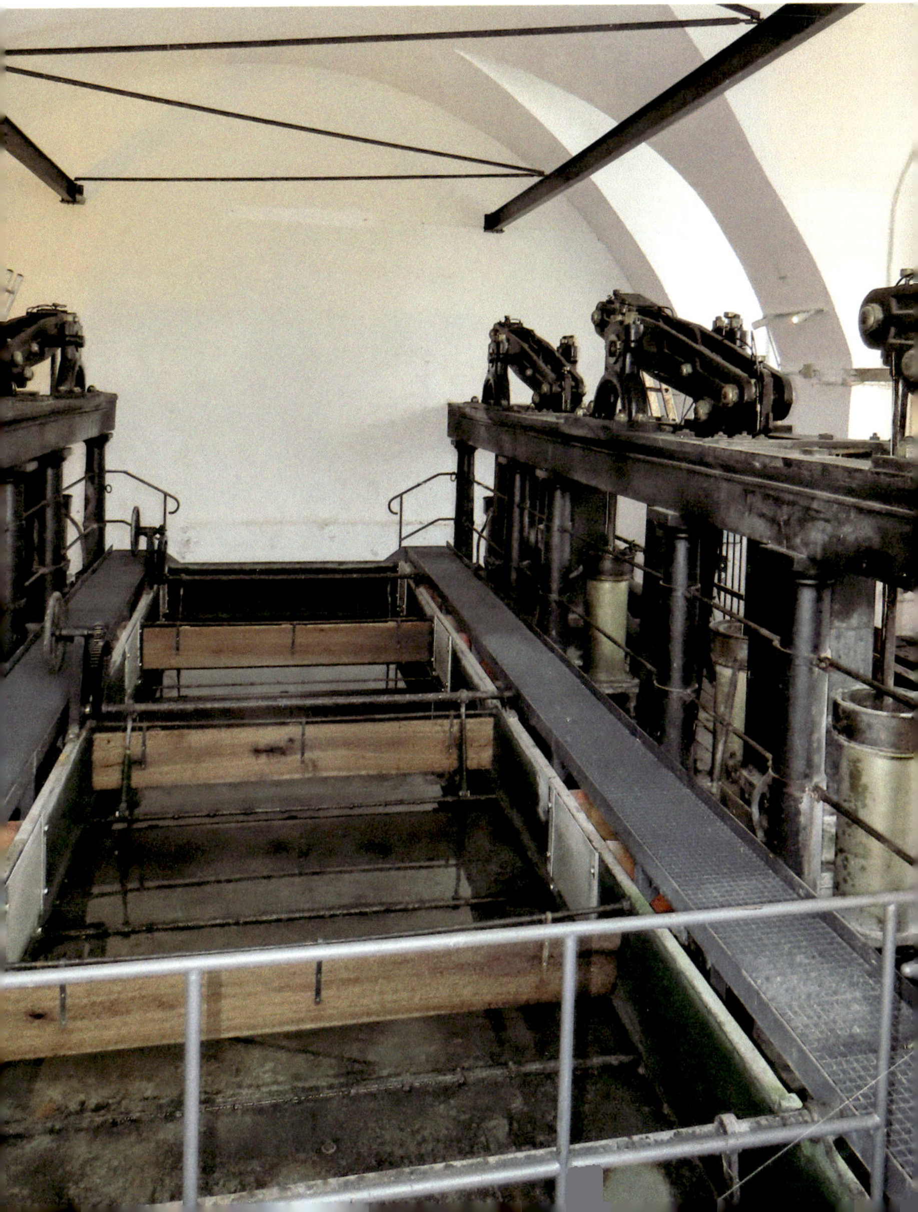

69 Der Raub der Sabinerin

Mythologisches Verbrechen in Vollendung

Die Skulptur, die prominent auf einem großen runden Marmorsockel präsentiert wird, gehört mit zum Feinsten und Eindrucksvollsten, was das Bayerische Nationalmuseum zu bieten hat. Die 1582 in der Florentiner Werkstatt des Bildhauers Giovanni da Bologna (1529–1608) und seines Schülers und wichtigsten Bronzegießers Antonio Susini entstandene, knapp 60 Zentimeter hohe Bronze »Der Raub der Sabinerin«, die in den 1950er Jahren aus den Sammlungen des Landgrafen von Hessen-Kassel erworben wurde, ist die »kleine Schwester« der großen, aus einem einzigen Block gemeißelten Marmorkomposition, die der ursprünglich aus Flandern stammende Giambologna 1582 für die Loggia dei Lanzi in Florenz geschaffen hatte. Giambologna, der in Florenz eine große Werkstatt unterhielt und vor allem für den italienischen Adel tätig war, avancierte, stark beeinflusst von Michelangelo, zu einem der wichtigsten Bildhauer am Hof der Medici.

Die aus drei ineinander verwobenen Figuren bestehende Münchner Skulptur, die das mythologische Motiv des Mädchenraubs durch Romulus gleich nach der Gründung Roms zum Thema hat, vermittelt, trotz optischer Einheit, durch die sich spiralförmig in die Höhe drehenden Protagonisten eine ungeheure Dynamik. Ein römischer Soldat, nackt und in heroischer Pose, entwindet dem am Boden kauernden Sabiner dessen Tochter. Die wehrt sich gegen den Griff des Soldaten und versucht, der Umklammerung zu entkommen, während sie hochgehoben und dem Betrachter triumphierend vorgeführt wird. Der Funke der sich gegeneinander aufbauenden Kräfte springt unwillkürlich auf den Betrachter über. Und der hat bei diesem bildhauerischen Meisterstück eine starke Position: Die Skulptur erlaubt, egal, von wo man schaut, immer einen optimalen und gleich starken Blick aufs Geschehen. Die Kunstgeschichte spricht bei solch einer spiralförmig gewundenen Figur von einer »Figura serpentinata«.

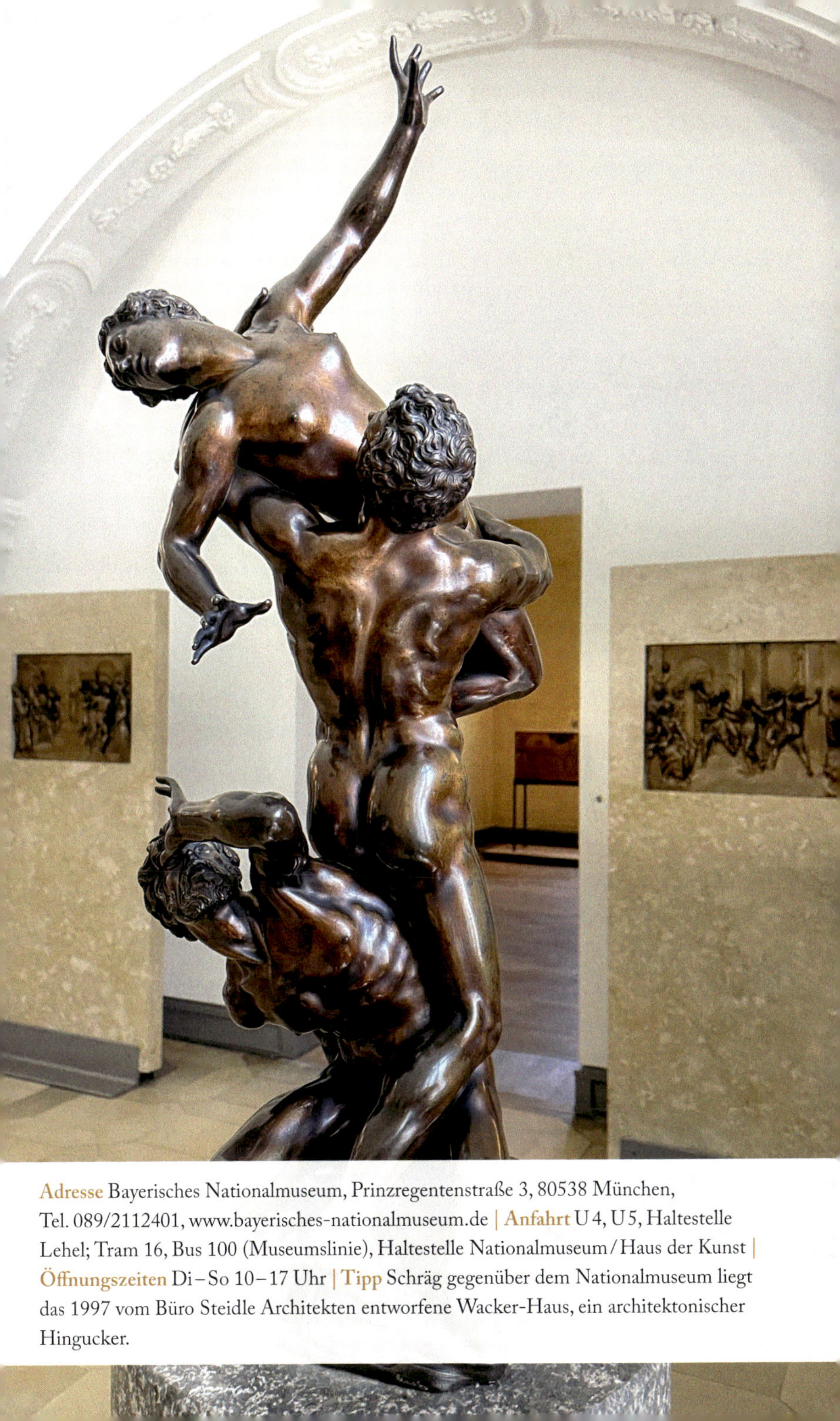

Adresse Bayerisches Nationalmuseum, Prinzregentenstraße 3, 80538 München, Tel. 089/2112401, www.bayerisches-nationalmuseum.de | Anfahrt U 4, U 5, Haltestelle Lehel; Tram 16, Bus 100 (Museumslinie), Haltestelle Nationalmuseum / Haus der Kunst | Öffnungszeiten Di–So 10–17 Uhr | Tipp Schräg gegenüber dem Nationalmuseum liegt das 1997 vom Büro Steidle Architekten entworfene Wacker-Haus, ein architektonischer Hingucker.

70 Die Reitende Amazone

Franz von Stuck und seine Villa

Die den Besucher vor dem Eingangsportal der Villa Stuck erwartende »Reitende Amazone«, eine nackte, einen Speer schleudernde Reiterin auf einem galoppierenden Pferd, geht auf einen Entwurf und ein Gipsmodell des Franz von Stuck von 1913/14 zurück. Die Bronzefigur – es gibt keine größere des Künstlers – wurde 1933 von der Münchner Kunstgießerei Prießmann Bauer & Co. gegossen. Die Reitende Amazone, die ein zu dieser Zeit beliebtes Motiv der »Femme fatale« darstellt, gehörte zu den Lieblingsobjekten des erotischen Motiven zugeneigten Stars der Künstlervereinigung Münchner Secession.

Die prachtvolle neoklassizistische Bogenhausener Villa entwarf Franz von Stuck (1863–1928) bis ins Detail selbst. 1898 ließ er sie als Atelier- und Wohnhaus bauen. Der Phantasie, aber auch der Selbstdarstellung des durchaus narzisstisch veranlagten Malers schienen keine Grenzen gesetzt zu sein. Die Villa, hoch über der Isar gelegen, galt als Sensation und Meisterwerk der Raumkunst. Selbst die von ihm für den Prachtbau entworfenen Möbel erlangten auf der Pariser Weltausstellung 1900 eine Goldmedaille. 1915 wurde der Villa ein vom »Malerfürsten« – Stuck war der wichtigste Bildhauer und Maler des Jugendstils in München – selbst konzipiertes großräumiges Ateliergebäude angefügt. Heute ist die Villa Stuck ein einzigartiges Jugendstilmuseum.

Nachdem die Villa 1992 in den Besitz der Stadt München übergegangen war, wurde sie einige Jahre später nach modernsten Kriterien umgebaut und 2005 wiedereröffnet, ohne aber ihren Charakter verloren zu haben. Der Eingangsbereich wurde dabei verlegt – weg vom früheren Säulenportal mit der davorstehenden Amazonenskulptur. Er befindet sich nun zwischen dem pompösen Atelierbereich und den opulenten Privaträumen, die einst ineinander übergingen, und wurde mit einem Glasdach und einem direkten Zugang in den Künstlergarten versehen, der jedem Besucher offen steht.

Adresse Villa Stuck, Prinzregentenstraße 60, 81675 München (Bogenhausen), Tel. 089/4555510, www.villastuck.de | Anfahrt U 4, Haltestelle Prinzregentenplatz; U 5, Haltestelle Max-Weber-Platz; Tram 16, Bus 100 (Museumslinie), Haltestelle Friedensengel | Öffnungszeiten Di–So 11–18 Uhr, 1. Fr im Monat bis 22 Uhr | Tipp Das lichtdurchflutete Museumscafé zum Garten hin lohnt den Besuch.

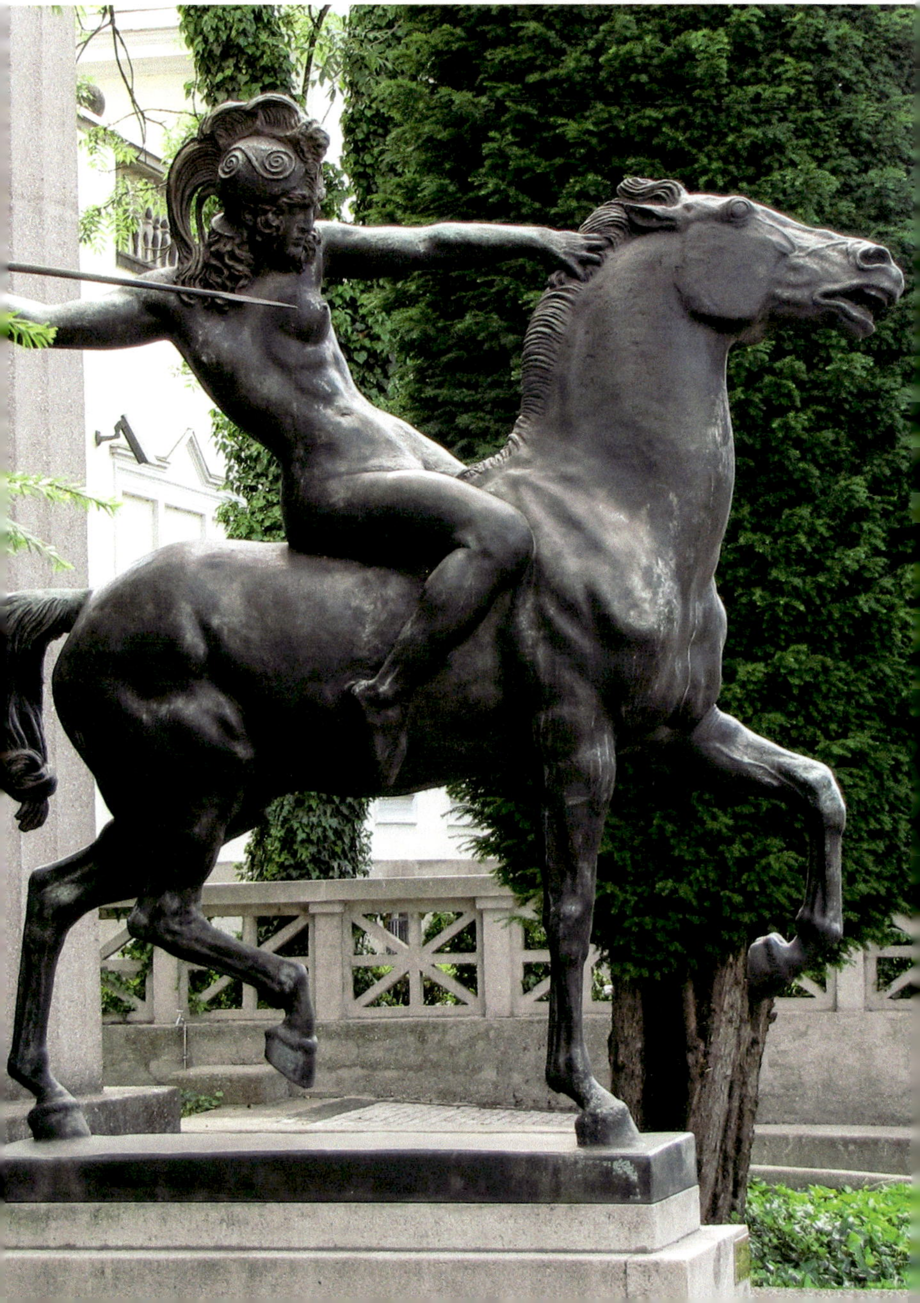

71 Der Reliquienschrein

Die heiligen Ärzte Cosmas und Damian

Ende 1648, der Dreißigjährige Krieg war gerade zu Ende, griff der bayerische Kurfürst Maximilian I. beherzt zu. Heilige und ihre Reliquien waren im nach der Reformation protestantisch gewordenen Bremen nicht mehr gefragt. Das galt auch für den Schrein der heiligen Ärzte Cosmas und Damian, der vom dortigen lutherischen Domkapitel zum Verkauf angeboten wurde. Und da der bayerische Kurfürst die zwei Häupter dieser Heiligen seiner Meinung nach selbst schon im »Portfolio« hatte, verzichtete er auf die Bremer Schädel, überzeugt davon, dass seine die wahren seien. Es ging Maximilian in erster Linie um den kunstvollen Bremer Schrein, der 1649 in einer feierlichen Prozession in die pompöse Jesuitenkirche St. Michael überführt wurde und einer der kostbarsten Reliquienschreine des Erzbistums ist.

Der römische Kaiser Diokletian ließ Anfang des 4. Jahrhunderts die Zwillingsbrüder Cosmas und Damian im Zuge der von ihm initiierten Christenverfolgung mit dem Schwert enthaupten. Die beiden aus Kilikien in Kleinasien stammenden Ärzte aus vornehmem arabischem Geschlecht hatten sich bis zuletzt auch unter größten Qualen nicht von ihrem Glauben abbringen lassen und das Martyrium erlitten. Sie hatten ihre weitverbreitete Heilkunst, die sie unentgeltlich verrichteten, immer mit der Hilfe Gottes begründet und auf diese Weise viele Blinde und Lahme, die plötzlich wieder sehen und gehen konnten, zum christlichen Glauben bekehrt.

Nach Bremen sollen die Gebeine der Heiligen um 960 im Zuge einer Romreise des Erzbischofs Adaldag gelangt sein. Einige Jahrhunderte lang waren sie verschollen, 1334 tauchten sie beim Einsturz einer Mauer wieder auf. Der Schrein wurde um 1400 vom Bremer Dombauherrn Johann Hemeling in Auftrag gegeben. Aus geschnitztem Eichenholz, überzogen mit vergoldeten Silberblechen, gilt er als wichtiges Beispiel mittelalterlicher Bremer Goldschmiedekunst, die heute in München zu besichtigen ist.

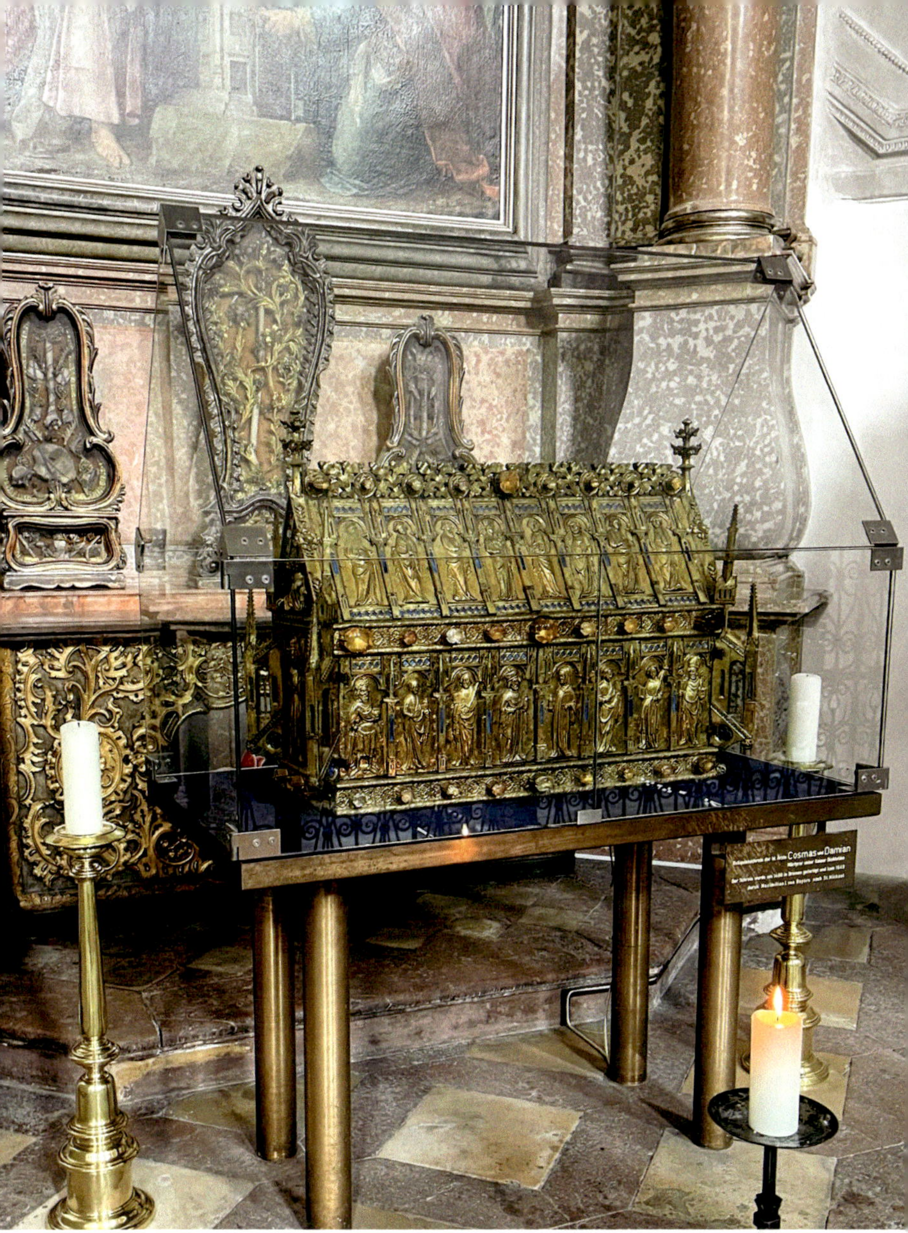

Adresse St. Michael, Neuhauser Straße 6, 80333 München (Altstadt) | Anfahrt U 3, U 6, Haltestelle Marienplatz; U 4, U 5, Haltestelle Karlsplatz / Stachus oder Odeonsplatz | Öffnungszeiten Mo, Mi, Do, Sa 8–19 Uhr, Di 8–20.15 Uhr, Fr 10–19 Uhr, So 7–22.15 Uhr | Tipp Unter der Kirche liegt die Fürstengruft, in der sich auch der Sarkophag Ludwigs II. (1845–1886) befindet. Insgesamt sind in der Fürstengruft rund 40 Wittelsbacher bestattet, darunter auch der Bruder von Ludwig II., König Otto I. (1848–1916), der aufgrund einer Geisteskrankheit jedoch nie regierte.

72 Das Renaissancegewölbe

Schillernde Pracht im Antiquarium der Residenz

Zu großen Empfängen lädt die Bayerische Staatsregierung mit Vorliebe ins Antiquarium der Residenz. Das verwundert nicht, handelt es sich doch um einen der großartigsten Renaissancesäle Europas. Hier werden bis heute Staatsoberhäupter und Königspaare empfangen. Betritt man diesen knapp 70 Meter langen, mit 17 Fensterpaaren ausgestatteten und nach oben hin mit einem Gewölbe versehenen Saal, ist man von seiner gestalterischen Pracht überwältigt.

Ursprünglich lag das zwischen 1568 und 1571 errichtete zweigeschossige Gebäude für die Sammlung antiker Büsten und Skulpturen Herzog Albrechts V. – daher der Name Antiquarium – im Untergeschoss, und die darüberliegende Bibliothek befand sich noch außerhalb der damaligen Residenzgrenzen. Das erste Antikenmuseum nördlich der Alpen wurde erst durch die ständigen baulichen Erweiterungen in den folgenden Jahrhunderten integraler Bestandteil des Wittelsbacher Stadtschlosses.

Albrechts Sohn Herzog Wilhelm V. erweiterte das Antiquarium ab 1580 zu einem repräsentativen Bankett- und Festsaal. Jetzt erhielt der Saal das Renaissancegewölbe und seinen bis heute unveränderten Charakter. Das Antiquarium mit seinen zahlreichen Fensterumrahmungen wurde kunstvoll ausgemalt. Peter Candid, Hans Donauer der Ältere und Alessandro Scalzi sind mit grotesken, phantasievollen Malereien vertreten, mit Deckenfresken, Stuckdekorationen und Terrakottagebilden menschlicher und tierischer Wesen. Des Weiteren befinden sich hier 100 Gemälde mit Ansichten bayerischer Städte, Schlösser und Burgen, eine Huldigung an das Haus Wittelsbach. Auch das Antiquarium wurde im Zweiten Weltkrieg zerstört, zahlreiche Kunstgegenstände konnten aber vor dem Bombenhagel gesichert werden. Die behutsame Rekonstruktion und Restauration durch den Architekten und Denkmalpfleger Otto Meitinger (1927–2017) lässt diesen prächtigen Raum heute wieder in altem Glanz erstrahlen.

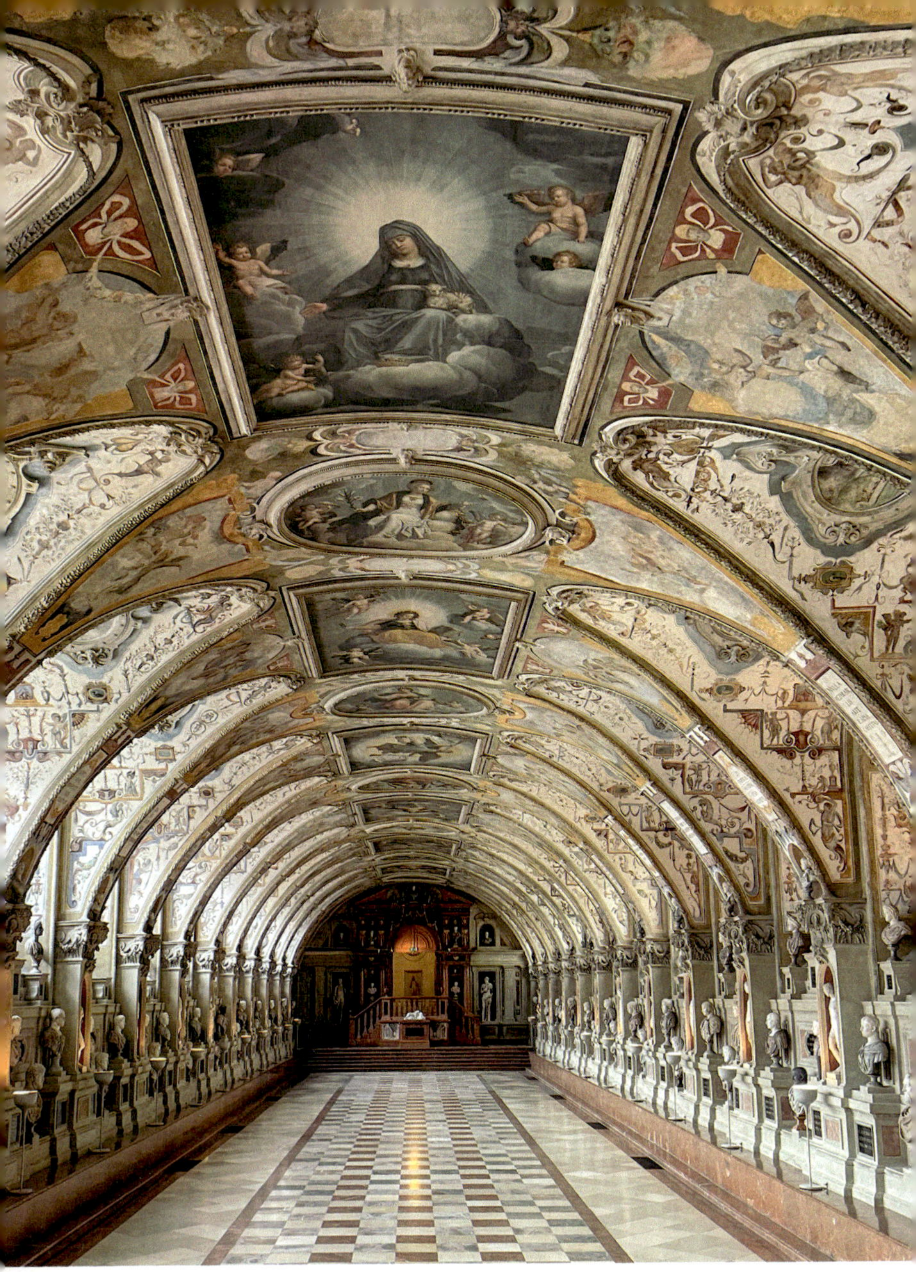

Adresse Residenz, Residenzstraße 1, 80333 München (Altstadt), Tel. 089/290671, www.residenz-muenchen.de | Anfahrt U3–U6, Bus 100 (Museumslinie), 153, Haltestelle Odeonsplatz | Öffnungszeiten April – 15. Okt. täglich 9 – 18 Uhr, 16. Okt. – März täglich 10 – 17 Uhr | Tipp Unbedingt einen Blick auf die 2021 eröffnete, vollständig restaurierte Gelbe Treppe des Leo von Klenze werfen, den Prunkaufgang in den Königsbau, der nach der Kriegszerstörung jahrzehntelang nicht zu begehen war.

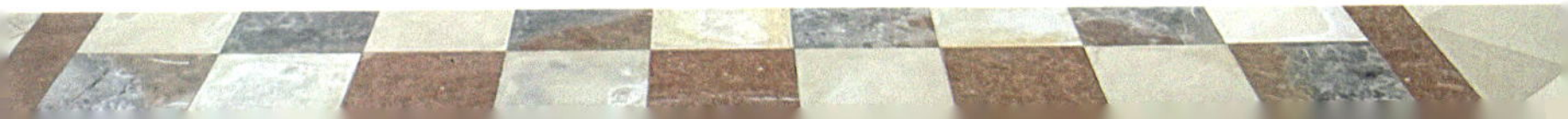

73 Die Riem-Reibe

»Nicht mit uns«

Viele laufen unachtsam daran vorbei, andere fragen sich, was das denn soll. Ist das, was da steht, Kunst? Ja, es ist Kunst, ausdrücklich und eindringlich. Aber aufkommende Irritationen sind nachvollziehbar. Umstritten war die im Jahr 2000 vom Bildhauer Olaf Metzel geschaffene Metallskulptur »Nicht mit uns« von Anfang an. Jetzt hat man sich an diese seltsame Konstruktion, die den Eingang zum U-Bahnhof Messestadt West zu versperren scheint, gewöhnt. Zwischenzeitlich war sie abgebaut worden, drohte sogar, von Bauarbeitern als Bauschrott definiert zu werden, schließlich wurde sie von der Stadt angekauft und steht seither wieder auf der Freitreppe zur U-Bahn, so als würde sie aufgrund ihrer leichten Krümmung jederzeit über die Treppenkante in die Tiefe kippen.

Die Skulptur, die wie ein Pavillon aus Gitterrosten wirkt, mit Reiben ähnlichen Lochblechen und Metallstäben und mit Betonblöcken beschwert, soll an das spektakuläre Entstehen der neuen Messestadt Riem, einer Art Retortenstadt, erinnern. Das tut sie. Doch es bedarf der auf einer Metalltafel angebrachten selbstkritischen Erklärung des Kulturreferats, was es mit dem Kunstwerk am Entree des riesigen Willy-Brandt-Platzes mit seinem 2018 gebauten 22 Meter hohen und rund 150 Meter langen Portikus und den Riem-Arkaden auf sich hat.

Der 1955 in Berlin geborene Bildhauer und Objektkünstler Olaf Metzel, der in München lebt und Professor für Bildende Kunst an der Akademie der Künste ist, hat den Text nach der Wiederaufstellung des raumgreifenden Werkes goutiert. Darin wird noch einmal erläutert, wie es zur Titulierung der »Riem-Reibe« und dem Bezug zum Willy-Brandt-Platz kam. Mit einem »Nicht mit uns, mit uns kann man das nicht machen!« beendete der damals regierende Bürgermeister von Berlin, Willy Brandt, häufig die populäre Radiosendung »Wo uns der Schuh drückt«, in der der jeweilige Regierende direkt zur Bevölkerung sprach.

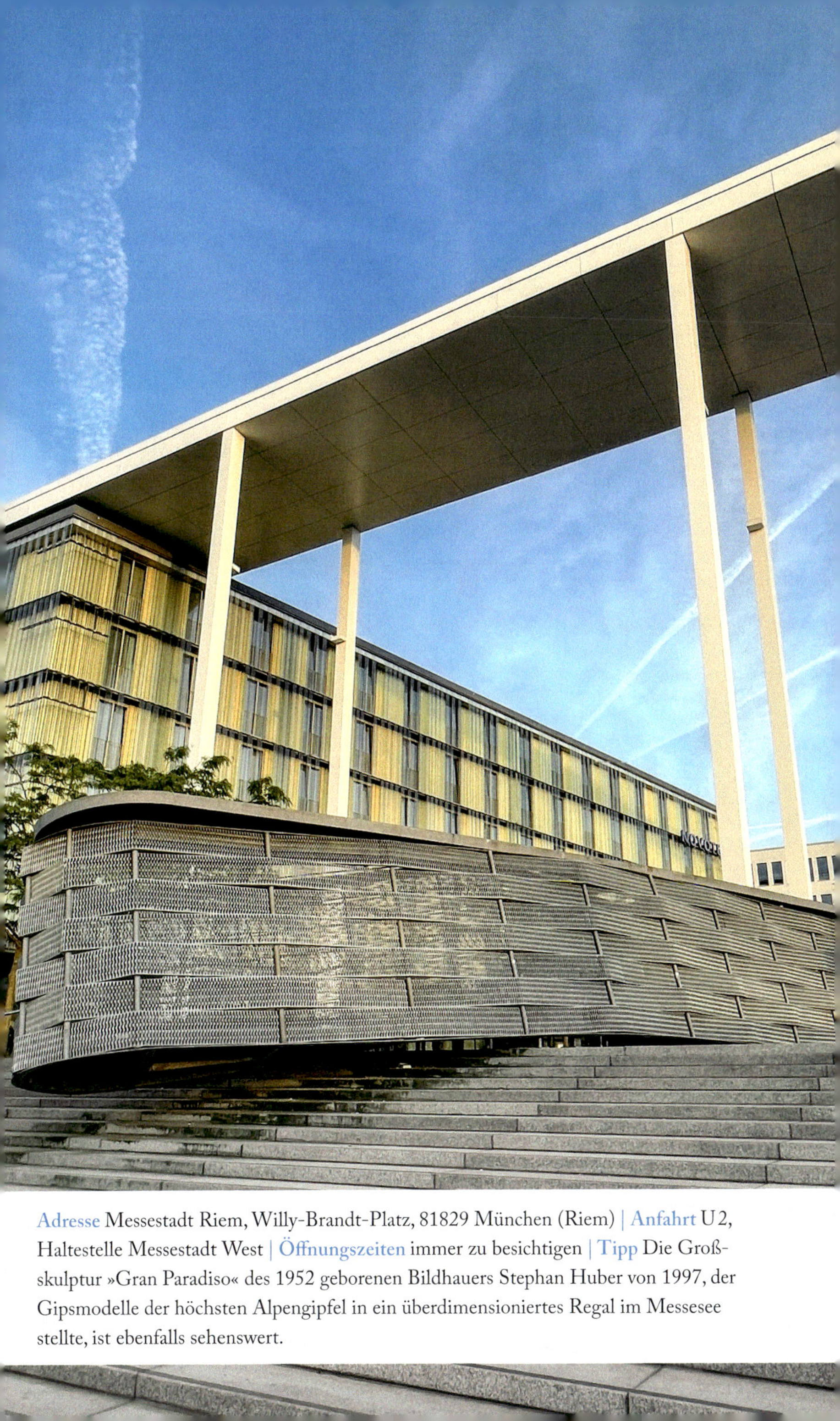

Adresse Messestadt Riem, Willy-Brandt-Platz, 81829 München (Riem) | Anfahrt U2, Haltestelle Messestadt West | Öffnungszeiten immer zu besichtigen | Tipp Die Großskulptur »Gran Paradiso« des 1952 geborenen Bildhauers Stephan Huber von 1997, der Gipsmodelle der höchsten Alpengipfel in ein überdimensioniertes Regal im Messesee stellte, ist ebenfalls sehenswert.

74 Der Riesenschüler

Nichts wie weg …

Wenn die Schuldirektorin vom »Manschgerl« spricht, dann tut sie das liebevoll und stolz, denn in Wirklichkeit hat ihre Schule wahrscheinlich die größte und ungewöhnlichste Person Münchens zu bieten: einen zwölf Meter hohen, quietschbunten, ins Riesenhafte gezoomten Schüler, der mit großen Schritten über den Schulzaun hinweg in die Freiheit strebt. »Auf Geht's!« heißt die Skulptur der Berliner Künstlergruppe »Inges Idee«, die anlässlich eines Neubaus der Turnhalle und des städtischen Horts an der Führichstraße im Rahmen von »Kunst am Bau« 2017 realisiert wurde. Mit dieser luftigen, ungewöhnlichen Metallskulptur, die zu einem Markenzeichen werden könnte, sollte der Übergang von der Schule ins Erwachsenendasein, in den öffentlichen Raum, als selbstbewusster Schritt in ein spannendes Leben ausgedrückt werden. Das kommt nicht nur bei den Schülern gut an.

»Inges Idee«, das sind vier selbstständig arbeitende Künstler, die sich seit 1992 als Kollektiv auf die Schaffung von Kunst im öffentlichen Raum spezialisiert haben. Und das zeichnet sie bei ihren spektakulären Skulpturen nahezu immer aus: ihr spielerisches Herangehen an ihre skulpturalen Arbeiten. Die Ideen und deren Realisierung sind meistens echte Hingucker. Dabei sollen die räumlichen, sozialen und historischen Gegebenheiten des Ortes immer mit einbezogen werden. So lebt auch der Riesenschüler, der vom 1962 geborenen Bildhauer Georg Zey, einem der vier Künstler, entworfen und in Szene gesetzt wurde, durch seine »perspektivische Überspitzung«. Auf überdimensionierten Turnschuhen, die inzwischen das Logo der Schule zieren, tragen unendlich lang gezogene Beine den Oberkörper eines nahezu normal großen Schülers mit Käppi. Alles ungeheuer bunt und leuchtend.

Und dann gibt es da noch eine Besonderheit: Man sieht den farbigen Riesenschüler aus jedem Stockwerk der Schule, also sind alle Schüler mit ihm quasi auf Du und Du. Auf geht's!

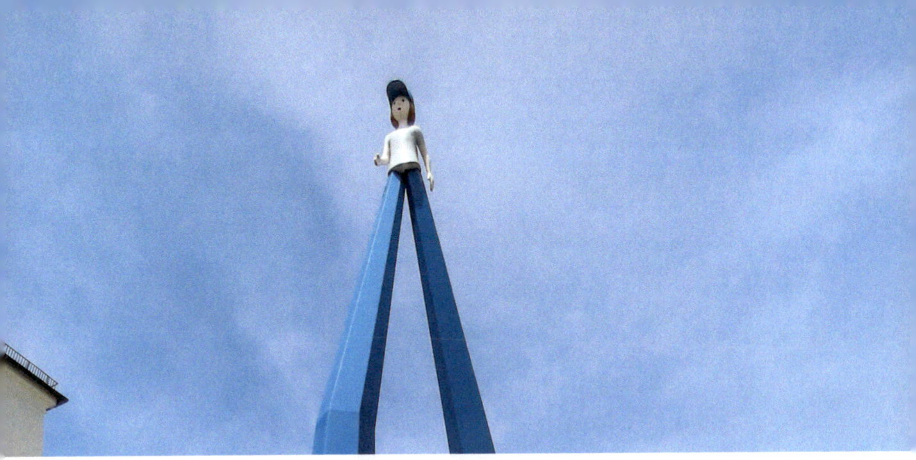

Adresse Mittelschule Führichstraße, Führichstraße 53, 81671 München (Ramersdorf), Tel. 089/6386677940 | Anfahrt U 2, U 8, Haltestelle Karl-Preis-Platz; Bus 55, 59, 155, Haltestelle Ramersdorf | Öffnungszeiten von außen immer zu besichtigen | Tipp Von hier ist es nicht weit zur Kirche St. Maria Ramersdorf (Ramersdorfer Straße 6), einer der ältesten und bedeutendsten Wallfahrtskirchen Münchens mit einem Kreuzaltar von Erasmus Grasser.

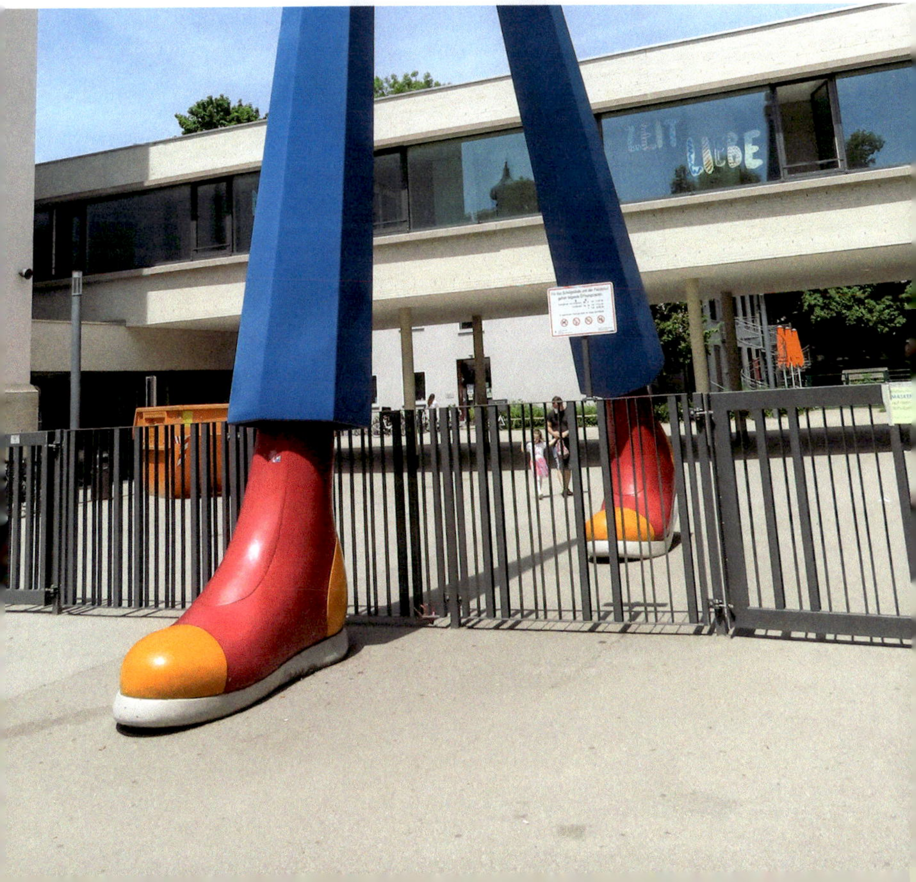

75 Die Rinder

Unermüdlich weiden sie am Englischen Garten

Da liegen sie hinter der Hecke im hohen Gras, stoisch vor sich hin dösend, wie aus Stein gemeißelt, die beiden lebensgroßen Rinder des Bildhauers Fritz Koenig. Sie lassen die Menschen auf ihrem Weg in den Englischen Garten an sich vorbeiziehen, ein Rind schaut zur Straße hin, als wäre es von Passanten gestört worden. Vielleicht stehen sie ja auch gleich auf und beginnen zu grasen. Scheinbar unbeobachtet ruhen sie seit 1955 im Vorgarten der Thiemestraße 3 unmittelbar am Englischen Garten, wo einst US-Diplomaten wohnten. Hat man die steinernen Tiere erst mal entdeckt, machen sie neugierig, und man sollte sich ihnen durchaus nähern, diesen aus Stein geschlagenen Ungetümen, die meisterlich modelliert sind. Ein bildhauerisches Werk aus dem reichen Skulpturen-Œuvre des weltweit renommierten Bildhauers Fritz Koenig (1924–2017), der auch im öffentlichen Raum Münchens viel Sehenswertes hinterlassen hat.

Zu Koenigs herausragenden Skulpturen in der Stadt gehören die sechseinhalb Meter hohe »Große Torfigur« am Tucherpark, entstanden 1985, die Plastik »Große Zwei V« vor der Neuen Pinakothek (1973) sowie die »Große Biga«, seine wohl markanteste Bronzearbeit auf der grünen Freifläche vor der Alten Pinakothek aus dem Jahr 2000. Dabei handelt es sich unverkennbar um einen historischen römischen Streitwagen, aber die Räder, die Pferde und der Wagenlenker sind abstrakt gestaltet.

Beeindruckend ist auch der 1995 von Fritz Koenig geschaffene »Klagebalken« im Olympiagelände, das Denkmal für die Opfer des Olympia-Attentats von 1972, unmittelbar unterhalb des mächtigen Betonschlosses und des armdicken Seils, das die Verspannung des Zeltdachs hält. »Grenzstein des Lebens, nicht der Idee«, steht auf der davor in den Boden eingelassenen Metallplatte. Auf diesem an das Attentat erinnernden »Grenzstein« sind in hebräischer Schrift die Namen aller getöteten Sportler eingelassen.

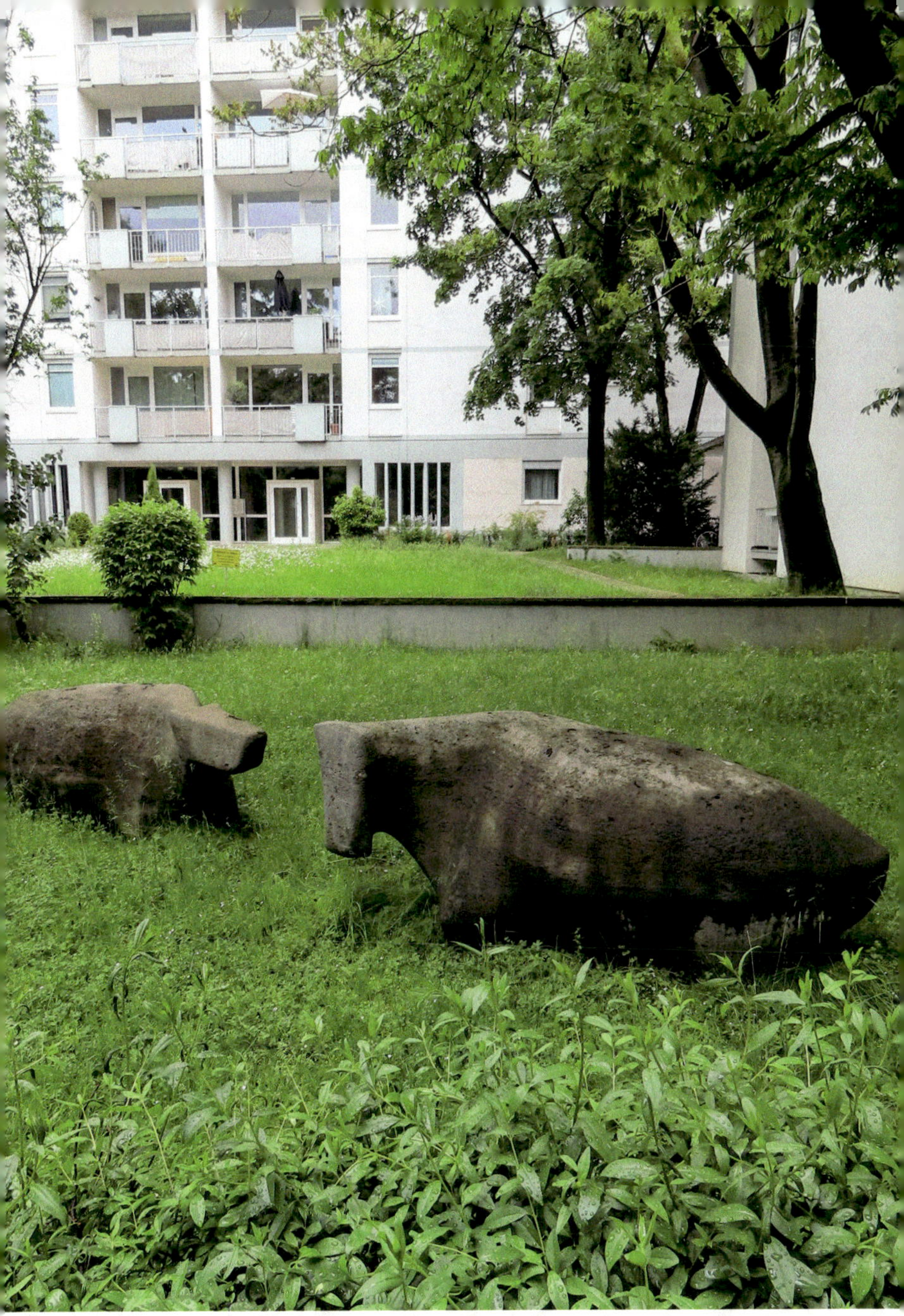

Adresse Thiemestraße 3, 80802 München (Schwabing) | Anfahrt U 3, U 6, Haltestelle Giselastraße; Bus 54, 58 (CityRing), 158, Haltestelle Thiemestraße | Öffnungszeiten immer zu besichtigen | Tipp Von hier ist man in wenigen Minuten am Chinesischen Turm, wo man auch einmal einen Blick auf das historische Karussell von 1913 werfen sollte.

76 Die Rokoko-Ausstattung

Die großen Meister in der Klosterkirche

Dem nüchternen und eher unterkühlten Protestantismus etwas Einladendes, Liebliches entgegenzusetzen, war auch einer der Gründe für den Bau der ersten und richtungsweisenden Rokokokirche Münchens, der Klosterkirche St. Anna im Lehel. 1737 wurde dieses von Johann Michael Fischer (1692–1766) nach sechsjähriger Bauzeit geschaffene Juwel des ein Jahrzehnt zuvor gegründeten Klosters der Hieronymiten geweiht. Der renommierte Architekt hatte ein ovales, von einer großen Flachkuppel überspanntes Kirchenschiff konzipiert, das auf so gut wie jeden rechten Winkel verzichtete und dadurch eine ungewöhnlich leichte Anmutung versprühte – etwas gänzlich Neues in dieser Zeit.

Egid Quirin Asam (1692–1750), der jüngere der berühmten Asambrüder, schuf die Altäre und nahezu alle Stuckfiguren. Bruder Cosmas Damian (1686–1739) die Altarbilder und Fresken, auch das der imposanten Kuppel. Den Tabernakel des prächtigen Hochaltars mit den zwei Anbetungsengeln, die zu den Prunkstücken des bayerischen Rokoko zählen, modellierte der Bildhauer Johann Baptist Straub (1704–1784).

1802 wurde St. Anna im Zuge der Säkularisation demontiert, die Bruderschaft der Hieronymiten vertrieben, das Kloster aufgelöst. 1827 wurde die Klosterkirche auf Drängen von König Ludwig I. von den Franziskanern übernommen. Dann die Katastrophe 1944: Das Kloster wurde durch Bombentreffer schwer beschädigt, die Klosterkirche bis auf die Außenmauern völlig zerstört. Unmittelbar nach Kriegsende begann der Wiederaufbau. Die Rokokofassade wurde in ihre Urform rückgebaut, die Rekonstruktion des Innenraums dauerte bis 1979. Auch sie war eine Meisterleistung von unschätzbarem Wert. Der Kirchenmaler Karl Manninger (1912–2002) gestaltete die Deckenfresken, das Hochaltarbild und weitere Kostbarkeiten nach Originalstudien und Vorlagen der Asambrüder in aufwendigster Detailarbeit gänzlich neu.

Adresse Klosterkirche St. Anna, St.-Anna-Straße 19, 80538 München (Lehel), Tel. 089/211260 | **Anfahrt** U4, U5, Haltestelle Lehel | **Öffnungszeiten** täglich 7–19 Uhr | **Tipp** Der Klosterkirche gegenüber liegt die zwischen 1887 und 1892 nach Plänen Gabriel von Seidls im Stil des Historismus erbaute Pfarrkirche St. Anna im Lehel.

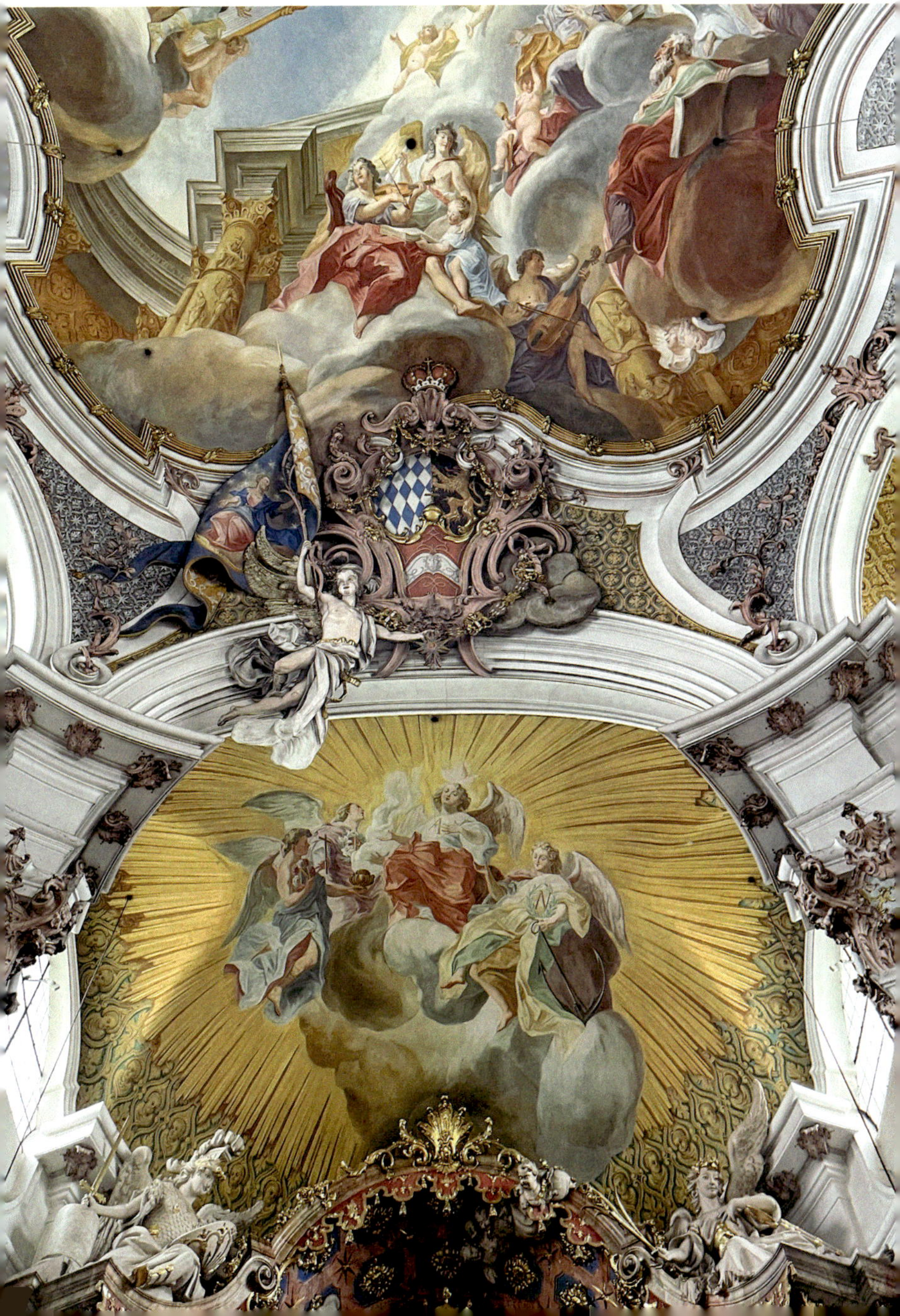

77 Der Rote Würfel

Schräges an der Fachhochschule

Die Hochschule München ist heute mit 18.000 Studierenden, 14 Fakultäten und 85 Bachelor- und Masterstudiengängen eine der größten Hochschulen für Angewandte Wissenschaften in Deutschland. Ende der 1990er Jahre drohte sie aus allen Nähten zu platzen, die Studentenzahl nahm stetig zu, neue Fachbereiche wurden etabliert.

1995 wurde ein Wettbewerb für einen Neubau der Fachhochschule an der Lothstraße ausgeschrieben, der ein komplett eigenes Campusquartier entlang der Heßstraße zum Ziel hatte. Ein Entwurf hatte es den Verantwortlichen besonders angetan: der der Architekten Bauer und Fernwagner. Dieser sah zwei große Hörsäle vor: den markant schräg gestellten roten Würfel auf der Westseite des lang gezogenen, verglasten zweigeschossigen Foyers an der Längsseite des Gebäudes und den blauen Zylinder an der Ostseite.

Aber dann ging vieles schief. Das mit dem Bau des letztendlich 118 Millionen Euro teuren Projekts beauftragte Architekturbüro lieferte nach Lesart der Stadt eine »solch miserable Arbeit« ab, dass das Stadtbauamt die Verwirklichung des Entwurfs, der von Beginn an den Roten Würfel vorgesehen hatte, selbst in die Hand nahm. »Eine Taskforce des StBA M2 hat das Gebäude quasi in Eigenregie umgesetzt. Grundsätzlich nach den Vorgaben des Wettbewerbsentwurfs.« Und diese zwischen 2001 und 2007 realisierte Planung kann sich sehen lassen.

Der »gekippte«, auf Säulen drapierte knallrote Würfel – von außen betrachtet könnte man denken, es handle sich drinnen um eine Rutschbahn – bildet im Innenraum ein ansteigendes Hörsaalgestühl ab. Im Erdgeschoss gibt es eine kleine Mensa, deren Geschossdecke dem Kippwinkel entsprechend zum Straßenraum ansteigend den Raum öffnet. Der »Rote Würfel«, dessen rote Außenhaut aus pulverbeschichteten, fünf Millimeter starken Aluminiumplatten besteht, ziert seit 2007 auch das Logo der Hochschule.

Adresse Hochschule München, Lothstraße 64, 80335 München (Neuhausen), Tel. 089/12650 | **Anfahrt** Tram 20, 21, Bus 153, Haltestelle Hochschule München (Lothstraße) | **Öffnungszeiten** von außen immer zu besichtigen | **Tipp** Ein weiteres architektonisches Highlight: die in den 1950er Jahren durch den Architekten Sep Ruf wiederaufgebaute Neue Maxburg (die ehemalige kriegszerstörte Herzog-Max-Burg) mit dem historischen Maxturm am Lenbachplatz.

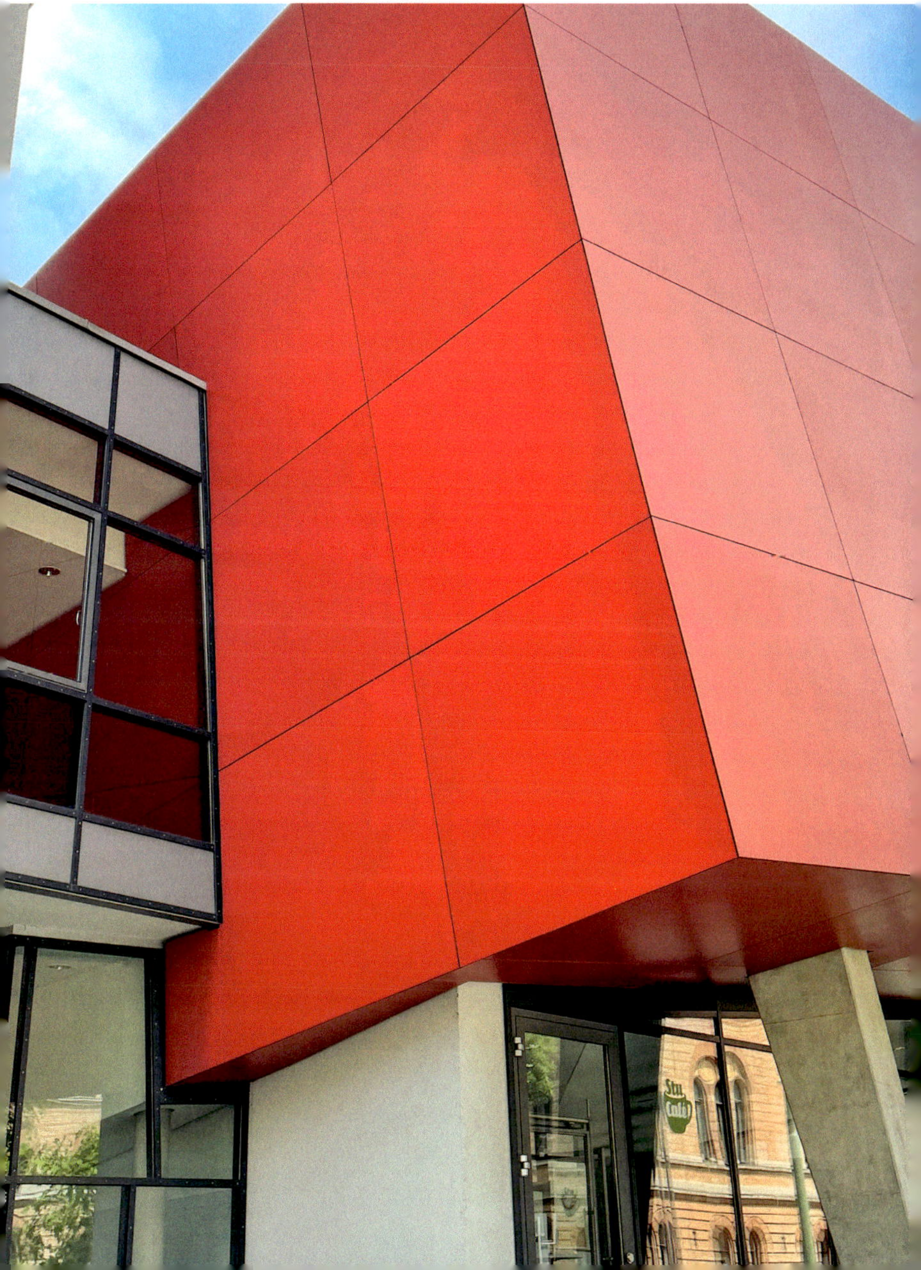

78 Die Rotunde

Die Architektur der Pinakothek der Moderne

Herzstück der nach jahrelangen Diskussionen 2002 eröffneten Pinakothek der Moderne des 1950 geborenen Architekten Stephan Braunfels, der 1992 den internationalen Wettbewerb unter knapp 170 Einreichungen gewann, ist die 25 Meter hohe Rotunde mit ihrer gigantischen Glaskuppel. Von dieser zentralen, lichtdurchfluteten Halle aus können die Ausstellungsräume über eine integrierte Treppenkonstruktion besucht werden. Dann und wann werden in diesem hellen runden Raum sogar Kunstwerke präsentiert. So geschehen 2019, als hier das gigantische silberne »Pendulum« des 2020 verstorbenen Lichtdesigners Ingo Maurer zu sehen war, oder 2021, als man die riesige PVC-Skulptur des britischen Bildhauers Anish Kapoor bestaunen konnte.

Die Rotunde ist der meisterlich gelöste Ausgangspunkt in die vier großen Museumsbereiche, allesamt hochkarätige Museen im Museum, die die Pinakothek der Moderne zu einem der bedeutendsten Häuser für moderne und zeitgenössische Kunst in Europa machen, insbesondere auch für Architektur und Design. Von der Rotunde aus, die vielfach mit einer italienischen, zum Flanieren einladenden Piazza verglichen wird, geht es auf unterschiedlichen Ebenen in die Sammlung Moderne Kunst der Bayerischen Staatsgemäldesammlungen im Obergeschoss, das Architekturmuseum der Technischen Universität München und die Staatliche Graphische Sammlung München im Erdgeschoss oder die Neue Sammlung – The Design Museum im Untergeschoss. Alle vier Museen der von zwei Seiten begehbaren Pinakothek der Moderne mit einer Gesamtausstellungsfläche von 12.000 Quadratmetern bestechen durch gelungene Lichtkonzepte. Raffiniert gesetztes Kunstlicht korrespondiert mit Tageslicht von oben und den seitlichen Fensterfronten. Die Pinakothek der Moderne, der eher nüchterne Sichtbetonbau mit der vorgelagerten Pfeilerhalle, fügt sich nahtlos zwischen Alter und Neuer Pinakothek ins Münchner Kunstareal ein.

Adresse Pinakothek der Moderne, Barer Straße 40, 80333 München (Maxvorstadt), Tel. 089/23805360, www.pinakothek.de/pinakothek-der-moderne | Anfahrt U3, U6, Haltestelle Odeonsplatz oder Universität; U4, U5, Haltestelle Odeonsplatz; U2, Haltestelle Königsplatz oder Theresienstraße; Tram 27, 28, Bus 58 (CityRing), 100 (Museumslinie), Haltestelle Pinakotheken | Öffnungszeiten täglich außer Mo 10–18 Uhr, Do 10–20 Uhr | Tipp Hunderte Gipsabdrücke lassen sich im Museum für Abgüsse Klassischer Bildwerke München (Haus der Kulturinstitute) in der Katharina-von-Bora-Straße 10 bestaunen.

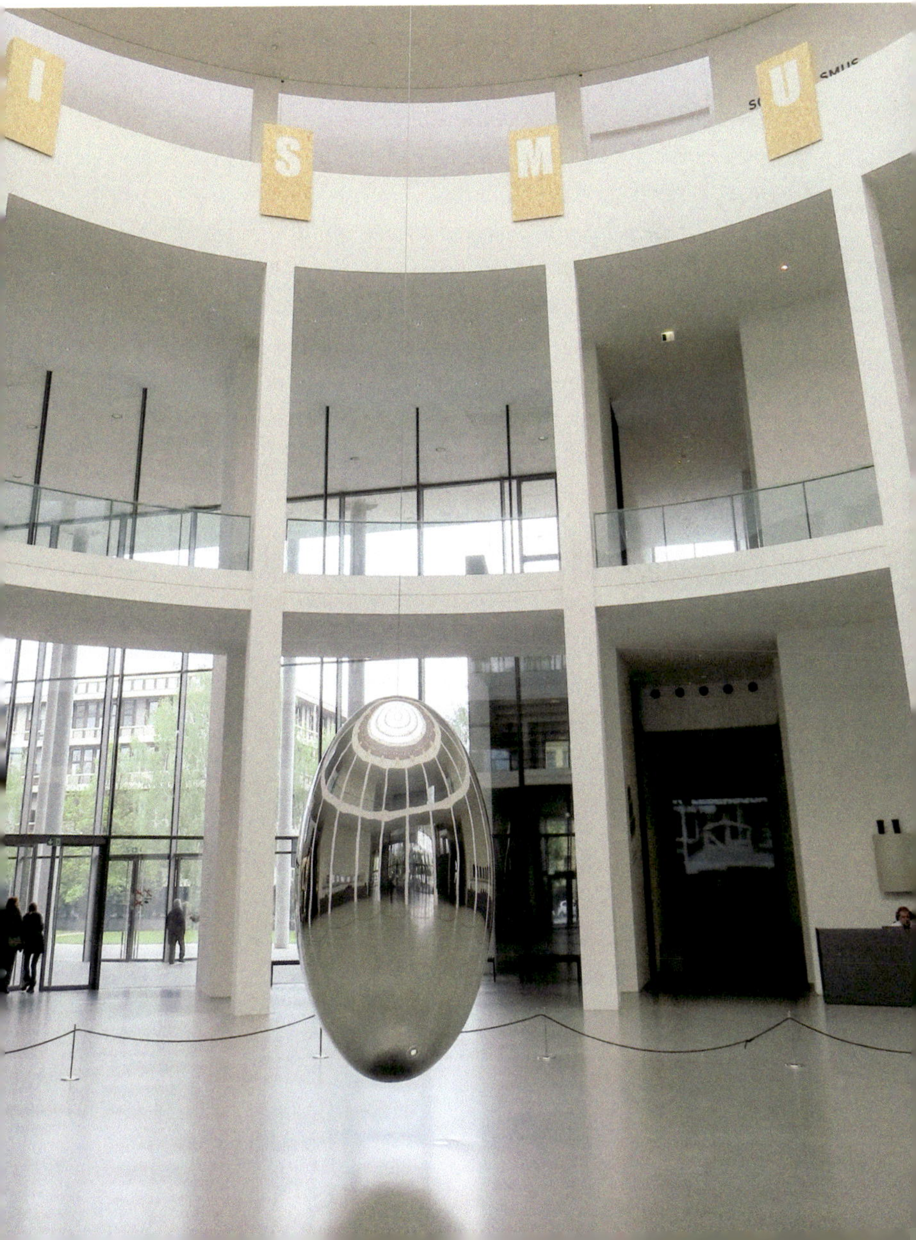

79 Das Scharfzandtfenster

Das älteste Glaskunstwerk der Frauenkirche

Wenn der Kirchenführer dem Besucher das Chorhauptfenster zeigt, macht er auf eine Besonderheit aufmerksam, die es in einem mittelalterlichen Glaskunstwerk dieser Größenordnung und Bedeutung angeblich kein zweites Mal gibt und die dem Betrachter ohnehin niemals aufgefallen wäre. Inmitten der kunstvoll gearbeiteten farbigen Glasscheiben, die neben biblischen Szenen auch die Stifter des imposanten Fensters präsentieren, springt plötzlich ein Hund ins Bild. Nach dem Motto »Wer zahlt, bestimmt« dürfte der Auftraggeber, die Familie des Münchner Ratsherrn Wilhelm Scharfzandt, den Künstler gebeten haben, doch bitte dessen Hund einzuarbeiten. Auf einer eigenen Glasscheibe, eingebettet in die Darstellungen Jesu im Tempel, Christi Geburt und der Verkündigung an Maria – zu entdecken ungefähr in der Mitte dieses 1493 entstandenen fünfbahnigen Chorfensters, des einzigen noch bestehenden originalen gotischen Fensters aus der Erbauungszeit der über 500 Jahre alten Frauenkirche.

Das ursprünglich für die Rupertuskapelle der Frauenkirche gestiftete Kunstwerk wurde während des Zweiten Weltkriegs zum Schutz vor Bombenangriffen demontiert und ausgelagert und konnte, vollständig gerettet, im Zuge des Wiederaufbaus des kriegszerstörten Doms 1955 in die Chorhauptkapelle eingelassen werden. Das Scharfzandtfenster gehört zu den Kleinodien des an Kunstschätzen reich ausgestatteten Doms.

Der Meister des trotz seiner Imposanz vielfach unbeachteten Scharfzandtfensters war der berühmte Elsässer Glasmaler Peter Hemmel von Andlau (1420–1506), der in Straßburg eine der bedeutendsten Glasmalerwerkstätten des ausgehenden Mittelalters unterhielt. Und neben der Frauenkirche sind auch heute noch bedeutende Glasfenster des Künstlers, der für seine Detailgenauigkeit und Farbenvielfalt gerühmt wurde, im Ulmer Münster und in Kirchenbauten in Tübingen und Salzburg zu bewundern.

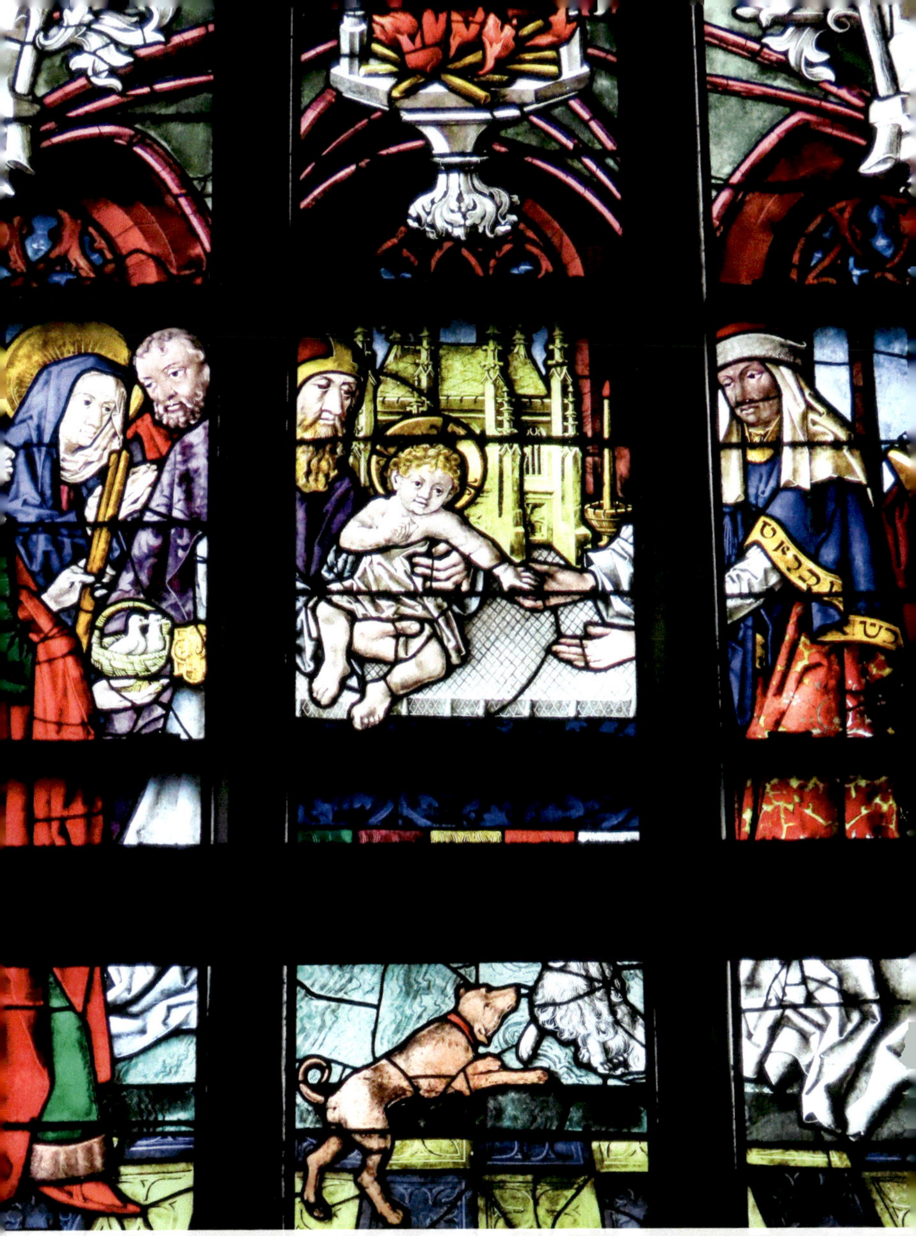

Adresse Münchner Dom »Zu Unserer Lieben Frau«, Frauenplatz 1, 80331 München (Altstadt) | **Anfahrt** U 3, U 6, Haltestelle Marienplatz; U 4, U 5, Haltestelle Karlsplatz (Stachus) | **Öffnungszeiten** Sa–Mi 7–19 Uhr, Do 7–20.30 Uhr, Fr 7–18 Uhr | **Tipp** In der Klosterhofstraße 1, am Oberanger, trifft man auf die spektakuläre Skulptur »Airborne« (2008) des Berliner Künstlers Christopher Klein. Aus einem flachen Wasserbecken steigt ein rundes, im Durchmesser sechs Meter großes, zerplatzendes Gasmolekül aus poliertem Edelstahl auf.

80 Der Schimpanse

Ein Anschluss unter dieser Nummer

Kaum ein Plakat hat in der Vergangenheit im Stadtbild Münchens für so viel Furore und Schmunzeln gesorgt wie der telefonierende Affe, den der aus Österreich stammende, seit Jahrzehnten in der Münchner Kulturszene fest etablierte Künstler, Grafikdesigner und Illustrator Günter Mattei für den Tierpark Hellabrunn erfunden hat. Er war der Einstieg in eine einzigartige »Affenserie«, die den Tierpark aus seiner zwischenzeitlichen Lethargie wach rief und ihm ein gänzlich neues Image verpasste. Der Schimpanse mit dem Bananen-Telefon und seiner fernmündlichen Anfrage an die Münchner: »Kommst Du?« – Hellabrunn calling.

Mit seinem eigenen Stil und Strich hat der 1947 geborene Günter Mattei in München aber noch weitere Spuren im öffentlichen Raum hinterlassen und Zeichen gesetzt. Über drei Jahrzehnte lang gestaltete er den gesamten Auftritt der Schauburg, des Kinder- und Jugendtheaters am Elisabethplatz in Schwabing, aber auch den einer Institution wie der American Bar »Schumann's«. Hier stechen die Illustrationen der legendären Schumann's Barbücher heraus.

Neben detailversessenen kleinformatigen Werken, manchmal Wimmelbildern gleich, hat es Mattei von jeher auch die große Fläche angetan, auf der er es versteht, komplexe Inhalte spielerisch zu vermitteln und damit ein breites Publikum anzusprechen. Und das stets in seiner unverkennbaren Handschrift, Dinge und Inhalte zu überzeichnen, mit einem hohen Wiedererkennungswert zu versehen, vielfach ergänzt durch originelle typografische Lösungen, die im Gedächtnis bleiben.

2021 erhielt Mattei den alle drei Jahre verliehenen Designpreis der Stadt München, die höchste städtische Auszeichnung im Bereich Angewandte Kunst, für seine zeitlosen Illustrationen und Plakate, die den öffentlichen Raum in München sichtbar mitbestimmten. Stets mit einer klaren kommunikativen Haltung. Allemal wenn der Schimpanse anruft und fragt: »Kommst Du?«

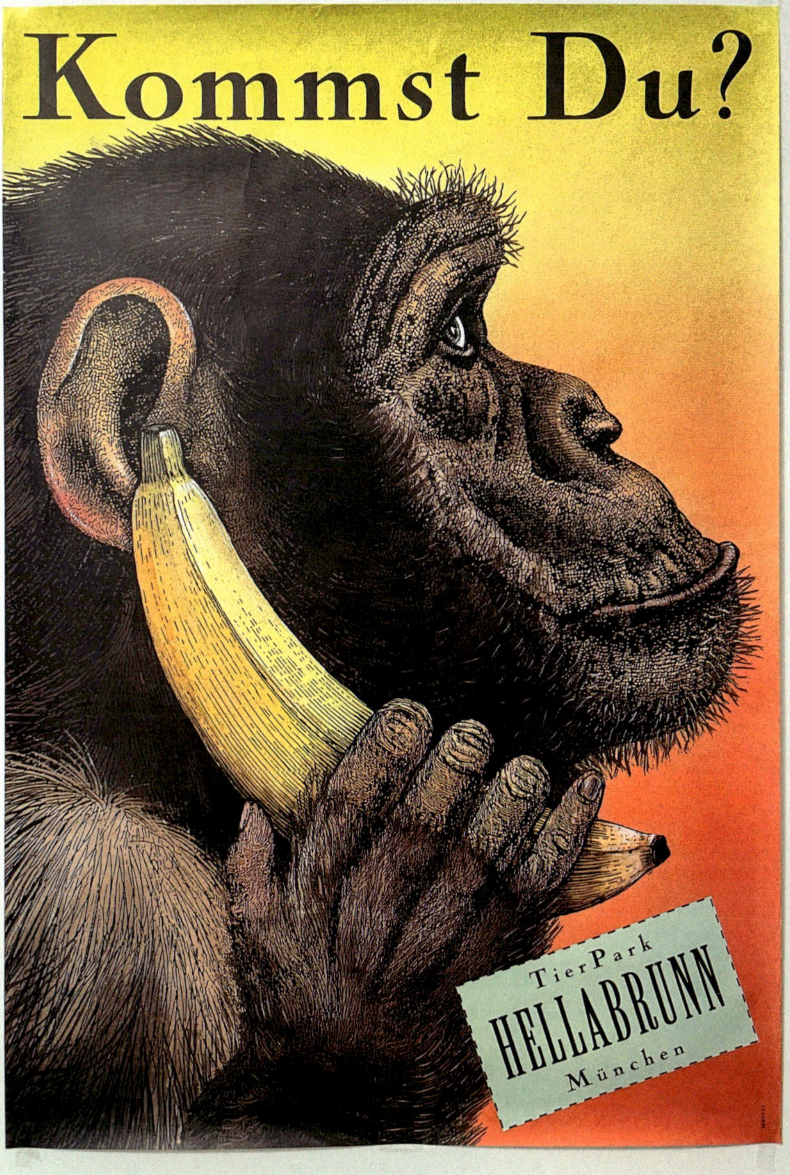

Adresse Atelier Mattei, Viktoriastraße 11, 80803 München (Schwabing), Tel. 089/55293288, www.mattei.at | Anfahrt U3, Haltestelle Bonner Platz; Bus 53, 59, Haltestelle Bismarckstraße oder Pündterplatz | Öffnungszeiten Termine nach Vereinbarung unter Tel. 089/55293288 oder 0170/5270535 oder über www.mattei.at | Tipp Man sollte sich die Skulptur »Der Ring« (1996) des italienischen Bildhauers Mauro Staccioli (1937–2018) an der Luisenstraße/Ecke Sophienstraße anschauen. Es handelt sich dabei um einen 15 Tonnen schweren, rot bemalten Ring mit einem Durchmesser von 12 Metern.

81 Das Schlaraffenland

Pieter Bruegel der Ältere und die Völlerei

Stellt man sich das Schlaraffenland so vor? Dieses gelobte Land, in dem angeblich Milch und Honig fließen, gebratene Tauben zum Greifen nah durch die Lüfte fliegen und einem die köstlichsten Früchte in den Mund wachsen? Wo Häuser und Dächer aus Kuchen und Fladen bestehen, in dem hemmungsloses Fressen und ungebremstes Faulenzen zu den primären Tugenden zählen und man im Überfluss schwelgen und einen sorgenfreien Alltag genießen kann? Wo Arbeit Sünde ist? Paradiesische Zustände eben, schon auf Erden? Vielleicht! Wer weiß?

Der flämische Maler Pieter Bruegel der Ältere (1525–1569), der in Antwerpen und später in Brüssel gewirkt hat, sieht das in seinem 1567 entstandenen Gemälde »Schlaraffenland« ganz anders. Er malt eine Warnung an jede Völlerei, er karikiert den ausschweifenden Müßiggang, die Faulheit. Ein 1546 erschienenes Märchen mit dem Titel »Luilekkerland« soll ihn dazu bewogen haben, diese Laster zu verbildlichen. Das bittere Ende einer hemmungslosen Fressorgie.

Um in das Schlaraffenland zu gelangen, muss man sich durch einen Berg von Brei und Kuchen fressen. Ein Ritter in Rüstung, ein Bauer mit Dreschflegel und ein Gelehrter im Pelzmantel, drei Vertreter der Ständegesellschaft, liegen faul und feist rund um einen prallvoll gedeckten Tisch. Dem Koma nahe. Ein aus Würsten geflochtener Zaun, ein gebratenes Ferkel mit einem Tranchiermesser im Rücken, ein geköpftes Ei. Alles mund- und tafelfertig. Endlich im Schlaraffenland!

Völlerei, Habgier und Trägheit zählen zu den sieben Todsünden der katholischen Kirche. Sie duldet Feiern und Ausschweifungen nur dann, wenn sie von strengem Fasten abgelöst werden. Dem Exzess hat die Enthaltsamkeit zu folgen. Das muss für Bruegel ein Thema gewesen sein. Ein weiteres seiner Meisterwerke – mit ähnlichem Inhalt – hängt im Kunsthistorischen Museum Wien: »Der Kampf zwischen Karneval und Fasten« von 1559.

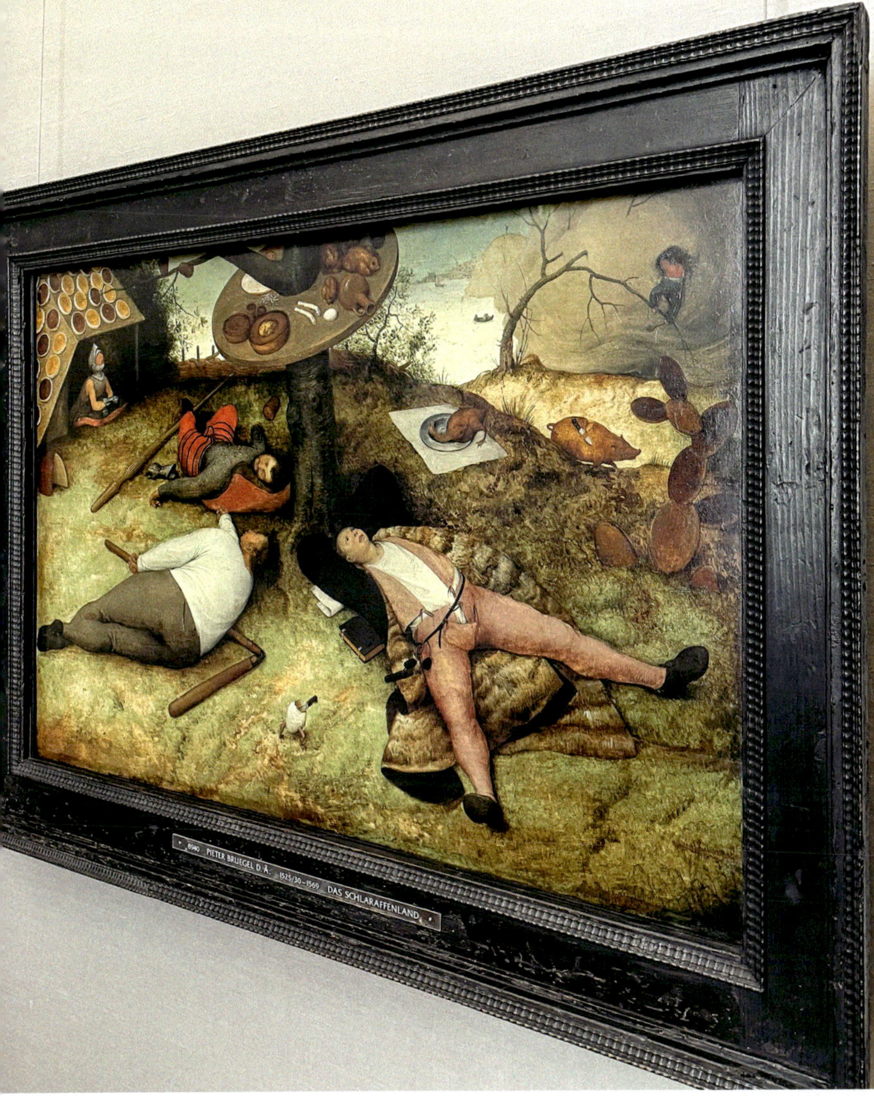

Adresse Alte Pinakothek, Barer Straße 27, 80333 München (Maxvorstadt), Tel. 089/23805216, www.pinakothek.de/alte-pinakothek | **Anfahrt** U 2, Haltestelle Königsplatz oder Theresienstraße; U 3, U 6, Haltestelle Odeonsplatz oder Universität; U 4, U 5, Haltestelle Odeonsplatz; Tram 27, 28, Bus 58 (CityRing), 100 (Museumslinie), Haltestelle Pinakotheken | **Öffnungszeiten** täglich außer Mo 10–18 Uhr, Di, Mi 10–20.30 Uhr | **Tipp** Herausragende Bilder von Jan Brueghel dem Älteren (1568–1625), dem in Brüssel geborenen zweiten Sohn Pieter Bruegels des Älteren, sind »Seehafen mit der Predigt Christi« (1598) und »Großer Fischmarkt« (1603).

82 Die Schleiertänzerin

Jugendstil-Bronzeplastik als Tischlampe

Eines der herausragenden Stücke in der erst 1983 etablierten, vergleichsweise jungen Jugendstil-Abteilung des Bayerischen Nationalmuseums ist die Tischlampe »Schleiertänzerin Loïe Fuller« des französischen Künstlers Francois-Raoul Larche (1850–1912), eine um 1900 entworfene und modellierte, 45 Zentimeter hohe Tischleuchte, aus Bronze gegossen und vergoldet, die in ihrer limitierten Auflage von 17 Exemplaren auf bedeutenden Auktionen Höchstpreise erzielt. Wichtiges Detail des Jugendstil-Juwels ist die Kennzeichnung »Raoul Larche« auf dem Saum des Schleiers und der Gießereistempel »Siot-Decauville Paris / Fondeur«. Das Motiv: die berühmte amerikanische Tänzerin Loïe Fuller (1869–1928), ein Star der Pariser Tanzszene.

Die aus der Sammlung des bedeutenden Starnberger Sammlers und Kunsthistorikers Siegfried Wichmann (1921–2015) in den Besitz des Museums übergegangene Bronzefigur zieht den Betrachter unweigerlich in den Bann. Die Tänzerin, die schon mit ihrem ersten Auftritt 1892 in den Folies Bergère in Paris Furore machte und als Wegbereiterin des modernen Tanzes unter Einsatz elektrischer Lichteffekte gilt, passte mit ihren spektakulären Auftritten perfekt in die Zeit. Ihre atemberaubenden Serpentinen- und Schleiertänze mit aufwendigen Stoffkreationen zogen die Künstler der Belle Époque magisch an. Die fließenden Schleier, die ständig kreisenden Bewegungen und die ausdrucksstarke Sinnlichkeit der Tänzerin waren wie geschaffen für den dekorativen Jugendstil, die »Art Nouveau«.

Die Statuette zeigt die Schleiertänzerin in dynamischer Bewegung, wie sie die Stoffbahnen, die eng und anschmiegsam den Körper der strahlenden Tänzerin umschließen, mit ausgebreiteten Armen über den Kopf wirbelt, auf dem Boden der weit auslaufende Saum. Im aufgetürmten Stoff verstecken sich die beiden Fassungen mit den elektrischen Glühbirnen der Tischlampe.

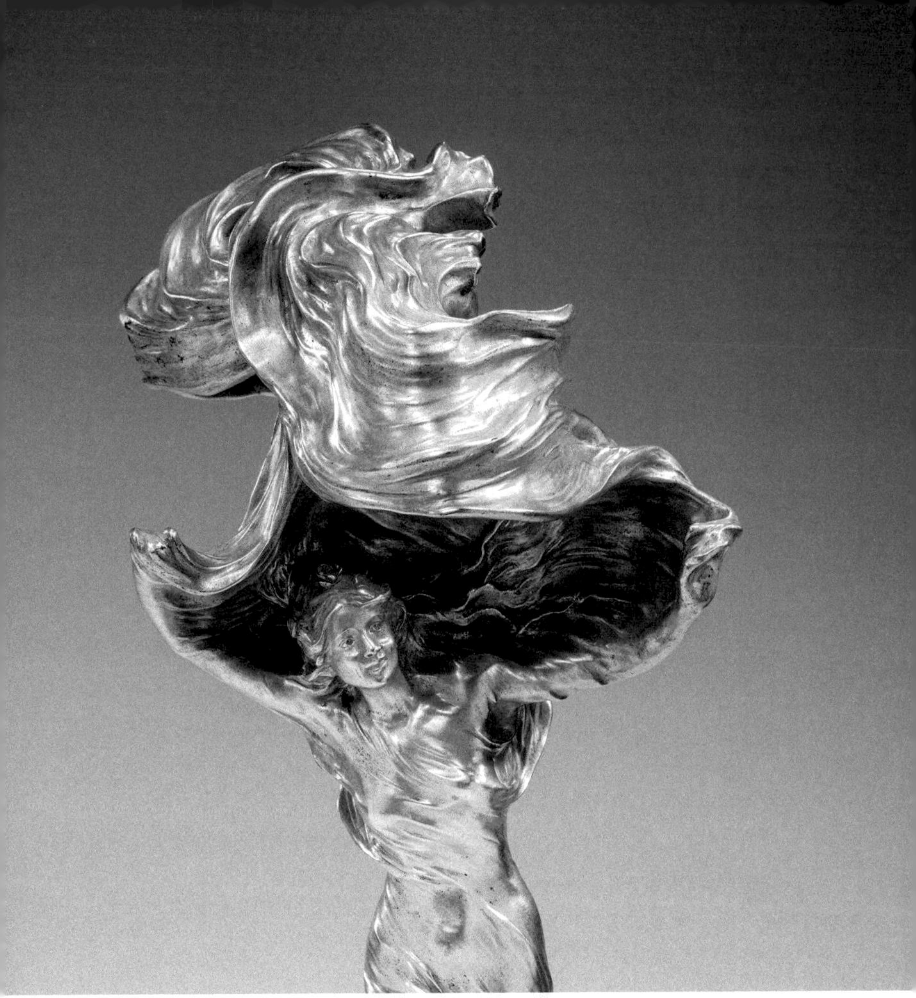

Adresse Bayerisches Nationalmuseum, Prinzregentenstraße 3, 80538 München, Tel. 089/2112401, www.bayerisches-nationalmuseum.de | Anfahrt U 4, U 5, Haltestelle Lehel; Tram 16, Bus 100 (Museumslinie), Haltestelle Nationalmuseum / Haus der Kunst | Öffnungszeiten Di – So 10 – 17 Uhr | Tipp Auch sehenswert: die Tischlampe »Apple Blossom« aus den Tiffany Studios, New York. Ein weiteres herausragendes Exemplar des Jugendstils aus der Sammlung Wichmann ist das »Glas in Tulpenform«.

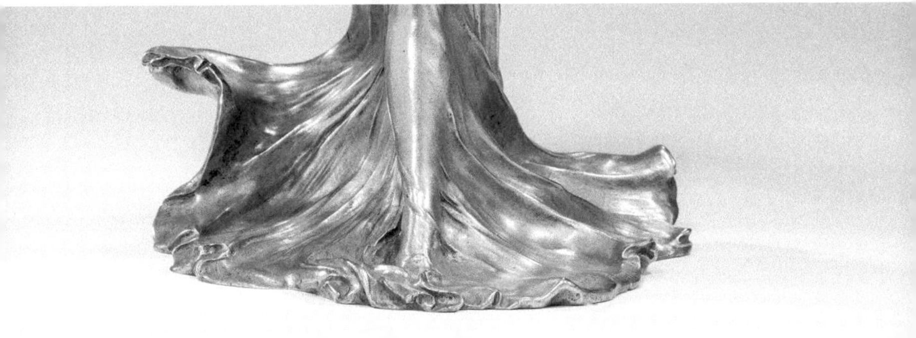

83 Die Schnecke

Geschwindigkeit ist (nicht) alles

Einen optisch gelungeneren Coup hätte der US-amerikanische Künstler Jason Rhoades (1965–2006) auf dem zentralen Platz vor dem Verkehrszentrum an der Theresienhöhe nicht landen können. Besser ließ sich diese Dependance des Deutschen Museums, in der sich alles um Mobilität und Tempo dreht, nicht konterkarieren. »Sweet Brown Snail« heißt seine über vier Meter hohe, ausladende Skulptur, die 2003 entwickelt und 2007 installiert wurde. Rhoades, dessen Spezialität spektakuläre Rauminstallationen waren, realisierte die überdimensionierte Schnecke gemeinsam mit dem 1945 geborenen renommierten amerikanischen Performancekünstler Paul McCarthy.

Als Vorbild für die Schnecke diente den Künstlern eine auf dem Jahrmarkt gekaufte Tonfigur, wie man sie mitunter auf häuslichen Anrichten antrifft. Um das 29-Fache vergrößert, wurde die »Nippesschnecke« aus glasfaserverstärktem Polyester auf eine Stahlkonstruktion aufgezogen und koloriert. Jason Rhoades hatte Anfang der 1990er Jahre an der University of California in Los Angeles bei Paul McCarthy studiert und gemeinsam mit seinem Mentor zahlreiche Kunstprojekte verwirklicht. Auch die Münchner Schnecke ließen sich die beiden Künstler gemeinsam einfallen. Rhoades, zu dessen Spezialität das »Aufblasen« von Alltagsgegenständen in raumgreifende, international beachtete Installationen gehörte, setzte sie schließlich um.

Mehr noch als nur die Ironisierung des Themas Geschwindigkeit sollte die Plastik »Sweet Brown Snail« auch das grundsätzliche Streben der Menschen nach Mobilität ausdrücken. Nach Reisen, Niederlassungsfreiheit, Wohnmobilkultur. Denn welches Lebewesen ist schon in der Lage, bei aller Fortbewegung immer sein Haus parat zu haben, in das es sich ganz nach Belieben zurückziehen kann? Die Schnecke verkörperte für die Künstler Mobilität als individuelle Freiheit bei gleichzeitig schützender Behaglichkeit.

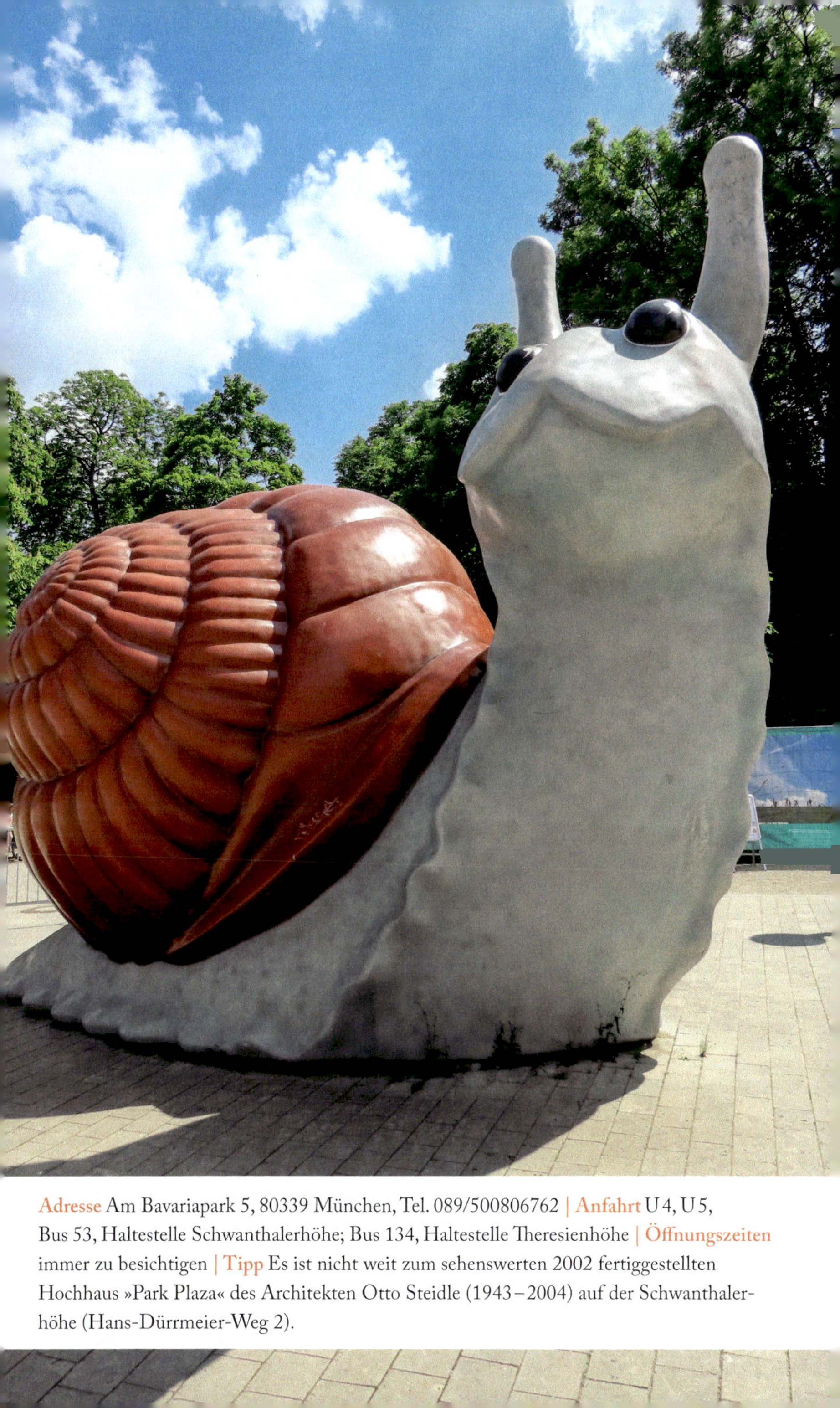

Adresse Am Bavariapark 5, 80339 München, Tel. 089/500806762 | Anfahrt U 4, U 5, Bus 53, Haltestelle Schwanthalerhöhe; Bus 134, Haltestelle Theresienhöhe | Öffnungszeiten immer zu besichtigen | Tipp Es ist nicht weit zum sehenswerten 2002 fertiggestellten Hochhaus »Park Plaza« des Architekten Otto Steidle (1943–2004) auf der Schwanthalerhöhe (Hans-Dürrmeier-Weg 2).

84 Die Schöne

Ein wenig Haut zeigen

Diese kleine, 20 Zentimeter hohe Statue eines attischen Mädchens aus der Zeit um 400 bis 375 vor Christus verlangt Beachtung. Und zwar wegen eines ganz bestimmten Details. Unter dem hauchdünnen Mantel – den gelblichen Stoffbausch hält sie über dem linken Arm – schimmert bei genauer Betrachtung ihre Haut durch. Zartrosa, dezent. Ein bildhauerischer und malerischer Streich, den es so kein zweites Mal gibt. Nicht umsonst ist dieses Meisterwerk attischer Terrakottakunst, das als das weltweit besterhaltene Exemplar seiner Art gilt, mit »Die Schöne« tituliert.

König Ludwig I., bekannt für seine Sammelleidenschaft ausgesuchter Exponate griechischer, etruskischer und römischer Provenienz, erhielt dieses außergewöhnliche Stück, das ein österreichischer Diplomat in Griechenland erworben hatte, 1836 als Geschenk für seine Skulpturensammlung, die schließlich in den für die Öffentlichkeit zugänglichen Staatlichen Antikensammlungen am Königsplatz aufging, die heute zu den international angesehensten Museen für antike Kunst gehören. Im historischen Bogen von der kykladischen Kultur der Ägäis im 3. Jahrtausend vor Christus bis zur Spätantike im 5. Jahrhundert nach Christus nimmt das antike Attika mit der Hauptstadt Athen einen bedeutenden Platz ein. Zu den Exponaten zählen herausragende Kunstwerke und ausgewählte Alltagsgegenstände: antike Vasen, Ton- und Bronzefiguren, Schmuckstücke und ungewöhnliche Gläser.

Vielfach stammten die Terrakottastatuen aus Gräbern und waren den Verstorbenen auf ihre ewige Reise mitgegeben worden. Der hervorragende Zustand der »Schönen« mit dem leicht geneigten Kopf, den geschwungenen Körperlinien und den herabhängenden Stoffpartien des Umhangs ist der Tatsache zu verdanken, dass sie einem Felsengrab entnommen wurde und wahrscheinlich nie mit Erde in Berührung gekommen ist. Sie präsentiert sich dem Betrachter heute also noch so wie vor 2.500 Jahren.

Adresse Staatliche Antikensammlungen, Königsplatz 1, 80333 München (Maxvorstadt), Tel. 089/59988830, www.antike-am-koenigsplatz.mwn.de | Anfahrt U 2, Haltestelle Königsplatz; Tram 27, Haltestelle Karolinenplatz; Bus 100 (Museumslinie), Haltestelle Königsplatz | Öffnungszeiten Di–So 10–17 Uhr, Mi 10–20 Uhr | Tipp Außerdem sehenswert in den Antikensammlungen: der Goldkranz von Armento (325–300 vor Christus) und die Bronzestatuette »Mädchen von Beröa« (120–100 vor Christus).

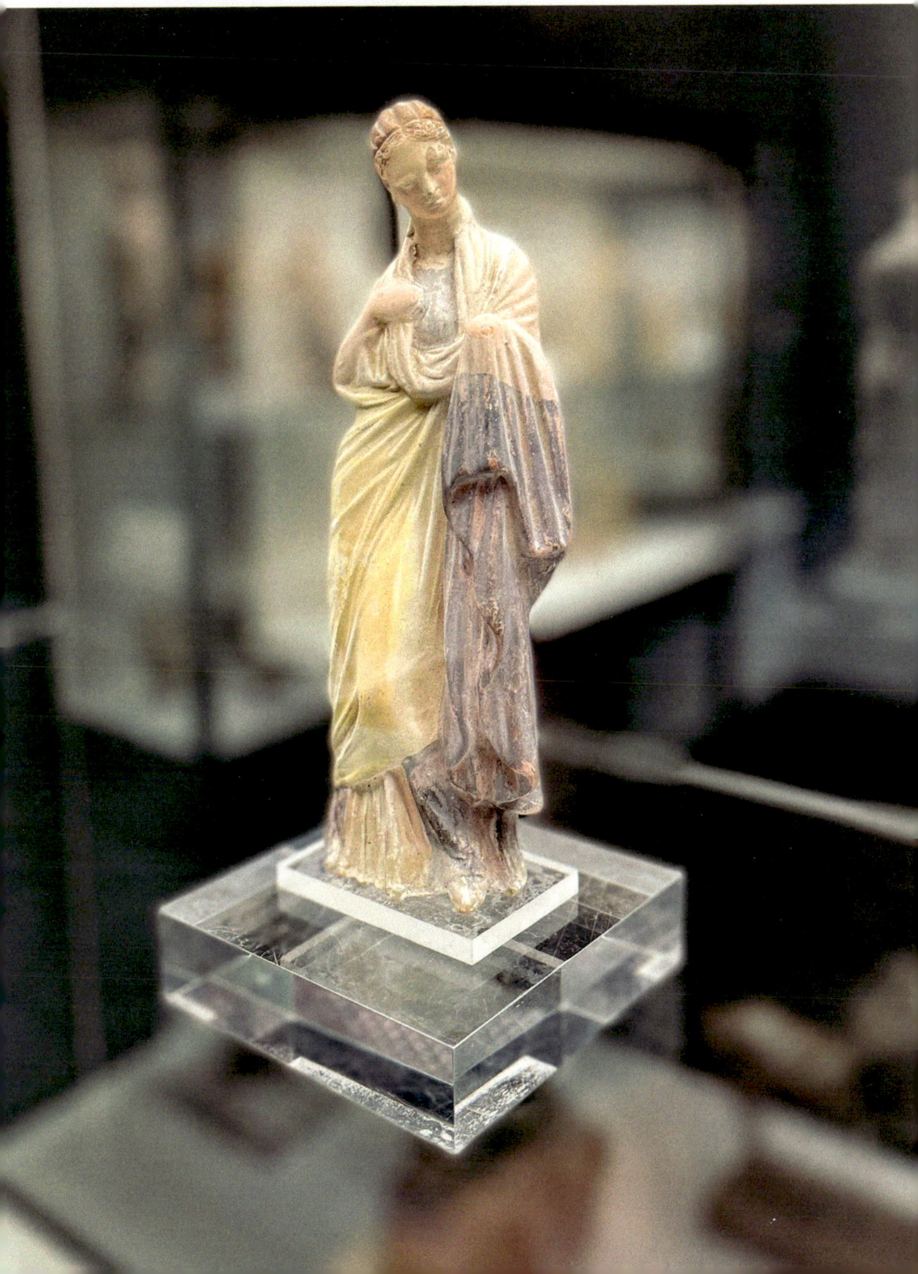

85_Der Schreitende

Hinter den Gleisen auf und davon

Wenn man sich an der Friedenheimer Brücke, die die Bahngleise auf der Höhe des Hirschgartens überquert, in das darunterliegende architektonische Neubaugebiet mit den beiden markanten Türmen der »Friends« begibt und zum Hinabgehen die große Freitreppe wählt, dann sieht man schon aus der Höhe eine schräg zum kleinen Birketweg installierte Großskulptur. Diese wirkt, als hätte sie sich gerade vom Boden erhoben und wolle davonschreiten. Aus einer langen, auf dem Boden liegenden massiven Stahlplatte ragt am Fußende eine ausgefräste Silhouette hervor, ein menschenähnliches Gebilde. So wie sie da fünf Meter hoch steht, bleiben ihre ausgeschnittenen Konturen in der auf einem Betonsockel aufliegenden, zehn Tonnen schweren Stahlplatte zurück.

Der 1942 in Chemnitz geborene Maler, Grafiker und Bildhauer, der an der Hochschule für Grafik und Buchkunst in Leipzig studiert hatte, Michael Morgner hat diese extravagante Skulptur 2016 geschaffen. Als einer der für das Regime unbequemen freischaffenden Künstler in der ehemaligen DDR hat sich der Bildhauer schon früh immer wieder dem Thema Mensch und Religionen zugewandt. Seit Mitte der 1990er Jahre widmet sich der Begründer der Sächsischen Akademie der Künste vorrangig Großplastiken, die er mit Vorliebe aus Stahl produziert. Im Jahr 2000 wurde ein ähnlich Schreitender wie der in München auf dem Theaterplatz in Chemnitz, der Heimatstadt Morgners, realisiert.

»Der Schreitende« zieht sich seit Jahren wie ein roter Faden durch das umfangreiche Œuvre des Künstlers. Er taucht in Tuschzeichnungen, Gemälden und in Plastiken auf, stets an der Grenze zur Abstraktion. In den 1980er Jahren war Morgner nach einem dramatischen Skiunfall monatelang ans Bett gefesselt, nur mit Mühe lernte er wieder Laufen. So definiert er diese Figur als sein »Alter Ego«, die ausdrücken soll, »dass man im Leben stets versuchen sollte, aufrecht zu gehen«. Im realen und im übertragenen Sinne.

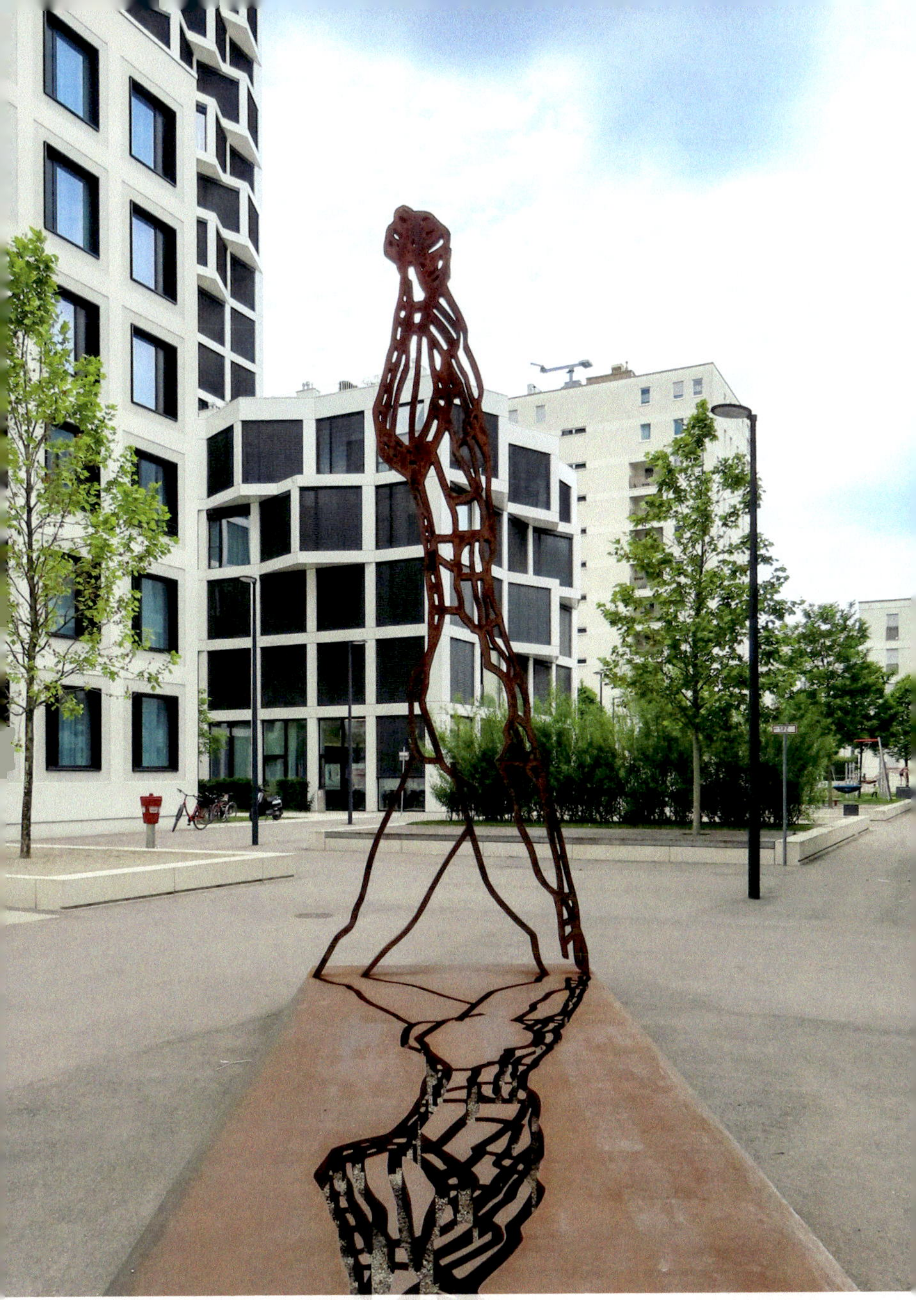

Adresse Birketweg 37, 80639 München (Neuhausen-Nymphenburg) | **Anfahrt** S 1 – S 4, S 6, S 8, Bus 62, Haltestelle Hirschgarten; Bus 62, Haltestelle Wilhelm-Hale-Straße | **Öffnungszeiten** immer zu besichtigen | **Tipp** Es sind nur wenige Schritte bis zur ehemaligen, Mitte der 1960er Jahre gebauten gewaltigen Paketposthalle mit ihrem markanten wellblechartigen Betondach, das eine Spannweite von knapp 150 Metern aufweist.

86 Die Schutzengelgruppe

Ignaz Günther im Bürgersaal

Im Museum des 1710 nach Plänen des Oberhofbaumeisters Giovanni Viscardi errichteten Bürgersaals, der als Versammlungsraum der »Marianischen Männerkongregation« erbaut worden war und 1778 zur Kirche geweiht wurde, stößt man auf die sehr sehenswerte, 1763 entstandene »Schutzengelgruppe« des bedeutenden Bildhauers Ignaz Günther (1725–1775), ein Hauptwerk des bayerischen Rokoko. Nach mehrjähriger Restaurierung erstrahlt die 1,80 Meter hohe und 70 Kilogramm schwere, aus Lindenholz geschnitzte Skulpturengruppe seit 2004 in frischem Glanz und dürfte ihre ursprüngliche Originalität zurückgewonnen haben.

Die farbintensive Schutzengelgruppe, die ehemals bei Prozessionen der Karmeliterkirche im Einsatz war, gelangte während der Säkularisation in die Bürgersaalkirche und damit in den Besitz der »Marianischen Männerkongregation«. Sie zeigt in kunstvolltechnischer Meisterschaft die Begegnung des Tobias mit dem Erzengel Raphael, also das Zusammentreffen des Irdischen mit dem Himmlischen. Geschnitzt bis ins kleinste physiognomische Detail, präsentiert sie sich äußerst dynamisch. Das Thema, der Mensch und der ihm auf Gottes Geheiß an die Seite gestellte Engel, entsprach ganz dem Geschmack der Zeit.

Ignaz Günther hatte den Auftrag zur Schaffung der Schutzengelgruppe vom Prior des Münchner Karmeliterklosters erhalten. Entstanden ist die Figurengruppe in seiner 1754 gegründeten Werkstatt an seinem noch heute am Jakobsplatz befindlichen Wohnhaus. Das geht aus einem vom Bildhauer im Innern der Skulptur versteckten handschriftlichen Zettel hervor, den die Restauratoren beim Abmontieren der Flügel fanden.

Die aus einer Unter- und einer lichtdurchfluteten barocken Oberkirche bestehende Bürgersaalkirche hält ein weiteres Meisterwerk des süddeutschen Barocks bereit: das Altarrelief »Verkündung an Maria« des Bildhauers Andreas Faistenberger (1646–1735).

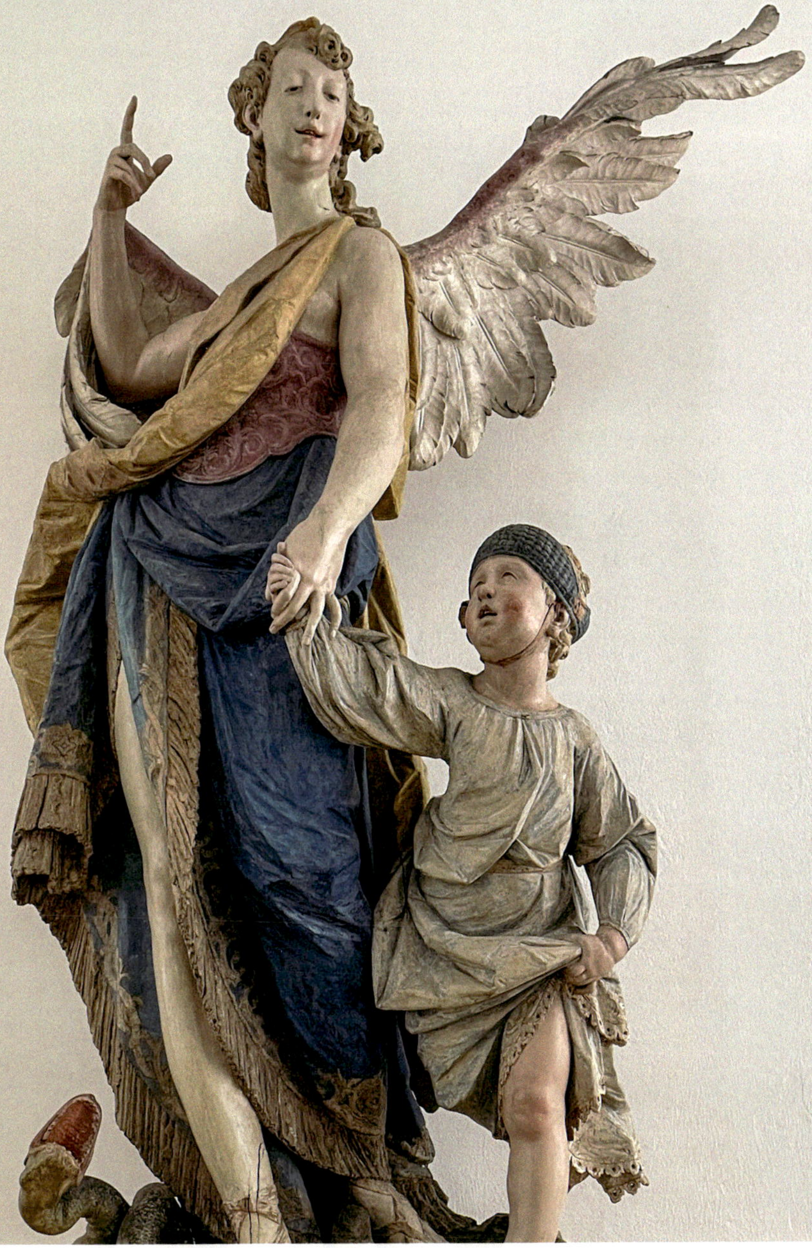

Adresse Bürgersaalkirche, Neuhauser Straße 14, 80333 München (Altstadt) | **Anfahrt** U 3, U 6, Haltestelle Marienplatz; U 4, U 5, Haltestelle Odeonsplatz | **Öffnungszeiten** Unterkirche: Mo–Sa 10–17 Uhr, So 14–17 Uhr; Oberkirche: Mo–Sa 11–13 Uhr, So zu den Messen; Museum: täglich außer So 10–17 Uhr | **Tipp** Die Bürgersaalkirche war die Hauskirche des Jesuitenpaters Rupert Mayer (1876–1945), der im Nationalsozialismus zum katholischen Widerstand gehörte. Sein Grab befindet sich in der Unterkirche.

87 Der Schwarze Saal

Beginn der illusionistischen Deckenmalerei

Betritt man den östlich des Antiquariums gelegenen Schwarzen Saal der Münchner Residenz, findet man sich in einem hohen Raum wieder, in dem sich oberhalb des Frieses Nischen sowie eine zweigeschossige weiträumige Arkadenhalle unter einer Kuppel auftun, aus deren Mitte ein voluminöser Kronleuchter in den Saal herabhängt. Da gibt es Fenster im Portikus, römische Kaiserbüsten, Marmorsäulen – ein überaus kunstvoll und farbig gestaltetes illusionistisches Deckengewölbe. Alle Schrägen und Höhen sind perspektivisch raffiniert dargestellt und lassen den Betrachter unsicher werden: Was ist real, was ist Phantasie? Bezieht man mittig Position und lässt den Blick in die Runde schweifen, befindet man sich in einer nach italienischem Vorbild gemalten Scheinarchitektur, von der Experten sagen, sie sei der Beginn der illusionistischen Deckenmalerei in Süddeutschland gewesen.

Der Schwarze Saal war in der 20-jährigen Regierungszeit Herzog Wilhelms V. von Bayern entstanden, die 1590 begonnen hatte. Seinen Namen erhielt er aber erst 1623 – aufgrund der nachträglich eingebauten Portal- und Kaminrahmungen aus schwarzem Stuckmarmor durch den bedeutenden Stuckateur Hans Krumpper (1570–1634).

Die gemalte Scheinarchitektur des Schwarzen Saals wurde vom Münchner Hofmaler Hans Werl (1570–1608) ausgeführt, der sich durch zahlreiche Altarbilder, Miniaturen, Fürstenporträts und Historienbilder einen Namen gemacht hatte. Von ihm stammt auch das etwa 1600 entstandene Hochaltarbild »Himmelfahrt Mariae« in der Hofkapelle der Residenz. Mit der dreidimensional gemalten Wandelhalle und der ungewöhnlichen Saaldecke setzte Werl neue Maßstäbe. Nach der Zerstörung der Residenz im Zweiten Weltkrieg, bei der auch der Schwarze Saal verwüstet wurde, konnte das historische Deckenfresko vom Kunstmaler Karl Manninger (1912–2002) in den 1970er Jahren glücklicherweise rekonstruiert werden.

Adresse Residenz, Residenzstraße 1, 80333 München (Altstadt), Tel. 089/290671, www.residenz-muenchen.de | **Anfahrt** U3–U6, Bus 100 (Museumslinie), 153, Haltestelle Odeonsplatz | **Öffnungszeiten** April–15. Okt. täglich 9–18 Uhr, 16. Okt.–März täglich 10–17 Uhr | **Tipp** Der mit Muscheln geschmückte Grottenhof wurde vom Architekten, Bildhauer und Maler Friedrich Sustris (1540–1600) geschaffen und ist ein bedeutendes Werk des deutschen Manierismus.

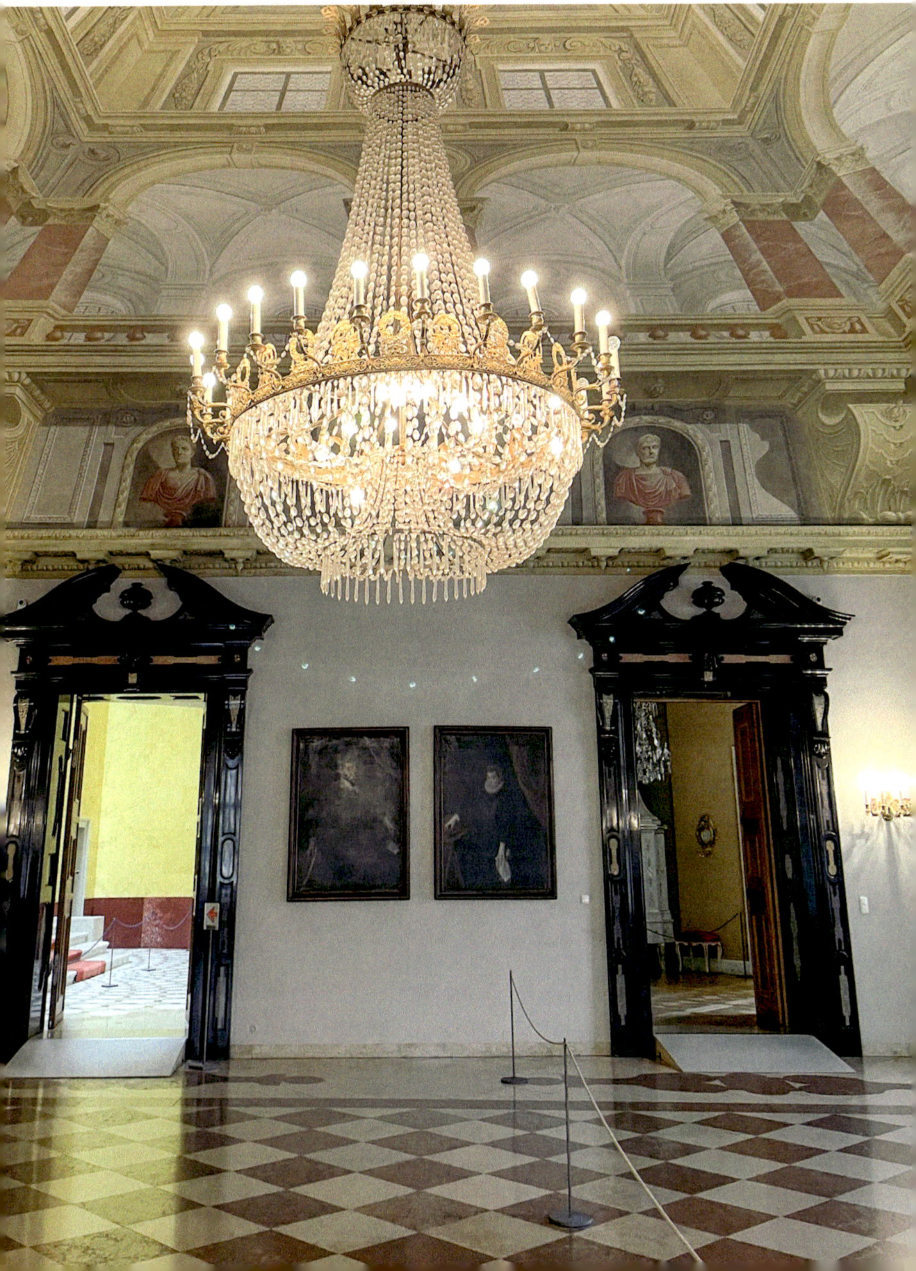

88 Die Seeoner Madonna

Der »Schöne Stil« des 15. Jahrhunderts

Diese Maria mit Kind, in unzähligen Variationen in der katholischen Welt bestaunt und verehrt, ist ein Exemplar von außergewöhnlicher Qualität. Es handelt sich hier um die sogenannte »Muttergottes von Seeon« oder auch »Seeoner Madonna«. Die Marienfigur, die 1433 für das Chiemgauer Benediktinerkloster Seeon, das unter der Ägide des Erzbischofs von Salzburg stand, geschaffen wurde, muss das Werk eines zur damaligen Zeit berühmten Bildhauers und Schnitzers sein, der vermutlich aus Mühldorf am Inn kam. Sein Name ist unbekannt, er firmiert unter »Meister von Seeon«. Die 1855 vom Bayerischen Nationalmuseum erworbene, 108 mal 84 Zentimeter große Maria mit Kind wurde aus Lindenholz gefertigt und ist heute wieder in ihrer ursprünglichen Farbfassung und Vergoldung zu sehen. Eine Kopie der Statue steht seit 1947 im Hochaltar der Pfarrkirche St. Lambert in Seeon.

Bestechend an der Statue, die als eine der schönsten ihrer Art gilt, sind die klaren, komplett entspannten, aber keineswegs verklärten Gesichtszüge der Madonna und des fast fröhlich wirkenden Kindes. Die Gesichter weisen eine hohe Stirn, eine gerade Nase und schmale Lippen auf. Sie entsprechen dem um 1400 in der spätgotischen Malerei und Plastik bevorzugten sogenannten »Weichen Stil« oder »Schönen Stil«, der die Madonnenschnitzerei besonders in Süddeutschland, Österreich und Böhmen prägte. »Schöne Madonnen« wie diese waren ein Markenzeichen vor allem der ersten Hälfte des 15. Jahrhunderts.

Die weichen Gesichtszüge wurden vom »Meister von Seeon« durch die zwar filigrane, aber gleichzeitig wuchtig scheinende Schnitzerei des stoffreichen Mantels kontrastiert, der in fließenden Mulden und ausdifferenzierten Faltenwürfen facettenreich vom throngleichen Sitz über die unsichtbaren Knie der Madonna bis zum Boden fällt. Das verleiht der Skulptur in der unteren Hälfte eine ausladende Breite.

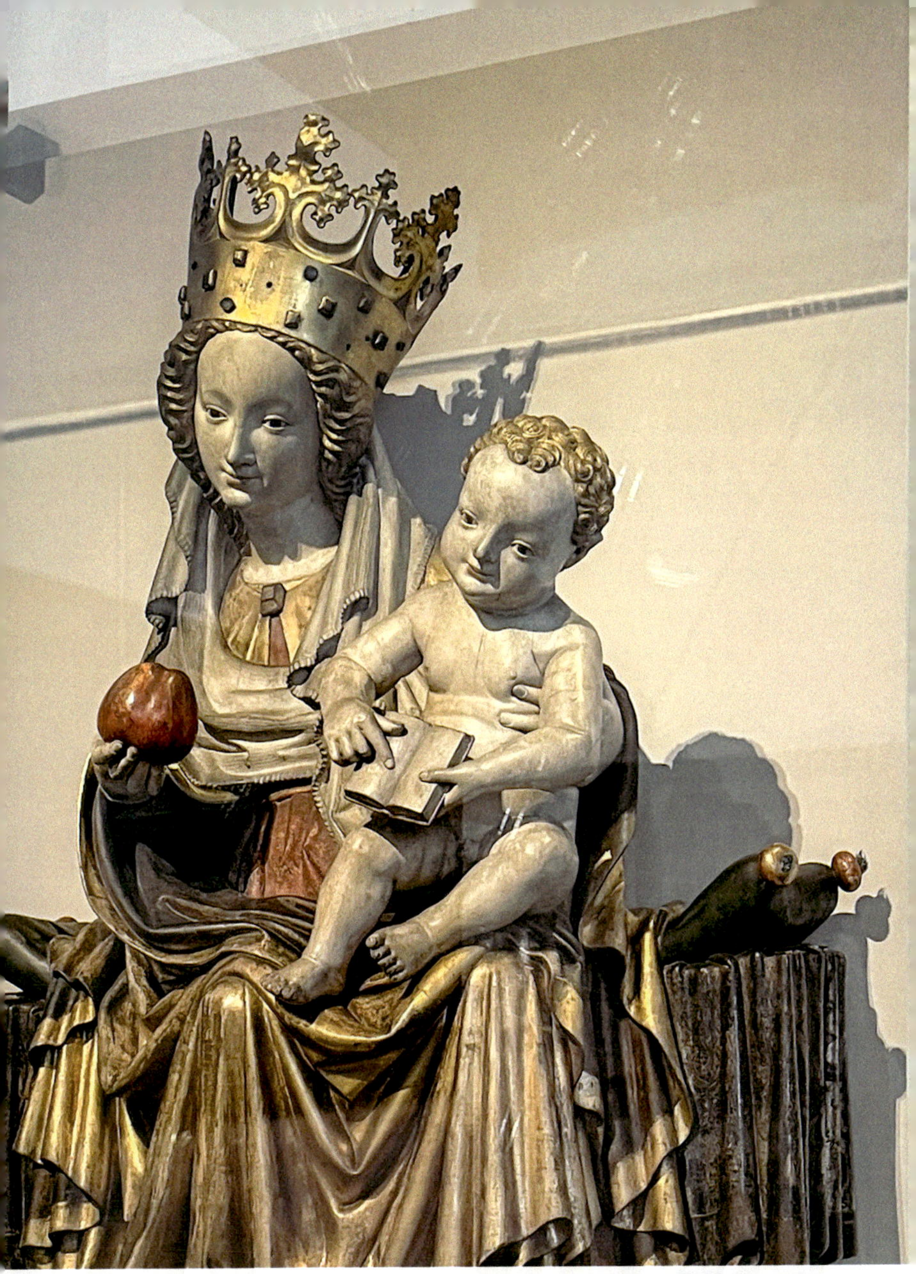

Adresse Bayerisches Nationalmuseum, Prinzregentenstraße 3, 80538 München, Tel. 089/2112401, www.bayerisches-nationalmuseum.de | **Anfahrt** U 4, U 5, Haltestelle Lehel; Tram 16, Bus 100 (Museumslinie), Haltestelle Nationalmuseum/Haus der Kunst | **Öffnungszeiten** Di–So 10–17 Uhr | **Tipp** Unbedingt im Nationalmuseum ansehen: die kunstvoll aus Lindenholz geschnitzten, farbig gefassten, 1,80 Meter hohen Figuren der beiden Heiligen Joachim und Anna von Ignaz Günther (um 1770).

89 Das Selbstbildnis

Albrecht Dürer im Pelzrock

Dass das Nürnberger Malergenie Albrecht Dürer (1471–1528) eitel und äußerst selbstbewusst war, ist hinreichend überliefert. Sein Talent war ihm schon früh bewusst. Er pflegte einen extravaganten Lebensstil, war wiss- und lernbegierig, unternahm zahlreiche Reisen in die Länder und Städte großer Meister und öffnete sich durch die enge Freundschaft mit dem Nürnberger Renaissance-Humanisten Willibald Pirckheimer (1470–1530) der reformatorischen Gedankenwelt seines Zeitgenossen Martin Luther.

Schon während der Goldschmiedelehre bei seinem Vater und der Ausbildung als Maler in Nürnberg, nach frühen Reisen nach Colmar, Basel, in die Niederlande und nach Italien setzte sich Dürer, der bereits auf ein stattliches Œuvre an Gemälden und Kupferstichen blicken konnte, mit gerade mal 28 Jahren, genau zur Jahrhundertwende 1500, ein spektakuläres Denkmal. Ein Selbstporträt, wie man es bis dahin nicht kannte. Für die Alte Pinakothek ist es das »ungewöhnlichste Bildnis der Porträtgeschichte«, versehen mit der lateinischen Inschrift: »So schuf ich, Albrecht Dürer aus Nürnberg, mich selbst mit charakteristischen Farben im Alter von 28 Jahren.«

Das »Selbstbildnis im Pelzrock« zeigt den Meister in detailliert arrangierter Pose, selbstbewusst, extravagant und unnahbar souverän. Den Betrachter direkt fixierend. Dass Dürer im eher biederen Nürnberg dieser Zeit mit seinem Auftreten auch im Straßenbild aufgefallen sein muss, sich mit Lust in Szene setzte, wird in diesem Bild deutlich. Die langen, künstlich ondulierten Haare, der leicht geöffnete, die Wäsche freigebende Pelzmantel, die schöpferische Hand des Meisters. »Ich, der große Maler«, Christus gleich. Nur das Antlitz Jesu wurde bis dato in solcher Pose gemalt. Albrecht Dürer wollte sich so der Nachwelt überliefern. Möglicherweise ironisch, augenzwinkernd und doch ernst, die Jahrhunderte überdauernd – mit 28 Jahren.

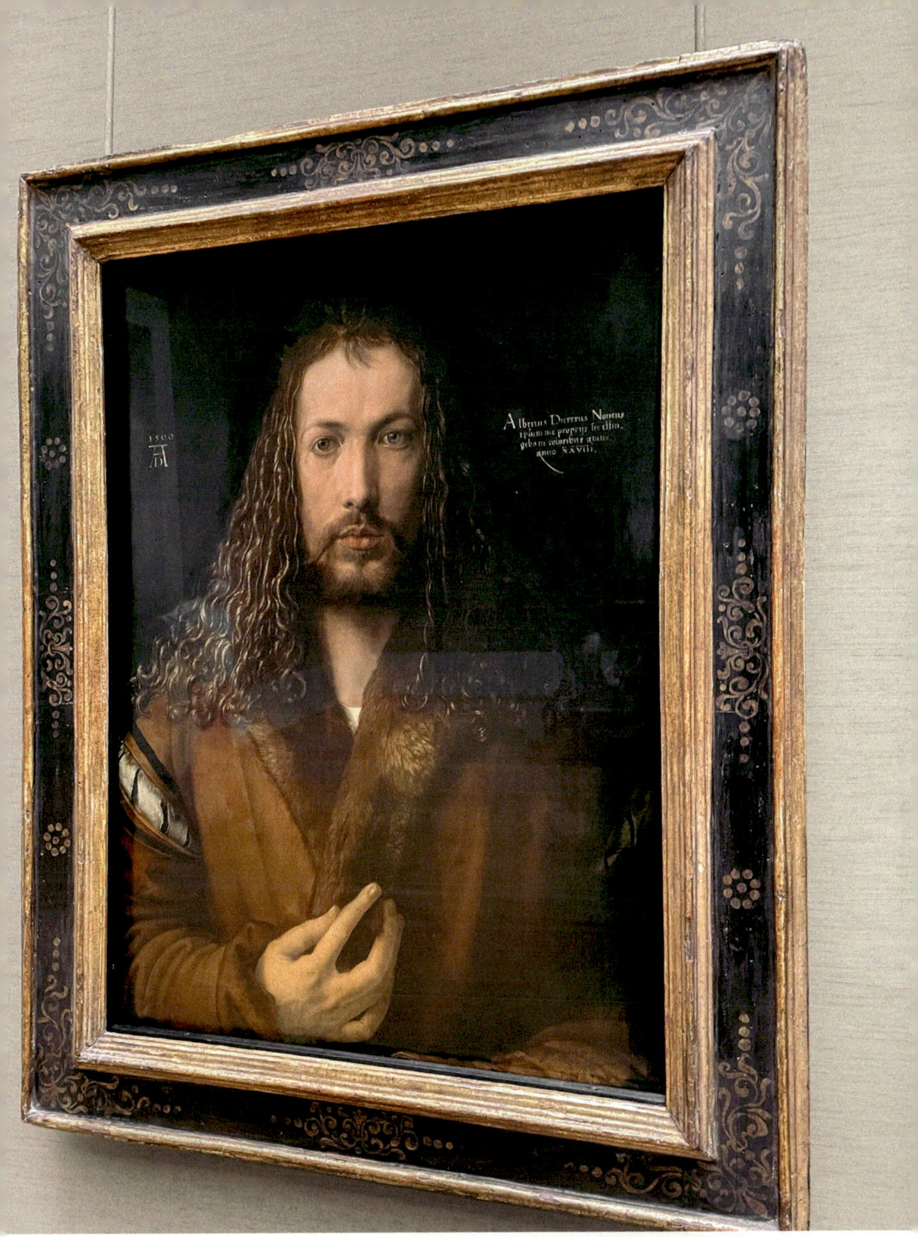

Adresse Alte Pinakothek, Barer Straße 27, 80333 München (Maxvorstadt), Tel. 089/23805216, www.pinakothek.de/alte-pinakothek | Anfahrt U 2, Haltestelle Königsplatz oder Theresienstraße; U 3, U 6, Haltestelle Odeonsplatz oder Universität; U 4, U 5, Haltestelle Odeonsplatz; Tram 27, 28, Bus 58 (CityRing), 100 (Museumslinie), Haltestelle Pinakotheken | Öffnungszeiten täglich außer Mo 10–18 Uhr, Di, Mi 10–20.30 Uhr | Tipp Etwas ganz anderes: Im Haus der Kunst in der Prinzregentenstraße gibt es wechselnde Ausstellungen zeitgenössischer Kunst.

90 Die Siedlung

Mit der »Borstei« Geschichte schreiben

Die zwischen 1924 und 1929 entstandene Siedlung »Borstei« hat von ihrer Faszination bis heute nichts eingebüßt. Dort zu erschwinglichen Preisen zu wohnen ist noch immer Privileg und Glücksfall gleichermaßen. Nach der Katastrophe des Ersten Weltkriegs errichtet, symbolisiert diese Siedlung ein Stück visionärer Wohnungspolitik, wie sie in zahlreichen Großsiedlungsprojekten des sozialen Wohnungsbaus späterer Jahrzehnte nur noch begrenzt verwirklicht wurde. Der Bauunternehmer und Architekt Bernhard Borst (1883–1963) brachte die Grundidee seiner denkmalgeschützten Wohnanlage auf den Punkt: Sein Ziel war es, die Vorteile des Einfamilienhauses mit den Annehmlichkeiten des Mietshauses zu verbinden. Individuelles Wohnen innerhalb einer Gemeinschaft, komfortabel, bequem und autark.

Im Karree zwischen Dachauer Straße und Pickelstraße stehen auf rund 20.000 Quadratmetern 77 ockerfarbene, teils efeuumrankte Ziegelhäuser mit Giebeldächern, Dachgauben, Balkonen, Eichentüren, Parkettböden und Sprossenfenstern mit hölzernen weißen Fensterläden. Alles aus hochwertigen und ausgesuchten Materialien für die insgesamt 773 Wohnungen und kleinen Läden für den täglichen Bedarf. Durch Torbögen und Gänge erschließen sich zwischen den Häusern auf weiteren 50.000 Quadratmetern Höfe und Gärten. Alles begrünt und dicht bepflanzt und den Bewohnern zur Entspannung zugänglich. Überall plätschern Brunnen, trifft man auf Skulpturen bekannter Künstler, sind die Häuser mit Dekor, Ornamenten oder individuell gestalteten Fresken versehen.

Hinzu kam schon in den 1920er Jahren ein eigenes Heizkraftwerk, das sämtliche Wohnungen mit Wärme und heißem Wasser versorgte, eine zentrale Wäscherei, die den Bewohnern die Wäsche schrankfertig zurückbrachte, und ein für die ganze Wohnsiedlung zuständiger Werkstatt- und Reinigungsdienst mit Gärtnern, Malern und Installateuren, der bis heute existiert.

Adresse Borst Immobilien GmbH & Co. KG, Dachauer Straße 140, 80637 München (Moosach), Tel. 089/153015 | Anfahrt U1, Haltestelle Westfriedhof | Öffnungszeiten jederzeit begehbar | Tipp Eine weitere geschlossene Wohnanlage der 1920er Jahre ist die von Krauss-Maffei und BMW gegründete »Alte Heide« in München-Freimann.

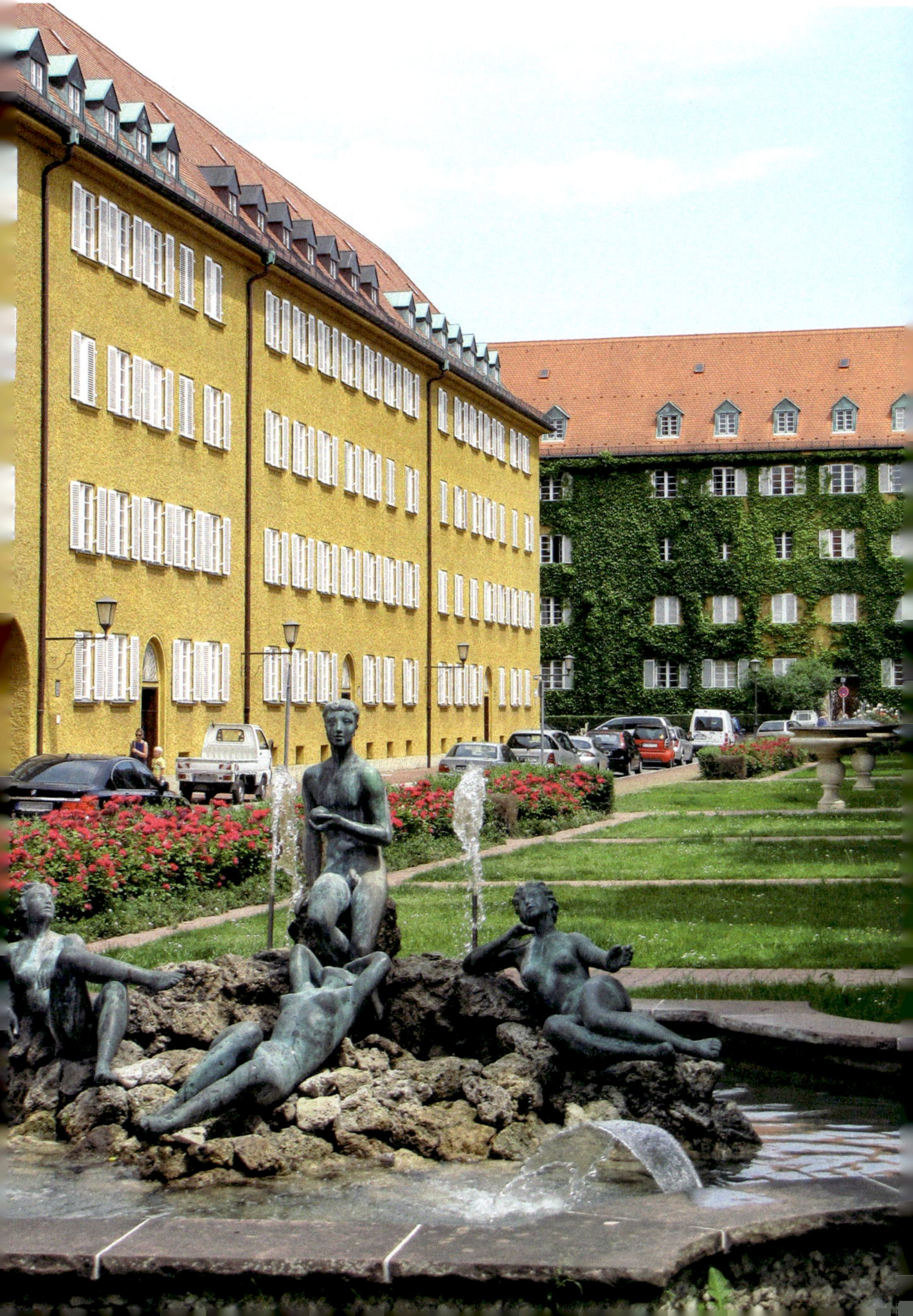

91 Der Silberbaum

Polierter Edelstahl am Englischen Garten

Wenn man durch die Mandlstraße geht, vielleicht auf dem Weg in den Englischen Garten, begegnet man auf Höhe des kleinen Platzes vor dem 2013 fertiggestellten Bürogebäude der Münchner Rück einem außergewöhnlichen Kunstwerk. Aus einem Feld von Steinplatten ragt ein elf Meter hoher Baum heraus. Nahtlos im Boden eingelassen, Stamm, Äste und Zweige sich bizarr nach oben reckend. Gleißend silbrig aus poliertem Edelstahl. »Discrepancy«, 2011 »gepflanzt«. Ein Baum, der niemals Blätter tragen wird, der wie abgestorben wirkt und dennoch seine »Sprache« spricht. »Achtet auf die Natur, auf alle Bäume, die ihr gleich im Englischen Garten passieren werdet«, scheint er sagen zu wollen.

Der 1966 in New York geborene Künstler Roxy Paine, der am College of Santa Fe und am New Yorker Pratt Institut Kunst und Design studierte, spezialisierte sich im Laufe der Jahre auf Bildhauerei und Objektkunst. Seine Werke werden seit vielen Jahren international ausgestellt und hoch gehandelt. Eine besondere Spezialität: seine baumartigen »Dendroid«-Skulpturen, aus zylindrischen Rohrleitungen und Stäben handgeschmiedete Edelstahlbäume, die hoch aufragen, aber gleichzeitig Zerfall symbolisieren. Der tote Baum in blühender Umgebung. Aber auch die Limitierung der Natur durch Architektur und Versiegelung macht er zum Thema. Fasziniert von Naturphänomenen, hat der Werkblock Paines mechanische Maschinen, kinetische Phänomene, vielfach naturalistische Ansätze zum Inhalt.

Der Baum des New Yorker Künstlers, hervorgegangen aus einem internationalen Wettbewerb der Münchner Rück, steht nicht von ungefähr vor dem Eingang des Versicherungskonzerns. Naturkatastrophen, auch menschengemachte, sind Teil des Kerngeschäfts. Der Münchner Edelstahlbaum »Discrepancy« ist in bester weltweiter Gesellschaft. Auf Pendants trifft man unter anderem im Madison Square Garden und im Central Park in New York.

Adresse Munich Re, Mandlstraße 3, 80802 München (Schwabing) | Anfahrt U 3, U 6, Haltestelle Giselastraße, Fußweg in Richtung Englischer Garten; Bus 54, 154, Haltestelle Thiemestraße | Öffnungszeiten immer zu besichtigen | Tipp Eine gänzlich andere Großskulptur ist die 52 Meter hohe und rund 200 Tonnen schwere »Mae West«, die von der US-amerikanischen Bildhauerin Rita McBride gefertigt wurde und aus 32 Carbonstäben besteht. Sie befindet sich auf dem Effnerplatz am Arabellapark und wurde nach der gleichnamigen Schauspielerin benannt.

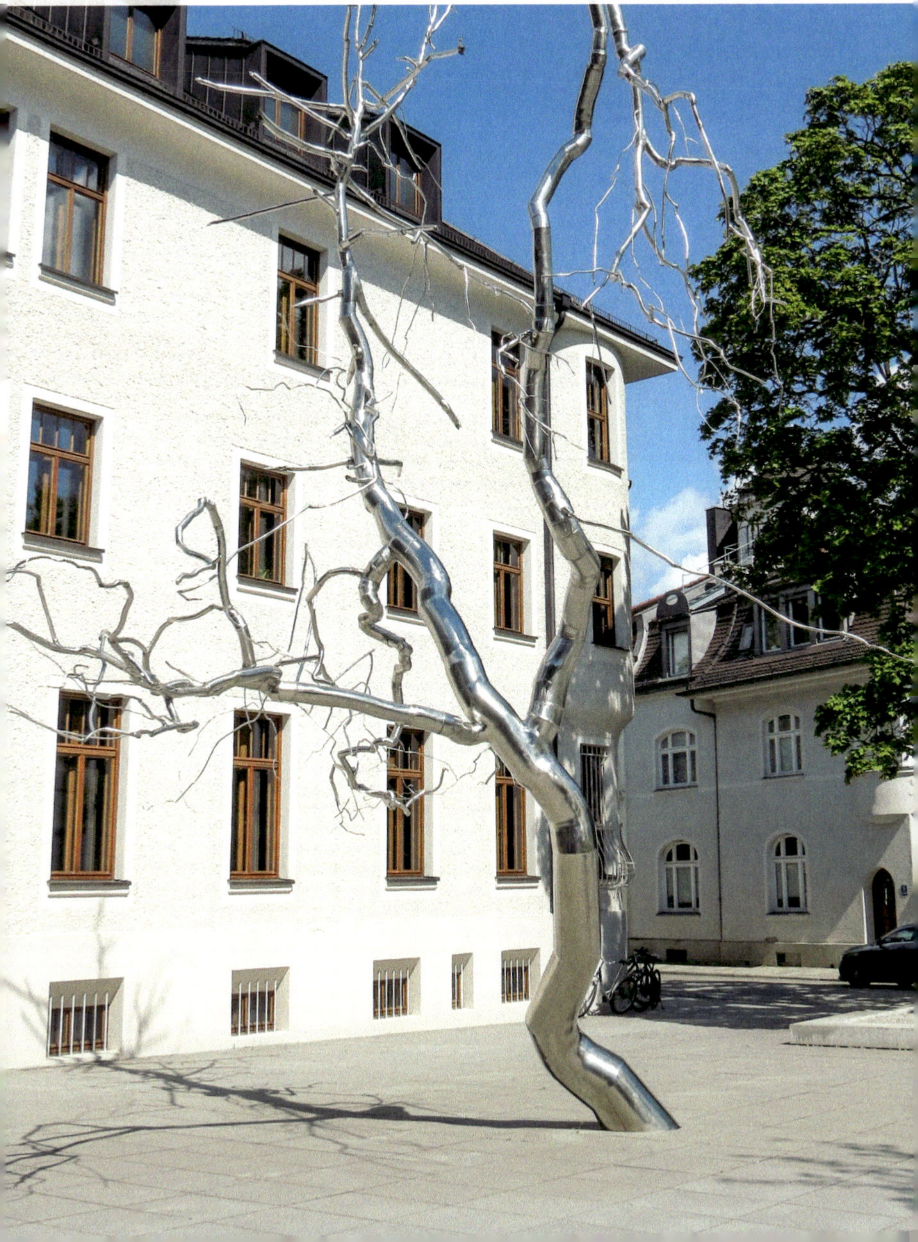

92 Die Silberkugeln

Stahl, der aus dem Boden wächst

Im Zuge des Baus des Europäischen Patentamtes entstand 1980 als Auftragsarbeit nach einem internationalen Wettbewerb die unbetitelte Skulptur des renommierten Amsterdamer Bildhauers André Volten (1925–2002), die bis heute nichts an Faszination eingebüßt hat. 15 Kugeln und Kugelsegmente, Kalotten, aus poliertem Edelstahl, die zum Teil im Boden versenkt sind, geben der begrünten Außenanlage des Europäischen Patentamtes einen prägenden Eindruck und lassen neben ihrer ästhetischen Dimension zahlreiche Assoziationen zu technologischen Innovationen zu. Ganz bewusst hat der Bildhauer, der besonders in niederländischen Städten mit zahlreichen Großplastiken im öffentlichen Raum vertreten ist, mit den Landschaftsgärtnern seinerzeit »gemeinsame Sache« gemacht. So sind die im Durchmesser bis zu 2,80 Meter großen, geschliffenen Stahlkugeln gewollt als geometrische Formen in der Landschaft platziert und unterschiedlich tief versenkt. Mitunter nur einzeln einzusehen, verlangt dieses bildhauerische Ensemble der 1970er/80er Jahre vom Betrachter eine ganzheitliche Aufnahme.

Der weite Außenbereich des Europäischen Patentamtes am Bob-van-Benthem-Platz wartet aber mit einer Reihe weiterer herausragender Skulpturen auf, die man einer Ausstellung gleich bestens erlaufen und einsehen kann. Dazu zählen die ebenfalls zwischen 1978 und 1980 entstandenen und installierten Großskulpturen »Camera«, eine neunteilige Eisenkonstruktion des englischen Künstlers Eduardo Paolozzi (1924–2005), wie auch die 8,50 Meter hohe Stahlplastik des 1934 geborenen englischen Bildhauers Phillip Cross mit dem Titel »Cross Blend«, die aus miteinander verbundenen kubischen Elementen besteht, die aus verschiedenen Stahlblechen geformt wurden. Und dann ist da noch die 1897 entstandene Granitskulptur des 1964 geborenen dänischen Künstlers Christian Hinz, der die von ihm bearbeiteten Granitblöcke in unterschiedlichsten Spannungsverhältnissen drapierte.

Adresse Europäisches Patentamt (EPA), Bob-van-Benthem-Platz 1, 80469 München (Ludwigsvorstadt), Tel. 089/23990 | **Anfahrt** S-Bahnen, Haltestelle Isartor; Tram 36, Haltestelle Deutsches Museum; Bus 132, Haltestelle Boschbrücke oder Corneliusbrücke (schräg gegenüber der Museumsinsel) | **Öffnungszeiten** immer zu besichtigen | **Tipp** Ein Spaziergang entlang der renaturierten Isar und auf die Praterinsel mit dem malerischen Garten des Alpinen Museums und der Skulptur »Der Wanderer« (1993) von Michael Friederichsen (1938–2015) entspannt.

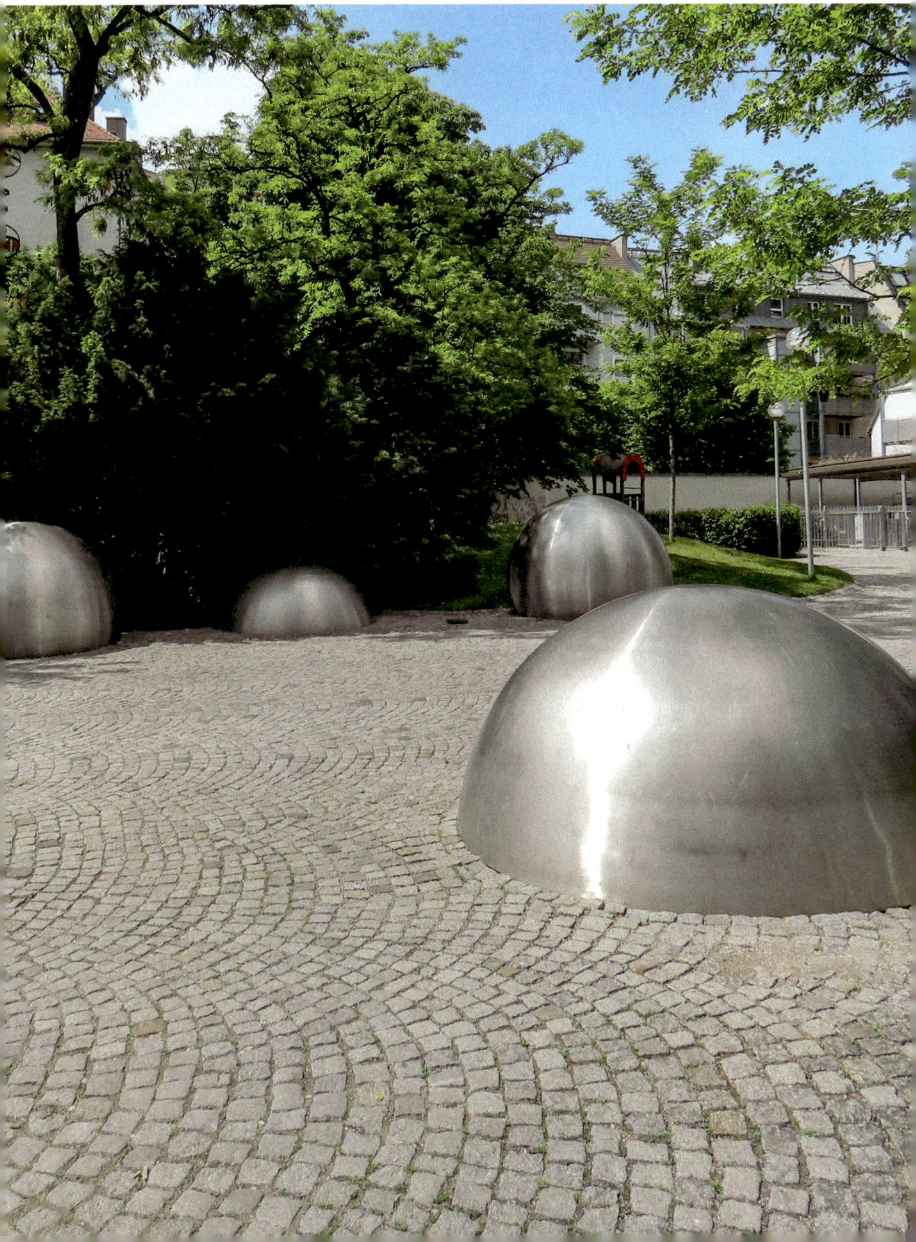

93 Der Simplicissimus

Die zähnefletschende Bulldogge

Mit Erscheinen der ersten Ausgabe des »Simplicissimus« am 4. April 1896 erhielt die damalige Münchner Avantgarde ihr Sprachrohr. Das Blatt mit der roten Bulldogge auf schwarzem Grund wurde zum Markenzeichen der kritischen Satire und der Schwabinger »Belle Époque«. Initiator des Blattes war der junge Verleger Albert Langen, von Haus aus wohlhabend, doch hatte er sein Erbe während seiner Pariser Jahre nahezu durchgebracht. In seinem neuen Buch & Kunst Verlag in der Kaulbachstraße wollte er eine Zeitschrift herausbringen, wie er sie in Paris in dem Satireblatt »Gil Blas illustré« kennengelernt hatte. Langen startete gigantisch: Der erste »Simplicissimus« erschien in der abenteuerlichen Druckauflage von 480.000 Exemplaren. Keine 10.000 wurden verkauft. Eine Pleite, aber mit einem fulminanten Presseecho.

Langen versammelte die besten Satiriker und Zeichner um sich – Ferdinand von Rezniček, Ludwig Thoma, Frank Wedekind, Thomas Theodor Heine und Olaf Gulbransson – und legte los. Voller Biss, Witz und Satire gegen die bürgerliche Moral, die heuchlerische Kirche, das dümmliche Militär, den lächerlichen Adel und die wilhelminische Politik. Und der Ruhm kam. 1904 hatte der »Simplicissimus« eine wöchentliche Auflage von über 80.000 Exemplaren.

Entscheidend geprägt wurde der »Simplicissimus« vom Grafiker, Illustrator und Zeichner Thomas Theodor Heine (1867–1948), der in Düsseldorf und München Malerei studiert hatte und seit 1895 an der Seite Langens wirkte. Mit dem Plakat der roten Bulldogge setzte er einen Pflock des Münchner Jugendstils, der es zu Weltruhm brachte. Die blutrote Bulldogge fletscht die Zähne, trägt eine gesprengte Kette, ist jederzeit bereit zum Angriff. Heine arbeitete über 30 Jahre für den »Simplicissimus«, blieb sich treu und schuf unbeirrt kritisch-satirische Zeichnungen. Da konnte ihm 1898 auch die sechsmonatige Festungshaft wegen »Majestätsbeleidigung« nichts anhaben.

Adresse Städtische Galerie im Lenbachhaus und Kunstbau München, Luisenstraße 33, 80333 München (Maxvorstadt), Tel. 089/23396933, www.lenbachhaus.de | Anfahrt U 2, Haltestelle Königsplatz | Öffnungszeiten Di–So 10–18 Uhr, Do 10–20 Uhr | Tipp Die Ausstellungshalle »Lothringer 13« in Haidhausen (Lothringer Straße 13) zeigt internationale und lokale Gegenwartskunst in einer ehemaligen Industriehalle.

94 Der Skulpturengarten

Entdeckung abseits der Stadt

Dieser im Münchner Westen versteckt liegende Skulpturengarten des kleinen, seit 2015 existierenden Museums Peter Gehring wartet mit außergewöhnlichen Statuen und Statuetten auf, qualitativ hochwertig, figürlich raffiniert und von starker Aussagekraft. Der Architekt, Bildhauer und Maler Peter Gehring (1954–2001) hat ein skulpturales Œuvre hinterlassen, das, eingebettet in die Architektur des vom renommierten Landschafts- und Gartenarchitekten Alfred Reich (1908–1970) entworfenen Gartens, beeindruckt.

Immer im Vordergrund der Skulpturen Gehrings: die menschliche Figur. Das Credo: die Reduktion der Person, ihre Verdichtung auf wesentliche Formelemente, ohne dabei das Ziel, das Figürliche ins Zentrum zu stellen, aus den Augen zu verlieren. Obwohl in den durchweg in Bronze gegossenen Skulpturen, in stark abstrahierter Weise, lediglich gerundete Gliedmaßen zusammengesetzt sind, fast frei schwebend, mit vielen Durchsichten, also »leeren Räumen«, wirken sie außerordentlich lebendig. Das Aussparen und Weglassen, das Fehlende, ist wesentliches Element dieser teilweise filigranen Skulpturen und erzeugt eine faszinierende Spannung. Die meist weiblichen Bronzestatuen wirken dadurch leicht und spielerisch.

Neben den in Bronze gegossenen Großskulpturen des Gartens sind im Inneren des 1950 vom Architekten Gustav Gsaenger (1900–1989) im Auftrag Reichs erbauten und von ihm und seiner Frau bezogenen Wohnhauses, das 1998 von den Gehrings übernommen wurde, Kleinplastiken zu sehen. Gehrings Stil setzt sich hier in Miniaturen fort. Die kleine Form, die auf runden weißen Säulen präsentiert wird, entwickelt von allen Seiten und aus jeder Perspektive ihre eigene Ästhetik.

Neben den Kleinskulpturen sind im Haus auch Zeichnungen, Materialkollagen und Architekturprojekte Gehrings, der sein Schaffen immer als eine Einheit von Architektur und Kunst verstanden wissen wollte, zu bewundern.

Adresse Museum Peter Gehring, Im Eichgehölz 15 (nahe Botanischer Garten), 80997 München (Obermenzing), Tel. 089/3002359, www.museum-peter-gehring.com | Anfahrt Tram 17, Bus 143, 180, Haltestelle Amalienburgstraße; Parkplätze in der Waldhornstraße | Öffnungszeiten individuelle Führungen nach Vereinbarung unter Tel. 089/3002359 | Tipp Das 2014 vom Bildhauer Joseph Michael Neustifter geschaffene Agnes-Bernauer-Denkmal, eine Bronze-Stele, die die Geliebte Herzog Albrechts III. zeigt, ist am Schloss Blutenburg zu sehen, dort, wo die beiden vermutlich vorübergehend gewohnt haben.

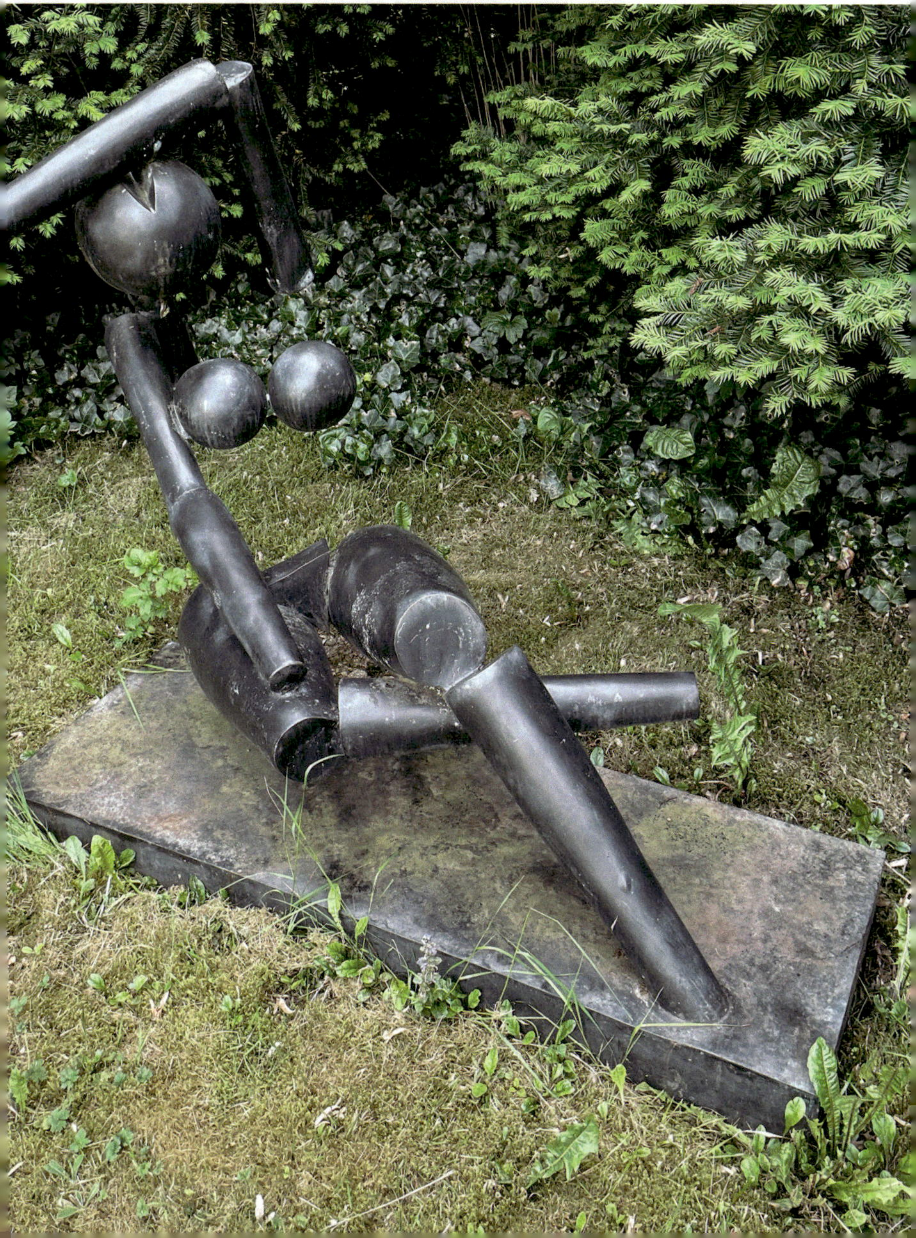

95 Das Sparton »Nocturne«

Ein Art-déco-Radio von Weltformat

Ein Exponat der Neuen Sammlung zieht die Blicke immer wieder magisch auf sich: das legendäre Sparton »Nocturne«, einer der ausgefallensten Radioapparate der Designgeschichte. Wenn man bedenkt, dass von dieser runden Kreation weltweit keine 15 Exemplare mehr existieren und dass eines davon, wenn es auf den Markt kommt, nicht unter 100.000 Euro zu haben ist, dann scheint es umso sensationeller, dass es der Neuen Sammlung 2009 gelang, diesen historischen Radioempfänger, der in den USA zwei Vorbesitzer hatte, zu erwerben und der Öffentlichkeit zu präsentieren. Denn das Sparton »Nocturne«, Modell 1186, gilt als einer der Höhepunkte des amerikanischen Art déco.

Das »Nocturne« wurde 1934 für die Elektrofirma Sparton Co. vom US-amerikanischen Industriedesigner Walter Dorwin Teague (1883–1960) entworfen, der zu den weltweit bedeutendsten seiner Branche zählt und Industriedesign in den USA zu einem angesehenen Beruf machte. Das von Teague, der Student der Art Student League in New York gewesen war, designte schlanke Standradio mit der kreisrunden, spiegelverglasten, chrombesetzten kobaltblauen Optik war nicht nur ein Radio, sondern ein extravagantes Möbel. So fand man das 115,60 Zentimeter hohe Radio mit den mittigen Drehknöpfen und der Anzeigenkonsole – die Elf-Röhren-Technik war von einem von vorne nicht sichtbaren lackierten Holzgehäuse verborgen – mit Vorliebe in Hotellobbys oder Häusern einer wohlhabenden Klientel. Der hohe Preis tat sein Übriges. Heute ist kaum vorstellbar, dass dieses Radio 1936 mit 350 Dollar nahezu so viel kostete wie ein Ford. Ein für damalige Verhältnisse atemberaubend hoher Preis.

Günstiger waren die kleineren von Teague entworfenen Schwestermodelle des »Nocturne«, die ebenfalls in der permanenten Ausstellung der Neuen Sammlung zu sehen sind: das kreisrunde Modell 506 »Bluebird« und das rechteckige Modell 558.

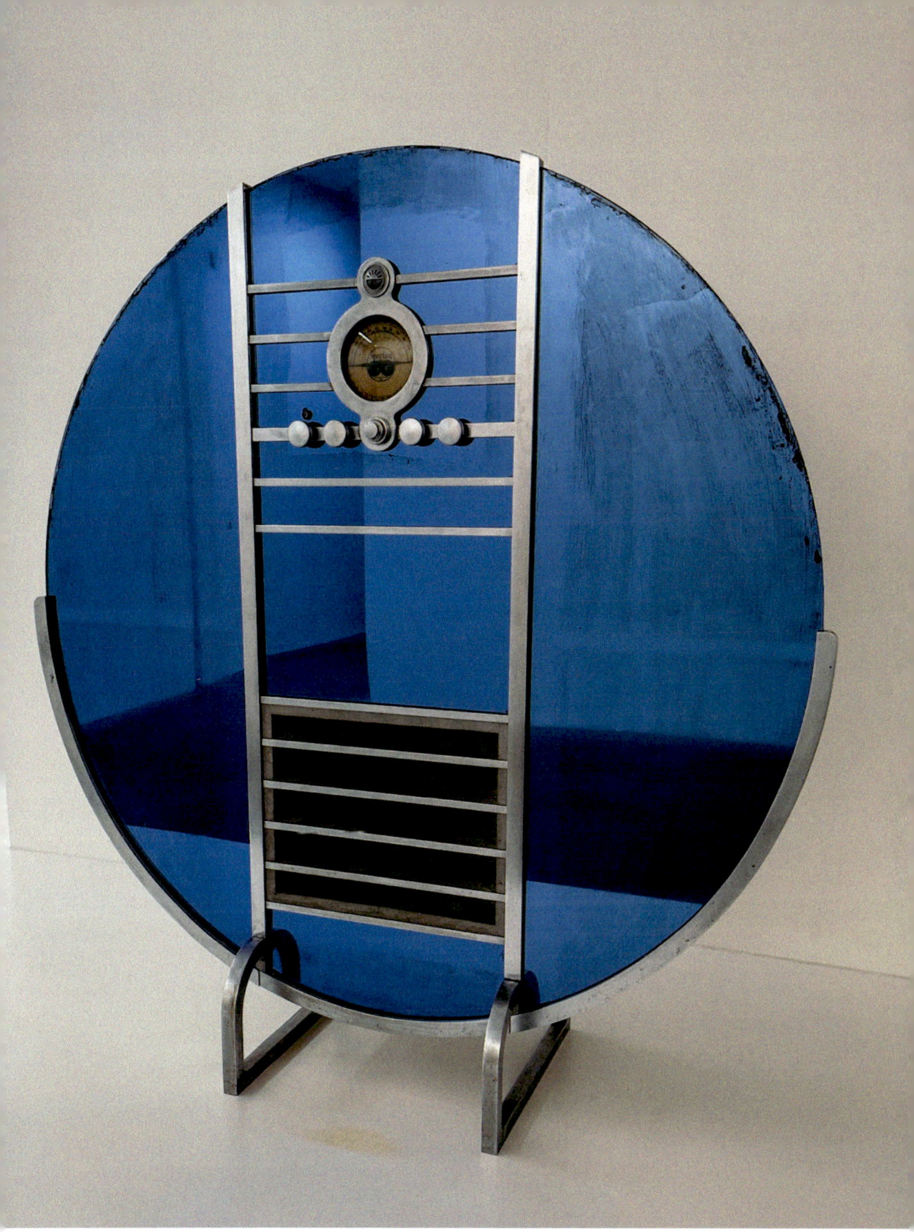

Adresse Pinakothek der Moderne – Die Neue Sammlung, Barer Straße 40, 80333 München (Maxvorstadt), Tel. 089/23805360, www.die-neue-sammlung.de | **Anfahrt** U 3, U 6, Haltestelle Odeonsplatz oder Universität; U 4, U 5, Haltestelle Odeonsplatz; U 2, Haltestelle Königsplatz oder Theresienstraße; Tram 27, 28, Bus 58 (CityRing), 100 (Museumslinie), Haltestelle Pinakotheken | **Öffnungszeiten** täglich außer Mo 10–18 Uhr, Do 10–20 Uhr | **Tipp** Sehenswert in der Neuen Sammlung sind auch verschiedene Exponate des schweizerisch-französischen Architekten, Bildhauers und Designers Le Corbusier (1887–1965).

96 Das Spektakulum

Kybernetik vor dem Europäischen Patentamt

Nach den USA mit jährlich 44.300 Patenten folgte 2020 Deutschland mit 26.000 Erfindungen an zweiter Stelle. So der Patent-Index des 1977 gegründeten, in München ansässigen Europäischen Patentamtes (EPA). Die EPA-Zentrale und ihre europäischen Nebenstellen mit rund 7.000 Beschäftigten bündeln das Patentwesen nahezu aller europäischen Staaten, eine ganz wesentliche Basis weltweiten technologischen Fortschritts. Dynamik und Innovation sollten sich auch in der Kunst am Bau rund um den Münchner EPA-Sitz widerspiegeln.

Die von den Hamburger gmp Architekten von Gerkan, Marg und Partner 1979 gebaute Zentrale wird im Eingangsbereich zur Isar hin von der 1980 installierten Großskulptur »Chronos 10B« des ungarisch-französischen Bildhauers Nicolas Schöffer (1912–1992) dominiert, der in der Fachwelt als »Vater der kybernetischen Kunst« geführt wird.

Die 12,50 Meter hohe kybernetische Edelstahlskulptur spielt mit ganz besonderen Reizen. Integrierte Elektromotoren, Scheinwerfer, farbiges Glas und rotierende Spiegel, beweglich und mit sich verändernden Effekten, wirken wie eine Visitenkarte für die Inhalte des EPZ und des benachbarten Deutschen Patentamtes und natürlich des Deutschen Museums. Besonders im abendlichen Licht beginnt die Skulptur, in all ihren Facetten zu »leben« und eine eigene Dynamik von Raum, Licht und Zeit zu entwickeln. Basierend auf der kinetischen Kunst und dem Konstruktivismus der 1920er Jahre transportierte Schöffer seine Monumentalskulptur in die technisierte Gesellschaft der zweiten Jahrhunderthälfte und verstand »Chronos 10B« als Ausdruck von »Modernität, Fortschritt und Technik in der Kunst«. Sie mag heute im Zuge eines gesellschaftskritischen Diskurses um stetes Wachstum und technologischen Fortschritt vielleicht nicht ganz zeitgemäß scheinen, dem Anspruch einer Patentmetropole aber wird sie unvermindert gerecht.

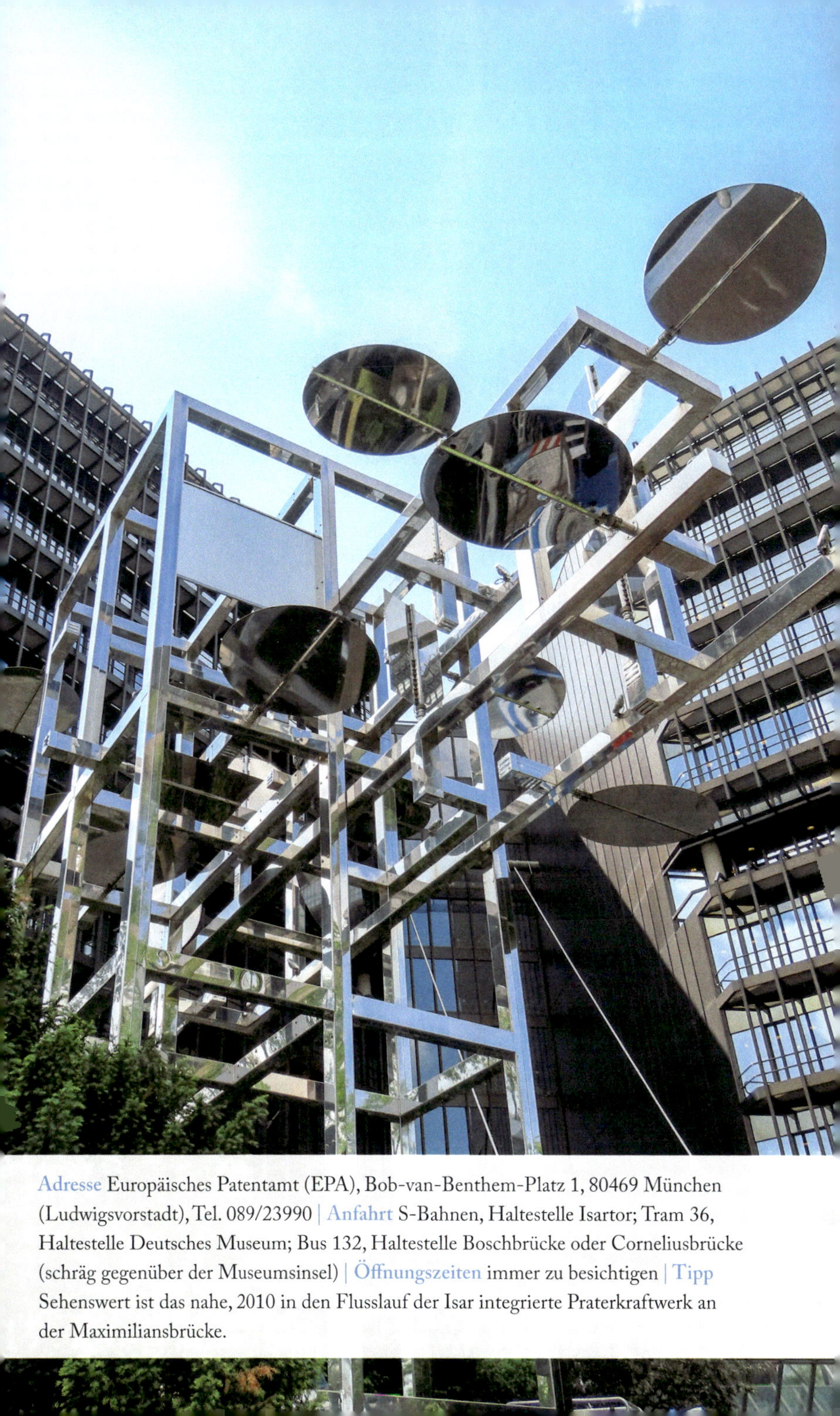

Adresse Europäisches Patentamt (EPA), Bob-van-Benthem-Platz 1, 80469 München (Ludwigsvorstadt), Tel. 089/23990 | Anfahrt S-Bahnen, Haltestelle Isartor; Tram 36, Haltestelle Deutsches Museum; Bus 132, Haltestelle Boschbrücke oder Corneliusbrücke (schräg gegenüber der Museumsinsel) | Öffnungszeiten immer zu besichtigen | Tipp Sehenswert ist das nahe, 2010 in den Flusslauf der Isar integrierte Praterkraftwerk an der Maximiliansbrücke.

97_Der Sprossenbau

Die Farbigkeit des Museums Brandhorst

Dem im Mai 2009 auf dem Areal Türken-/Ecke Theresienstraße neu eröffneten Museum Brandhorst gingen intensive Verhandlungen voraus. Das Kölner Sammlerehepaar Anette und Udo Brandhorst hatte entschieden, seine hochkarätige Kunstsammlung nach Bayern zu geben. Der Freistaat verpflichtete sich, aus öffentlichen Mitteln einen Museumsbau zu finanzieren. München erhielt damit einen Kunstschatz von rund 700 Kunstwerken des 20. und 21. Jahrhunderts, wozu rund 100 Pop-Art-Arbeiten von Andy Warhol und 170 Werke von Cy Twombly gehörten. Inzwischen ist die Sammlung, vertragsgemäß finanziert durch die Stiftung des Sammlerehepaares, auf über 1.200 Werke zeitgenössischer Kunst angewachsen, in die Bayerischen Staatsgemäldesammlungen integriert und aus dieser und aus der Münchner Kunstwelt nicht mehr wegzudenken.

Geplant und umgesetzt wurde dieses ungewöhnliche Museum vom Berliner Architekturbüro Sauerbruch Hutton. Durch seine farbige Außenfassade wirkt der trapezförmig angelegte Bau wie ein hochkarätiges abstraktes Kunstwerk, egal, aus welchem Blickwinkel man ihn betrachtet. Auf einer »Haut« aus Aluminiumblech sitzen 36.000 vertikal platzierte, einen Meter lange Vierkantstäbe aus farbig glasierter Keramik. 23 unterschiedliche Farbtöne changieren je nach Blickrichtung, die Fassade wirkt mal leicht und spielerisch, mal flirrend und irritierend, immer aber elegant und anmutig. Damit ist den Architekten ein architektonisches Highlight gelungen, das voller Überraschungen steckt und dessen Raffinessen sich im Innern fortsetzen.

Eine durchlaufende Fensterzeile mündet in die Verglasung des großzügigen Eingangsbereichs des 15 Meter hohen Kopfbaus. Das gesamte Museum lässt, geschickt arrangiert, viel Tageslicht ins Innere. Und durch ein längliches Fenster in einer Lounge im Obergeschoss hat der Besucher neben aller Kunst einen prominenten Blick auf die Pinakothek der Moderne und das gesamte Museumsareal.

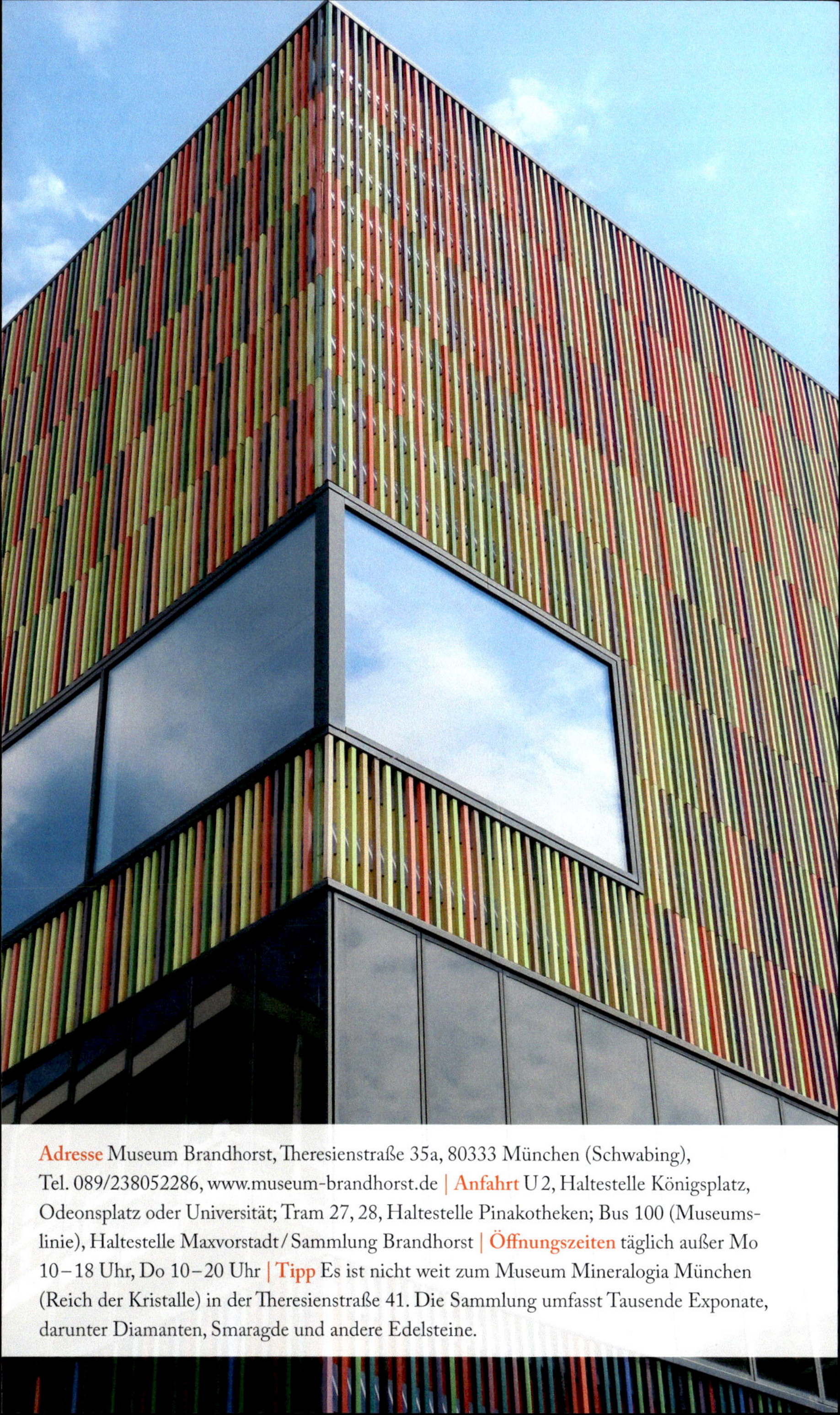

Adresse Museum Brandhorst, Theresienstraße 35a, 80333 München (Schwabing), Tel. 089/238052286, www.museum-brandhorst.de | Anfahrt U 2, Haltestelle Königsplatz, Odeonsplatz oder Universität; Tram 27, 28, Haltestelle Pinakotheken; Bus 100 (Museumslinie), Haltestelle Maxvorstadt/Sammlung Brandhorst | Öffnungszeiten täglich außer Mo 10–18 Uhr, Do 10–20 Uhr | Tipp Es ist nicht weit zum Museum Mineralogia München (Reich der Kristalle) in der Theresienstraße 41. Die Sammlung umfasst Tausende Exponate, darunter Diamanten, Smaragde und andere Edelsteine.

98 Die Stahlplastik

»Feuer und Flamme« auf poliertem Edelstahl

Ein unscheinbarer Ort weit oben in der Knorrstraße. Unmittelbar an der Straße ein etwas zurückliegender Platz und das lang gezogene, funktional über Eck gebaute Gymnasium München Nord mit integrierter »Eliteschule des Sports« des Deutschen Olympischen Sportbundes. Davor eine hohe, emporlodernde Edelstahlplastik, die immer in Bewegung zu sein scheint und mit dem Betrachter korrespondiert, vor allem wenn er sich im polierten Edelstahl, der wie ein Spiegel wirkt, verzerrt und schemenhaft sieht. Es handelt sich hierbei um die 2016 installierte, sechs Meter hohe, 2,5 Tonnen schwere Skulptur »Feuer und Flamme« des 1961 geborenen Bildhauers und Bronzegießers Bruno Wank, der in München an der Akademie der Bildenden Künste Bildhauerei studierte und dort 25 Jahre die Studienwerkstätte der Akademie für Bronzeguss leitete.

Der freischaffende Künstler hat diese Großskulptur ganz auf die Eliteschule des Sports zugeschnitten. »Feuer und Flamme« soll durch die Kraft des Feuers die olympische Idee von Völkerverständigung und Frieden ausdrücken. Unauslöschlich. Die Flamme, die auf einem Sockel aus schwarz patinierter Bronze »aufflackert«, ist als immer wiederkehrendes olympisches Symbol seit der Antike und ihrer Neuauflage im 19. Jahrhundert zu verstehen. Durch eine raffinierte innere Drehung der in die Höhe rotierenden Flamme entwickelt die Skulptur zusammen mit dem Spiegelglanz eine züngelnde Flamme. Sie soll ganz nebenbei die täglich an ihr vorbeieilenden Schülerinnen und Schüler an ihre möglichen sportlichen Ambitionen und Hoffnungen erinnern.

Von Bruno Wank stammt auch die Bodenskulptur »Argumente«, eine glänzende Bronzespur im Kopfsteinpflaster der kleinen Viscardigasse gleich hinter der Feldherrnhalle, die in München »Drückebergergasse« genannt wurde. Durch diese Gasse gingen im Nazi-München die Menschen, die dem »Heil-Hitler-Gruß« an der Feldherrnhalle entgehen wollten.

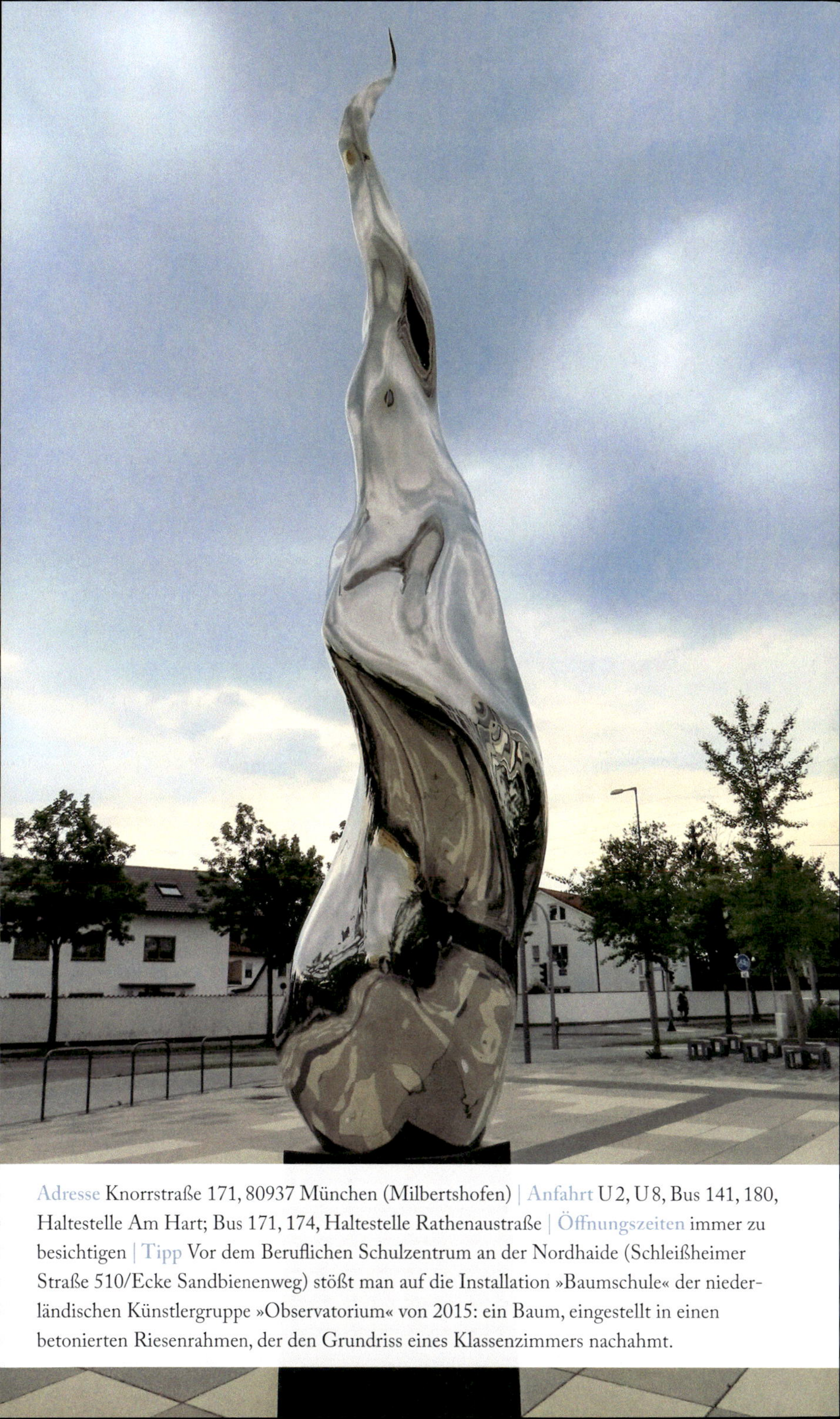

Adresse Knorrstraße 171, 80937 München (Milbertshofen) | Anfahrt U 2, U 8, Bus 141, 180, Haltestelle Am Hart; Bus 171, 174, Haltestelle Rathenaustraße | Öffnungszeiten immer zu besichtigen | Tipp Vor dem Beruflichen Schulzentrum an der Nordhaide (Schleißheimer Straße 510/Ecke Sandbienenweg) stößt man auf die Installation »Baumschule« der niederländischen Künstlergruppe »Observatorium« von 2015: ein Baum, eingestellt in einen betonierten Riesenrahmen, der den Grundriss eines Klassenzimmers nachahmt.

99_Die St.-Georgs-Statuette

Mit Gold, Diamanten und Perlen behängt

Hier verfängt sich der Blick. 2.200 Diamanten, 400 Rubine, 200 Perlen, Smaragde, Opale und andere Edelsteine zieren die 50 Zentimeter hohe Statuette des Schutzheiligen und Drachentöters St. Georg. Dieses wahrscheinlich kostbarste Werk der Schatzkammer der Münchner Residenz wurde zwischen 1586 und 1597 in Goldschmiedewerkstätten in München und Augsburg hergestellt, wohl nach einem Entwurf des deutsch-niederländischen Bildhauers und Malers Friedrich Sustris (1540–1600), der auch den Grottenhof der Residenz gestaltete. Vermutlich war es als Reliquiar für eine St.-Georgs-Reliquie gedacht, die Herzog Wilhelm V. 1586 von seinem Bruder, dem Erzbischof Ernst von Köln, geschenkt bekommen haben soll. Hinter dem beweglichen Helmvisier Georgs, hoch zu Ross mit Bart, soll das aus Buchsbaumholz geschnitzte Gesicht die Züge des Stifters Herzog Wilhelm V. tragen. So die Interpretation der Schatzkammer-Experten.

Aber die Schatzkammer der Residenz birgt viele weitere kostbare Meisterwerke, die von der herausragenden Goldschmiedekunst und Edelsteinverarbeitung vom frühen Mittelalter bis zum Klassizismus zeugen. Sie wurde 1565 von Herzog Albrecht V. testamentarisch als »unveräußerlicher Schatzfonds« der Wittelsbacher verankert, stets erweitert und 1897 der Öffentlichkeit zugänglich gemacht. Zu den »Perlen« des Schatzes gehören das Gebetbuch Kaiser Karls des Kahlen (um 860), das Kreuzreliquiar Heinrichs II. mit vier Splittern vom Kreuz Christi (um 1010), die älteste erhaltene englische Krone überhaupt (1399), 1782 durch die Pfälzer Wittelsbacher in die Schatzkammer gelangt, sowie die 1806 von namhaften Juwelieren und Goldschmieden in Paris gefertigten Kroninsignien des Königreichs Bayern, darunter die Königskrone und die Perlenkrone der Königin. Aber auch das Reiseservice von Kaiserin Marie Louise (1812), ein Geschenk Napoleons, aus Gold, Perlmutt und Elfenbein ist Teil der Sammlung.

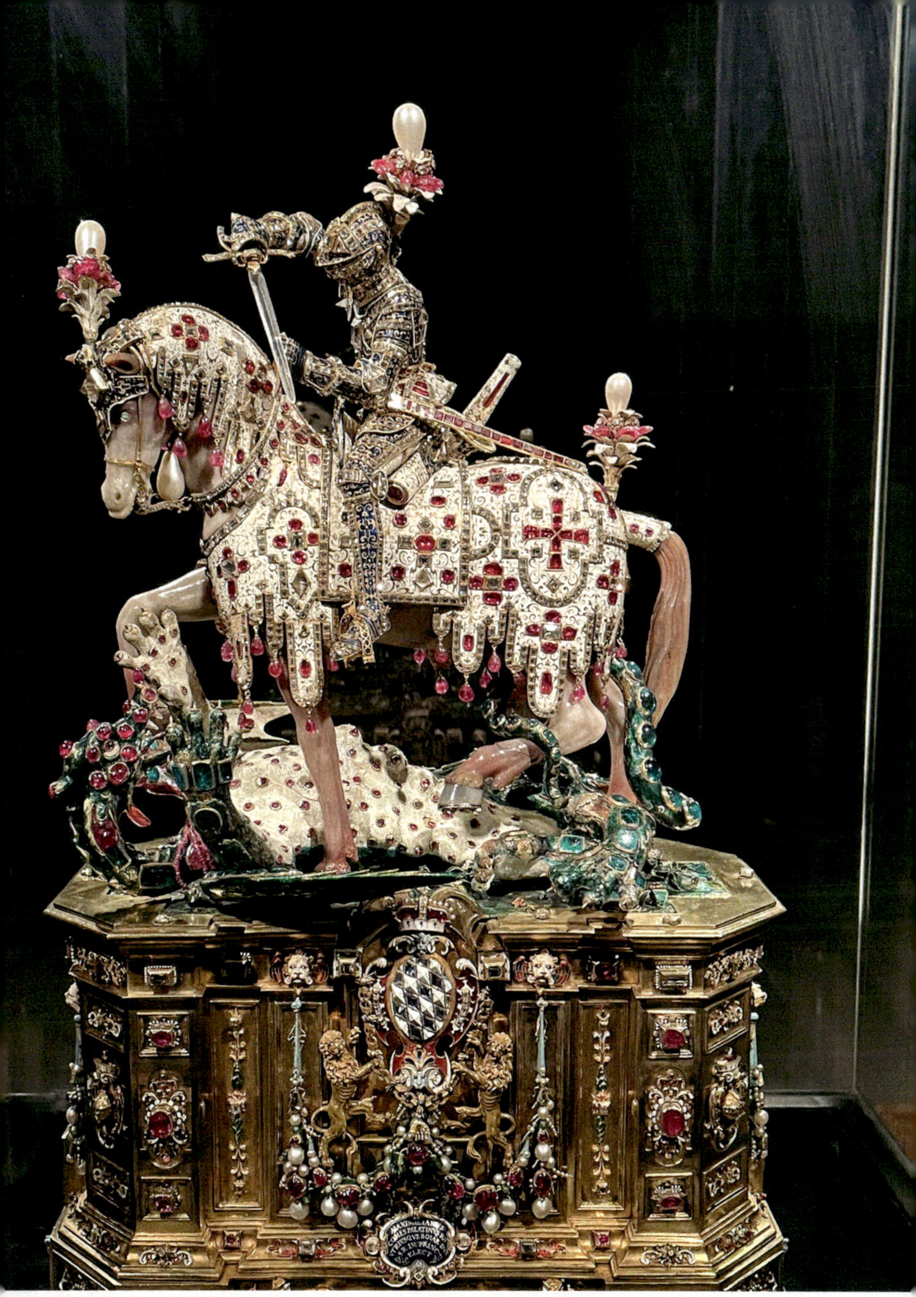

Adresse Schatzkammer der Residenz, Residenzstraße 1, 80333 München (Altstadt), Tel. 089/290671, www.residenz-muenchen.de | **Anfahrt** U3–U6, Bus 100 (Museumslinie), 153, Haltestelle Odeonsplatz | **Öffnungszeiten** April–15. Okt. täglich 9–18 Uhr, 16. Okt.–März täglich 10–17 Uhr | **Tipp** Die imposanten Innenhöfe der Residenz mit ihren spektakulären Springbrunnen sollten unbedingt ergangen werden.

100 Die Stiefel

Zwei Paar der anderen Art

Wer hat denn da seine Gummistiefel vergessen, einfach stehen lassen, und zwar gleich zwei Paar? Nähert man sich diesen scheinbar entsorgten Galoschen, treten sie in Aktion. Aus dem einen Paar, das an der Kiesbank vor dem Nymphenburg-Biedersteiner Kanal steht, schießt in bestimmten Zeitabständen eine bis zu sieben Meter hohe Wasserfontäne in die Luft. Und in Sichtweite des Gehweges, kurz vor der Leopoldstraße, da, wo die Autos wieder aus dem Petueltunnel strömen, ächzen die beiden anderen Stiefel, wenn sie stoßweise Luft als Teil der Tunnelbelüftung verblasen.

Kreiert hat die Doppelskulptur »Zwei Paar Stiefel« der 1938 geborene Schweizer Bildhauer und Konzeptkünstler Roman Signer 2004 im Zuge der Installation zahlreicher Kunstwerke im zu Beginn der 2000er Jahre von den Landschaftsarchitekten Stefanie Jühling und Partner neu angelegten, 7,4 Hektar großen Petuelpark, einer der ungewöhnlichsten Parklandschaften der Stadt.

Er ist kein klassischer Park, sondern eine den verkehrsplanerischen Gegebenheiten angepasste künstliche grüne Oase. Da die Tunnelröhre aus Kostengründen nicht vollständig versenkt werden konnte und knapp drei Meter aus der Erde ragt, wurde Boden aufgeschüttet, sodass der Park heute teilweise 3,50 Meter über dem normalen Niveau liegt und dadurch wie eine modellierte Landschaft erscheint. Das aber macht den Reiz aus.

Neben den verschiedenen Grünflächen entlang des neu gestalteten Nymphenburg-Biedersteiner Kanals mit seinen zahlreichen kleinen Brücken wurde vor allem das Projekt »Kunst-Raum« in den Petuelpark integriert. Ein Skulpturenpark internationaler Künstler mit über einem Dutzend Installationen und Objekten. Besonders ins Auge fällt dabei die bewegliche Reiterskulptur »Go!«, ein mit Alltagsgegenständen und einem Reiter beladenes Maultier der 1959 in Münster geborenen Bildhauerin und Installationskünstlerin Pia Stadtbäumer.

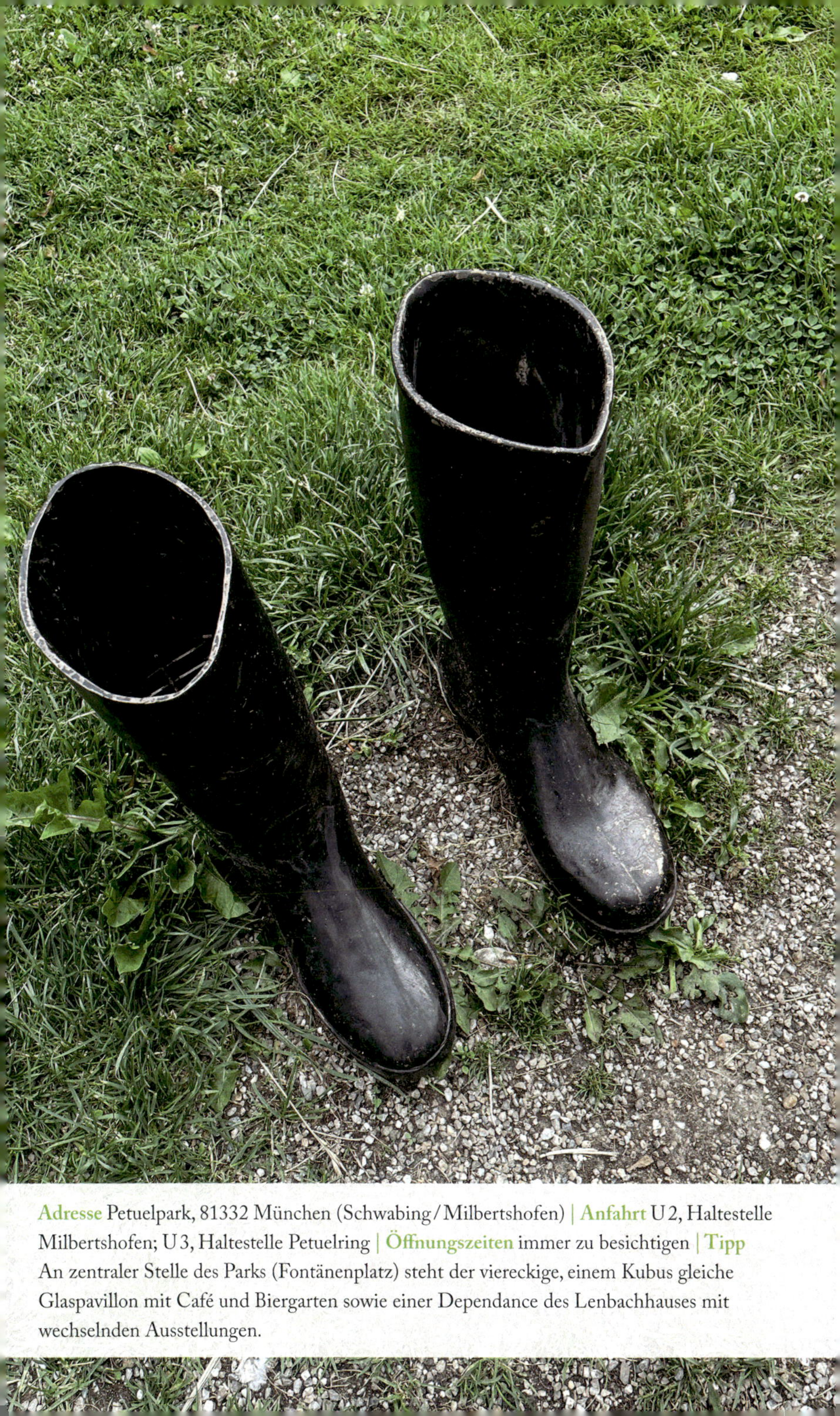

Adresse Petuelpark, 81332 München (Schwabing/Milbertshofen) | **Anfahrt** U 2, Haltestelle Milbertshofen; U 3, Haltestelle Petuelring | **Öffnungszeiten** immer zu besichtigen | **Tipp** An zentraler Stelle des Parks (Fontänenplatz) steht der viereckige, einem Kubus gleiche Glaspavillon mit Café und Biergarten sowie einer Dependance des Lenbachhauses mit wechselnden Ausstellungen.

101 Die Sünde

Ein Bild und seine Wirkung

Wahrscheinlich hat kein Bild in der Münchner Kunstgeschichte größeres Aufsehen erregt als die 1893 gemalte »Sünde« von Franz von Stuck. Eine nackte Frau, jung und schön, mit straffen Brüsten, der Oberkörper von einer Schlange umwunden, wirft dem Betrachter einen lasziven Blick zu, als wolle sie ihn ins Bild hineinziehen. Die Verbindung von Nacktheit und Schlange, dem alttestamentarischen Sündenfall entlehnt: Verführung und Gefahr. Die opulente Goldrahmung trägt unterhalb des Motivs in großen Lettern den Schriftzug »Die Sünde«. Für Franz von Stuck (1863–1928) wurde dieses Gemälde der Grundstein seines Ruhms.

Der 1863 im niederbayerischen Tettenweis geborene Müllerssohn, der an der Akademie in München studiert hatte und dort 1895 Professor wurde, die Antike verehrte, aber der Moderne gegenüber aufgeschlossen war, liebte die Provokation, seit er in München war. Er gehörte schon früh zu denen, die gegen die etablierte Kunst rebellierten, denen das konservative Kunstverständnis des ausgehenden Jahrhunderts ein Gräuel war. Front gemacht wurde gegen die mächtige Münchner Künstlergenossenschaft, die durch den alles dominierenden Malerfürsten Franz von Lenbach beherrscht wurde. Zahlreiche, meist junge Künstler traten deshalb aus der Künstlergenossenschaft aus und gründeten am 4. April 1892 den Verein bildender Künstler, die »Secession«. Der modernen Kunst mit dem beginnenden Impressionismus sollten keine Fesseln mehr angelegt werden. Der gerade aufkommende Jugendstil brach sich in Ausstellungen und Happenings Bahn.

Bekanntester Vertreter der Secession war Franz von Stuck, der die prüde Gesellschaft mit immer neuen erotischen Motiven in Aufruhr versetzte. Als sich Prinzregent Luitpold ein Jahr nach der »Sünde« von Stuck höchstpersönlich porträtieren ließ, gab es einen erneuten Aufschrei der Empörung. Dem Künstler gereichte es zur Ehre. 1906 wurde er geadelt.

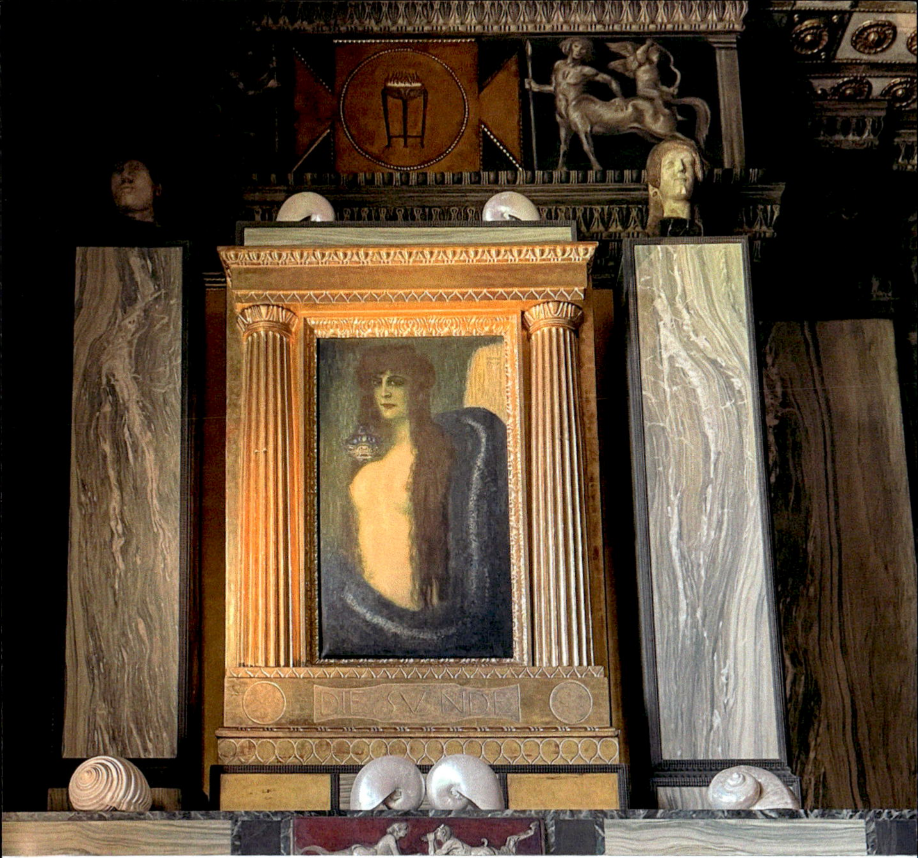

Adresse Villa Stuck, Prinzregentenstraße 60, 81675 München (Bogenhausen), Tel. 089/4555510, www.villastuck.de | Anfahrt U 4, Haltestelle Prinzregentenplatz; U 5, Haltestelle Max-Weber-Platz; Tram 16, Bus 100 (Museumslinie), Haltestelle Friedensengel | Öffnungszeiten Di–So 11–18 Uhr, 1. Fr im Monat bis 22 Uhr | Tipp Ebenfalls sehenswert in der Villa Stuck: das zwei Meter große Gemälde »Wächter des Paradieses« und die Bronzefigur »Tänzerin«, bei der – wie auch bei der »Reitenden Amazone« – wohl Stucks Ehefrau Mary Modell stand.

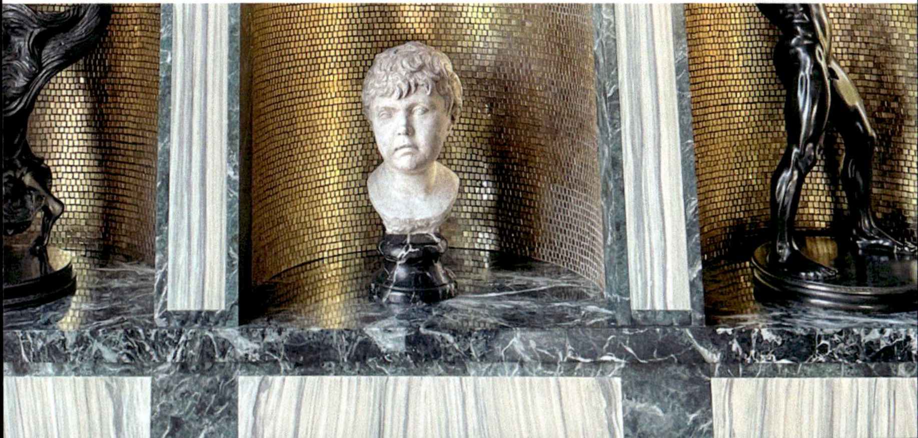

102__Der Tänzer

Die »Mona Lisa« Münchens

Münchens »Mona Lisa« ist ein Mann. Eines der bekanntesten und möglicherweise meistkopierten Gemälde der 1911 von Wassily Kandinsky und Franz Marc gegründeten Künstlergruppe »Der Blaue Reiter« ist das »Bildnis des Tänzers Alexander Sacharoff« des russischen Malers Alexej von Jawlensky (1864–1941) von 1909. In München wurde dieses knapp 70 mal 67 Zentimeter kleine Porträt in Öl auf Pappe so populär, dass man von der »Mona Lisa« an der Isar sprach. Ein Meisterwerk in einer Reihe weiterer herausragender Gemälde der Künstlergruppe, einer Avantgarde, der der etablierte Kunstbetrieb als zu akademisch und elitär erschien und die sich der abstrakten Formensprache und der expressiven Farbgebung verschrieb.

Alexej von Jawlensky, der in St. Petersburg Kunst studiert hatte und 1886 mit seiner späteren Lebensgefährtin Marianne von Werefkin nach München gekommen war, schloss sich 1909 der Neuen Künstlervereinigung München an und gehörte zu den Künstlern der Gruppe »Der Blaue Reiter«. Dem Bewunderer der französischen Avantgardekünstler mit ihrem expressiven Malstil und der Reduktion aufs Wesentliche hatte es vor allem das »menschliche Antlitz« angetan. Und es sollte immer mehr als nur ein Porträt sein. Das einfache, aber ungeheuer ausdrucksstarke »Bildnis des Tänzers Alexander Sacharoff« ist sein wohl faszinierendstes Werk.

Da kommuniziert der Tänzer aus tiefdunkel geschminkten Augen mit seinem Betrachter. Und der kann sich diesem Blick nicht entziehen. Der lächelnde Mund, das grellrote Kleid. Ein Mann? Eine Frau? Und wie alt? Eine androgyne Erscheinung, die auch Jawlensky faszinierte, der mit dem dargestellten Balletttänzer eng befreundet war. Es ist überliefert, dass Jawlensky den Tänzer spontan und in nicht mal einer Stunde gemalt haben soll, als dieser kurz vor einem Auftritt im Atelier des Künstlers vorbeigeschaut hat. Geschminkt und kostümiert.

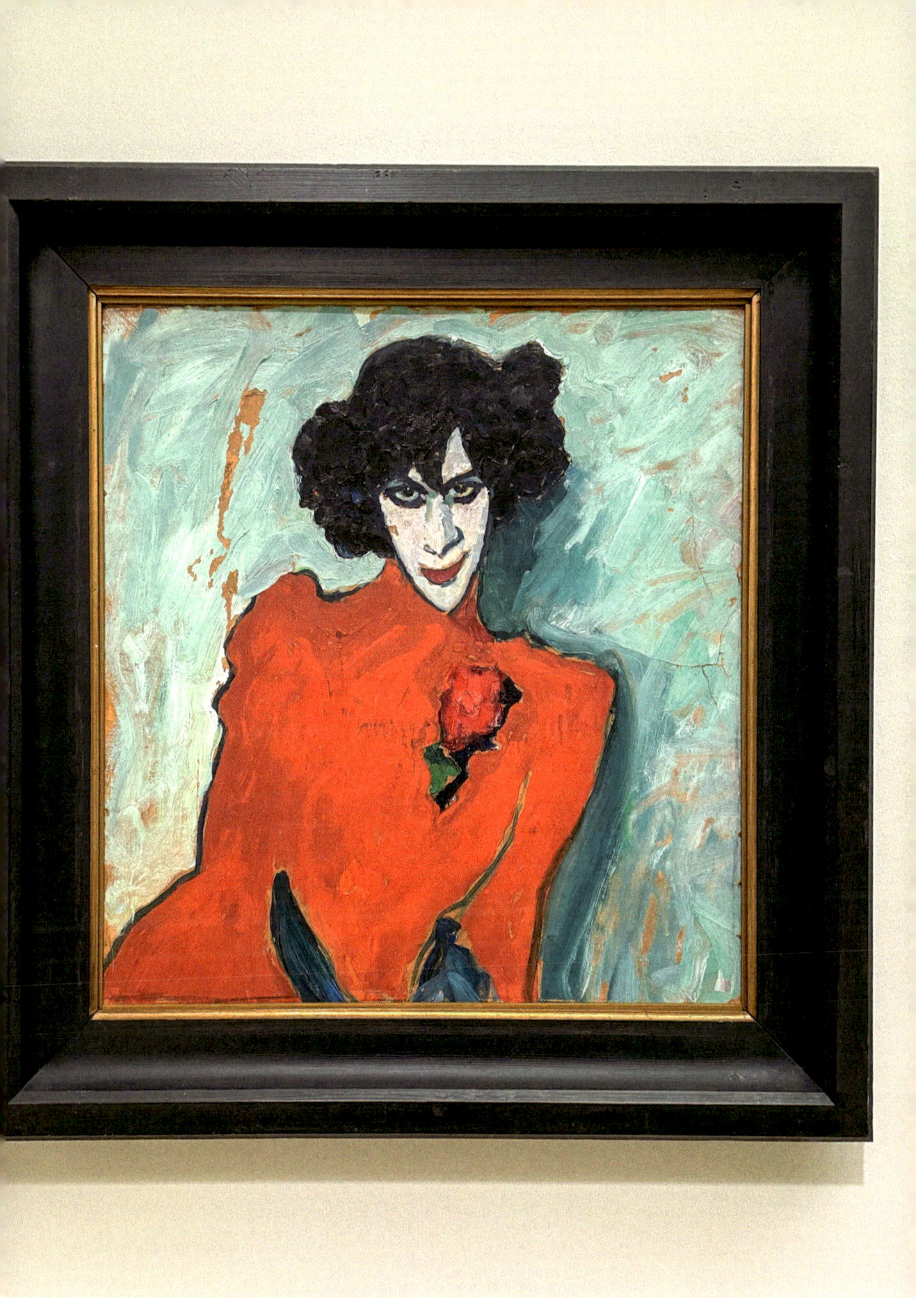

Adresse Städtische Galerie im Lenbachhaus und Kunstbau München, Luisenstraße 33, 80333 München (Maxvorstadt), Tel. 089/23396933, www.lenbachhaus.de | Anfahrt U2, Haltestelle Königsplatz | Öffnungszeiten Di–So 10–18 Uhr, Do 10–20 Uhr | Tipp Herausragend im Lenbachhaus sind auch die farbenstarken Improvisationen und abstrakten Bilder des Wassily Kandinsky.

103 Die Vier Apostel

Jeder kennt sie, aber wo hängen sie eigentlich?

Nahezu jeder ist diesem 1526 entstandenen Meisterwerk schon einmal begegnet, im Schulunterricht, in der Kirche, im Souvenirshop. Wenn man an die Apostel Jesu denkt, kommen einem sofort diese überlebensgroßen Gestalten in ihren farbigen Gewändern in den Sinn. Die »Vier Apostel« des Nürnberger Malers, Kupferstechers und Zeichners Albrecht Dürer (1471–1528) haben auf den Betrachter eine geradezu magische Anziehungskraft. Wer sie einmal gesehen hat, vergisst sie nicht mehr.

Dargestellt sind Johannes und Petrus auf der linken und Markus und Paulus auf der rechten der beiden knapp 2,20 Meter hohen und 80 Zentimeter schmalen Holztafeln an der Stirnseite des ersten Obergeschosses der Alten Pinakothek. Zu Füßen der Apostel sind Inschriften angefügt, zum Teil aus der damals gerade erschienenen Luther-Bibel, die den Rat der Stadt Nürnberg vor »falschen Propheten« mahnen und dazu auffordern, stets nach dem wahren Bibelwort zu handeln, also sich der Reformation zu öffnen. Dürer schenkte die Lindenholztafeln zwei Jahre vor seinem Tod seiner protestantisch gewordenen Heimatstadt. Dort wurde sie im Rathaus aufgehängt, wo sie für immer bleiben sollten. Aber es kam anders.

1627 wurden die »Vier Apostel« inmitten des Dreißigjährigen Krieges vom Wittelsbacher Kurfürsten Maximilian I. der Stadt Nürnberg abgepresst und nach München überführt. Der Kurfürst, ein glühender Bewunderer und Sammler Dürers, war strenger Katholik und kompromissloser Gegner der Reformation. So fackelte er nicht lange und ließ kurzerhand die »ketzerischen« Bildunterschriften absägen und nach Nürnberg zurückschicken. Die »Vier Apostel« kamen über Umwege 1836 schließlich in die neu gebaute Pinakothek. Alle Bemühungen Nürnbergs, das Doppelgemälde dem Willen Dürers entsprechend zurückzuerhalten, liefen ins Leere. Erst 1922 wurden die abgesägten Original-Inschriften den Gemälden wieder hinzugefügt.

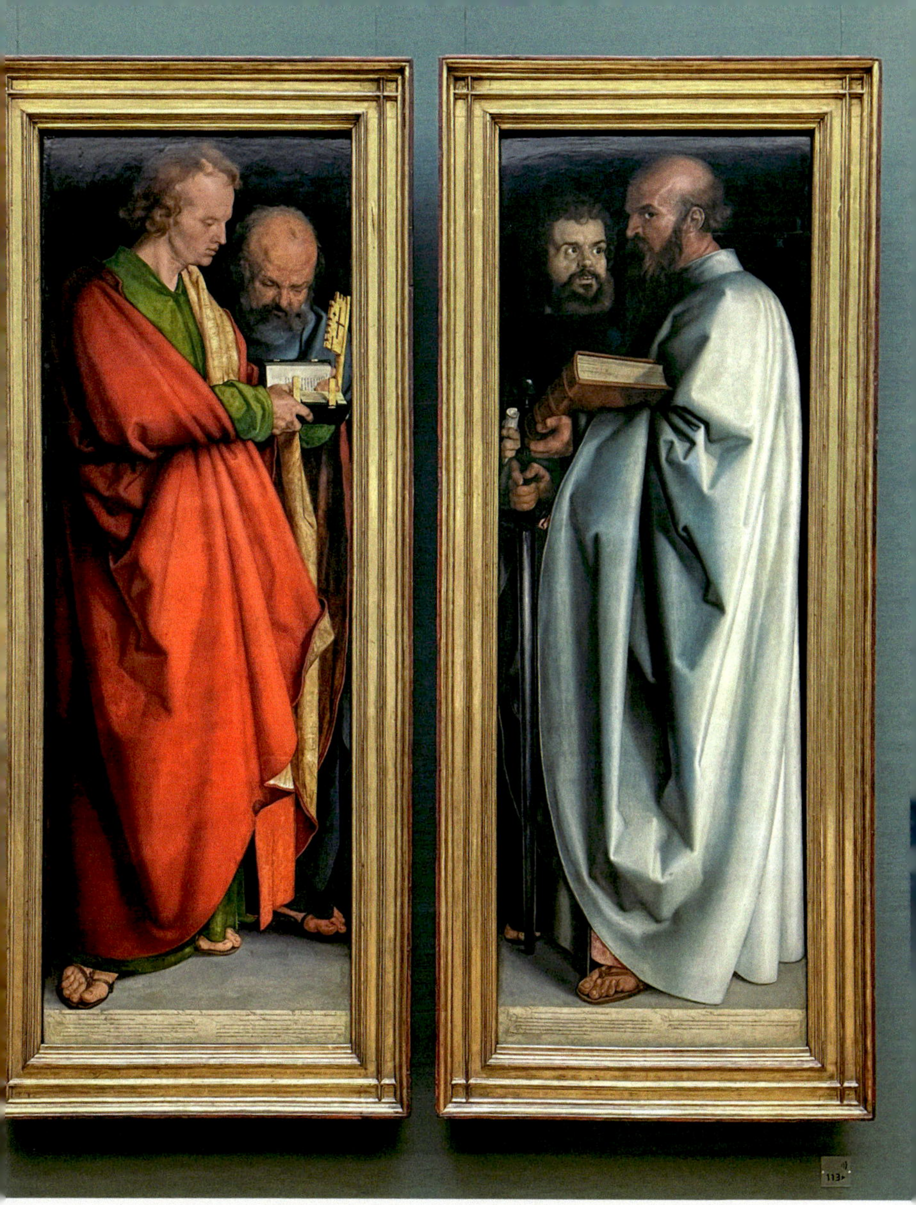

Adresse Alte Pinakothek, Barer Straße 27, 80333 München (Maxvorstadt), Tel. 089/23805216, www.pinakothek.de/alte-pinakothek | **Anfahrt** U2, Haltestelle Königsplatz oder Theresienstraße; U3, U6, Haltestelle Odeonsplatz oder Universität; U4, U5, Haltestelle Odeonsplatz; Tram 27, 28, Bus 58 (CityRing), 100 (Museumslinie), Haltestelle Pinakotheken | **Öffnungszeiten** täglich außer Mo 10–18 Uhr, Di, Mi 10–20.30 Uhr | **Tipp** Die »Alexanderschlacht« (1529) des Regensburger Landschaftsmalers und Kupferstechers Albrecht Altdorfer (1482–1538) ist ein Schlachtengetümmel nie zuvor gesehenen Ausmaßes, ein Bild mit vielen tausend Kriegern, detailliert in Szene gesetzt.

104_Der Vierzylinder

Architektonisches Symbol des Autokonzerns

BMW hat in München schon früh Zeichen gesetzt – mit einem architektonischen Wurf, der bis heute nichts an Originalität und Faszination eingebüßt hat und neben den Olympiaanlagen im Norden Münchens für die Architektur der 1960er und 1970er Jahre steht. Geplant und realisiert wurde das Gebäude vom österreichischen Architekten Karl Schwanzer (1918–1975), der die neue Konzernzentrale des Automobilbauers in einer vierzylindrischen Form errichtete. Das knapp über 100 Meter hohe Gebäude mit dem dazugehörigen flachen, einer Schale gleichen BMW-Museum wurde zwischen 1968 und 1972 parallel zu den olympischen Anlagen gebaut und 1973 eingeweiht.

Da das neue Hochhaus unbedingt zu den Olympischen Spielen fertig sein sollte und man unter erheblichem Zeitdruck stand, ließ sich der Wiener Architekt gemeinsam mit dem Bauingenieur und Tragwerkplaner der Firma Dyckerhoff & Widmann, Helmut Bomhard (1930–2017), eine meisterliche Lösung einfallen: eine Hängekonstruktion für das komplette Bauwerk. Um einen zentralen Schaft, der die gesamte Infrastruktur des Gebäudes mit Aufzügen, Treppenhäusern und sanitären Einrichtungen bündelt, sind kreuzförmig ineinander übergehende Dreiviertelkreise miteinander verbunden. Vier den Schaft umgebende Stahlbetonstützen tragen die gesamte Konstruktion des Gebäudes. Die noch mal mittig unterbrochenen Zylinder hängen oben an aus dem Gebäude herausragenden Kragarmen. Der Rohbau der einzelnen Stockwerke des Gebäudes wurde am Boden vorbereitet und mit seinen in Aluminium gegossenen Fensterelementen an Kränen hydraulisch Stockwerk für Stockwerk nach oben gezogen und verankert. Ganz ohne Gerüste und innerhalb eines vergleichsweise engen Zeitfensters. Der Vierzylinder ist ein Hängehaus. Zwischen 2004 und 2006 wurde das komplette Gebäude generalsaniert und sein Innenleben auf den neuesten technischen Stand gebracht.

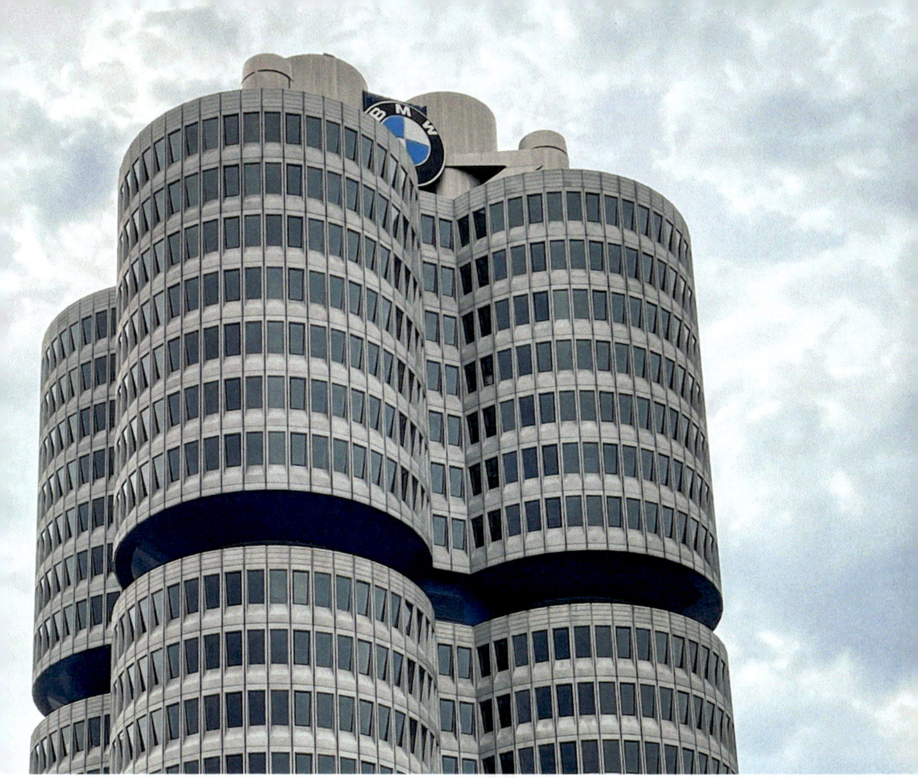

Adresse BMW Group Konzernzentrale, Petuelring 130, 80809 München, Tel. 089/3820 | **Anfahrt** U3, U8, Bus 173, 180, Haltestelle Olympiazentrum | **Öffnungszeiten** von außen immer einsehbar | **Tipp** Mit einer interessanten Architektur wartet auch das BMW Group Forschungs- und Innovationszentrum (FIZ) in der Knorrstraße 147 (früheres Alabama-Gelände) auf, in dem rund 20.000 Menschen arbeiten.

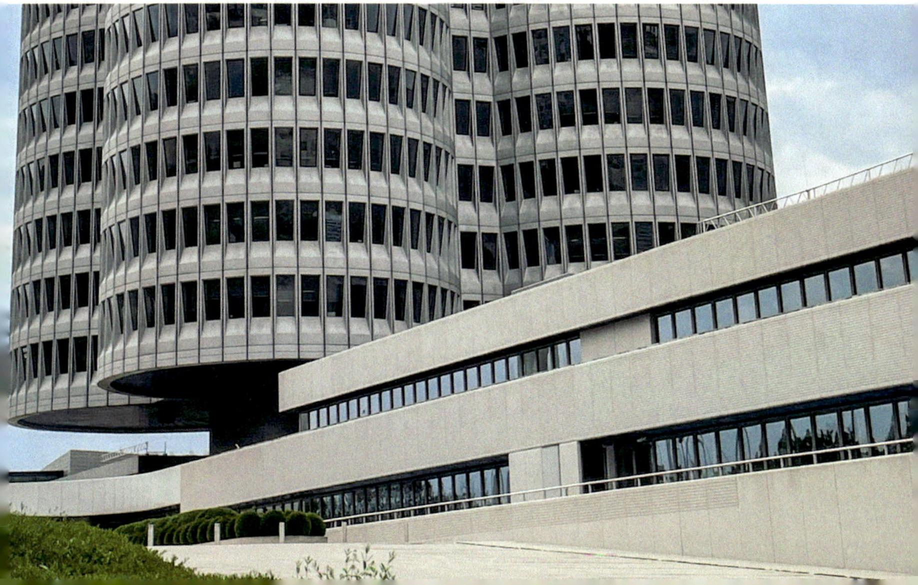

105_Das Volkstheater

Prestigeprojekt im Viehhof

Welche deutsche Kommune besitzt ein Volkstheater? Welche Stadt kann sich im Jahr 2021 einen millionenschweren Theaterneubau leisten, um einem Genre, das in Zeiten veränderten Rezeptions- und Konsumverhaltens, von Streamingdiensten wie Netflix nicht gerade zu den beliebtesten gehört, eine neue Heimat zu geben? München tut das. München kann das. Die Stadt, in der das Volkstheater traditionell ein festes Segment im städtischen Spielplan bildet und Autoren stets Stücke für das »Volk« verfassten. Die Stadt beschloss, das jahrzehntelang bespielte einstige Kino in der Brienner Straße Geschichte sein zu lassen und dem Theater mit dem architektonisch spektakulären, 130 Millionen Euro teuren neuen Bau ein Quartier im alten Viehhofgelände zu bieten.

Aus einem 2016 international ausgeschriebenen Architektenwettbewerb ging das Stuttgarter Architekturbüro Lederer Ragnarsdóttir Oei als Sieger hervor. Der Entwurf kann sich sehen lassen und fügt das neue Theatergebäude mit seiner geschwungenen Ziegelsteinfassade nahtlos in das unter Denkmalschutz stehende Altbau-Ensemble des historischen Schlacht- und Viehhofs von 1876 ein. Ein sechs Meter hoher Torbogen, der Alt und Neu verbindet, bildet das Entree zum Theater mit seinem leicht versetzten, 27 Meter hohen Bühnenturm. Der Innenhof wartet mit einem für 150 Personen ausgelegten Biergarten auf, von dem aus auch das Restaurant betreten wird.

Der von Anbeginn maßgeblich in die Planung involvierte Intendant des Volkstheaters, Christian Stückl, findet jetzt auf einer Fläche von 18.000 Quadratmetern ein Haus mit drei neuen Spielstätten vor, eine 600 Zuschauer fassende Hauptbühne modernsten Zuschnitts mit steilen Zuschauerreihen, eine Nebenbühne für 200 Zuschauer und eine Hinterbühne. Dazu Proberäume, Montageräume und Werkstätten – alles unter einem Dach. Vorbei die Zeit jahrelanger Improvisation an der alten Spielstätte.

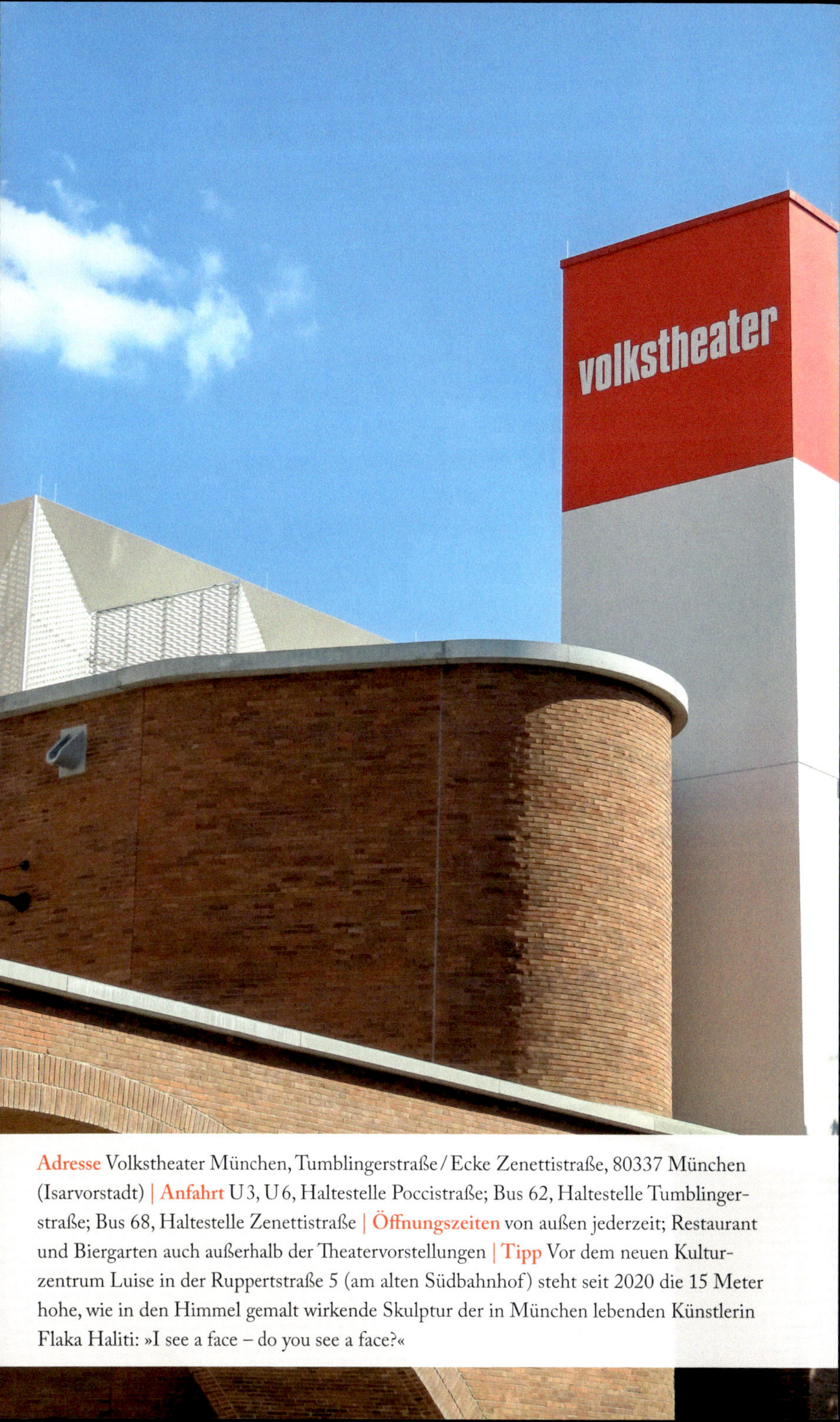

Adresse Volkstheater München, Tumblingerstraße / Ecke Zenettistraße, 80337 München (Isarvorstadt) | **Anfahrt** U3, U6, Haltestelle Poccistraße; Bus 62, Haltestelle Tumblingerstraße; Bus 68, Haltestelle Zenettistraße | **Öffnungszeiten** von außen jederzeit; Restaurant und Biergarten auch außerhalb der Theatervorstellungen | **Tipp** Vor dem neuen Kulturzentrum Luise in der Ruppertstraße 5 (am alten Südbahnhof) steht seit 2020 die 15 Meter hohe, wie in den Himmel gemalt wirkende Skulptur der in München lebenden Künstlerin Flaka Haliti: »I see a face – do you see a face?«

106 Der Walking Man

Vom Unscheinbaren zum Wahrzeichen

Kunst spielt im Fundus der weltweit operierenden Münchner Rückversicherung seit jeher eine exponierte Rolle. Das geht zurück auf den Unternehmensgründer Carl von Thieme, der 1812/13 das imposante Hauptgebäude mit seinem von ionischen Säulen umstellten Schmuckhof in der Königinstraße 107 bauen und von zeitgenössischen Künstlern bestücken ließ. Und diese Tradition wird bis heute gepflegt. Die Versicherung nennt Hunderte Objekte moderner Kunst im Depot ihrer »Munich Re Art Collection« und eine große Anzahl hervorstechender Objekte im öffentlichen Raum ihr Eigen. Das wohl imposanteste Exponat ist der »Walking Man« vor der verglasten Eingangshalle des Verwaltungsgebäudes in der Leopoldstraße 36.

Die 17 Meter hohe und 16 Tonnen schwere Skulptur des 1942 in Boston geborenen Künstlers Jonathan Borofsky ist eine in den USA fabrizierte Stahlkonstruktion, die 1995 in München zusammengesetzt und mit glasfaserverstärktem Kunststoff ganz in Weiß umfasst wurde. Der »Walking Man«, weder Mann noch Frau, ohne Augen, Nase oder Mund, ragt mit weit ausholendem Schritt – allein die Füße messen zwei Meter – und schwenkenden Armen, als sei er auf dem Weg zu einem Termin, bis in die Spitzen der hohen Pappeln auf dem Bürgersteig der Leopoldstraße empor. Dynamik und Zielstrebigkeit sind zwei Komponenten, die von der Munich Re immer wieder ins Zentrum ihrer Aktivitäten gestellt werden.

Das entspricht vielen Werken des weltweit gerühmten amerikanischen Künstlers, dessen überdimensionierte Plastiken im öffentlichen Raum meist auf ein Ziel ausgerichtet und in Bewegung sind. Der 23 Meter hohe und 32 Tonnen schwere bewegliche »Hammering Man« vor dem Messeturm in Frankfurt am Main trägt ebenfalls Borofskys Handschrift, genauso wie die documenta-Skulptur »Himmelsstürmer« vor dem Kulturbahnhof in Kassel. Der »Walking Man« ist schon längst ein Wahrzeichen Münchens.

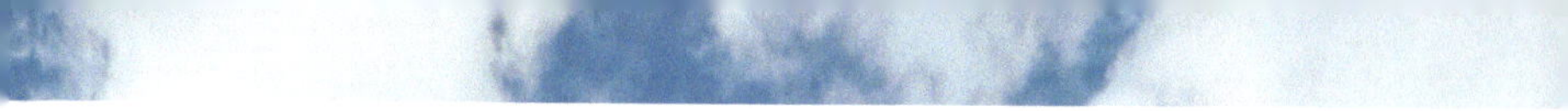

Adresse Leopoldstraße 36, 80802 München (Schwabing) | **Anfahrt** U 3, U 6, Bus 54, 68, 154, Haltestelle Giselastraße | **Öffnungszeiten** immer zu besichtigen | **Tipp** Gegenüber der Hauptverwaltung der Munich Re (Königinstraße 38) steht die Aluminiumskulptur »Konkav gerundet« (1973) des Bildhauers Rupprecht Geiger (1908–2009), der auch das »Gerundete Blau« (1987) vor dem Gasteig geschaffen hat.

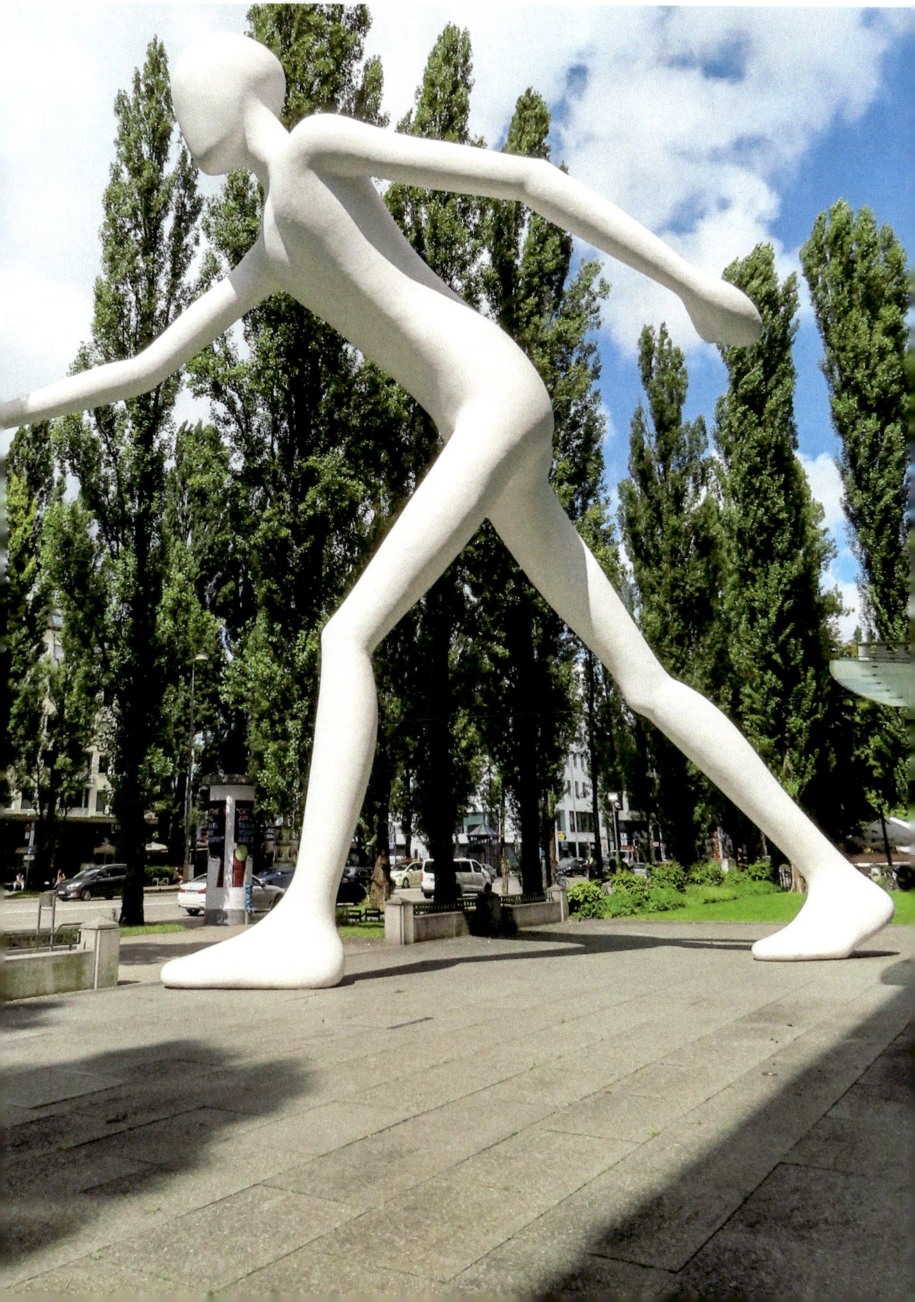

107 Das Werk12

»Aahh«, »Oh« und »Wow« im Werksviertel

Letztendlich war es keine Überraschung, dass das »Werk12« Anfang 2021 mit dem renommierten Preis des Deutschen Architekturmuseums für das »beste Bauwerk des Jahres« ausgezeichnet wurde. »Der Entwurf von Werk12 kombiniert eine einfache Form, ehrliche Materialien und transparente Fassaden«, befanden die Juroren. Ein Triumph des niederländischen Architekturbüros MVRDV (Winy Maas) und der Münchner N-V-O Nuyken von Oefele Architekten für ein Gebäude, das innerhalb eines ganzen Ensembles ungewöhnlicher und extravaganter Neubauten zu finden ist, seit sich das alte Gelände des Knödelproduzenten »Pfanni« hinter dem Ostbahnhof vom Industrieareal über den Kunstpark Ost und die Kulturfabrik hin zum heutigen Werksviertel entwickelt hat. Im Pfanni-Werk, das 1996 endgültig stillgelegt wurde, arbeiteten früher 1.200 Menschen. Auch das geplante neue Münchner Konzerthaus wird im Werksviertel gebaut.

Die gläserne Außenfassade des fünfstöckigen »Werk12«, dieses komplett neu entworfenen Gebäudes – andere Bauten des Werkviertels beziehen vielfach alte Bausubstanz der früheren Fabrikgebäude in ihre Konstrukte ein und sind an die alte Pfanni-Architektur angelehnt –, hat sich rasch zu einer Marke entwickelt, die vor allem abends bei voller Illumination besticht. Wenn die fünf Meter großen Buchstaben in Comic-Sprache, die an die Graffitikultur des Kunstparks Ost erinnern, so richtig zur Geltung kommen, kann man ein »Aahh«, »Oh« oder »Wow« kaum unterdrücken.

Auf 9.000 Quadratmetern Fläche beherbergt dieses optisch offene Gebäude in hohen Räumen ein großes Fitnesscenter über drei Etagen mit Saunalandschaft und dem 25 Meter langen Skyline-Pool, Gastronomie, eine Bar und ein Technologieunternehmen. Die einzelnen Etagen sind über außen sichtbare Kaskadentreppen zu erreichen, und die das gesamte Gebäude umlaufenden, drei Meter breiten Balkone erlauben auch viele Aktivitäten im Freien.

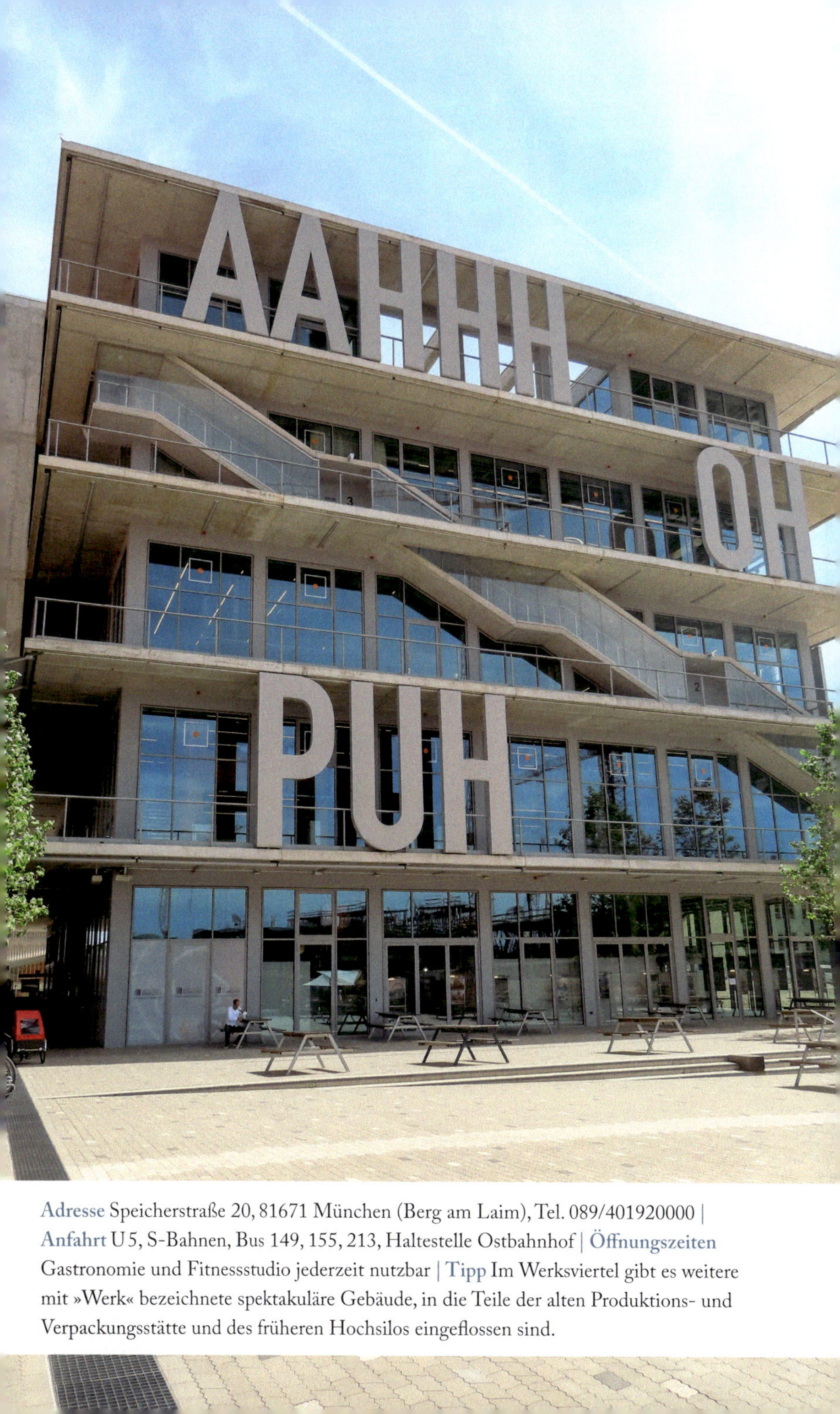

Adresse Speicherstraße 20, 81671 München (Berg am Laim), Tel. 089/401920000 | Anfahrt U 5, S-Bahnen, Bus 149, 155, 213, Haltestelle Ostbahnhof | Öffnungszeiten Gastronomie und Fitnessstudio jederzeit nutzbar | Tipp Im Werksviertel gibt es weitere mit »Werk« bezeichnete spektakuläre Gebäude, in die Teile der alten Produktions- und Verpackungsstätte und des früheren Hochsilos eingeflossen sind.

108_Der Werkblock

Hier dominieren Cy Twombly und Andy Warhol

Die Innenarchitektur des Museums Brandhorst kann sich sehen lassen. Eine große Treppe aus hellem dänischem Eichenholz im lichtdurchfluteten Eingangsbereich verbindet drei Ausstellungsebenen und lädt zu den Highlights der Sammlung ein. Kunst von den 1960er Jahren bis heute, die ideale Ergänzung zu den drei Pinakotheken. Da ist der Werkblock des Pop-Art-Künstlers Andy Warhol (1928–1987), europaweit der größte außerhalb der USA, mit über 100 Schöpfungen aller Genres. Dazu Werke von Künstlern der Neo-Avantgarde wie Gerhard Richter, Sigmar Polke und Georg Baselitz oder der Postmoderne wie Jeff Koons, Cady Noland und Damien Hirst.

Und in der oberen Etage wird der Besucher von den gewaltigen Wandbildern, Zeichnungen und Skulpturen des »Lepanto«-Zyklus des US-amerikanischen Künstlers Cy Twombly (1928–2011) erwartet, eines maßgeblichen Vertreters des abstrakten Expressionismus. Der Twombly-Werkblock war einer der Schwerpunkte der Sammlung des Ehepaars Brandhorst. Ein über 400 Quadratmeter großer Ausstellungssaal wurde eigens für den monumentalen »Lepanto«-Zyklus konzipiert, ein Raum von ungeheurer Licht- und Farbintensität. Der Künstler hatte ihn nach seinen Vorstellungen selbst gestaltet und eingerichtet. Heute ist er als Dauerausstellung zentraler Bestandteil des Museums.

Der zwölfteilige Gemäldezyklus, ein Schlachtenzyklus, wurde 2001 für die Biennale in Venedig gefertigt. In diesem Werk, in den Farben Gelb, Rot, Türkis und Aquamarin auf die riesigen Leinwände gebracht, thematisiert Twombly die legendäre Seeschlacht von Lepanto vor der griechischen Küste 1571, in der die an Schiffen weit überlegene Flotte des Osmanischen Reiches, die eigentlich als unbesiegbar galt, von den christlichen Mittelmeermächten, der sogenannten »Heiligen Liga«, einer Allianz aus Spaniern und Venezianern unter päpstlicher Führung, überraschend geschlagen wurde.

Adresse Museum Brandhorst, Theresienstraße 35a, 80333 München (Schwabing), Tel. 089/238052286, www.museum-brandhorst.de | **Anfahrt** U 2, Haltestelle Königsplatz; Tram 27, 28, Haltestelle Pinakotheken; Bus 100 (Museumslinie), Haltestelle Maxvorstadt/Sammlung Brandhorst | **Öffnungszeiten** täglich außer Mo 10–18 Uhr, Do 10–20 Uhr | **Tipp** Im nahen Türkentor, dem Überrest der zerstörten einstigen Türkenkaserne, findet man die Installation »Large Red Sphere« des amerikanischen Künstlers Walter de Maria, eine überdimensionierte Granitkugel.

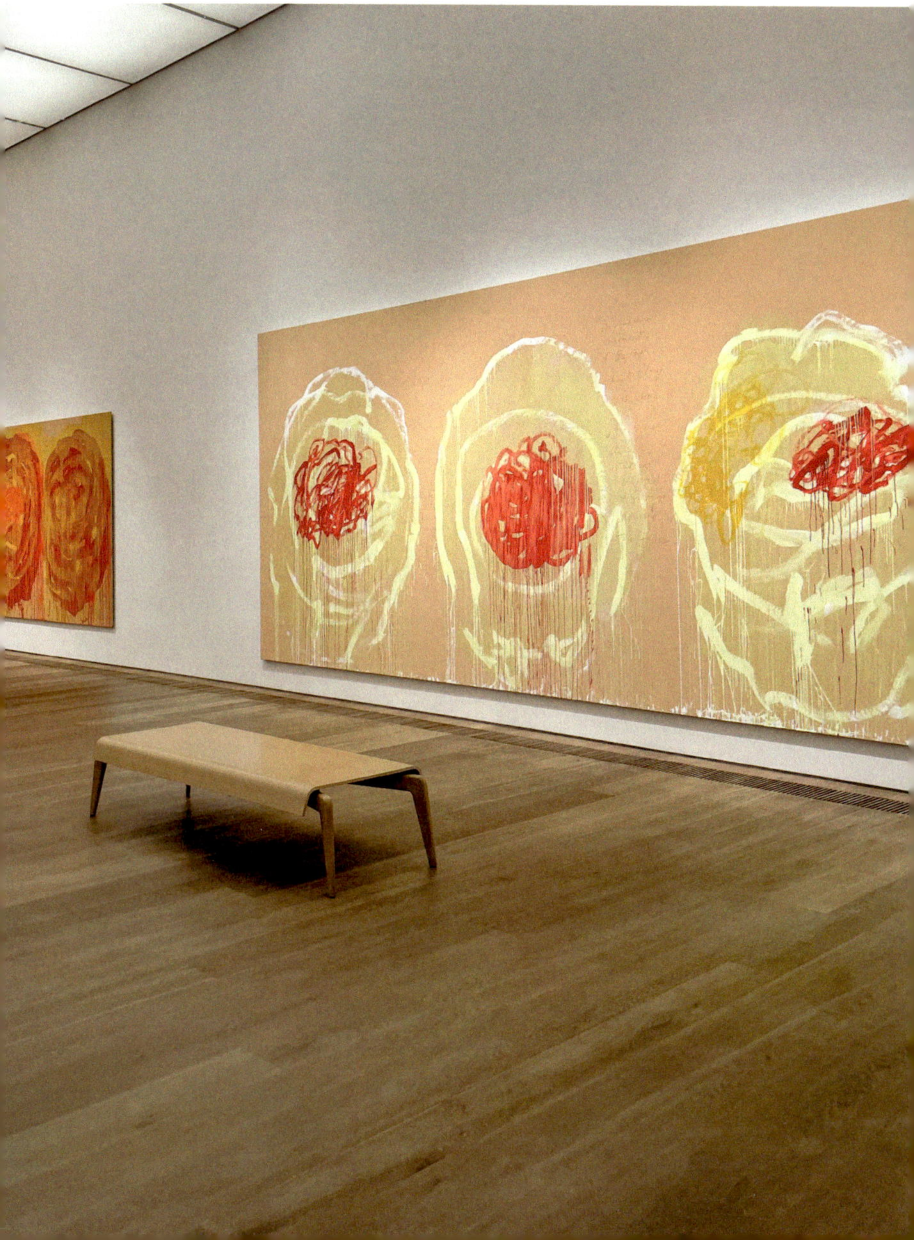

109 Der Wittelsbacherplatz

Perle der klassizistischen Stadtbaukunst

München hat viele sehenswerte Plätze, wobei das nach den Wittelsbachern benannte Geviert der Maxvorstadt mit dem zentralen, 1880 nach einem Entwurf des dänischen Bildhauers Bertel Thorvaldsen errichteten bronzenen Reiterdenkmal Kurfürst Maximilians I. eine besondere Stellung einnimmt und ein wichtiges Zeugnis der klassizistischen Stadtbaukunst der ersten Hälfte des 19. Jahrhunderts darstellt. Es war die Zeit, als die neue Maxvorstadt – außerhalb der mittelalterlichen Stadtmauern gelegen – erschlossen wurde, der Odeonsplatz, die Ludwigstraße und die Brienner Straße, an deren Seite der nahezu quadratische Wittelsbacherplatz entstand. Ihn umgeben auf drei Seiten prächtige Stadtpalais, allesamt erbaut von Leo von Klenze, die trotz erheblicher Zerstörungen im Zweiten Weltkrieg behutsam restauriert wurden und bei allen Veränderungen im Innern die alten Fassaden in nahezu historischer Anmutung zeigen.

Von der Brienner Straße kommend, steht linker Hand das Palais Arco-Zinneberg (1824/25), das dem Kämmerer Graf Maximilian von Arco-Zinneberg anlässlich seiner Hochzeit geschenkt wurde und das noch heute der Familie von Arco gehört. Rechter Hand beeindruckt die Rückfront des früheren, zwischen 1826 und 1828 errichteten Odeons, des damals Furore machenden bürgerlichen Konzert- und Ballsaales, in dem nach nahezu völliger Zerstörung heute das Bayerische Innenministerium sitzt. Der einstige Konzertsaal, heute der Innenhof des Ministeriums, in dem noch die historischen Säulenreihen zu sehen sind, wurde 2007 mit einem mit Gitter versehenen Glasdach bedeckt. Die Stirnseite des Platzes dominiert das 1825/26 entstandene Palais Ludwig Ferdinand, das sein Architekt Leo von Klenze lange selbst bewohnte, bevor es 1878 in den Besitz des Prinzen Ludwig Ferdinand von Bayern gelangte. Heute gehört das Palais zum Konzernsitz der Siemens AG, die es 1957 erwarb.

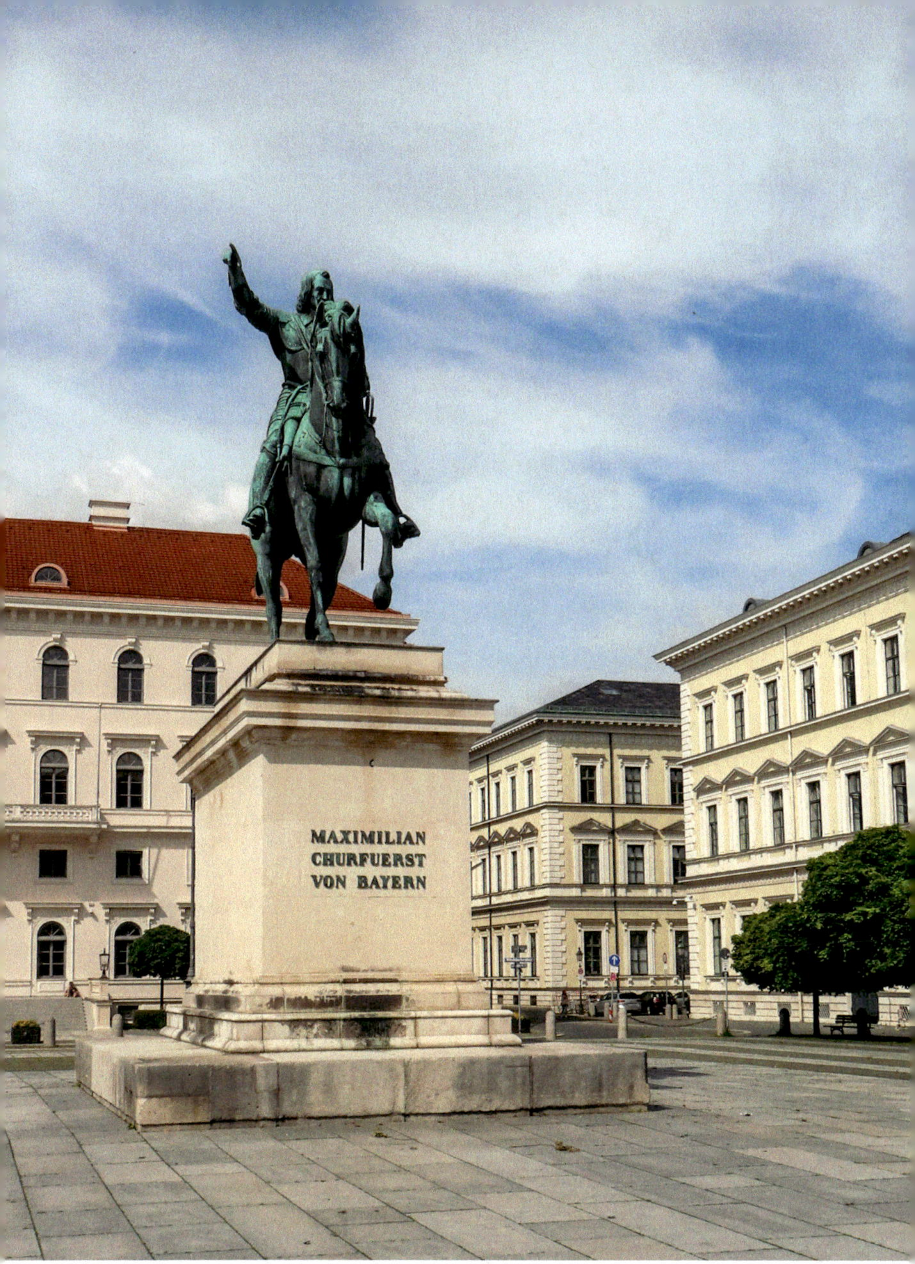

Adresse 80333 München (Maxvorstadt) | Anfahrt U3–U6; Bus 100 (Museumslinie), Haltestelle Odeonsplatz | Öffnungszeiten immer zu besichtigen | Tipp Das am nördlichen Teil des Odeonsplatzes zwischen 1817 und 1821 im klassizistischen Stil erbaute Palais Leuchtenberg (heute Bayerisches Finanzministerium) wird zu Leo von Klenzes bedeutendsten Werken gezählt und galt als Blaupause für die anschließende Bebauung der Ludwigstraße.

110 Der Wright-Flyer

Das erste Motorflugzeug der Welt

Nähert man sich dem hinteren Teil der großen Luftfahrthalle des Deutschen Museums, ist dieses technische Wunderwerk nicht zu übersehen. Scheint es einem doch von der Hallendecke entgegenzufliegen – im Original, aus weißem Kunststoff modelliert, mit seinem Erfinder und Piloten am Steuerknüppel. So etwa muss es ausgesehen haben, als Orville Wright am 17. Dezember 1903 unter den Augen seines Bruders Wilbur zum ersten bemannten, zwölf Sekunden langen Motorflug der Weltgeschichte startete. Da aber lag er auf der unteren Tragfläche des Doppeldeckers. Der erfolgreiche Countdown in eine neue Welt der Mobilität. Die »Wright-Brothers«, wie sich die Brüder Orville (1871 – 1948) und Wilbur (1867 – 1912) nannten, hatten es mit ihrem »Flyer« tatsächlich geschafft, das erste motorbetriebene Flugzeug zu entwickeln.

Tüftler und Bastler waren die beiden Söhne eines amerikanischen Bischofs aus Dayton/Ohio schon immer. Als 1896 die Kunde vom Tod des Luftfahrt-Pioniers Otto Lilienthal, der mit Gleitflugzeugen experimentiert hatte und bei einem Flugversuch aus 15 Metern Höhe abgestürzt war, die Welt erschütterte, machten sich die beiden Besitzer einer Fahrrad-Reparaturwerkstatt daran, es allen zu zeigen. Sie wollten beweisen, dass man motorisiert fliegen kann. Sie hatten die Idee, in ihren Doppeldecker, der eine Spannweite von zwölf Metern hatte, eine aerodynamische Flugsteuerung einzubauen. Jetzt gelang es, das Fluggerät kontrolliert zu steuern. Die Entwicklung der »Flyer« ging rasant weiter. Mit ihrem »Flyer III« erreichten sie Monate später bereits Flugzeiten von 30 Minuten.

Das einzige weltweit erhaltene »Wright Model A«-Flugzeug ist das des Deutschen Museums. Dieses Exemplar wurde erstmals 1908 auf dem Tempelhofer Flugfeld in Berlin der Öffentlichkeit vorgestellt und markiert den Beginn der Luftfahrtindustrie in Deutschland, an der die Gebrüder Wright einen erheblichen Anteil hatten.

Adresse Deutsches Museum, Museumsinsel 1, 80538 München, Tel. 089/21791, www.deutsches-museum.de | **Anfahrt** S-Bahnen, Tram 16, Haltestelle Isartor; U1, U2, Tram 18, Haltestelle Fraunhoferstraße; Bus 132, Haltestelle Boschbrücke; Bus 52, 62, Haltestelle Baaderstraße | **Öffnungszeiten** täglich 9 – 17 Uhr | **Tipp** Auch der erste Gleitflieger Otto Lilienthals, der »Normal Segelapparat«, ist in der Flugzeughalle zu bestaunen.

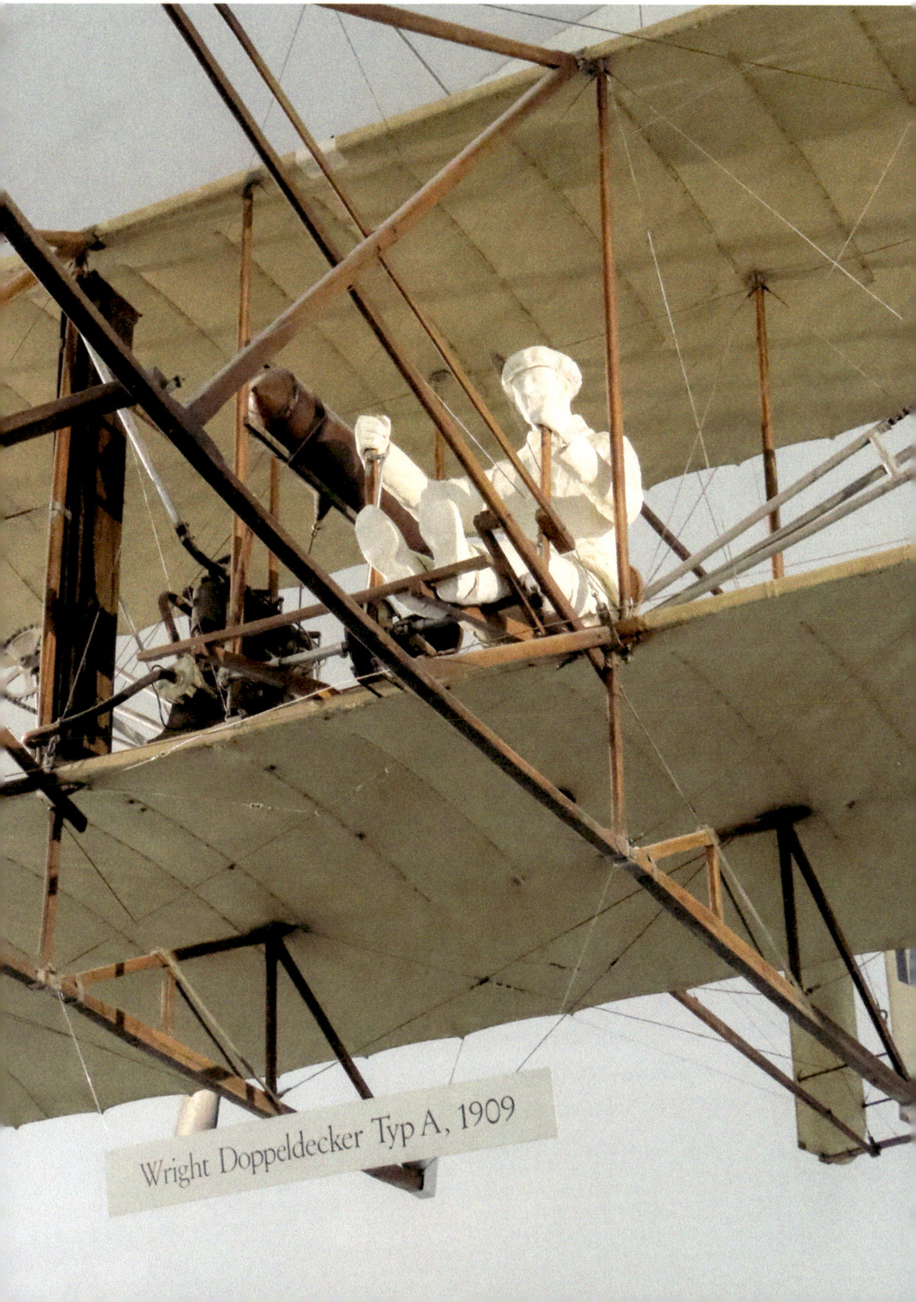

111 Die Zwillingsplastik

Die Schätze aus dem Tucherpark

Er liegt nur einen Steinwurf vom Englischen Garten entfernt, aber die wenigsten Menschen verirren sich in den Tucherpark. Dabei lohnt sich der Gang in das vom Eisbach durchflossene Terrain an der parallel zur Isar gelegenen Ifflandstraße unbedingt. In doppelter Hinsicht.

Einmal wegen seiner Architektur, zum anderen der Kunst wegen. Bei der zu Beginn der 1970er Jahre äußerst kontrovers diskutierten Bebauung – hier stand einst die legendäre Tivoli-Kunstmühle – handelt es sich um zwischenzeitliche Baudenkmäler, die bis auf wenige Ausnahmen auf Planungen des legendären Architekten Sep Ruf (1908–1982) zurückgehen: die Verwaltungsbauten der früheren Bayerischen Vereinsbank (heute HypoVereinsbank), eine Sportanlage und eine Schwimmhalle. Und auch das Hilton Munich Park Hotel steht dort, wo sich früher die Mühle befand. Der grüne Teil des Tucherparks, vor allem entlang des Eisbaches, wartet mit Exponaten aus der Kunstsammlung der HypoVereinsbank auf, die sorgsam in das bauliche Ensemble integriert wurden.

Die bereits seit 1972 fest etablierte zweiteilige monumentale »Zwillingsplastik« des bedeutenden japanisch-amerikanischen Bildhauers Isamu Noguchi (1904–1988), der mehrfach Teilnehmer der Kasseler documenta und der Biennale in Venedig war, fällt besonders ins Auge. Die beiden unterschiedlich großen Skulpturen aus Aluminium und Dutzenden Natursteinplatten bestehen aus auf die Ecke gestellten, miteinander korrespondierenden und sich scheinbar ergänzenden Würfelformen. Isamu Noguchi verstand gerade die minimalistische Skulptur als integralen Bestandteil des Landschaftsraums.

Vieles wird sich in den kommenden Jahren verändern im Tucherpark. Eine Investorengruppe, die ihn 2019 von der HypoVereinsbank erworben hat, will ihn gänzlich neu gestalten. Die Handschrift Sep Rufs und die Skulpturen werden davon jedoch unberührt bleiben.

Adresse Am Tucherpark, 80538 München (Schwabing) | Anfahrt Bus 54, 154, Haltestelle Hirschauer Straße; Bus 54, Haltestelle Am Tucherpark; Bus 68, 154, Haltestelle Tivolistraße | Öffnungszeiten immer zu besichtigen | Tipp Außerdem sehenswert im Tucherpark: die »Große Torfigur« von Fritz Koenig (1986), der »Ying-Yang-Brunnen« von Otto Wesendonck (1985) und »Die Last« von Elfe Gerhart vor dem Hilton Hotel.

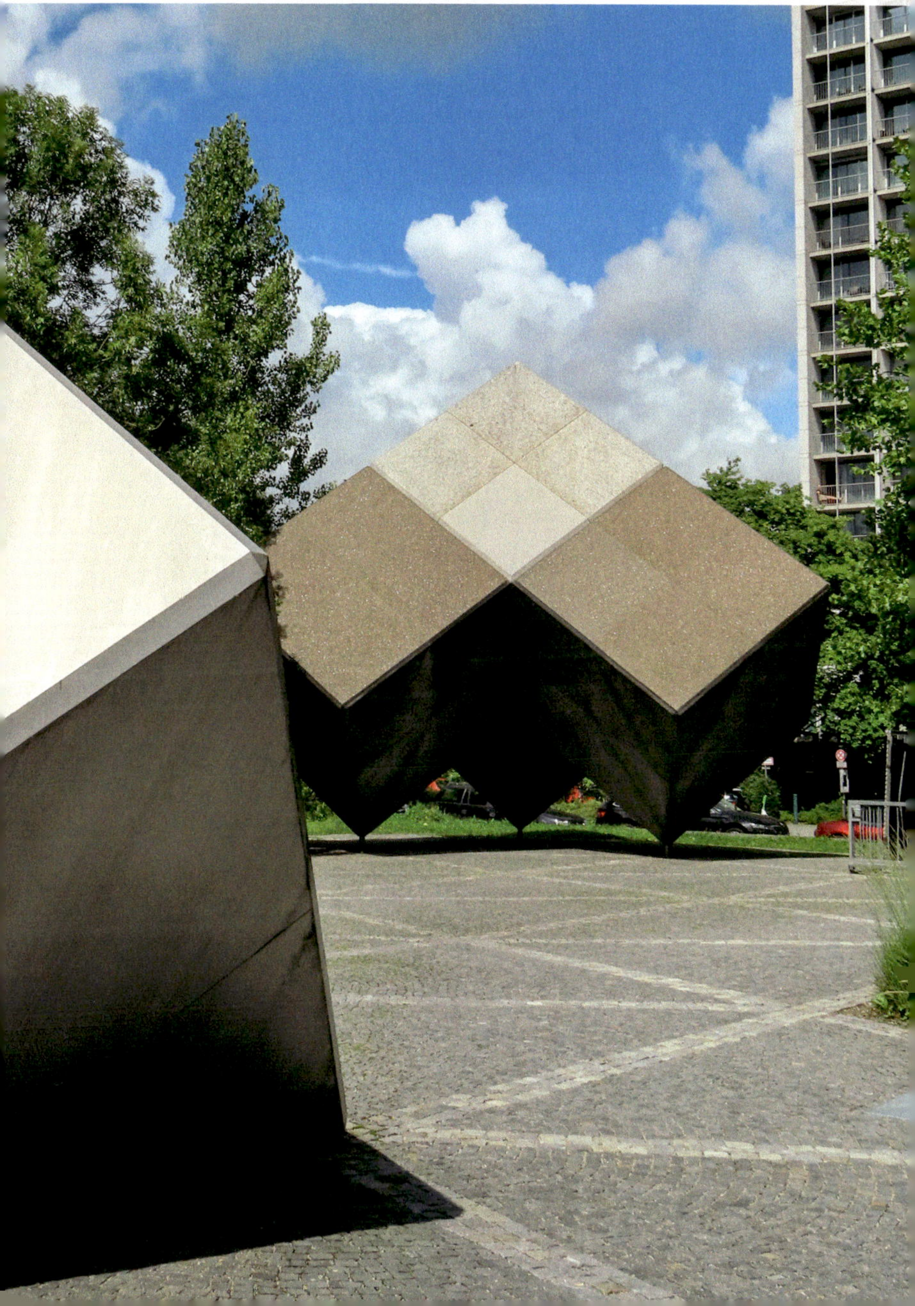

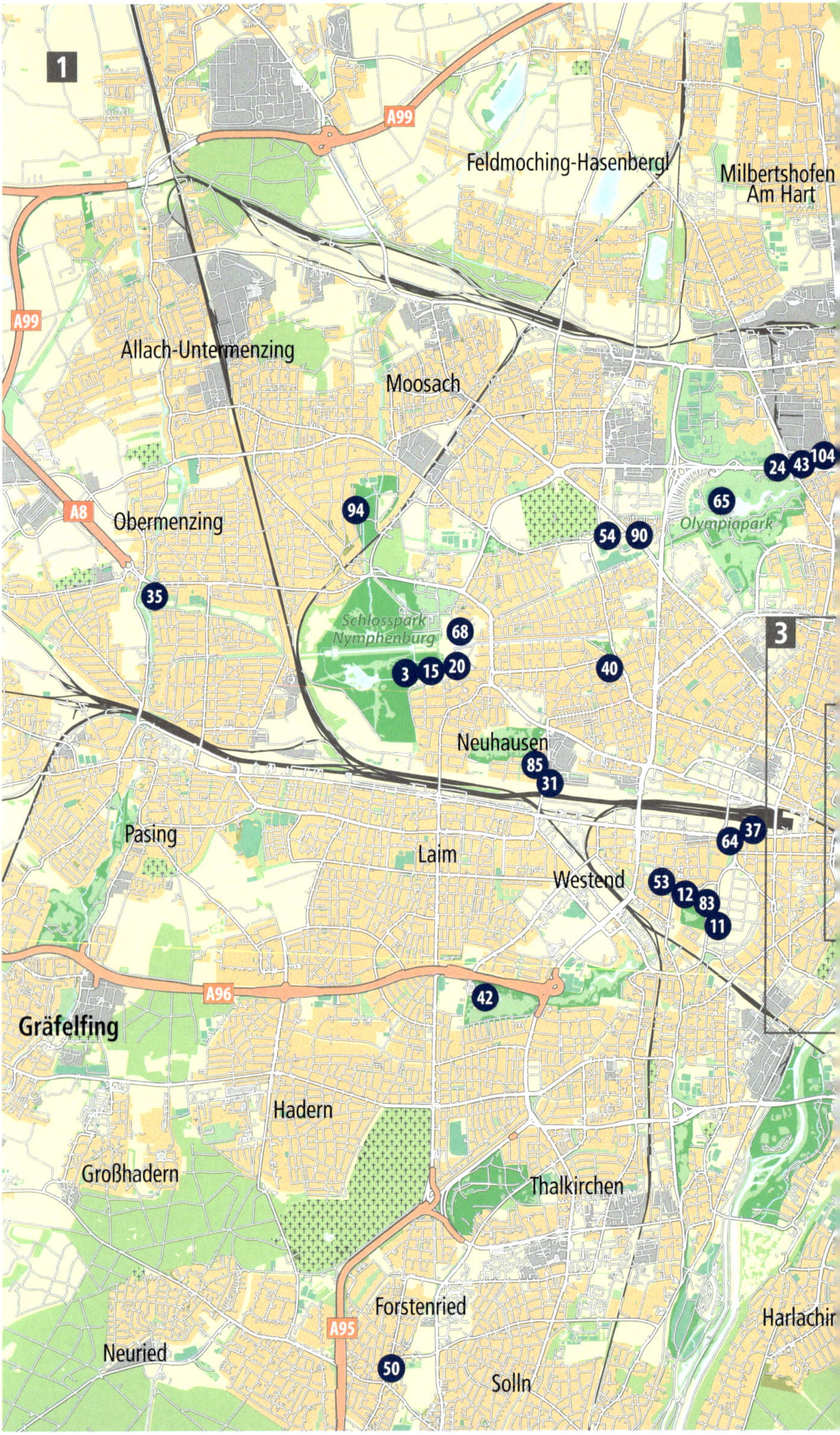
1
A99
Feldmoching-Hasenbergl
Milbertshofen
Am Hart
A99
Allach-Untermenzing
Moosach
24
43
104
A8
94
65
Obermenzing
54
90
Olympiapark
35
Schlosspark
Nymphenburg
68
3
3
15
20
40
Neuhausen
85
31
37
Pasing
64
Laim
Westend
53
12
83
11
A96
42
Gräfelfing
Hadern
Großhadern
Thalkirchen
Forstenried
A95
Harlachir
Neuried
50
Solln

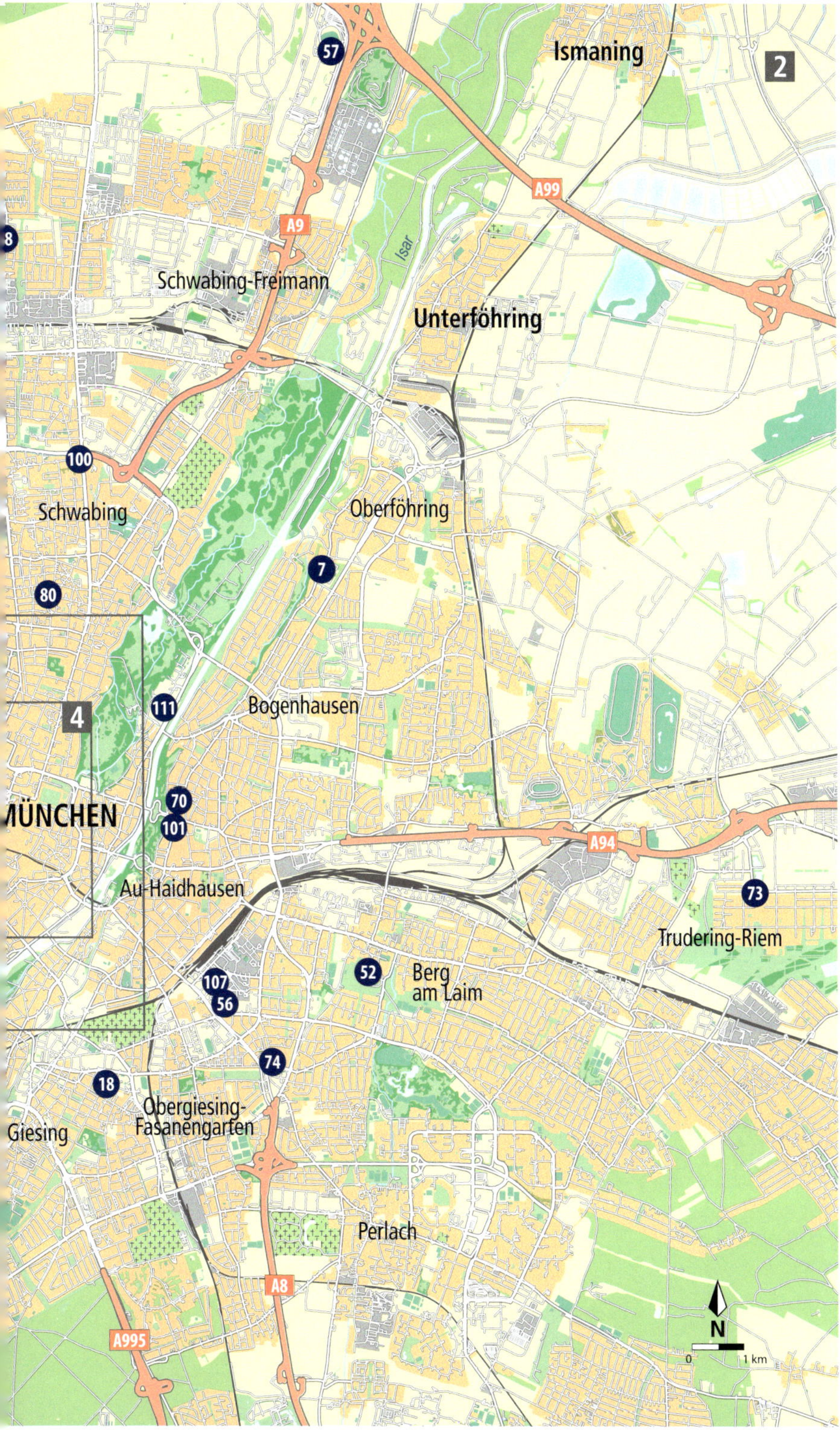

2
Ismaning
57
A99
A9
Isar
Schwabing-Freimann
Unterföhring
8
100
Schwabing
Oberföhring
7
80
4
111
Bogenhausen
MÜNCHEN
70
101
A94
Au-Haidhausen
73
Trudering-Riem
52
Berg
am Laim
107
56
74
18
Obergiesing-
Fasanengarten
Giesing
Perlach
A8
A995
N
0
1 km

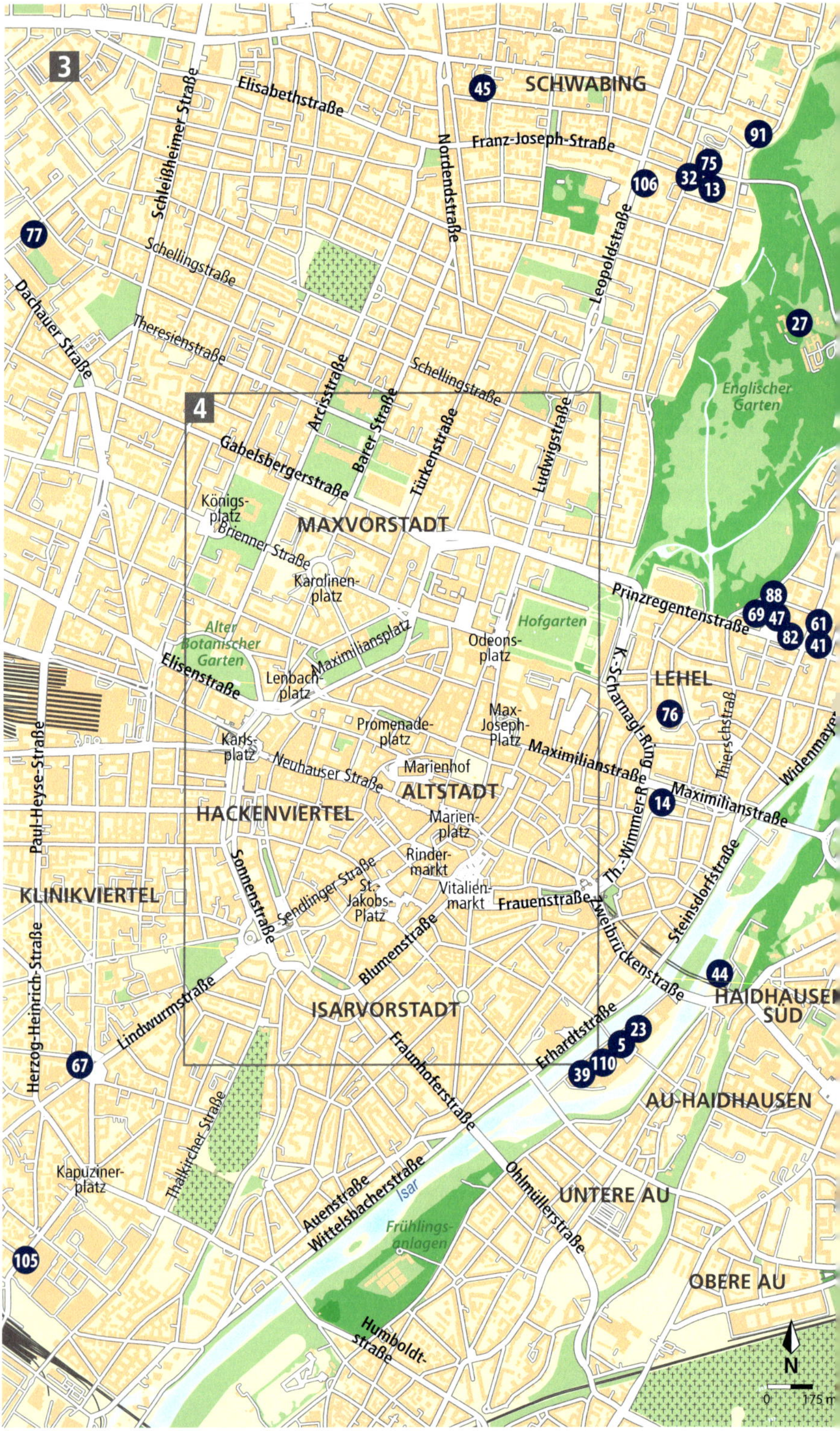
3
SCHWABING
45
Elisabethstraße
Franz-Joseph-Straße
91
75
32
13
106
Nordendstraße
Schleißheimer Straße
77
Schellingstraße
Leopoldstraße
Theresienstraße
Dachauer Straße
27
Englischer Garten
4
Arcisstraße
Barer Straße
Türkenstraße
Schellingstraße
Ludwigstraße
Gabelsbergerstraße
Königsplatz
MAXVORSTADT
Brienner Straße
Karolinenplatz
Prinzregentenstraße
88
69
47
82
61
41
Hofgarten
Odeonsplatz
Alter Botanischer Garten
Maximiliansplatz
Lenbachplatz
Elisenstraße
K.-Scharnagl-Ring
LEHEL
76
Max-Joseph-Platz
Maximilianstraße
Promenadeplatz
Karlsplatz
Neuhauser Straße
Marienhof
ALTSTADT
14
Maximilianstraße
Thierschstraße
Widenmayer
HACKENVIERTEL
Marienplatz
Rindermarkt
Th.-Wimmer-R.
Paul-Heyse-Straße
KLINIKVIERTEL
Sendlinger Straße
St.-Jakobs-Platz
Vitalienmarkt
Frauenstraße
Steinsdorfstraße
Sonnenstraße
Blumenstraße
Zweibrückenstraße
44
HAIDHAUSEN SÜD
Herzog-Heinrich-Straße
Lindwurmstraße
ISARVORSTADT
Erhardtstraße
23
5
110
39
67
Fraunhoferstraße
AU-HAIDHAUSEN
Thalkirchner Straße
Kapuzinerplatz
Auenstraße
Wittelsbacherstraße
Isar
Ohlmüllerstraße
UNTERE AU
Frühlingsanlagen
105
OBERE AU
Humboldtstraße
N
0
175 m

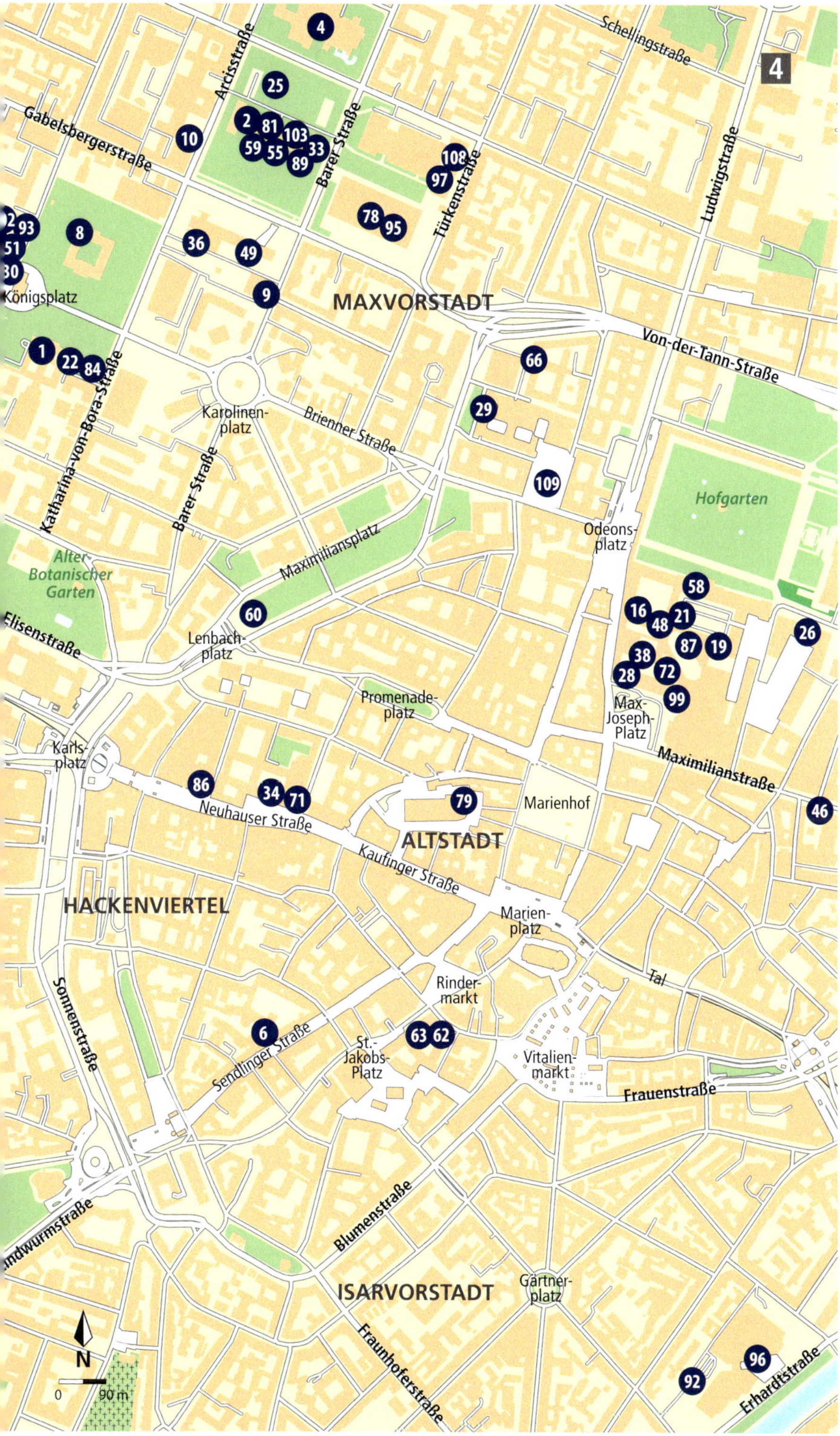

4
Schellingstraße
Arcisstraße
Gabelsbergerstraße
Barer Straße
Türkenstraße
Ludwigstraße
Königsplatz
MAXVORSTADT
Von-der-Tann-Straße
Katharina-von-Bora-Straße
Karolinen-
platz
Brienner Straße
Barer Straße
Hofgarten
Odeons-
platz
Alter
Botanischer
Garten
Maximiliansplatz
Elisenstraße
Lenbach-
platz
Promenade-
platz
Max-
Joseph-
Platz
Maximilianstraße
Karls-
platz
Neuhauser Straße
Marienhof
ALTSTADT
Kaufinger Straße
HACKENVIERTEL
Marien-
platz
Tal
Rinder-
markt
Sonnenstraße
Sendlinger Straße
St.-
Jakobs-
Platz
Vitalien-
markt
Frauenstraße
Blumenstraße
Gärtner-
platz
ISARVORSTADT
Fraunhoferstraße
Erhardtstraße
N
0
90 m

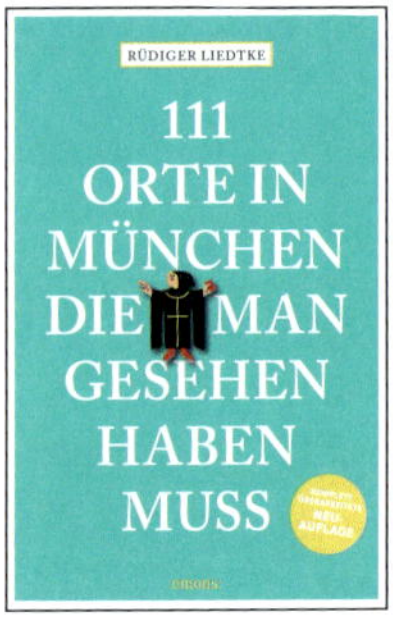

Rüdiger Liedtke
111 Orte in München, die man gesehen haben muss, Band 1
ISBN 978-3-7408-1298-0

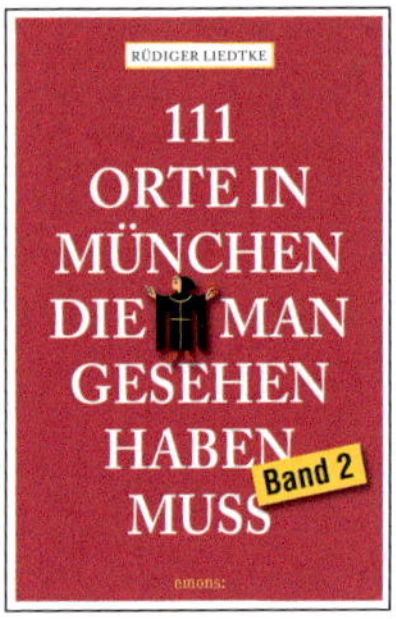

Rüdiger Liedtke
111 Orte in München, die man gesehen haben muss, Band 2
ISBN 978-3-7408-0722-1

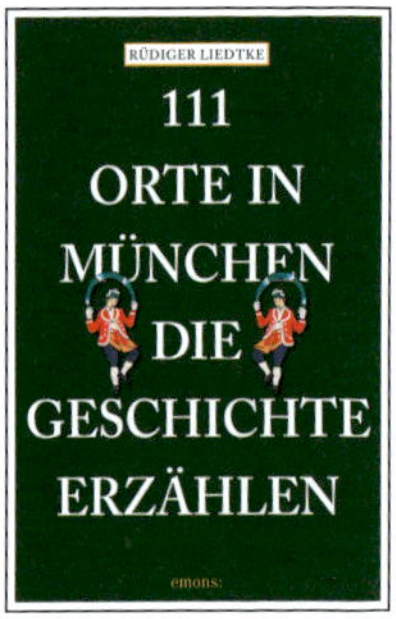

Rüdiger Liedtke
111 Orte in München, die Geschichte erzählen
ISBN 978-3-7408-0876-1

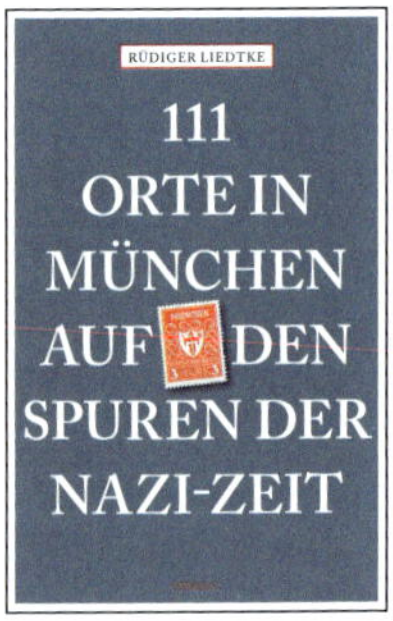

Rüdiger Liedtke
111 Orte in München auf den Spuren der Nazi-Zeit
ISBN 978-3-7408-0354-4

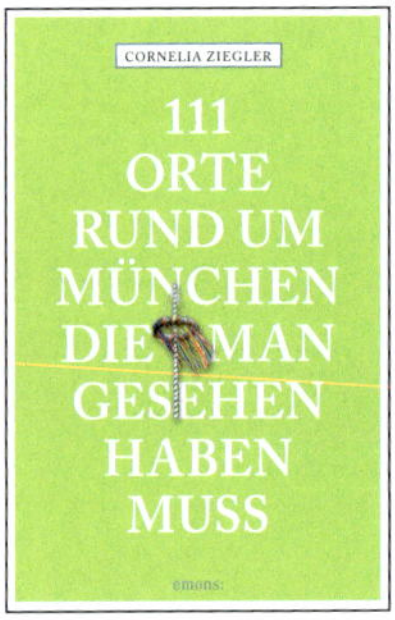

Cornelia Ziegler
111 Orte rund um München, die man gesehen haben muss
ISBN 978-3-7408-0437-4

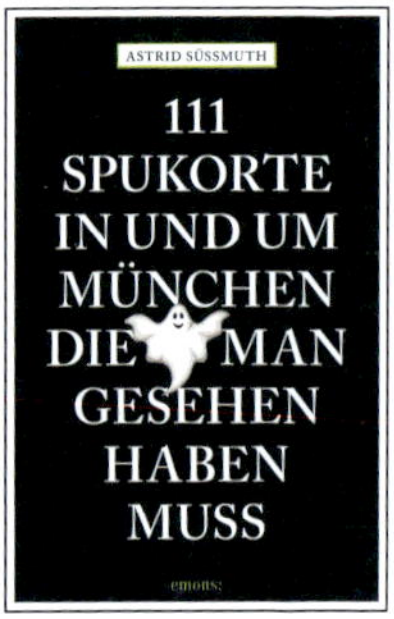

Astrid Süßmuth
111 Spukorte in und um München, die man gesehen haben muss
ISBN 978-3-7408-0336-0

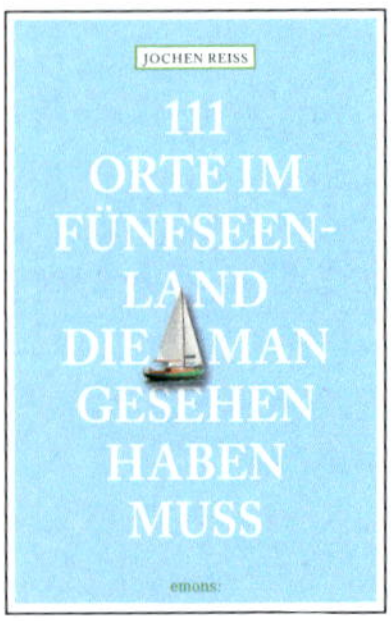

Jochen Reiss
111 Orte im Fünfseenland, die man gesehen haben muss
ISBN 978-3-7408-1419-9

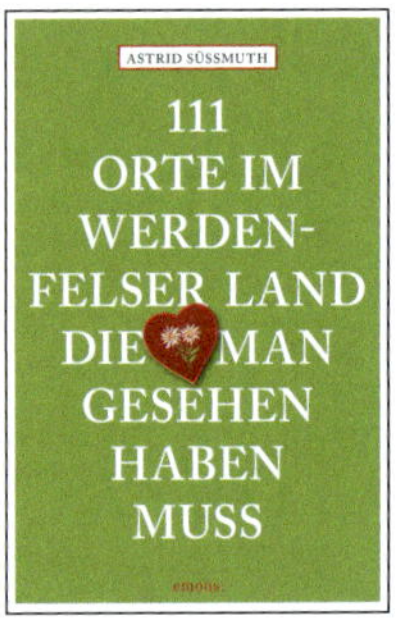

Astrid Süßmuth
111 Orte im Werdenfelser Land, die man gesehen haben muss
ISBN 978-3-7408-0118-2

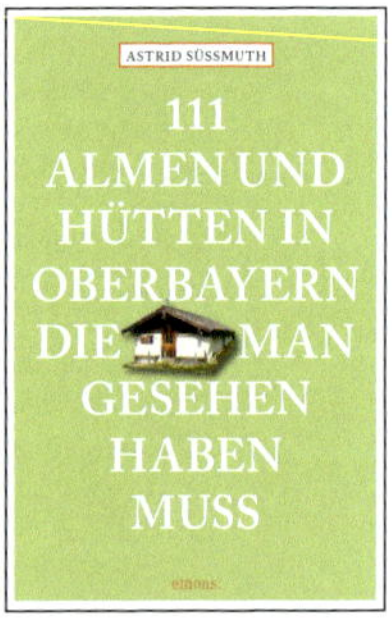

Astrid Süßmuth
111 Almen und Hütten in Oberbayern, die man gesehen haben muss
ISBN 978-3-7408-0823-5

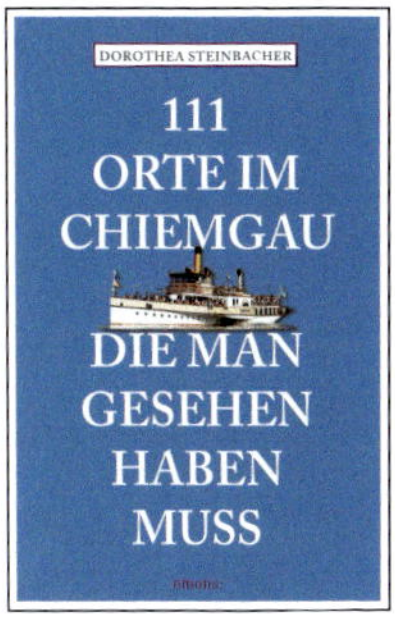

Dorothea Steinbacher
111 Orte im Chiemgau, die man gesehen haben muss
ISBN 978-3-7408-1165-5

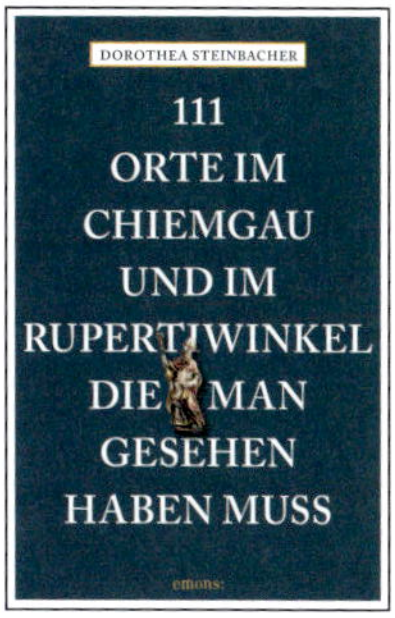

Dorothea Steinbacher
111 Orte im Chiemgau und im Rupertiwinkel, die man gesehen haben muss
ISBN 978-3-7408-0131-1

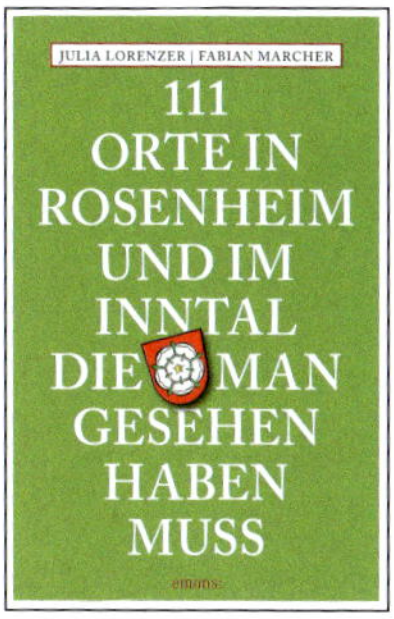

Julia Lorenzer, Fabian Marcher
111 Orte in Rosenheim und im Inntal, die man gesehen haben muss
ISBN 978-3-95451-735-0

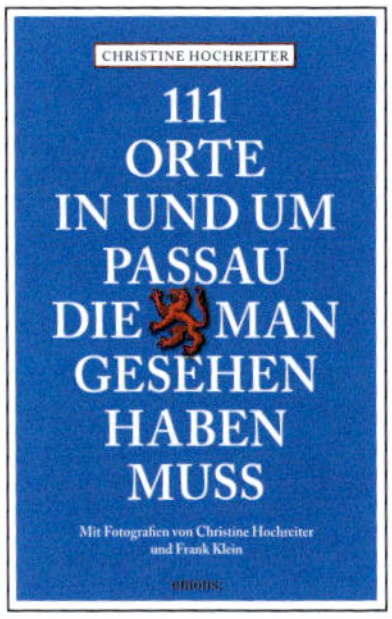

Christine Hochreiter
111 Orte in und um Passau, die man gesehen haben muss
ISBN 978-3-7408-0733-7

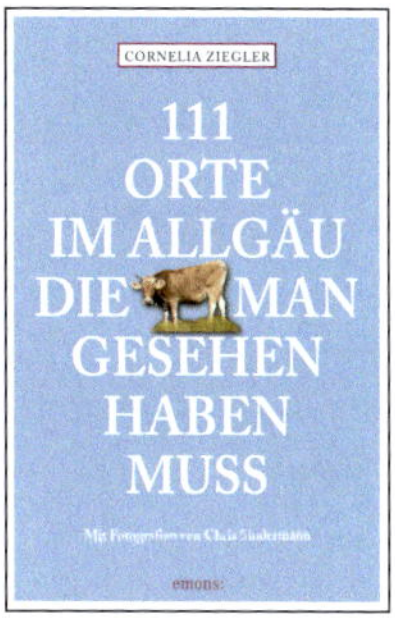

Cornelia Ziegler
111 Orte im Allgäu, die man gesehen haben muss
ISBN 978-3-7408-1278-2

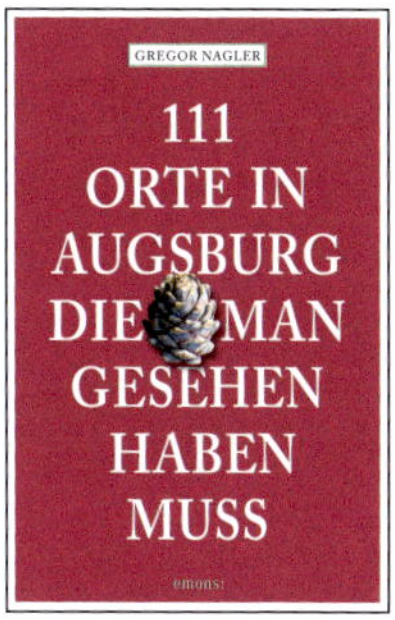

Gregor Nagler
111 Orte in Augsburg, die man gesehen haben muss
ISBN 978-3-95451-598-1

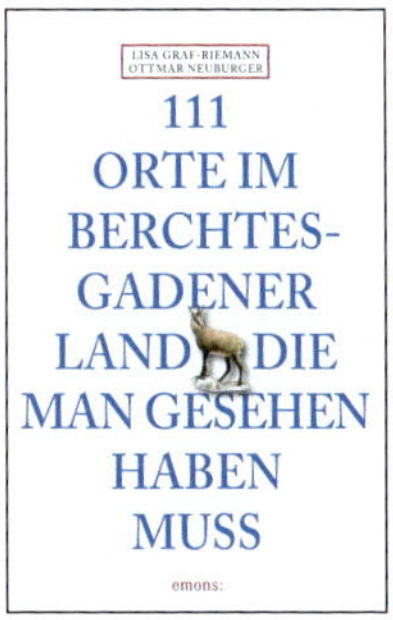

Ottmar Neuburger,
Lisa Graf-Riemann
111 Orte im Berchtesgadener Land, die man gesehen haben muss
ISBN 978-3-89705-961-0

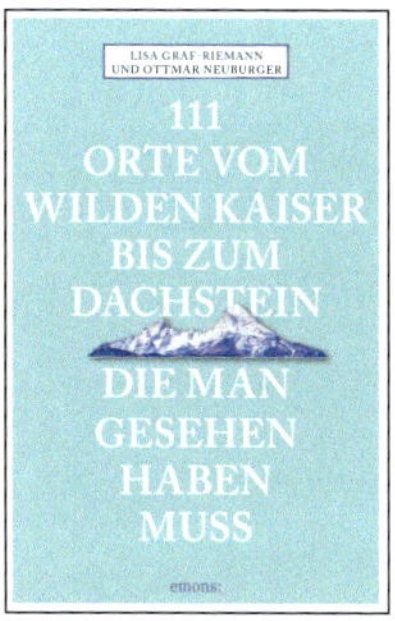

Ottmar Neuburger,
Lisa Graf-Riemann
111 Orte vom Wilden Kaiser bis zum Dachstein, die man gesehen haben muss
ISBN 978-3-7408-0138-0

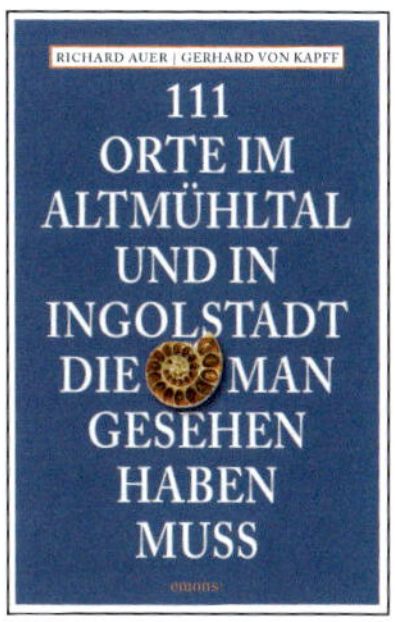

Richard Auer, Gerhard von Kapff
111 Orte im Altmühltal und in Ingolstadt, die man gesehen haben muss
ISBN 978-3-7408-0723-8

Foto- und Veröffentlichungsrechte der Meisterwerke:

Joseph Beuys, Capri-Batterie, 1985. Bayerische Staatsgemäldesammlungen – Neue Pinakothek, München © VG Bild-Kunst, Bonn 2021

Max Bill, Rhythmus im Raum, 1994. Sammlung Europäisches Patentamt, München © VG Bild-Kunst, Bonn 2021

François Boucher, Madame de Pompadour, 1756. Bayerische Staatsgemäldesammlungen – Alte Pinakothek, München (Dauerleihgabe)

Pieter Bruegel d. Ä., Das Schlaraffenland, 1567. Bayerische Staatsgemäldesammlungen – Alte Pinakothek, München

Albrecht Dürer, Die Vier Apostel, 1526. Bayerische Staatsgemäldesammlungen – Alte Pinakothek, München

Albrecht Dürer, Selbstbildnis im Pelzrock, 1500. Bayerische Staatsgemäldesammlungen – Alte Pinakothek, München

Thomas Theodor Heine, Die Simplicissimus-Bulldogge, 1896. Städtische Galerie im Lenbachhaus und Kunstbau, München

Alexej von Jawlensky, Bildnis des Tänzers Alexander Sacharoff, 1909. Städtische Galerie im Lenbachhaus und Kunstbau, München

Fritz Koenig, Flora III, 1971. Kabinettsgarten der Residenz

Franz von Lenbach, Hirtenknabe, 1860. Sammlung Schack, Bayerische Staatgemäldesammlung, München

Günter Mattei, Der Schimpanse, München 1996

Bartolomé Esteban Murillo, Trauben- und Melonenesser, um 1645. Bayerische Staatsgemäldesammlungen – Alte Pinakothek, München

Jürgen Partenheimer, Weltachse, 1997. Munich Re Art Collection, München © VG Bild-Kunst, Bonn 2021

Peter Paul Rubens, Das Große Jüngste Gericht, um 1617. Bayerische Staatsgemäldesammlungen – Alte Pinakothek, München

Moritz von Schwind, Morgenstunde, 1860. Sammlung Schack, Bayerische Staatgemäldesammlung, München

Keith Sonnier, Verbindung RotBlauGelb, 2002. Munich Re Art Collection, München © Keith Sonnier/VG Bild-Kunst, Bonn 2021

Carl Spitzweg, Der arme Poet, 1839. Bayerische Staatsgemäldesammlungen – Neue Pinakothek

Carl Strathmann, Sturmangriff 1914. Stadtmuseum München

Franz von Stuck, Die Sünde, 1893. Villa Stuck, München

Cy Twombly, Raumansicht des Rosensaals mit Untitled (Roses), 2008. © Cy Twombly Foundation. Bayerische Staatsgemäldesammlungen – Museum Brandhorst, München

Für die Foto- und Veröffentlichungsrechte geht der Dank an:

Architekturmuseum der TU München; Bayerische Schlösserverwaltung – Residenz München, Schloss Blutenburg, Schloss Nymphenburg; Bayerische Staatsgemäldesammlungen – Alte Pinakothek, Neue Pinakothek, Pinakothek der Moderne, Sammlung Schack, Museum Brandhorst; Bayerisches Nationalmuseum; BMW Museum; Collection Europäisches Patentamt; Deutsches Museum; Die Neue Sammlung – The Design Museum; Glyptothek; Münchner Stadtmuseum; Munich Re Art Collection; Museum Fünf Kontinente; Museum Villa Stuck; Porzellan Manufaktur Nymphenburg; Sammlung Goetz; Staatliche Antikensammlungen; Staatliche Münzsammlung; Staatliches Museum Ägyptischer Kunst; Städtische Galerie im Lenbachhaus und Kunstbau

Asam-Kirche; Bürgersaalkirche; Frauenkirche München; Heilig Geist, Forstenried; Klosterkirche St. Anna; Jesuitenkirche St. Michael; St. Michael, Berg am Laim

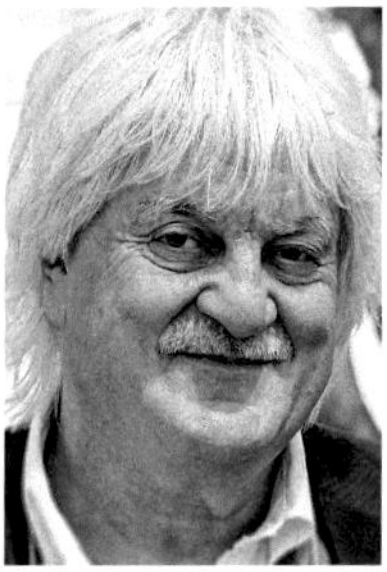

Rüdiger Liedtke ist Autor der Erfolgsbücher »111 Orte in München, die man gesehen haben muss«, Band I und II, »111 Orte in München, die Geschichte erzählen« und »111 Orte in München auf den Spuren der Nazi-Zeit« sowie »111 Kölner Meisterwerke, die man gesehen haben muss«. Er lebt und arbeitet in Köln.

www.ruediger-liedtke.de